时评中国 ④

用知识和思想驯服不确定

曹林 —— 著

北京大学出版社
PEKING UNIVERSITY PRESS

图书在版编目（CIP）数据

时评中国.4，用知识和思想驯服不确定/曹林著.—北京：北京大学出版社，2023.5

ISBN 978-7-301-34033-2

Ⅰ.①时⋯　Ⅱ.①曹⋯　Ⅲ.①时事评论–中国–文集　Ⅳ.①D 609.9-53

中国国家版本馆 CIP 数据核字（2023）第 104318 号

书　　　名	时评中国 4：用知识和思想驯服不确定 SHIPING ZHONGGUO 4: YONG ZHISHI HE SIXIANG XUNFU BUQUEDING
著作责任者	曹　林　著
责 任 编 辑	魏冬峰　陈佳荣
标 准 书 号	ISBN 978-7-301-34033-2
出 版 发 行	北京大学出版社
地　　　址	北京市海淀区成府路 205 号　100871
网　　　址	http://www.pup.cn　新浪微博：@北京大学出版社
电 子 邮 箱	zpup@pup.cn
电　　　话	邮购部 010-62752015　发行部 010-62750672 编辑部 010-62752824
印 刷 者	大厂回族自治县彩虹印刷有限公司
经 销 者	新华书店
	650 毫米×965 毫米　16 开本　32.5 印张　423 千字 2023 年 5 月第 1 版　2024 年 12 月第 12 次印刷
定　　　价	89.00 元

未经许可，不得以任何方式复制或抄袭本书之部分或全部内容。
版权所有，侵权必究
举报电话：010-62752024　电子信箱：fd@pup.pku.edu.cn
图书如有印装质量问题，请与出版部联系，电话：010-62756370

写作要有一个问题在心中奔涌

　　《时评中国》系列出到第四辑了,说实话,六年前出第一辑时,真没想着后续会出系列,是读者的鼓励与厚爱给了系列以生命,给了我不断更新的动力。虽然文章每一个字都是我写的,但文字从脱稿开始,很多时候就跟作者"无关"了,读者的阅读、阐释、传播和分享赋予了它力量。特别是依赖"时效热度"的时评文字,要摆脱"只有一两天生命"的文体宿命,需要文字耐读耐品,更需要一个读者群落愿意倾注耐心和信任的对话。常有读者朋友在公众号后台催更,"第四辑"何时出来?让文字和思考沉淀两年后,我忐忑地捧出了这本书,继续一起阅读这个时代,一起分享对批判性思维、写作方法、生存困惑、热点话题的理解。

　　过去两三年,我们都是在疫情中度过,也许都被某种无以名状的"疫情心态"支配。记得疫情期间看到一条新闻,至今想起仍特别难受,某地举行给孩子点朱砂的仪式,大人抬手给孩子点朱砂,孩子竟然习惯性地张开嘴,以为是给她做核酸。还有一个地方,测试孩子的反诈骗能力,陌生人用糖骗孩子,没有一个孩子上当受骗,可当说"带孩子去做核酸"时,没有一个孩子幸免于骗,都跟着走了。面对考试中的成语填空"三×两×",不少学生都填成了"三天两检"。面对这些很像段子的生活,真的笑不出来,时代的一粒灰,已经像大山一样压在人们心上,疫情已经不只是疫情,而已悄悄潜入人们的肌肉记忆和精神世界,驯化着人们的心态和思维。

我想说的是,我们不要被那种"疫情心态"所支配。疫情最严重的时候,我在一次讲座中跟学生说:虽然生活失去常态,耳边常常响起"非必要不××",但思考要保持正常,精神世界不能被棉签、口罩、消毒水和隔离线所驯化。胶着的疫情有时候让我们寸步难行,身体动弹不得,"卷"又"卷"不赢,"躺"又"躺"不平,甚至有一种巨大的力量拉扯着我们,让我们的身体在无力中"躺平"。然而,我们的思想绝不能"躺平",不能失去批判性思考的能力,不能在"身体的麻木自动性"中失去对问题的追问。

我用的是"疫情心态"这个词,当下虽然恢复正常了,但心态并不会立刻"如生活那样复原",可能仍会被那种焦虑所形成的肌肉记忆所支配。北京大学的戴锦华老师在一次访谈中提到了这种后遗症,她说:"我原来非常错误地同情孩子们,觉得他们被迫在家里,被迫在家上网课,会有多么痛苦。后来很多家长跟我说,孩子不希望复课,不想走出家门,甚至恐惧走出家门,去真切地和他人'肉身'相遇。"习惯了把自己的身体流动和生活欲望压缩到最低限度,并蜷缩在个人小世界中,这就是我说的"疫情心态"的延续。

耳边已经听不见疫情时期那些响亮的口号,我们的精神世界和思维方式更要走出来。想起一个大学生写的短诗《非必要离校》,写满了对"非必要"的想象:"实习、挂号、雅思课,算是必要的吧 / 那蹲守一朵飞檐上的云呢 / 捂回一袋板栗呢 / 被落叶淋上头发呢 / 坐两个小时昏昏欲睡的校车,去牵另一半的手 呢 / 万一,这张照片被传成经典呢 / 万一,这袋板栗分给了一个濒临崩溃的同学呢／万一，淋湿的是一个诗人呢／万一，这辈子就是他呢／疫情让这一切都变成了正襟危坐的必要／诶，人间是由无数个非必要组成的呀。"

特别欣赏这种批判性思考，在思考中保持正常的思想呼吸。是啊，这个世界的美丽、生命的活力与创造力、生活的魅力，不就是由无数个"非必要"组成的吗？这首诗里，就包含着年轻人在精神世界对现实中"非必要不××"的抗拒。身体被困在疫情系统中，精神世界不能被困，应保持着对那些"非必要"的想象、提问和批判性思考，在别人停止思考的地方多思考几分钟，在让身体变得"麻木自动"的问题上反身思考一下，把那些被很多人当成标准答案的结论变成问题：为什么？前提是什么？依据是什么？有没有另外一种可能答案？到底是我真的相信，是有论据支撑的信念，还是"他希望我相信""他认为我相信""我害怕不相信会受到惩罚"？即使知道这些问题将遭遇的是一堵墙，是沉默或鄙视，也不能放弃去说去问：请给我一个理由！

这也是批判性思维的关键所在，即有能力去抗拒那种未经思考的"麻木自动性"，试着勇敢一点，保持对问题的敏感，把答案变成问题，敢于去发问，对判断进行判断，不轻易在"这是现实国情""说这些有什么用""又改变不了什么""只要跟着做就行了""一直以来都是如此""哪里都一样""别人又不是傻子"中放弃思考，不听见别人说也就跟着说，不顺从地被喂养和驯化。

写作需要有一个问题在心中奔涌，有感才思，不平则鸣，"问题"奔涌的出口，就是带着你思想体温的文字。很多时候写不出来，不是文笔不好，也不是没找到角度，而是缺乏问题的驱动。用那些死记硬背的套话、材料、金句、警句、模式、众所周知的正能量案例、标准化的腔调、政治正确式的结论，或者储备自以为高深的哲学理论去写作，是写不出好文章的。发现问题，找准问题，心中有一个问题在燃烧，骨鲠在喉，不吐不快，写作才有了一种气贯长虹的深层的动力机制，才能一气呵成。"问渠那得清如许？为有源头活水来。""不识庐山真面目，只缘身在此山中。""四海无闲田，农夫犹饿死？"——经典的问题驱动，才有荡气回肠的千古绝唱。"编、憋、挤"出来的文章，自己写得难受，在别人看来更面目可憎。

捧到读者面前的这些文章，就是无数个问题在我心中奔涌后的产物，它不是问题的答案，而是思考的过程，试图跳脱"疫情心态"的支配而努力关注那些"非必要"。这些问题，有些是我的"个人问题"，有些是"公共困惑"，更多的是在此起彼伏的热点中被忽略、被淹没、被视而不见的问题。

相比《时评中国》系列前几辑，第四辑有了不少变化，有针对性地增加了一些思维方法和写作实用技巧方面的内容：第一章专门就写作所必需的批判性思维进行了分析，我们拿什么去写作？怎样才能发掘新角度？写作不是由文字和套路驱动的，而是思维方法，思维的认知高度与深度决定了论点角度和文字流畅度。批判性思维的本质是什么？如何驱动批判性思维？如何在日常积累中训练批判性思维？怎样的读书才是能滋养写作的读书？第一章内容对这些"写作元问题"进行了深度分析。因为《时评中国》系列的不少读者是学写议论文的高中生，最后一章专门以这几年全国各地的高考作文为例，分析了高考议论文的写作方法与技巧，包括"如何避免无话可说""如何用修辞想象力打开角度想象力""如何用批判性思维给高考写作加分"等，让高中生努力跳出套路框架和认知障碍，在较高的观念水位和批判性思维的驱动下去写作。

萨特说："写作，这是某种要求自由的方式。"是的，我的语言之界限就是我的生活之界限，思想和表达让我们更自由。在我看来，评论是一种避免自己被驯化的思想操练，在问题的燃烧中"解除当下的虚假观念的束缚"。拔掉手机这个"社交奶嘴"吧，打开这本《时评中国》，让问题在心中燃烧，让写作如地火奔涌。

2022 年 10 月 28 日于北京初稿
2023 年 3 月 31 日修订

自序 I

一 思维方法 001

写作不是在脑子里找"现成"的语词去填空和凑字,而需要在思维中"生成"。打通了思维的闸门,写作才是畅通和畅快的,而不是绞尽脑汁、搜肠刮肚地"编、憋、挤"。思维先于写作,思维方法决定着写作所能达到的认知高度和观念水位,有什么样的心智结构和知识网络,就会产出什么样的文字。本章主要从思维方法进入写作,以批判性思维的训练去支配写作,对任何现成给予的东西说"不",在"对判断的判断"中实现创造性写作所需要的"飞跃性概括"。在批判性思维的"热启动"下,先涩后畅,大脑细胞达到兴奋活跃水平,由此及彼的神奇"电路"被接通,笔下的文字才能如流水那般通畅。

时评这样写　寻找简单并怀疑它,寻找复杂并使之有序	003
别被"精彩"废了,忍受枯燥是一种筛选机制	007
读书是一件需要绕远路的事	012
拿什么拯救被"梗"住的"文字失语者"	016
语文教育决定了影响你一生的关键素养	020
没读百本经典,不要轻易谈批判性思维	025
面向生活,避免评论的过度反思	029
读书无捷径,必须靠身体去死磕	032
习惯那种没有金句和答案的读书	035
"重视频轻文字"已造成灾难性恶果	038
文字阅读的"间离效果"	042
千万不能让"考研思维"支配你的大学	045
慎把"网络社会标准"当普遍标准	049
找到所爱所擅长,大学里要做的 20 件事	052

谢绝无思之问，做一个诚实的提问者　　　　　　　　058
"另一种声音"与批判性思维　　　　　　　　　　　062
整体性视角与批判性思维　　　　　　　　　　　　065
只有"根系阅读"才能支撑一个人的写作　　　　　068
思维混乱的人有个共性，他们很少写作　　　　　　072

二　时代记录　　　　　　　　　　　　　　　　077

在丰县"铁链女"事件热度最高的时候，有一句话很火："能感觉到自己的疼，说明你活着；能感觉到别人的疼，说明你是个人。"说得真好，区分是否真正是知识分子的一个标志是，能不能表达与自身处境无关的忧虑。我们的精神生活所具有的集体性，通常都远远超过个人性，本章的写作，从"疫情驯化"到"小镇做题家"，从"保卫张文宏"到"关注唐山打人案"，再到"苦命的流调"，这些是我感受"他者的痛感"的一种日常坚持。写作不只是写作，而是一种与公共事务、公共利益和时事热点保持联系的方式，不平则鸣，文字需要这种"一个问题在胸膛中燃烧"的痛感淬炼。

时评这样写　　**学会锚定评论的"基准线"**　　　079
ChatGPT 强大智能是对人的反向测试　　　　　　081
不要把别人的无奈和不堪当励志　　　　　　　　085
不被疫情驯化，不被疫情心态支配　　　　　　　088
"小镇做题家"是这个社会最坚定的公平信仰者　　091
千万不要让他们眼里的光消失　　　　　　　　　094
"爱国"应是一个最有包容性的词　　　　　　　　097
名人明星必须克制"通吃欲望"　　　　　　　　　100
张文宏为百姓说了公道话，就地过年不是理所当然　　103
复旦大学坦荡荡的调查给张文宏卸下了重负　　　106
唐山打人案，我们需要怎样的愤怒　　　　　　　109
不怕百姓骂"草包"，就怕自证确实是"草包"　　　113
要向"历史遗留问题"开刀的还账责任　　　　　　116
济源张书记的耳光不是舆情，是病情和案情　　　119
鹤壁奇葩通报所暴露的教育盲、法律盲、传播盲　　122
瑞丽的声音是民情，不是负面舆情　　　　　　　125
你以为义乌只是有钱啊，诚意是钱砸不出的　　　128
不上进只上香？谁在给年轻人泼污水　　　　　　131

乐见这一次人性逻辑战胜了流量逻辑	134
荆州新书记啊,耳光响起来,还要落下来	137
衣不遮体的分明是西安地铁!	140
真对李云迪有耻感的话不是拿他"游街"	143
不要诱引人性对私生活的审判激情	146
"省钱省出人命"的归因,傲慢无知又冷血	149
爱情是私事,家暴是公事,这是文明对马金瑜应有的善意	152
全红婵爸爸的"三观"战胜了算法逻辑	155
有几个人没像罗翔那样逃避过弱者的凝视	158
攻击受害者妞妞父亲,他们缺乏基本人性	161
对奥运健儿的"网暴"很凶猛,公众强悍地把她们护在身后	164
苏炳添"玩梗"上热搜,年轻人偶像审美的重构	168
让苦命流调后的生活被看见,这就是新闻理想	171
扎堆催生下,关心独生子女父母养老体现良心	174

三　冰点暖评　　　　　　　　　　　　　177

北漂女孩被困浴室里长达30个小时,没有人伸出援手。最终,一个同样滞留在北京的陌生年轻人救了她。有人批评都市人的孤独和冷漠,但不也正是"陌生人"救了这个女孩吗?那个救人的陌生年轻人反思这件事时说的一句话,很触动人心:"人们不愿意在现实生活中跟别人发生太多关系,反而会在虚拟的网络中满足社交需求。"人最重要的就是产生连接,而什么能产生连接? 利他。很多时候,安全感不是靠建造一座坚固的城堡所能获得的,而需要利他,需要关心别人的遭遇,相信它最终会与自己的遭遇相关,在"我看人看我、我待人待我"的连接中获得心安。我这些年在"暖评"上的写作坚持,就是为了保持一种人心的温暖连接。

时评这样写　从"全面看问题"的思维巫术中跳出来	179
文明就是穿两只鞋的能想着穿一只鞋的人	183
从一份遗书和告别视频中读到的死亡观	187
谁不希望遇见一个能停下课一起看晚霞的老师	190
这就是老师比一般职业受到更多尊敬的原因	193
拼什么也比不上拼读书	196
就地过年的不甘心,用另一种年味来补偿	199
熟悉的陌生人,这温暖群像深深打动了我	201
谢谢这份像游子一样被亲人惦记的温柔	204

这位河南母亲让我们看到了远程救援的希望	207
不要用我们的成见把医生困在手术室	210
不要吝啬奖牌榜和热度，给残奥会应有的尊重	213
买书时的犹豫，不是每个人都愿去理解	216
刘德华上热搜，十三年的时差尤其动人	219
像张桂梅那样关心最弱小者的最大利益	222
"丑东西"丑成什么样，才会被夸可爱	225
不是每个小店都能有幸遇到热心的记者	228
可能不是年味变淡，而是年在减负	232
有一种静悄悄的善良让我们很陌生	236
教授和学生在哪里，清华就在哪里	239
许倬云和刘慈欣，都在担心这件事	243
终于有机会跟孩子聊《大闹天宫》	247
"文盲"绝不是一个用来骂人的词	250

四 不同观点 255

人们都在说共识，很少有人愿意接受异识，即在没有共识的情况下如何彼此共存。"人类的悲欢并不相通"，多数时候看法并不一样。我们与其说需要共识，不如说需要学会在没有共识的情况下如何一起生存，形成一种"健康的不同意"。我一向建议评论者多看"评论区"，让自己拥有"评论区想象力"，也就是对不同观点的想象与"同情之理解"的能力。就像尼采在《道德谱系学》中所说："我们越是知道更多的眼睛、不同的眼睛是如何打量同一个问题的，那么对这个问题，我们的'概念'以及我们的'客观性'就越是会完整得多。"

时评这样写　评论写作需要会"讲故事"	257
抱歉，我无法同情记零分的考研透题者	261
别人的二舅治不了我们的精神内耗	264
"人血馒头"是一种莫须有的话语虚构	268
终于膨胀到"教人怎么做空难家属"的地步	271
林生斌需要走出来，舆论也要走出来	274
不要好斗到连个论文致谢都要开撕	277
从"北大附中 vlog"想到高考状元熊轩昂	280
中年何苦为难中年，"35 岁门槛"与年龄碾压	283

面对矿难慎说"奇迹"是应有的报道文明　　　　　　　　286
动辄"对不起，占用了公共资源"是一种什么病　　　289
别迷信学霸秘籍，学霸教训是更宝贵的财富　　　　　292
为什么越禁止说高考状元越刺激传播　　　　　　　　295
新闻专业本科毕业不能失去就业欲望　　　　　　　　298
我反对这样的"躺平"　　　　　　　　　　　　　　　301
面对郭刚堂，不苛求不加戏是一种美德　　　　　　　304
安全区域的闲人愤怒，少点貌似忠厚的恶毒　　　　　307
一篇文章打掉企业多少股价绝不值得夸耀　　　　　　310
保研完全没你想的那么重要　　　　　　　　　　　　313
鲁迅的孙子都不会写作文，然后呢？　　　　　　　　316
别拿"媛"字造新闻，别人为地制造"媛罪"　　　　319
大学有一流二流之分，为何第一学历却不正当　　　　322
为什么孩子那么反感大人谈谷爱凌　　　　　　　　　325
别贪图免费，除非你的时间不值钱　　　　　　　　　328
正视"努力不一定有回报"这个真丧命题　　　　　　331
"我心善，眼里见不得穷人"砸了轿夫的饭碗　　　　334

五　媒介素养　　　　　　　　　　　　　　　　　337

学者刘擎曾说："年轻人一面喜欢独处，一面又热衷于获取信息，担心自己out了，这是存在性焦虑的一个征兆。信息茧房给在困惑时代的人提供了一种虚假的解决。这是算法造成的，它把你喜欢的同类的东西喂送给你，让人有一定的稳定性，但这是以世界的部落化为代价的。"是的，必须做减法，从同质信息的迷恋和娱乐围猎中跳出来，我们才能获得新知，如桑塔格所言，一切真正的理解，起源于我们不接受这个世界表面所呈现出的东西。与好媒介为伴，避免被坏媒介"截肢"，这也是媒介素养训练的核心。

时评这样写　在缺席和盲区中找到新角度　　　　　　339
为什么公平正义需要不可爱的新闻界　　　　　　　　343
跟着张文宏学写作技巧和媒介素养　　　　　　　　　348
我们是信息巨人，却可能变成知识侏儒　　　　　　　353
意识到大多是"小作文大赛"，你就会冷静很多　　　356
别怪他们嘲笑博士了，认识到自己无知需要相当程度的知识　　359

当你做错了，没人会忘记，那当你做对了呢？	362
健身卡冷静期不需7天，也许1小时就行	365
该严惩，但别在标题中强化"女干部"标签	368
能好好用文字表达的就别生产视频垃圾	371
泛滥的悬念标题党，你们是阻碍透明传播的公害	374
卖卸妆湿巾的"全棉时代"，先卸去脸上扭曲的公关妆	378
世界充满了文案味儿	381
吴亦凡这事锤到这程度，没人进监狱是法律之耻	384
应反思预警应急问题，但不要苛责河南媒体	387
珍惜那些不把你当流量韭菜收割的人	390
看来俞敏洪、董宇辉已有充分的"网红"准备	394
爱了哭了酸了慕了：滤镜人格与幼齿化语言	397
毕业时没30万字打底，很难有找工作的底气	400
新闻业是一个知识很容易老化的行业	403
简历首先筛选掉那些没有代表作的人	407
记者节不焦虑，让新事物回过头来追着你跑	410

六　写作精要　　　　　　　　　　　　　　415

作文教育传授的不是一个个的"知识点"，不是动作分解的套路，而是用思维勾连起来的、能创造新知识的网络。本章汇聚了近些年高考作文题的写作解析，对写作方法进行了详尽的梳理，提出了以"否思"反套路，在对话中让思维"热启动"，打开修辞想象力、张力结构、景深结构、意象结构，"思维转折字"，"评论区想象力"等写作驱动方法。作文写作应该是由思维来驱动，而不是套路和文字。中学写作教育与大学不是隔绝的，应该在教学中让学生积累可与时代话题进行对话的时事语感和思维"本钱"。

时评这样写　　跨越从"想"到"写"的障碍	417
解析2021年高考作文："不躺平"的一万种写法	420
跳出套路迷思，用批判性思维驱动作文写作	426
"对思"与"否思"：思维"热启动"让写作有话可说	434
解析2022年高考作文：修辞想象力——论点角度	
"开挂"的思维支点	444
张力、景深、意象：深度评论的三种结构	454

评论写作是一种通识通用能力	465
以评论写作跳出校园内卷,向外自由舒展	468
文学没死,但余华把作文课给讲"死"了	471
你的写作别被新媒体技巧培训给毁了	476
善用"思维转折字"驾驭评论写作	479
评论写作不要泛道德化	482
评论员需要"评论区想象力"	485
评论写作需要一面镜子	488
用"逻辑纵深字"驱动写作深度	492
答苏州中学高三学生	495
后记 不要用你的"圆润成熟"拖年轻人后腿	503

一 思维方法

写作不是在脑子里找"现成"的语词去填空和凑字，而需要在思维中"生成"。打通了思维的阀门，写作才是畅通和畅快的，而不是绞尽脑汁、搜肠刮肚地"编、憋、挤"。思维先于写作，思维方法决定着写作所能达到的认知高度和观念水位，有什么样的心智结构和知识网络，就会产出什么样的文字。本章主要从思维方法进入写作，以批判性思维的训练去支配写作，对任何现成给予的东西说"不"，在"对判断的判断"中实现创造性写作所需要的"飞跃性概括"。在批判性思维的"热启动"下，先涩后畅，大脑细胞达到兴奋活跃水平，由此及彼的神奇"电路"被接通，笔下的文字才能如流水那般通畅。

寻找简单并怀疑它，
寻找复杂并使之有序

　　人人都有自己的想法，人人都有麦克风。既然如此，为什么还需要新闻评论和评论写作者呢？因为人们很容易停止思考，很容易满足于一个看起来"差不多就这样"的结论和答案，这些貌似"差不多就这样"的判断形成了一种庸常的大众认知。大众有了这些认知，便容易停止思考。评论的价值或者说评论写作者的思考起点，就在于这些大众停止思考的地方。

　　评论写作者通过在大众停止思考的地方做进一步的思考，引导大众看到被忽略的事实，看到完整的真相，看到不同立场不同角度不同身份的思考，从而在此起彼伏的热点变换中，用多元的思考为一个社会强化它的价值观，增进大众的智识。人有偷懒的天性，所以容易拖延，容易寻找脑子里方便实用、简单现成的答案，容易停止思考。比如，看到高铁霸座男，大家可能都会产生一个判断——这人太无耻太不要脸了——多数人的思考可能就停留在这一道德批判层次，然后在道德层面狠狠骂一顿，比谁骂得狠。如果不停止思考，再进一步，可能会追问，这人怎么没人管啊？然后会把矛头指向铁路部门，为什么不狠狠管这种人呢？会想到管理层面。从道德层面到管理层面，思考就进了一个层次。

追问到管理层面，便会发现，其实铁路部门也无力，因为不是什么事情都可以管，他们的权力是有限的。于是，便会有人呼吁，要立法惩治"座霸"。接着继续思考，为什么飞机上不敢有这种"座霸"呢？因为航空业有专门的立法来管这类人。这就从管理层面进一步上升到了法律层面，用法律思维去思考，道德层面的批判对不讲道德的人并没有什么用。

再接着进一步思考，法律拿这种人就有办法了吗？依法惩罚了他，列入黑名单，一段时间内不能乘坐高铁；可这个"座霸"不仅不以为耻，反而以此为荣，觉得火了，成"网红"了，还在网上继续嘚瑟。怎么办？继续思考，你就会发现，即便恨得咬牙切齿，但拿这种人没有办法，这就是法治啊。"拿他没办法"说明一个社会遵守着法的限度，保守着规则的局限。任何规则和法律都是有限度的，法律之内，除恶务尽；法律之外，只能容忍而不能残忍。法律上并没有"无耻罪"，法律只能惩罚法条之内的罪恶，不能逾越这一边界。社会的一大进步就在于，消除了那种"以道德的名义随意剥夺一个人权利"的道德专制，把每个人置于法律保护之下，让人们对权利有一个稳定的预期，不必害怕任性的无限之罚。享受这种法治利益，就不得不接受它在惩恶上的限度，忍受其"甚至保护坏人权利"的品性。

不满足于某个结论，不停止思考，不断追问，便会看到问题的另一面，看到我们思维的盲区，从浅层的道德层面看到深层的法律层面。这样来思考问题，大众就不会被小丑牵着鼻子走，能够严肃地思考问题，在多元思考中增进社会智识，而不是在泛道德化的愤怒批判中被拉低智商。

怎么去深入思考，怎么避免停止思考，我觉得起码有两种方法。一种方法是英国数学家怀特海所说的——寻找简单并怀疑它。从一些貌似简单的结论中寻找问题，以那些"简单结论"作为质疑对象，从简单中发掘问题意识。不要轻易觉得一件事是"理所当然"的，社会的很多问题，正存在于那种"理所当然"中。"理所当然"是一个历史过程，这过程中可能正潜伏着社会的问题密码。比如，提起"知情权"，我们都觉得这是公民的一种"理所当然天经地义的权利"，觉得自古以来就是如此。美国媒介社会学家迈克尔·舒德森分析了"知情权"的由来——一开始公众并没有这种权利概念，它是随着社会的进步和公众权利诉求的强化而出现的。看起来一个很简单的词，其背后却是一种权利的进化史。

当然，还可以从"知情权"想到"不知情权"——信息爆炸中，想逃离一些信息，大数据算法却无休止地给我们推送，侵犯了我们的"不知情权"。从"公民的知情权"想到"官员的知情权"——不仅"公民的知情权"被剥夺，"官员的知情权"也常被截留，被蒙蔽，被欺骗。我们需要具备这种对简单概念的复杂思辨能力，不是把简单问题复杂化，而是看到简单背后被隐藏的多元性、条件性、复杂性和矛盾性。

另一种方法与"寻找简单并怀疑它"相对，是人类学家格尔兹所说的"寻找复杂并使之有序"。怎么面对一种复杂的事物和事件，普通人容易被复杂事物弄晕了头脑，然后做出误判；阴谋家喜欢利用这种复杂把常识逻辑弄晕，把水搅浑，从而牵着大众的鼻子走，误导大众得出错误的判断。因此，评论写作者要有一种处理复杂事实的能力，从复杂中归纳出逻辑和顺序，从而引导大众得出理性的判断——一归一，二归二；道德的归道德，法律的归法律；不能用政治逻辑去分析法律问题，也不能用道德问题去侵略法律问题。

评论需要洞见，人人都有"观点"，但并非人人都有洞见，洞见是在越过"复杂过程"之后才能得到的深刻领悟。评论的洞见也是一个"拧干日常表达中的非逻辑成分"的批判性思维过程，需要论证，需要论据，需要来源，需要逻辑和事实。

什么叫复杂性？这意味着"比你所知道的有更多的可能

性"。很多"简单",可能只是被化约的复杂,必须对"简单的命题"保持一种思想上的警惕。敢于去"否定",用否定"解除当下的虚假观念的束缚"。

寻找简单并怀疑它,寻找复杂并使之有序,这需要评论写作者保持着一种动态思考的思想活跃度,不迷信权威,不盲从大众,不轻易下结论,让自己的大脑进入一种"乐于见到自己的判断被质疑"的开放状态。这正是批判性思维的特质,即一种根深蒂固的"反直觉思维":刨根问底,追寻最原始的假设和最根本性规律的思维习惯。就像耶鲁大学校长彼得·沙洛维在2022年毕业典礼演讲中所说:"通识教育的力量不在于承诺教给你们一切,而在于让你们准备好以有益的怀疑态度来应对各种假设,包括我们对自身所处的假设。它不在于回答的能力,而在于敢于质疑的能力。倾听我们可能不认同的观点,并不是一种妥协,而是对真理的忠诚。"

别被"精彩"废了，忍受枯燥是一种筛选机制

看学者刘擎的一篇文章，谈到"忍受枯燥"这种能力，特别有道理。他说："如果同学们在娱乐文化的背景下成长，那么，他们能忍耐一个没有笑点、没有兴奋点、没有生动言谈方式的时间非常短。他们的阅读能力也在下降，手机上'短平快'的东西破坏了养成深度阅读的能力。我们的大学模式是建立在20世纪中叶的文化环境里的，假设了你能专心致志地读书，能够忍受表面上枯燥但实际上有深度的内容。现在整个文化环境改变了，年轻人对'枯燥'的忍受力非常低。"

确实，对枯燥的忍耐力，可能是一个优秀的人最深沉的素质，也是与平庸者最大的分野。生活在消费主义和娱乐化环境中的一代人，被"精彩"惯坏了，越来越失去忍耐枯燥、在枯燥中学习的能力。人们热爱爆梗、段子、金句、笑点、包袱的感官刺激，习惯被消耗自己时间的娱乐文化所喂养，学习感官已经钝化，进入不了越过枯燥门槛而深度学习的境界。学习越来越依赖如社会学家伯格曼所说的各种装置范式，这些阅读装置以友好而人性化的方式帮你消除各种"枯燥"，将费力的文字转化成轻松的视听语言，植入笑点，人人面前一台可供随时切换的苹果电脑。这些让你从枯燥中解放的学习装置，实际上已经不是学习，而让学习成为一种信息消费的景观。这种"学习景观"生产着让人躁动和焦虑的欲望，而不是用厚重的知识思想去驯服欲望，并让人安静下来。

能真正滋养一个人的事，往往都带着某种枯燥，需要学习者忍受一定程度的枯燥，投入深度注意力去穿透抽象。写作的开

始,是枯燥的;阅读一本经典,是枯燥的;深刻的课堂,是枯燥的;创新、创造的过程,往往也是枯燥的。枯燥是一个门槛,为不学无术者、浮躁者、消遣者设置了障碍,只有越过这个门槛,沉浸其中,才能慢慢获得愉悦。"精彩",不是一个"被动获得"的结论,不是让别人喂养你,一下子提起你的兴趣,而是在孤独静观、克服枯燥之后先涩后畅,读懂读通、习得新知、打通困惑所获得的知识愉悦感。很多人特别喜欢那种无须自己投入多少理解力的"精彩",上来就是高潮,开口就是金句,那只是娱乐和商业对你的消耗,而不是可沉淀、可致知的思想。

写作是一件需要忍受枯燥的事。常有学生跟我说,为什么没法下笔啊?因为没有灵感,要等着有灵感的时候再动笔。我说,哪能这么被动地等灵感?你得现在就思考和动笔,刚开始肯定是一个枯燥的过程。我的经验是,克服了开始的30分钟的枯燥,逼着自己动笔,想着想着,便会进入状态并找到灵感了。所谓的"一气呵成",很少在刚动笔时就有写作冲动,而是在克服开始那30分钟的枯燥之后酝酿出来的。伟大的记者李普曼一生创作了1000余万字,这需要克服枯燥的强大意志,李普曼初出道时,他的老师威廉·詹姆斯曾教育他对自己要有所强制:"一个作家每天至少要写1000字的东西,不管他是否愿意,甚至不管他有无东西要写。"

阅读是一件需要忍受枯燥的事。我在以前的文章中谈到过,读一本好书是需要资格的,你要有耐心让自己慢下来,坐得住冷板凳,忍得了枯燥晦涩,而不是看一两页就轻易扔一边。再深奥难读的书,克服了前30页的阅读痛苦,坚持一小时,就能慢慢读进去了。前30页往往是作者设的障碍和门槛,一个优秀的作者也是在寻找优秀的读者,绝不希望自己的作品被不学无术的人"糟蹋"。很多人的问题在于,容易被书名吸引,却连30分钟的耐心都没有。那些让人很舒服、不断点头称是的轻松阅读,往往是重复你既有认知的无效阅读,要想获得认知增量,需要艰难的"入境",需要烧脑的坚硬阅读。

上一门好课是一件需要忍受枯燥的事。常听学生说，某某课是好课，老师善于讲段子；某某课太枯燥，全是抽象的概念和艰涩的推理。我说，判断一门课的好坏，绝不能用"能不能在 10 分钟内吸引我"的消费者自负去判断，那是对好课的侮辱。首先要清楚，自己是不是需要这门课去完善知识体系、提升自己的思想。学生与老师不是"我花钱让你教我知识"的消费关系（流行的知识付费异化了教育关系），全身心投入学习过程才会有收获。其次是要有忍受枯燥的心理准备，投入并参与其中。

知识的传授本身就蕴含着枯燥，逻辑推理、方法训练、批判性思考，这些都需要自己琢磨、分析、深思、质疑、否定，才能内化，应该主动探索而不是被动投喂。把课堂当成在德云社嗑着瓜子、跷着二郎腿、后仰着身子等包袱，那能学到什么呢？课堂学习应该是一个把身子往前倾、坐冷板凳、主动致知（Knowing）的过程。摆脱那种听"奇葩大会"、看脱口秀综艺的消费感，试着忍受前 30 分钟的枯燥，才会有所收获。

枯燥是一个门槛，庸人越不过门槛，睡着了，或者被电脑上的综艺和手机上的段子吸引了，谋杀了时间。而优秀的人则忍耐了前 30 分钟的枯燥，沉浸到写作、阅读和课堂之中，日积月累，便有了"学霸"与"学渣"、"人才"与"人手"的分别。所谓优秀，绝不是机巧式的小聪明，背后必有强大的枯燥忍耐力，聪明人下笨功夫，越过了枯燥并攀登到知识的高处。

什么是拖延症？我在课堂上跟同学们分享过克制拖延症的方法：忍受 10 分钟的枯燥，就战胜了拖延。迎合你欲望的事，从来无须拖延，反而要考虑"延迟满足"。（实际上，延迟满足也是努力忍受相对于即时满足的枯燥。）让你拖延的事，开头往往有一定的枯燥性，让人望而生畏，让人不想动手而往后拖。在强大自律的支配下，立刻着手去做，迈过开头的 10 分钟，接受了这件事情，并进入做事的"心理场"，从中享受成就感。当受到"行动正反馈"的激励时，你停都停不下来了。

好习惯的养成，也是克服枯燥的过程。坐地铁时读书而不是刷短视频，睡前读几页书而不是刷短视频，会议间隙写几段文字而不是刷短视频，有了想法立刻记下来而不是"等会儿记下来"，多动笔去记而不是相信记性。刚开始总会感觉有点枯燥，当有了近一个月的积累，再回过头去看，便会有受益感，成为身体本能，成为习惯，终身受益。

所谓专业训练，哪一个不是克服枯燥的过程？史学家桑兵曾说："长时间不断重复的、枯燥乏味的基础性练习，是培养兴趣、逐渐变成内行所不可或缺的必由之路。"弹钢琴，学历史，读哲学，读文献写论文，写一手好字，成就名记者大编辑……每一个让人景仰的专业成就、受到业内外肯定的专业人士的背后，都经历了常人无法忍受的枯燥。你看到的有趣好玩，那是别人专业积累之后游刃有余的从容驾驭。创新，不是脑袋一拍灵机一动，新点子就来了，而是枯燥的重复实验、头脑风暴、文献输入、失败沮丧、爬起来继续干所累积的产物。专业学习和训练，本身就包含着克服外行人无法忍受的枯燥，读普通人永远不会读的东西，做一般人受不了的重复训练，站在其他人的肩膀上，从而拥有了不可替代的专业资本，超越"人手"，成为"人才"和"人物"。

看看那些能成就人滋养人、在哪里都能受到推崇的好品质，大多跟"忍受枯燥"相关。延迟满足、专注、自律，它们的核心都是对枯燥的克服。勤奋、刻苦、深刻、耐心、坚毅、钻研、节制、谨慎、惜时、慎独、适应，仔细品，都能从中看到对枯燥的超越，接受并越过枯燥，才能抵达这些滋养人格和意志、让人受益终身的好品质。

很多时候，人们对"有趣"的追求隐含着不愿投入枯燥、忍耐的沉浸过程，一下就抵达"感官的愉悦"，这是肤浅之源。所以我觉得，应该珍惜那些考验你枯燥忍耐力的挑战，警惕那些迎合与喂养，第一份工作最好找一个能训练你枯燥耐受力的岗位，积累从容驾驭各种挑战的资本。如今很多所谓的"学习"，已经脱离了真知的求索而成为保健按摩式、营造得到知识幻觉的商业娱乐；不是让你克服枯燥去获得新知，而是迎合你"厌恶枯燥"的惰性，用感官去刺激，满足即时的欲望，把需要硬啃的知识再生产为表面有趣却失去原质营养的"知识点""金句""成功学鸡汤"。这实际上不是"滋养"，而是娱乐工业对你的"消耗"，消耗了时间、金钱和意志。他们席卷金钱一笑而过，你却在傻乐中成为"废人"，对"精彩"刺激的要求越来越高，对枯燥忍受的阈值越来越低。

我常跟学生讲，学习就是学习，娱乐就是娱乐。想娱乐，那就好好玩，投入地玩；想学习，就不要机巧地伪装，美其名曰"娱乐式学习"。读书，尽可能去读严肃的文字——经典、原著、干货，在孤独的沉浸和默读中收获新知，并通过"输出"去固化它，在克服枯燥中获得一手的、上等的知识，而不是等着别人把你当宝宝，投喂添加着各种甜味剂、哄着你惯着你的"知识营养品"。

(《中国青年报》2021年11月2日)

读书是一件需要绕远路的事

常有学生让我帮着开个书单，他们往往是看了我的某篇评论，或者听了某次讲座后，提出开书单的请求。他们觉得，曹老师读了很多书，肯定对书有一个排序，知道哪些是经典哪些是糟粕，肯定有一个"强大书单"形成的知识体系，支撑着一个人能滋养他者的思想输出。

"书山有路，学海无涯"，谁没有经历过迷茫呢？我特别理解学生对好书的渴求，但我一般都拒绝了这种开书单的请求，理由有两个：第一，一般指望别人开书单的人，可能都不怎么读书；第二，让人开书单，带着一种在读书上想走捷径的诉求，这不是读书应有的态度。读书是一件需要绕远路的事，偷不了懒，走不了捷径。书单是私人读书的产物，是困惑、寻找、辗转反侧、蓦然回首伊人却在灯火阑珊处的遇见过程，不是可以绕过这个博览的过程而直接享受的结果。

大学者讲课、大作家写文章时之所以能旁征博引，休谟、海德格尔、王尔德信手拈来，是因为书单里有休谟和王尔德，或者写文章前碰巧读了海德格尔，才"拈来"的吗？当然不是，靠的绝非现学现卖，不是百度搜索，不是"碰巧记住了某段话"，而是绕远路看风景的思想积淀。读书时就是专注于读书，根本没想着将来写文章时要用到某个论证中，或者某个场合引用一下特能凸显思想深度。开卷有益，博览群书，无功利、绕远路的海量阅读，形成了宽厚的知识塔基和灵敏的心智结构，让自己在输出时可以达到"知识自由""引证自由"，不会产生"书到用时方恨少""话到嘴边说不出"的输出障碍，让"六经注我"，自由驰骋。

社会学家安德鲁·阿伯特把这种表达输出时的"知识自由"称为"联想式致知"（Associative Knowing），即游刃有余地形成联想，将事物彼此关联，牵一发而动全身。比如钱锺书先生，随便一个关键词，就能从古今中外的知识史钩沉中讲个半天，并且能说出某个哲学家的某段话在某本书的哪一页，那本书在自己的书房第几个书架第几层左边数的第几本。要做到有效的"联想式致知"，你的头脑必须充满知识，能将你看到的新事物联系起来——事实、概念、记忆和论证，它们像许多小钩子一样起作用，抓住你所面对的文本中的东西。这些小钩子如触角一般，能把新材料、新知识"吸附"到既有的知识体系中，让大脑成为一部移动的百科全书，在公共事务上输出洞见。

郑也夫教授在一次讲座中说过，文史哲是学习社会科学的基础，他特别推崇王国维，认为其在文史哲方面是全才，没有短板。文史哲的知识，都不是"有用"的知识，而是绕远路去问一些在日常生活中不会问的问题，舍近求远。就像一棵树，不知道日后长得多大多高，那就先把根扎得深一些、广一些。

"联想式致知"这种强大的知识勾连能力，是在长期绕远路的读书生活中形成的，无目的，无功利，不只是读今天的畅销书，而是从畅销书的文献目录中看到一个学科的经典，绕远路去读古希腊哲学家的书，读孔子、孟子。为了了解某段历史，也绕远路去读一读古罗马史，读读修昔底德……长此以往，知识的金字塔基越来越广阔，有一天就会发现，知识和思想是相通的，人性是连在一起的，今天不过是历史的延续，大地不过是星空的边线，太阳底下无新事。读书经过绕远路的过程，有了积累，分析问题时才能形成"联想式致知"，从而起到"走近路"的效果。

功利读书、书单读书、碎片读书、知识消费、"有用"驱动阅读，这些由商业思维支配的读书形式，试图走捷径，实际上思维都被毁了。安德鲁·阿伯特对此是这么批评的，他说："大部分我教的学生认为，知道一些东西就是知道一个网址。他们致知的主要模式是去'寻找'（Finding）。他们上网寻找知识所花的时间，比在学校的时间要长得多。他们把阅读本身定义为一种寻找。也就是说，对他们而言，'阅读亚当·斯密'意味着寻找每一章中真正重要的五六个句子。他们不明白，亚当·斯密其余的句子都包含着论点和论据，他用这些论点和论据来产生并捍卫了这些学生划重点的部分。对学生们来说，阅读只不过是在网络以外的地方浏览。它是一种过滤掉无关紧要的闲散部分并找出真正重要的事情的练习。"

这段批评太经典了。大学者写书，也是一个绕远路的过程，梳理文献、历史，与既往经典对话，然后用翔实的资料去论证。这一论证的过程比结论重要多了。而很多走捷径的读书，只是找结论，搜索结论——看前言推介，知道一个结论，好像就已经读了这本书，这完全是买椟还珠啊。只有了解了论证过程、论据以及所使用的逻辑和方法，阅读了丰富的历史，才能掌握思想的精华。了解一个学科和专业，最好的方法是先读它的思想史，绕远路去掌握它的思想地图，才能真正进入这个学科。

写作也是如此，没有绕远路的心智训练，就无法形成支撑新颖输出的批判性思维。哈佛大学原校长德里克·博克把一个人的思维进化分为三个阶段：第一阶段是"Ignorant Certainty"，即"无知的确定性"，这是一个盲目相信的阶段；第二阶段是"Intelligent Confusion"，即"有知的混乱性"，这是一个相对主义的阶段；只有少数学生的思维水平能够进入第三阶段"Critical Thinking"，即"批判性思维"的阶段，能提出疑问并在分析后给出不同的判断。以提出疑问为起点，以获取证据、分析推理为过程，以提出有说服力的、有创造性的解答为结果。想要进入批判性思维的境界，必须经历一个"有知的混乱性"的阶段，也就是充分积累，拥有提出疑问并做出判断的资本。"只知其一，等于无知"，也就是"无知的确定性"。绕远路读了很多书，知"其二""其三"，才有能力举一反三，对"其一"进行批判性思考，从而做出关于"其四""其五"的创造性判断。

　　绕远路，需要克服很多枯燥，然后才能达到思想顶峰。安德鲁·阿伯特曾说："如果你直接问这些学生亚当·斯密的论证，他们会给你一个要点列表。（我几次重复过这个实验，结果大致相同。）列表上的所有项目都是亚当·斯密说过的，甚至会是亚当·斯密说过的重要内容，但是它们之间没有逻辑联系，因为学生们并不真正地把论证看成复杂的逻辑句法，他们把它当作一个清单。Powerpoint 教会了他们这一点。"——这也是我一般拒绝给学生课程 PPT 的原因，PPT 似乎是知识的捷径，好像有了 PPT 就不用认真听课了，我不喜欢这种捷径思维。课堂包含着论证和展开的过程，没有这个过程支撑的"PPT 知识点"，一点用都没有，那只是"点"，无法连成"线"并形成"面"。

　　少依赖书单和搜索，多绕点远路吧。读书，读一些"无用"的书。

（《羊城晚报》2021 年 10 月 17 日）

拿什么拯救被"梗"住的"文字失语者"

心中所想难以付诸文字,离开"梗"就不会说话,除了"yyds"找不到其他赞美的词,万物皆可"绝绝子"……"文字失语"成为一个越来越需要重视的社会问题。此前,《中国青年报》社会调查中心联合"问卷网"对2002名受访者进行的一项调查显示,76.5%的受访者感觉自己的语言越来越贫乏。在豆瓣小组"文字失语者互助联盟"里,9万余位受"文字失语"困扰的网友集结一堂。这种表达能力的退化,也是我此前提到的"重视频轻文字"所带来的恶果,像豆瓣上的这种互动联盟是好事,体现了对"文字失语"的反思自觉。

说这些人"文字失语",好像挺不可思议的,哪里像失语呢?他们中的很多人,似乎都是话痨,在群里、朋友圈里、论坛上常常很活跃,抛"梗"、接"梗"如行云流水,表情包比谁都多,段子一个接一个,张口就是流行语,喋喋不休。他们没失语啊?其实,这正是失语的病征之一,离开社交平台装置和网络流行语,便不会说话了。借助表情包、"梗"、流行语、省略语的表达,不是你在说话,而是"话"在说你,未经你的思考和语言生成,"梗"借助你的指尖和嘴把自己说了出来,你不过是那些"梗"的通道。久而久之,你的文字表达能力便被"梗"住了,成为"语梗"患者,也就是"文字失语",失去自如地用文字表达想法的能力。

在网络空间和社交空间中,有些人好像特别能"说",处于表达的活跃状态,但那种表达并非自我的语言创造与生成,而是网络和流行的语言生成,过度依赖网络装置。社会学家伯格曼有一个著名的理论，叫"装置范式理论"，在电子媒介时代，我们的表达和交流越来越依赖电子媒介装置，这些装置已经深深嵌入人们的日常表达，设计得越来越人性化和友好化，便捷、易上手，甚至成为肢体的一部分，让人觉察不到它们的存在。应用界面、短视频、表情包、流行语、"梗"、段子……很多人看上去"能说"，不过是依赖这些"装置"而已，就像一个脱口秀选手依赖着提词器。当离开电子媒介装置自动生成的一套语言，进入需要自我生成语言的现实生活或创作场景时，便严重失语了——"那什么""是吧""你懂的"。

这便是依赖电子媒介装置的"重视频轻文字"现象所带来的问题，停思，无思，文字断片。必须有意识地跳出这种装置依赖，训练自身在思维中主动去生成语言和文字的能力，才能治好"文字失语症"。

语言不是工具，文字不只是说出来、写出来的话，它是一种受思维支配、有活性的、需要保持训练才能自如表达的东西。哲学家梅洛-庞蒂有句话说得好："说话人并非在用言语表达某种既成的思想，而是在实现它。"表达不是"移动"现成的东西，表达是具有创造性的，从"所想"到"说出"，是一项极为艰难的工作。也就是说，言语和文字表达并不是现成的，它是一个生产和创造的过程。依赖"梗"、表情包、流行语的人之所以"失语"，是因为在"被梗说""被表情包说""被流行语说"中，失去了思考过程和文字的自我生成能力。把"梗"当成现成的外套，会渐渐失去用自己的语言给"想法"穿上衣裳的文字力。

怎么戒除电子媒介装置并恢复文字的自我生成能力呢？我有三个建议。

第一，多读纸质书少看视频，创造默读和静观的主动思考空间。说到底，再精彩、再有知识含量的短视频，都代替不了纸质经典阅读。视频不是用来学习和思考的，而是娱乐和消遣，那种诉诸直观、形象、快感、趣味的画面，只会激发感官刺激和欲望消费。当你看短视频时，多会处于一种节奏感染或放空状态,很少会跟着思考,更不会有"把它说出来写出来"的同步思维。而读书不一样,如一直倡导阅读的周宪教授所言:"阅读与思考密不可分,文字的理解就是努力通过抽象的能指来理解其后的所指,把握文字的复杂意义,眼睛在页面黑色字体间有序地扫视,不断地在头脑中转换成特定的意义。"读书是从容的、双向的、可以反复的,而视频则是单向的、不可逆的、不可停顿的。默读的孤独性和理性思考,有助于建构"理性自主的自我",让思维在默读和静观中保持文字生成的活性。

我们赖以表达的文字思维,不能被那些娱乐你感官的短视频给废了。文字的表达需要文字阅读的激发,所以纸质书的阅读,无须依赖其他装置,有一种自动的文字生成性,促使我们用文字思考并将文字输出。

读书,要读整本书,读原著原作,读纸质书,千万不要迷信"让别人替你读书"。一个"文字失语者"的反思很有道理,他说:"公众号、微博、B站、知乎……有很多地方可以获取知识。总有人用一篇推文、一则视频讲完一本很厚的书。看这些东西,好像也能获得知识,但总觉得很不对劲。可能是因为这些东西都很零碎,所以很难帮人建立一个思想谱系,也很难被用于'再输出'。"是的,那些碎片化的东西都是别人"输出"的东西,营养很低,很难有维持你"再输出"的营养。读原著,接触完整的原典思想和智慧,才有"再输出"的知识冲动,促进文字思考。

第二,多创造机会让自己去秀,少看脱口秀。脱口秀很少是临场脱口、语言天赋的体现,多是提前写好的文案,然后照着提词器念,营造剧场"笑果"。看脱口秀只是娱乐,并不能提高你的文字表达和交流欲望,相反,哄堂大笑中甚至会压抑你的表达。那种文案的精彩所营造出的现场感染力和语言天赋假象,让人更不敢开口说话——我的语言多无趣啊;让你停留于"别人说得好好啊"的傻乐中,跟着重复那些所谓的爆梗、包袱。脱口秀语言是别人的语言,免除自己去说去写的劳苦,再次压抑了自我文字的主动生成。

少看在网络语言中内卷的脱口秀，如果实在觉得自己的语言干瘪贫乏，可以多看文学经典，积累对美好事物的丰富表达力。柯勒律治在他的《传记文学》中谈到，一群旅行者凝视一股急流，突然喊出"多美"，作为对令人极为感叹的景观特征的一种含糊表达，他对此是很鄙视的，觉得退化的词语"多美"使多姿多色的景象失色。伟大的文学作品的一个功能就是，描绘隐于语词之后的生动的情感。王尔德也说过，人们之所以看见雾，不是因为有了雾，而是诗人和画家教他们懂得了这种景色的神秘可爱性。语言干瘪，张口就那么几个词——"牛啊""yyds"，说明缺少文学的丰富阅读，无力用文学家教我们的语言来表达出大千世界那无穷无尽、"一波才动万波随"的灵动可爱。

第三，戒除对网语、省略语、表情包、奶化语言的依赖，多用完整的文字来表达，有意识地用"生活语言"替代那些脱口而出的"魔性语言"。不要把碎片化的朋友圈、微博当成表达，养成把想法写成长文字的习惯。不要让网络社交替代现实社交，在网上，那些省略语在小圈子里能创造出所谓的"亲近感和交流效率"，但这种"亲近性、排他性"容易形成一种温暖的共同体幻觉，到了面对面的现实生活中，就说不出话来了，独自打保龄球。

不妨试试这三个建议，坚持一个月，文字能力必能"复健"。

(《新华每日电讯》2021年9月1日)

语文教育决定了影响你一生的关键素养

这段时间舆论场闹出不少文字笑话，从中都能看到社会在文字使用上的退化。某地一则通告，竟在标题中把"湖南省张家界"写成"湖北省张家界"。再想到之前袁隆平先生去世，一些明星在纪念时，把"国士无双"写成"国土无双"，把"袁老"打成"衰老"。这些不是偶然个案，也不只是打字输入失误，其背后反映的是语文能力问题。文字能力退化的另一种表现是"文字失语"，离开"梗"就不会说话了，这也是"重视频轻文字"带来的后果。这些问题，都指向了语文教育。文字能力的退化与失语，更让我们看到了语文教育的重要。

复旦大学邓建国教授曾在微博里引用一位资深教授的话："从前来学新闻的学生，汉语还不错，英语一塌糊涂；现在的学生，英语还不错，汉语一塌糊涂。另一个老师说，其实他们的英语也好不到哪里去。"北京大学陈平原教授在一次演讲中提到："对中小学教育而言，每一门课都很重要，但是本国语言文字、文学的修习可能是最重要的、影响你一辈子的。一辈子回过头来看，其实对你影响最大的是语文课。"

我的朋友圈中有很多中学语文老师，媒体评论员和语文老师一样，都跟文字打交道，都把文字当成安身立命之所，通过文字去影响社会。我在一篇文章中致敬过语文老师这一群体："他们在中学教育中扮演着连接和整合中学知识的重要角色，是中学这个教育共同体中的思想者，是中学生价值观的重要塑造者，为中学生进入大学担负着思想摆渡者的角色。我的一个感觉是，每个在大学里有思想、有个性、善于思考的大学生，在中学里一般都有一位有思想、有个性、善于思考的中学语文老师。中学语文太重要了，学生今天走向社会时对生活和工作起决定作用的一些关键素养，如批判性思维、写作能力、阅读判断力，大多能从通识化的语文教育中找到源头。"

钱理群教授曾说，语文老师承担着给予学生"精神的底子"和对语言的美的感受。是的，语文教育决定了那些影响我们一生的关键素养。受到过好的语文教育，打好语言文字基础，能让我们在视频图像和娱乐文化的喂养环境下，保持严肃并坚硬的阅读习惯，拥有强大的枯燥耐受力、不被"小作文"带节奏的批判性思维、流畅的写作和表达能力。这些，都是现代社会定义一个人的"优秀"所必备的素养。坚硬的阅读习惯和枯燥耐受力，让我们能接触到最有价值的知识；批判性思维，让我们总能在相同中看到不同，从正常中看到反常，有创新敏感和创造欲望；流畅清晰的表达，则让我们不必借助他者中介，自己舒展自己，在有效率的沟通中更多地被看到、被理解、被欣赏。

语文教育带给我们第一重要的能力是严肃阅读的能力。不要觉得阅读很容易，试试你能不能做到打开一本书就立刻可以读下去并汲取到思想。有效率的致知阅读，不是一件容易的事，需要语文教育中的训练。阅读某个文本，不是仅仅训练学生去找"中心思想""写作目的"，找标准答案，而是沉浸其中并与作者去对话，在对话中获得愉悦、习得新知的过程。这个过程，需要有深度的专注，才能先涩后畅，先慢后快，抵达新知。我在跟北京大学和中国人民大学那些"高考胜出者"交流时发现，他们绝不只是"优秀的考生""精致的考试机器"，而是在中学阶段就读了很多书，阅读和致知能力很强。受爱读书的语文老师的影响，他们很少在手机上阅读，能抵制强刺激的诱惑，集中精力，专注于纸质经典，一本书一本书地去"啃"。投入身体劳动，在凝神阅读中捕捉书中多重、深层的信息，勤奋地用笔写下触动自己的精粹段落。中学语文课养成的阅读积累和习惯，让他们在进入大学后在读文献、检索信息和深度认知上，有更优秀的表现。

在日常媒介消费中，人们用于刷手机看视频的时间很长，却做不到坐下来看几页书，这便是缺乏专注阅读的训练，被有着强刺激效果的视频惯出了惰性，追求轻松、有趣、直观、动感、快感，对单调和枯燥耐受力极低。缺乏严肃阅读的能力，就无法建立一个凝神静观、主动思考、深度致知的理性人格。在中学，如果语文老师热爱阅读，他们能在讲课中旁征博引，由一个材料引出更多有趣的材料，给学生打开一扇门，引起学生去读某本书、某类书的兴趣，这样的老师对于学生来说就是一盏灯啊。

第二重要的能力是批判性思维，在思维训练中掌握辨析与判断的方法。到了中学阶段，语文教育就得超越语言文字规范和叙述，而迈向文字思维和思想。有价值的阅读和写作，都需要思维支撑，而批判性思维又是现代人最重要的思维之一。批判性思维不是让人去批评、否定、反驳，而是有能力在别人停止思考的地方（答案、结论、教条、权威、常识），往前再走一步，提出探索性疑问，在证据中分析推理，最后做出某种独到的、有说服力的判断的过程。你的作文能不能在一般考生之上发掘独到的角度，搭建饱满的结构，驱动有效的论证，需要借助批判性思维。我之前写过一篇分析高考作文题的文章，题目就是《高考作文是在给有批判性思维的考生加分》。

你拿什么去"批判"？批判性思维以充分的阅读为基础，有了阅读所形成的积累，见过知识世面，开阔了眼界，你才能有升维并站到更高处去"批判"的"本钱"。歌德曾说，"只知其一，等于无知"。掌握多元的材料和角度，是批判的前提，很多人之所以缺乏批判性思维，就是因为只有"一元思维"，满足于接受一个标准答案，陷入"无知的确定性"。而通过阅读积累，起码能知道很多事情有两种以上的可能性，不仅知"其一"，起码还知道"其二""其三"，甚至"其四"，这样才能形成对比、对勘、辨析、辩证、否思的思考，用"其二"与"其一""其三"进行批判性对话，创造力便被驱动了。这就是创造力的关键秘密，创新洞见体现在这个对话过程中。语文教育要通过丰富的阅读给学生打开思维阀门，在知"其二""其三"中，对"其一"进行批判性思考，举一反三，进而创造出"其四""其五"。

第三重要的能力是写作，即最终的文字和思想的输出。不仅仅是写出来，而是让思考变得清晰并固化的过程，思维需要输出来进行驱动和整理，因为大部分人的思维都是处在潜意识水平的，只有提升到词语水平，才能倒逼思维的清晰。所以，要想让思维变得清晰，没有比把它表达出来更好的途径了。清晰的思维与活跃的写作互相成就，写作是对思维的激活与整理，把潜意识状态的"想法"唤醒，用想法碰撞出更多的想法，让脑、手、口形成一种流畅协同的状态——想到了，就能清晰地写出来，进而畅通地说出来。文字输出，是综合能力的体现，这也是像高考、考研、公务员考试、招聘考试等都要求写一篇文章的原因，支撑文字输出的是一个人读过多少书、批判性思维的活跃度、日常动笔的勤奋度。

写作也能锻炼出一种对话和讲理人格。思考停留在自己脑子里时，只是一种"自以为是"，而写出来，就要接受他者的审视与批评。这个"一边写、一边与他人对话"的过程，是培养自己形成常识感、逻辑、效率、修辞、说服的过程。这也是我认为"重视频轻文字"的媒介环境破坏公共文化的一个重要原因，以消费为导向的电子媒介文化，缺乏耐心和长时关注，信息与表达方式平面化，培养的是情绪化、内向、封闭、消解、狂躁、碎片的自我人格，而不是文字凝神性实践中的开放与对话。

实际上，一个人的价值观，正是在阅读、思考和写作中形成的，在阅读中跳出自己狭窄的生活世界，去与历史、未来、远方的哭声、远古的智慧、远去的背影对话，思考那些自身利益之外的事；相信那些远方的哭声最终会与自己相关，从而让自己具备同情、怜悯、善良、勇敢、利他的公民美德。约瑟夫·布罗斯基曾说过一句话，大意如此：与一个没读过狄更斯的人相比，一个读过狄更斯的人更难因为任何一种思想学说而去伤害同类。语文教育的"精神底子",在读、思、写的日常训练中塑造着一种与公共事务、公共利益形成密切联系的饱满人格。

(《中国青年报》2021年9月8日)

没读百本经典，不要轻易谈批判性思维

毁掉一个词最好的方式，就是泛滥地使用它。批判性思维的教育正处于被以这种方式毁掉的危险中。各种教育都言必称"批判性思维"，把这个词当成"我跟其他不一样"的高品质象征，仿佛一"批判"就有"思维"了，忽略了批判性思维的前提。我们拿什么去驱动"批判"呢？批判性思维的驱动需要知识本钱，没读百本经典，不要奢谈什么批判性思维。

哈佛大学原校长德里克·博克关于批判性思维的见解最常被引用，他把一个人思维模式的进化分为三个阶段。前文已经谈到，即"无知的确定性"阶段、"有知的混乱性"阶段和"批判性思维"阶段。要进入批判性思维的境界，必须经历"有知的混乱性"阶段，也就是充分积累，拥有用来提出疑问并做出判断的资本。"只知其一，等于无知"。读了百本人文经典，在博览群书中见过知识世面，知"其二""其三"，才有能力举一反三，对"其一"进行批判性思考，从而做出关于"其四""其五"的创造性判断。

批判性思维与"杠精"最大的区别在于，"杠精"是无论据地杠，无肯定地否定。"反对"只是一种形式和姿态，为反而反，缺乏有论据支撑的判断。批判性思维，是一种在否定思考中做出肯定判断的思维，拥有实质内容，赋予批判后所形成的空白以内容。所以，关键是你拿什么去"批判"？你拿什么避免让"批判"成为一种价值虚无主义和相对主义？"否定"只是批判性思维的第一步，关键是第二步，有论据支撑、有分析推理过程的肯定性判断。

学者许纪霖曾说:"我们今天接受的大部分知识,都是以信息的方式传递的;最后如何理解,实际上取决于我们的心智结构。心智结构是一套语法,一个人的语法结构差不多在大学时代就被奠定了,以后读再多的书,恐怕只是一些信息化的知识而已,只能放到特定的心智结构和语法关系里来理解。"批判性思维,实际上是阅读内化中所形成的一套"心智语法结构",我们用这种有解析力、思考力的语法结构,对接触到的信息进行分析,从而做出有说服力的判断。

拥有了这套由阅读所塑造的"心智语法结构",我们在思考问题时才有了"主导思维"的能力。人们在日常生活中很多时候其实处于某种"无思状态",根据本能做出条件反射,形成一种朴素、麻木、套路化的自动反应。比如"一看到……就想到……":一看到宝马就想到霸道的有钱人;一看到医患冲突就想到医生乱收费;一看到"路人"就想到"冷漠的路人";一看到"泪水"就想到"被欺负";一看到某种身份就与强者弱者关联起来。尼采曾说:"我们的眼睛就是我们的监狱,而目光所及之处,就是监狱的围墙。"批判性思维是引导我们跳出"监狱围墙",培养一种"在别人停止思考的地方再往前走一步""跳出惯性框架去质疑"的能力,这有赖于有分析判断力的"心智语法结构"。

这套语法结构包含着一套反抗平滑的"思维转折字"——等等,我不知道,我得查一下。前提是什么?来源是什么?谁说的?为什么这么说?这是事实还是"说辞"?有没有另外一种可能?这句话的背景和语境是什么?然后呢?为什么?用同样的论据能不能得出相反的结论?这些"转折字"能起到陌生化的间离效果,是阻止自己的思维滑向惯性的一种方式。让自己停下来,用事实和逻辑去审视一下,避免接受"无思的答案"。我们的"想""看""写",都是负载着框架的,都是一个聚光灯,照到哪里,哪里亮,照不到的地方就是黑的,而当我们使用这些"思维转折字"时,批判性思维就被启动了,照见那些思维盲区和惯性主导区域。

一个未经训练、没有阅读支撑的语法结构，缺乏思维转折的能力，它是平滑的，类似于某种自动生成、停不下来的装置。阅读的过程，是一个看到事物的复杂性、矛盾性、条件性、多元性的过程。这套语法是一套阻断机制，阻止自己的思维在未经思考时就滑向某个常规化、刻板化、套路化的结论。转折，是一种在平滑的思维中慢下来、停下来的能力，去阻断"无思""不思"的语法。

这套语法结构还拥有着一套"反问的语法"，在反问中体现批判性。未经训练的思维是一种"应答"思维，当别人向你提出问题时，你会习惯性地回答，给出符合这个问题框架的、让提问者满意点头的答案。而批判性思维的语法结构，则对"给出答案"保持警惕，时刻准备去反问。反问，其实是"批判性思考"的同义词，不是从提问直接滑向让提问者满意的答案，而是质询"问题中的问题"。

就像在课堂上，最好的学生不是积极回答问题的学生，而是积极提出问题的学生。能提出问题，说明他有自己的思考，有自己的问题意识，有自己看问题的不同角度，是站在问题的肩膀上。对批判性思维有研究心得的学者钱颖一曾提到，我们很多学生回到家里，家长都问："你今天学到了什么新知识？"而在批判性思维的语境中，学生回到家里，家长却问的是："你今天问了什么好问题？"前者的落脚点是"学知识"，后者的侧重点是"提问题"。知识往往是死的教条，而"提问"中往往包含着知识的活性，批判性思维就是一套带着活性、具有动词属性的知识。一个对问题进行真正思考的学生，才能提出让老师需要认真思考之后才能回答的问题。

这套语法结构不是可以通过背诵而记住的死知识，而必须在阅读中通过训练才能进入心智结构的、能生产出新知识的动态语法。我们的批判性思维教育，不是急于去驱动"批判性"，而要看到批判性的本质及支撑其的知识结构，让学生在经典阅读中形成自己"能转折""会否思""善于反问"的语法结构。

批评性思维研究专家理查德·保罗在《思辨与立场》中提道:"为了能成长为一个思考者,你必须开始反思自己的思维,因为它存在一个潜在的结构体系。"当你在心中建立起一个能够观察自己思维的"大屏幕"时,说明你已成长为一个思考者了。反窥一下自己的语言习惯和思维习惯,是不是拥有这套语法结构——是经常顺从性地说"哦了""确实""那好吧""yyds""是啊",还是批判性地反问"真的吗""然后呢""前提是""来源呢""为什么"。思维训练的过程,就是让自己在经典的熏陶和"有知的混乱性"中,积累善于提问的心智本能。

面向生活，避免评论的过度反思

看哲学家陈嘉映的书，多处谈到当下社会中的过度反思。他引用威廉斯的话说，"无所不在的反思会威胁和摧毁很多东西，因为它会让原本厚实的东西变得薄瘠"。他举了个案例，当一只老虎扑过来的时候，我把老虎打死，这时我不是在捍卫一种价值，我是在捍卫我自己的生命，在捍卫我的身体。我们处在一个反思甚至是过度反思的时代，无论遇到什么问题，都容易上纲上线，从很高的理念层面讲出一番道理，但有些事情是很基本的，如果拉到很高的理念层面上来讨论，反而越绕越糊涂。例如老虎扑过来，你首先是奋起自卫。我们并不是永远都能够靠对话沟通来解决争端，有时所需要的是赤裸裸的斗争。

这让我想起语言哲学家维特根斯坦，他也很反感那种过度反思所导致的混乱——提出一些根本就不存在的问题，并为解决这些问题而痛苦不堪。对于这种人，维特根斯坦说了一段常被引用的名言："一个人陷入哲学混乱，就像一个在房间里想要出去又不知道怎么办的人，他试着从窗子出去，但窗子太高；他试着从烟囱出去，但烟囱太窄；其实只要他一转身，就会看见房门一直开着。"

过度反思在评论界很普遍，常表现为脱离事实本身的过度阐释。比如春节后刷屏的"独居女孩浴室求生"一事：一个北漂女孩，独自一人租房居住，除夕凌晨洗澡时，卫生间门锁坏掉，被困在浴室里长达 30 个小时。在这漫长的时间里，她与饥饿抗争，敲击水管求援，靠自来水维生。然而除了她的猫，没有人伸出援手。最终，一个素不相识、同样滞留在北京的陌生年轻人救了她。

如此种种不幸的巧合叠加在一起的绝境生存怪事,确实惊险。如果没有她"坚持折腾出各种动静",如果不是那个陌生年轻人伸出援手,热闹大都市里如此不可思议情境下的非正常夺命悲剧,让人细思恐极。舆论和媒体很关注这件事,又是报道刷屏,又是各种评论反思——反思城市孤岛和城市冷漠、女孩独居问题、单身、虚拟社交、过度追求安全带来的隐患,等等。

这就属于过度反思。其实这纯粹是一个由无数偶然巧合叠加的小概率事件,只是一个个案、意外事故,并没有普遍性。只不过因为这事儿发生在北京这样的大城市,发生在白领身上,还发生在春节这样的时段。北漂、独居、浴室、求生、无人应答的戏剧化叠加,让惊险"经历"迅速出圈,并在传播中生产出一种情绪。

这是极端意外,跟"女孩独居"并没有什么关系。如果带了手机,如果浴室不那么封闭,如果门不那么设计,如果空间稍大一些,如果不是过年而像平时那样经过楼道的人多一些,都不至于陷入如此绝境。像这样漂在城市、独自租房的人太多了,有几个会遇到类似的绝境?拿这事儿来说"现代城市人冷漠",也很牵强,报道说有人经过时听到女孩的呼救,但没有报警,可能是经过的人靠自己的想象力无法理解这种绝境,想象不到被反锁在家会有生命危险,所以没有介入。至于说"过度追求安全而带来隐患",也站不住脚,追求安全有什么错呢?把门锁好,这不是基本的安全吗?谁料到竟被意外反锁并陷入绝境呢?

归因于女孩"单身"或"独居",更是扯淡。因合租而产生的问题少吗?合租就不会出现这种问题吗?结婚后长时间出差而一人独处的情况少吗?这件事只是个人意外,但闲人太多,围观太多,反思者太多,"道理"不够用。作为"意外"本身的解释,满足不了那种猎奇和流量欲望,于是便有了泛滥成灾的过度反思。相比对于小概率意外经历的关注,这件事真正反映出的现实镜像、真正具有普遍性的问题,应该是关心那些无助的老年独居者。年轻人在城市选择独自租房，这是年轻人的自由选择，没什么问题，真正成为问题的是那些孤独的老人。年轻人遇到这种绝境，尚能想到一些方法去应对，让自己获救，如果是独居的老人，面对这种绝境是多么可怕！诸多调研都提到过老人"孤独死"这个社会问题。

如何防止过度反思？陈嘉映开出的药方是，停下来，跟自己的经验对勘，不能只循着道理去反思。跟不那么好反思的人交谈，多与人交流，用厚实的生存托起反思，否则反思会飘起来。对此，我的理解是，多面向生活，在生活的情境中去思考问题，而不是在抽象逻辑中陷入概念内卷。不能"手拿孤例包打天下"，道理要能回到生活的常识和经验。什么是个案，什么是常态，什么是真问题，什么样的独居才是需要重视的社会问题，这是沉重的生活，而不是哲学思辨。

很多事情，反思反而搞复杂了，搞出很多伪问题，为了解决一个问题制造了更多问题。对过度反思同样充满鄙视的学者纳西姆·尼古拉斯·塔勒布提到过"布里丹之驴"：一头又饥又渴的驴刚好站在距离食物和水一样远的地方，由于在"先喝水还是先吃草"之间难以取舍，它不可避免地死于饥渴。但，问题其实很简单，这头驴啥也不想，随机地往水或食物的方向走了一步，问题就解决了。

（《青年记者》2021年第7期）

读书无捷径，必须靠身体去死磕

前几天看复旦大学新闻学院邓建国教授的微博，我特别认同他谈到的读书方法。他认为："尝试了'千万种'阅读方法，最后发现，高声朗读和逐字手抄经典著作才是性价比最高的方法。唯有'身体卷入'才是彻底的和终极的记录和传输。"我转发时说："读书方法，没有捷径，过目不忘，一目十行，是不读书的人编出来的读书神话。"

邓教授所说的"身体卷入"，我对此的理解是：别耍什么小聪明，别太相信脑子多么灵光，要下笨功夫，慢下来，全身心投入去读书，眼、手、嘴、脑、耳，都要参与其中。对印刷文本的默读是单一和单调的，身体卷入式的参与、沉浸带来的"自失感"，才能调动起读书所需要的高专注度，在身体联动中形成有效记忆。另一位读书的朋友说："不要指望知识平台的所谓'拆书'能帮你迅速轻松地掌握经典著作，唯一能掌握经典著作的方法，就是和经典正面死磕，一句一句、一段一段地读。读不懂就去看注释，再看不懂就进行延伸阅读。"对，就是慢下来"死磕"，先慢后快，先涩后畅。

一些知识平台迎合现代人的浮躁，教人如何"快速"读书，讲理念，划重点，听精华，背名句，记几个知识点。这种所谓的读书，宣称要帮你省时间，让你以最舒服的方式去读书。可是，有效、有价值的读书，本来就是需要"耗时间"的，并且是不舒服的。舒服的读书，用充满诱惑的视听景观，让你"听得"很兴奋，"看得"很舒服，用他者的全媒体讲授（形象的图频声光）和技术装置（友好、便携、易懂、人性化），解放了你为读书本应有的身体投入，带来一种读书幻觉。缺乏应有的"身体卷入"，缺少默读的孤独性和理性思考，无法慢下来细琢、细磨、细切、细磋，往往不能沉淀到身体中成为自己的知识积淀的一部分，仅仅是容易迅速遗忘的"碎片灵光"。

用哲学教授张一兵的话来说："所有真正杰出的思想家的观念，都是以特定的精神内居于生命对世界的意会体知之中。他们的言说和文本无不是生命对象化的结果，我们听他们的演讲和阅读他们的文本，只有像他们一样，以特定的方式内居于世界和生命的交融中，才可能真正意会式地'入境'于他们的精神世界。""入境"的意思是，进入他们的精神世界，像他们一样去思考。很多书一开始读不懂，很正常，别人毕生的积累，研究了一辈子的学问，你一读就明白，也太没有学术和思想含量了。当你做了充分的准备，了解写作背景、作者的问题意识、在思想谱系中的方位，经历了"身体卷入"的痛苦过程，可能才会有所收获。

"身体卷入"的另一个层面是"思想劳动"。读别人的书，不只是在复制中汲取别人的思想，而是要有自己的"劳动"。英国哲学家约翰·洛克把原初财产权定义为"通过劳动渗入占有自然存在的物品"，劳动很重要，物品附加了劳动，才会成为自己的东西。读书也是如此，有了"身体卷入"的劳动，才能将知识和思想内化，成为自己思想内涵的一部分，而不是很快被遗忘的、外在的、工具化的"知识点"。

前段时间看过关于"学习吸收率金字塔"的一张图，很有意思。被动学习的吸收率非常低——光听讲，吸收率只有5%；光阅读，吸收率为10%；光听与看，吸收率为20%；进行示范与展示，吸收率为30%。而当主动学习时，才有高吸收率——小组讨论，吸收率为50%；实作演练，吸收率为70%；转教给别人或立刻应用，吸收率高达90%。"主动学习"的内涵其实就是高度的"身体卷入"，通过身体的参与和劳动，让思想涵化进身体记忆之中。因此，我读完一本书，一般都会写一篇书评，或者融入课件中，用自己的话把那些经典的思想叙述出来，转教给学生。身体充分参与了"劳动"，而不只是看书时画线标重点，才能将知识物质性地沉淀入身体。

我平常讲课时会特别跟学生强调，光听课没有太大用，即使当时听得再津津有味，再觉得有收获，如果不去运用，会很快遗忘。一定要去写，在写作的过程中运用，并在写作之后用课堂所讲去反观自己所写，并与其他人的写作进行对比，这样才能有高吸收率。写作的过程，就是充分的"身体卷入"和具象的"劳动"。正如哲学家陈嘉映所说，读书从来不是为了搜寻和吸收信息，而是通过阅读与作者交谈，培育自己的心智。

说实话，写作和读书都是挺"苦"的事儿。这世上从来没有单纯的快乐，没有不经历"苦"的兴趣和欢乐。不坐冷板凳，没有真正的思想和身体劳动，不自己去翻越晦涩难懂的大山，靠花钱让别人替你读，然后喂养给你，既没营养，更不会融入你的身体、滋养你的思想。

（《青年记者》2021年第5期）

习惯那种没有金句和答案的读书

常有一些学生跟我说，什么书什么书是经典，可读后往往大失所望，读了大半天都读不到值得画线和摘抄、能启发思考的金句；或者是因为看了某段金句而被一本书吸引，可买来读后发现，书中像这样的金句太少，感觉被忽悠了。不少人都热爱这种"金句驱动式"阅读，我想说的是，这种功利式阅读，不是一种能汲取到知识营养的好方法。寻章摘句生吞活剥碎片化的金句，忽略了论证过程。不沉浸到整体内容，欲速则不达，效率其实非常低，糟蹋了时间，也糟蹋了好书和阅读。

金句往往是一长段材料在铺垫和扎实论证后的"飞跃性概括"。比如，西奥多·阿多诺曾说："在一个从众的大众社会中，偶像崇拜往往通过某种'伪个性化'的方式来操纵，并以此掩盖了文化工业本身的标准化和同一性。"这句话够金句吧？但它不是孤立的，而是在翔实的材料和论据的基础上得出的结论，认真读了前面的铺垫与论证，这个结论才是顺理成章的、有理论活性的，你也才真正理解了这个判断。经历了这个过程，金句才能进入你的知识体系，成为知其然更知其所以然、有活性的思想，让你在写作时能自由调用，支撑你的输出。否则，割裂了它的来源，只把这一句当金句摘抄下来，在笔记本上形成记忆假象，很快会成为被遗忘的"死教条"。刘擎教授也表达过这个意思："我们传统的学院派教育强调知识要有系统，要有完整的结构和逻辑关联等，而年轻人比较喜欢丰富、碎片化的知识和感受，所以他们喜欢金句。我觉得，一个比较闪光的句子，都是在整体论述之后出现的，它是有上下文的。"

如果不在知识的系统和整体面貌中去理解一句话，那么所谓的金句是无法"致知"的。社会学家安德鲁·阿伯特区别了"知识"与"致知"，"知识"是"致知"的一个结果，重要的是"致知"过程。一本书，只想要总结出几个"中心思想""段落大意""关键结论"，只想要那些"碎片金句"的阅读过滤和筛选，实际上根本没读进、读懂一本书，金句自然也没有进入一个人可以自由调用的知识储存。表面上读了很多书，大脑却空空如也！

我一直觉得，金句不仅是作者辛苦论证的结果，不仅是某种灵光一闪，也是读者沉浸到一本书中、辗转反侧辛苦跋涉后豁然开朗的一种阅读报偿。也就是说，金句不是作者喂养的产物，而需有读者的参与。进入作者的理论构镜，沉浸于其中的逻辑，读通了，读透了，读懂了作者的深层含义，读懂了逻辑关联，读懂了与现实对应的思想，理解了自己长久以来的困惑，这时金句就出来了。一句真正沉淀到自己知识体系中的金句，必然在对话中包含着自己的某种思考。我之前读马克斯·韦伯关于工具合理性和价值合理性的论述，一直没读出味道，但那段时间的新闻中有很多"把人当成工具""形式主义官僚主义只看程序不顾人命"的事件，自己就逐渐悟到了工具对价值的碾压，悟到了"由于他们的行动与结果之间有着很长的链条，他们的道德意识就会模糊，从而导致道德盲视"的金句内涵。读到这时，读书才会成为"六经注我"，把别人的思想变成我可输出的思想，而不是"我注六经"。

读书必须先内化，读进去，才能滋养你，而不是"直肠式吸收"——读了，作为答案，立刻去现炒现卖，那只是假肢假牙。套用一句话——一种纯粹"摘抄金句"学来的知识，与我们的关系就像假肢、假牙、蜡鼻子甚或人工植皮；而由深入思考获得的知识，就如我们天生的四肢，只有它们才属于我们。金句是内在于体系的思想，而不是金牙、高级皮带、LV包包、金边眼镜。

　　阅读是一种对话和生成，需要沉浸其中，金句是对沉浸阅读的思想犒赏，而不是可以单独抽出来的"精华"。那种可抽出来的"精华"，往往只是一种营销策略。一位著名读书人曾谈到"畅销书三规律"：第一，把你已经知道的事情用你不知道的说法说一遍；第二，把刚刚的说法重复一遍，再举一些例子；第三，再重复一遍进行总结，就成功了。——那些关于某本书鸡汤式、促销式的金句，多是为不读书的人量身定做的，只不过"把你已经知道的事情用你不知道的说法说一遍"，是你认同的、你熟悉并了解的道理，换了种说法，而已。

　　我也不喜欢"寻找标准答案"式的读书，如果把书的内容当成"可以抄的答案"，那还是应试思维，没有什么营养。好书在于能引发思考，在于那个论证过程所带来的思想激荡，挑战了某种常识，启发了某种新思，带来了某种智识。智识是什么？如果说智力指向的是一种标准答案，那么智识则是一种"把答案变成问题"的能力，这是一种高级素养，能在新问题中把思考推向更高的观念水位，迈向通透的智慧。

　　是的，越是好书，你越是无法从中得到"标准答案"，却能产生很多问题，这些问题能帮你摆脱"无知的确定性"，挑战大部分应试教育潜藏于你思维中的"天经地义"和"不证自明"，在经历"有知的混乱性"之后，走向批判性思维之境界。

　　何兆武先生在《上学记》中曾提到："读书不一定非要有个目的，而且最好是没有任何目的，读书本身就是目的。读书本身带来内心的满足，好比一次精神上的漫游，在别人看来，游山玩水跑了一天，什么价值都没有，但对我来说，过程本身就是最大的价值。"是的，读书绝不是功利的、速成的、热闹的、立竿见影的，但我也觉得，读书绝不会辜负你，享受了过程，沉淀了思考，总会在某个时候某个地方滋养你。

（"澎湃新闻"2022年4月24日）

"重视频轻文字"已造成灾难性恶果

近来出现不少荒唐乱象，从中都能看到社会在文字使用上的退化。比如，南京的一则官方通告，竟在标题中把"湖南省张家界"写成"湖北省张家界"。后续的道歉公文，又被挑出多处文字问题。某企业祝贺中国羽毛球队在东京奥运会取得佳绩的海报，竟然用了"铩羽归来，包揽金银"的祝贺语，只识"羽"而不识"铩"，把常见的成语用反。还有在体育赛事电视转播中频频听到的国骂，无比刺耳。

在这些年的媒体融合与转型中，整体的转型取向被一些热衷于下沉、逐利的平台所裹挟，把短视频捧到了无以复加的高度，轻视文字传播，忽略文字功底，无视文字作为表达和沟通的基本媒介，片面地"重视频轻文字"，争相用视频下沉去争夺庞大的下沉用户，让社会的文字能力也下沉到谷底。

谁人不识张家界？那么重要的官方文件，怎会把"湖南张家界"算到"湖北"头上？还有后续的道歉文件，文字为什么那么粗糙？绝不是偶然的，这是当下"重视频轻文字"造成的恶果，平常不注重文字基本面，文字把关能力弱化，关键时候舆情爆雷。各种考核，不管本身是面向谁，也不管表达的目标是什么，都把流量和爆款放在第一位，追逐出圈和"10万＋"，助长了浮夸艳丽、不务正业、急功近利的传播风气。本来用简单文字就可以说清楚的事，非要做成视频，配上乱七八糟的图片，叠加所谓的全媒体元素，既给用户增加了阅读障碍，也在舍本逐末中弱化了传播系统的文字表达能力——能写出妖艳花哨的抖机灵文案，却写不出一份文通句顺的规范文章。

"铩羽而归"是中学语文学过的成语，如此常用的说法，怎么会把意思用反？发布这样一张祝贺海报，得经过好几个把关人，怎么没一个人发现？误用＋疏忽＋盲区，其背后反映的也是集体对文字的轻视，都把心思用在海报的创意策划、图片呈现、谐音造梗和景观审美上，最重要、最直接表意的文字，反而成了边缘和盲区。这是当下传播的通病，重视图片和视频的审美，把作品传播的图像化和视频化当成有"技术含量"，有"创意能力"。仿佛耗时耗力进行了图像视频呈现，才能叫"全媒体""融媒体"，仅有文字显得太低级了。这种"有图才叫融媒体"的图像视频崇拜，忽略了文字在传播中的基本表意功能。当文字被轻视，"反噬"在所难免。

体育赛场上刺耳的国骂，这种粗鄙粗野化的表达，也跟"重视频轻文字"的传播阅读环境有很大关系。我想，常看文字、保持严肃阅读、用文字思考的人，是不会在公开表达中把国骂放在嘴上的，这种粗野的发泄跟文字调性不合。常常沉浸在短视频中的人，可能会在无意识中把国骂当成日常的正常表达。这句粗口，在短视频中太常见了，甚至成为很多短视频惯用的魔性感叹。短视频本就以粗野的日常为剧场背景，生产出那些段子，贩卖着生活的鸡零狗碎。国骂就这样成为背景音，误导青少年以为这代表着酷和野性。只在乎娱乐搞笑和流量变现，别字连篇，恶俗粗野，他们毫不在意。

让人悲哀的是，"重视频轻文字"甚至已经成为一种价值观。我在年初时写过一篇评论，批评过这种现象："你真喜欢那种又臭又长的全是漫画、截图、表情包式的阅读吗？我是很不喜欢的，明明可以用文字写清楚、说清楚，为什么非要用又臭又长的漫画和截图？评论也是这样，尽可能用文字表达，不要用短视频，它只会损耗效率。就像我特别反感微信交流时，突然甩过来几大段语音。文字是新闻与评论最清晰、有效、直接的方式，如果图频不是特别精彩，不是现场突发，不具有'文字不可还原性'，对方文化水平不是特别低，就不要用图频、视觉来呈现。媒体融合与转型，是优质内容与用户的连接，不是折腾自己玩那些不擅长的东西，既生产图频垃圾，也浪费用户时间。"

我总觉得"重视频轻文字"并不是媒介自然演化的结果，其背后有平台的推波助澜。文字的传播和阅读，是以用户为主体的，用户可以在文字中控制自己的时间，而线性排列和逻辑顺序，也有助于用户理性思考，让用户用最低的成本获得信息，节省最宝贵的时间资源。而短视频传播，则是以平台为主体，控制和榨取着用户的时间。短视频的逻辑，就是致力于让用户"沉浸"其中，逗留在一个接一个的视频中，耗费很长时间而浑然不觉。用户所停留和消耗的时间越长，越成为其变现的资本。这背离了"替用户节省时间"的媒体原初功能。

前几天河南洪灾，一个网友的话被广为传播，他说："从暴雨急救就可以看出纯文字易传播、阅读速度快、易保存和回顾、方便及时的优势，也说明了很多信息根本用不着做短视频传播，浪费流量和大家的时间，还浪费电。"这段话得到了很多网友的支持，从中可以看到人们对"重视频轻文字"问题的深刻反思。那种毫无必要的视频化，既让新闻生产者不堪重负（放弃擅长的文字去搞视频），还降低了传播效率（一句话可以看明白的内容，用视频拖得又长又臭），浪费了公众时间。这也是此次那些"网红"到灾区拍短视频所引发舆论怒怼的主要原因，用你们拍什么短视频啊？重要的是救命，那个在上海读大学的河南姑娘为了救被困者，都把网络调整到最低耗电、耗流量的"极简文档"方式了，你们还跑到现场用短视频去骗流量。

看一些刷短视频长大的人和小编写的文字，真为其文字感到痛心——别字连篇、不合规范不说，碎片化，没逻辑，绕来绕去，半天总说不到关键；粗鄙化、网语化、口语化，缺乏书面语的典雅；缺乏表达效率，热爱注水，又臭又长。文字表达在传播中应具有优先性和基础性，先把文字理顺弄通了，再追求其他媒介形式的表达和表现。回归文字作为表达与传播的基本功能吧,文字表达能力不要被短视频给废了。下沉的"饭"很诱人很好吃,但文字基本功不能跟着沉沦,不能沉到只会粗俗网语的那个层次。

("澎湃新闻"2021年8月2日)

文字阅读的"间离效果"

我在之前的评论《"重视频轻文字"已造成灾难性恶果》谈到过:"这些年的媒体融合与转型中,整体的转型取向被一些热衷于下沉、逐利的平台所裹挟,把短视频捧到了无以复加的高度,轻视文字传播,忽略文字功底,无视文字作为表达和沟通的基本媒介,压倒性地'重视频轻文字',争相用视频下沉去争夺庞大的下沉用户,让社会的文字能力也下沉到谷底。"实际上,这伤害的不仅是文字写作和表达能力,还有思维能力,尤其是批判性思维能力。

学者许纪霖在评论反智主义思潮的成因时,谈到文字退化,也对视频和图像对思考的破坏感到忧心忡忡,他说:"在年轻人之中,文字都变得累赘,最直接的就是图像。于是,短视频成为最流行的媒介。在短视频时代,说理变得日益的不可能。文字毕竟还有一种间离效果,还需要通过你的大脑转化为想象和理解,而图像是直接的,且会形成一个气场,就像牧师的布道,直接镇住观看者。我们的大脑不再运作,不再思考,只是任人摆布。从这个意义来说,新媒体在技术上为反智主义提供了一种新的技术条件和空间条件,乃至心智结构。"

"间离效果"确实是文字的特点,在间离中训练批判性思维。虽然汉字有象形和会意,但连成整句、变成文章后,就与形象的事物和直观的世界形成了间离,无法朴素直观和感性直达,而需要调动起抽象思维才能理解其内在本质。比如,我在文章《骑手本身就是一所开放的大学》中提到,骑手与大学,两者并没有形象上的直接关联,需要在抽象阶梯的上升中去琢磨两者关系——噢,原来说的是职业对一个人心智的训练,就像大学里那些专业课程对人的训练一样。文字是对现象的"抽象",用文字思考,就是充分调动抽象思维的过程。

　　网上有一个流行的段子,记者采访放羊娃,问放羊为了什么?放羊为了挣钱;挣钱为了什么?娶媳妇;娶媳妇为了什么?生娃;生娃了干什么?放羊。这个段子本来是为了说明封闭世界中的死循环,没有知识,就无法改变命运,无法跳出死循环。但知识又是什么呢?段子其实隐含着一层未被揭示的深义,就是这个放羊娃因为没有读书,只能活在眼前可见的现象世界中,他的世界里只有挣钱、娶媳妇、生娃、放羊,无法将这些事情抽象和扩展到更广阔世界中的财富、爱情、事业和未来。生娃是具体的,而爱情、事业和未来,则需要跟生活世界之外更多的人、更广阔的远方和更高远的抽象价值联系在一起。放羊娃知道羊,他的羊叫"小咩",但他无法通过文字将"小咩"抽象成与世界产生关联的财富和未来。

　　思想是什么?就是去思考那些超越你切身利益和本能之外的事,这就需要借助文字。价值观是什么?推己及人,关心众人的命运,并且相信它最终会与自己的命运相关,这也需要借助文字的思考去扩展。文字精髓在于,它包含着思想和价值观。"间离效果"是一种停顿,让我们停下来思考,推己及人,推而广之,切之磋之,做出有主见的判断。

　　阅读的人都会有这样的经验:我们很难完整地读完一本书,拿起书就犯困,必须拥有很强的枯燥耐受力,才能把书读下去,但看电视电影、刷短视频却没有这种障碍,很容易就沉浸其中,一两个小时浑然不觉,甚至容易成瘾。为什么呢?因为视频面对的大都是具象、形象之物,理解起来容易,不需要投入太多思考。有人说短视频内容的门槛,是以猴子能理解为标准的——低到猴子级,这似乎有点侮辱人的智商,却触及了这类视频的本质,即诉诸人的感官刺激,将理解降到最低限度。经常可以看到,一两岁的孩子还没认字,连漫画还都不怎么会看,但使用手机、玩短视频却完全没有障碍，小手划屏幕划得可顺手了。就像吃饭喝水一样，这诉诸的是本能。

不爱读书，是因为读文字需要耗费脑力去理解，难懂的地方还得停下来仔细琢磨。而视频则是直接的，无须借助什么中介，就是那样，明摆在那里。读文字时，我们的大脑得跟着抽象的文字高速运转，才能理解；而刷视频时，思考是停滞的，处于麻木的"无思""停思"状态，被视频自动生成的情绪和感官愉悦推着走，形成一种感觉自动性，根本停不下来。人们刷短视频时，往往感觉很轻松，因为不需要脑子参与思考，而刷完后往往觉得很空虚无聊——空虚感从何而来？是停下来后，意识到了被视频感官愉悦所掩盖的"无思"状态。假如继续以刷视频的娱乐来打发无聊，只会带来更深入骨髓的无聊。

现代人的无聊感，很大部分都是丢掉严肃的文字阅读而去追求肤浅的感官愉悦所带来的，与厚重的价值缺乏连接感。苏珊·桑塔格曾说："一切真正的理解，起源于我们不接受这个世界表面所表现出来的东西。"文字阅读的"间离效果"，就是一种带着我们"不接受这个世界表面所表现出来的东西"的思想力量。

（《青年记者》2021年第23期）

千万不能让"考研思维"支配你的大学

前几天,跟一位新闻学教授聊到批判性思维,他很郁闷,期末给学生出了一道题,让学生列举"批判性思维的几种思维特质"并结合当下时事热点分析自认为最重要的一种特质。本以为很简单的一道题,没想到学生却蒙了:课堂笔记里好像没有;老师好像没有专门讲过这个知识点;复习背诵时好像没有背到这个答案;老师好像讲过批判性思维,但没有给我们总结过思维特质到底是哪几种啊;哪有几种特质,我只能想到一种啊。于是,各种拼凑答案,把课堂其他知识点牵强地归于其中,五花八门,惨不忍睹。

这位教授郁闷之处在于,一学期都在通过批判性思维的训练,打破学生的思维框架和惯性,鼓励他们跳出常规、盲区,戒除对标准答案的依赖,改变应答的本能而去"询问",在别人停止思考的地方再思考几分钟。可以说,批判性思维的理念贯穿于整个教学,批判性思维本身是反标准答案的,也是反知识点、反应试、反套路的,这是一种开放的、有活性的、在使用中去梳理、举一反三、生成新知识的思维。老师讲了方法,需要学生在训练中去延伸和扩展;老师将原则贯穿于课程中,需要学生自己去总结和梳理。但大家还以"求标准答案""找知识点""背知识"的学习套路去面对批判性思维,也太对不起批判性思维了。

这位教授说,他确实没有"专门"在某一课堂讲过"批判性思维的几种思维特质",但每次上课都会强调相关理念,批判性思维本身就包含着在课堂"启思"后学生主动去实践、梳理、总结。之所以出这道题，就是为了考查学生在听课后有没有动手实践、内化和梳理。大学课堂不是中学教育，不是死记硬背课堂知识点，不是被动灌输，而应该是主动的、创造性的、实践的、生成的。背批判性思维的三种、五种、十种思维特质，有什么用呢？那是死的知识和教条，应该运用起来，以主动使用它的方式去定义它，在使用中使它成为自己的思维方法，这才是打开批判性思维应有的方式。

批判性思维的一个重要思维特质是具有慢下来停下来的能力，只有慢下来停下来，仔细琢磨一下，才会跳出误区，才能避免滑向一个预设的答案，防止被别人牵着鼻子走。但在当下大学教育的内卷化中，学生好像很难停下来。

很多学生走进大学后，把保研、考研当成了大学生活的唯一目标，心中只有绩点，一切为绩点而拼。他们的大学生活，就是行色匆匆地抱着课本，从这个教室赶到另一个教室，从这个"deadline"赶往另一个"deadline"，从这本"教程"翻到那本"原理"。钱颖一教授在《大学学生培养中的七个现象和七个权衡》一文谈到的担忧，引起很多教育者的共鸣，他用三个字概括了当下很多学生的状态——"忙、茫、盲"（"忙碌"的"忙"、"茫然"的"茫"、"盲目"的"盲"）。首要特征是忙碌，课程多、作业多、活动多，普遍反映比高中忙。忙碌之后是茫然，不知所措，不像在高中，一切都是安排好的。茫然之后是盲目，盲目地听辅导员的话，盲目地跟随学哥学姐的脚步走，因为他们是过来人，可信，可学。

"忙、茫、盲"，是一种类高中式的生活状态，更是一种类高中式的思维状态，被各种事情填满，无暇停下来思考，被动地等着各种课程、不同老师的结论和答案，停不下来去问、去思、去实践和去挑战；没有标准答案，茫然不知方向，盲目地跟随，盲目地背知识点，没有可供批判性思维启动所需要的时间和空间。参照哈佛大学原校长德里克·博克关于批判性思维的见解，"忙、茫、盲"的状态，还是一个"无知确定性"的思维状态。对"批判性思维有几种思维特质"这一考题感到茫然，也是"忙、茫、盲"状态带来的恶果。

很多学生直接把保研、考研当成学习目标，这个支配性的目标对大学专业训练的伤害是致命的，它使"考研思维"主导着整个大学的学习阶段。选择考研，没什么问题，可怕的是支配性的"考研思维"！不是把"读研"当成扎实专业训练之后水到渠成的延续，而是进大学后就直奔"读研"，就像读中学时直奔高考那样。这种直奔"读研"的支配性目标，掏空了大学专业训练的空间，异化了本科教育。这从学生为考研所做的准备和训练可以看出，还是中学那套学习方法，背诵各种作为标准答案的"原理""方法"；拼记忆而不是拼运用；学的是作为教条的知识点而不是可以活用的思想；以求标准答案为目标而不是找到求解的方法；迎合考研应试套路，而不是以积累研究能力为导向。学生面对"批判性思维"这道题时的思路，显然是被应试化的"考研思维"支配着。

曾跟一位老师聊到考研这个话题，他说："我和自己的研究生第一次见面时，我会和他们说，请把你们考研答题中的那些所谓技巧，全部忘记，甚至因此忘记一些知识，都是值得的。"他不希望学生再把"考研思维"延续到研究生阶段："基础教育中一直灌输正确答案，正确答案是能够提供安全感的，不过社会科学研究却需要'危险的思想愉悦'，我们需要在理解一件事情之后，去挑战既有的判断，提出新的视角或观点。"这就是批判性思维最重要的思维特质啊！背知识点，套标准答案，求"真题"，积累高分技巧，不仅泯灭了批判性思维的生成，也让分数成为自身知识结构的天花板，甚至是墓志铭。

我常常讲智能、智力、智识和智慧的区别。智能和智力都是"迅速给出标准答案"的能力，能在答题中占有优势，人工智能已经超过人的智力。智识呢？不是求标准答案，而是"将答案转化成问题"的能力，不满足于确定的答案，而是当成问题去思考，在这个过程中累积成一个人的智识，形成批判性思维的心智结构。最高层次的是智慧，智慧是什么？是在融会贯通中把问题想通了，想明白了，成为答案的答案，成为别人的答案，成为在很多问题上都可借鉴的答案。我们说一个人有智慧，有大智慧，其实指的是，他透彻明白，以至于我们能从他的解答中获得启迪。更高层次的教育，是让一个人向"高智识"和"大智慧"跃迁的过程，而被"考研思维"支配的学习，则让一个人停留在"答题拼智能拼智力"的层次，习惯被"现在的知识"喂养，缺乏在"致知"中生成新知识的能力，隐藏着阻碍批判性思维生成的危险。

（参考网 2022 年 5 月 12 日）

慎把"网络社会标准"当普遍标准

清华大学国际关系研究院院长阎学通教授近来的一篇短文,引发广泛讨论。他针对我国国际关系研究中出现的问题,提出四点建议,这些思考因为触动当下学界的痛点和时弊,形成出圈的触动与思考。

前三点建议分别是:第一,多研究原理,少搞政策建议。第二,多学习不会的,少反对不懂的。第三,多追求专业的,少沉迷时评的。尤其促人思考的是第四点建议:多信奉学术标准,少在意网络社会标准。他说:"以社会标准衡量指导学术发展没有好处,因为社会标准是功利性的。学术研究需要研究者享受自己的研究成果,而不是享受社会的吹捧。以学术标准检验我们的成果,学术水平就会不断提高,而以网络社会标准来检验,学术水平就可能会不断下降。"

看来阎教授忍"网络社会标准"久矣,如今已忍无可忍。在前段时间另一篇广为传播的演讲中,阎教授曾批评过"网红误人"。那篇演讲是批评当下某些大学生的"世界观",他认为"00后"大学生深受网络观念影响,把经济决定论、阴谋论、债权武器等"网红"观点当作常识。"以网络为准,他们的脑子里已经灌进去了大量'网红'们的言论,比如我上国际经济,课上就有学生问,我们为什么不能对美国抛售美债,这样就可以整垮美国。因为'网红'们说,只要把美债抛售完了,美国就完蛋了,他们认为这是天经地义的道理。"

很认同阎教授的这个观点,慎把"网络社会标准"当标准,这不仅适用于学术研究、传道授业和知识获得,公众的日常思考和理性判断，也应与网络保持这种距离感，戒除对网络快餐的依赖，坚守知识标准和批判性思维。网络已成为一种覆盖性的生活装置，深深嵌入公众日常生活中，它不只是一种工具，更以一种习焉不察的方式深刻地塑造着人们的思维，影响着人们思考的内容和方式。媒介能延伸人的肢体，但如果身在其中的人缺乏知识主见，失去认知主体性，让"网红"占据你的思考，被网络判断所主导，媒介很容易成为一种可怕的"截肢"，对身体和思想形成截除，让人成为在知识、心灵和判断上不健全的人。

是我们在使用"网络"吗？不是，当网络作为一种"装置范式"弥散到生活中时，已经变成网络在使用"我们"——未经思考张口就是自动生成的网络流行语，随时被网络推送弹窗的消息"召唤"，一打开网络就被各种APP和信息驱使着去点击，转发着未经判断的他人转发的转发，说着被所谓的知识"网红"喂养的观点。"网上很热门""网上有人说""网上都在传""网上有很多点赞"……不知不觉中，以网络社会标准判断着一切。可怕的不是"网络社会"，而是"网络社会"已经成为一种吞噬着其他空间、其他标准、其他判断的标准，成为某种对思考形成侵凌性和封闭化的标准。

第一个标准是"流量"。报纸时代迷信"发行量为王"，电视时代崇尚"收视率就是一切"，如今网络以压倒性的胜利使"流量"成为评判一切的标准——文章阅读量达到"10万+"，成为爆款，才是一篇好文章，才是值得分享的文章。流量是网络社会的通行证、硬通货，这种让人癫狂的流量标准，对其他标准形成侵犯性的碾压，把本应有自己独立规范和标准的事物卷入流量标准中。新闻报道，不看其本身的专业价值，只看流量；学术文章，看看到公众号后能不能引起大众关注；专业文章，小编能不能通过迎合大众的兴趣从而吸引粉丝。网络社会的流量标准，使学术、专业、课堂、新闻，成为网络和"网红"的跑马场，"逼"着专业人在自己不擅长的领域为本不属于自己的观众表演拙劣的流量舞蹈。

第二个标准是"舆情"。把网络社会的某些声音当成主流的民意判断,把正常的争议、讨论泛舆情化,形成对正常思考的裹挟。经常听人说,某篇报道在网上引发舆情了,某个事件产生舆情了,某个政策发生舆情了——"舆情",让本来正常的事情敏感化了。其实,一些政策引发讨论是很正常的,有不同声音甚至是批评,非常自然,这是公共讨论应有之义。但如今是一说"舆情"就让人紧张,其实现实中没怎么样,正常人也不那么说话,但"一有争议和反对声就说明这事不好、这人有问题"的网络社会标准,将争议和讨论泛舆情化,将一切争议定义为舆情,对其他标准形成极大挤压。

第三个标准是"网红权威"。"网红"是怎么形成的?"网红",在网络上红,该媒介基因决定了这种"红"并非因为其知识判断的专业权威,而是符合网众的需要,或即时的情绪需要,或圈层的立场需要,或传播的极化需要,或营销的煽情需要,或大众的共情需要。网络是一种"拉平"机制,只有拉平到大众审美和理解层面,才能"红"。作为"三手""四手""五手""六手"的信息知识,寄生于社交平台、依靠点击打赏而存在的"网红"观点,很多时候是"消费性"的,其本身是文化工业和消费社会的产物,供大众情绪消费。如果看不到"网红"及其观点的生成机制,让"网红"的脑袋长到自己肩膀上,把"网红"观点当评判标准,会造成知识和思想的退化。

第四个标准是"网络就是全部现实"。学者温儒敏曾在山东大学指导三位本科生,"带他们的第一天我就提出要求,你们不一定要发表文章,但每天用手机上网的时间要控制在一小时内,如果受不了,就走人"。让人欣慰的是,这三名学生还是做到了,论文也写得不错。

(《青年记者》2022年第7期)

找到所爱所擅长，大学里要做的 20 件事

走过高考，尘埃落定，又一波新人将带着憧憬走进大学校园，开始人生中最美好、最自由也最容易陷入迷茫的一段时间。容易迷茫之处在于，生活看上去很自由，逃脱了高中全景敞视般的监看目光，没有规定性，没有他律目标，但内卷无处不在，无形的精神内耗很容易让人精疲力竭。不给你方向，没有标准答案，却在最终的赛跑中分出优劣、见到分晓，处处暗藏"陷阱"。四年会让你产生一种"时间很长"的幻象，当你意识到其实很短时，已经晚了，进而陷入后视的、不可逆的懊悔。

作为一个已经毕业了二十多年，接触过无数名校优秀毕业生、目睹过无数成功的喜悦也倾听过很多失败诉说的老大哥，我也说说大学里要做的 20 件事。以后我会不断修订这个版本，等我的孩子上大学时，作为一份成人礼给他带到大学校园。当然，因为我读的是文科，平常接触的也是人文社科方向的年轻人，这些建议主要针对人文社科类大学生。理工科我不太懂，不过估计差不了太多吧。

第一，养成运动的习惯，最好能擅长某项体育运动，并成为兴趣。保持体育运动，不仅能锻炼身体、保持健康，更可磨炼意志，在运动中培养自律的品质，同时也是一种有益的社交方式。在运动中交到的朋友，往往能成为挚友。"文明其思想，野蛮其体魄"，在中小学应试阶段，很多人都在"野蛮其体魄"上欠下了债。到了大学，要通过体育运动让自己有一点"野性"。

我更看重的是体育运动对一个人自律意志的训练，坚持跑步、打球、游泳的人，一般都能很好地管理自己的时间，有生

活规律和秩序感。文化是心灵的积习，文明是身体的积习，秩序肉身化，生活便有了秩序感，除了能将时间管理得很好，更重要的是在秩序之中形成的健康心理，使得身心形成良性循环。身体不好的人，心理也时常容易受到拖累；而心理压力，又往往会投射到身体上，让整个生活陷入混乱。

养成运动习惯、生活规律的人，往往很少有拖延症，很少熬夜。熬夜和拖延其实是时间管理失败的表现。我一向反对熬夜，没有什么事情值得熬夜，需要熬夜做的事，要么拒绝，要么放弃，要么早点做完。保持运动习惯，不是让身体拥有"可以被透支"的本钱，而是用运动对自己的生活形成一种积极的暗示，把运动当成生活坐标，主动去支配时间，而不是疲于应对，成为"deadline"的奴隶。

退一万步讲，即使你在大学什么也没学到，但起码能拥有一个健康的体魄。《波士顿环球报》曾提到过一个调查，大学从事体育运动的人，毕业后比那些不沾体育的同学在收入上明显更高。

第二，学好外语。到了大学，外语不仅是一门语言、一个分数、一份资格证明，更是打开世界的一扇窗户。我特别羡慕那些学外语的同学，他们比我们多一个世界。语言乃是形成关于"我们"的自我观念的重要通道，一门语言是一个世界的总和，其背后是一个世界以及这个世界的人、生活方式和人文艺术。特别是英语，一个学科最好的论文，往往都是用英语写的，如果不能流利地使用，往往会把自己隔绝在一个狭窄的认知世界里，无法与更广阔的外界进行交流。

给自己创造使用外语的机会，多开口说，多看外语文献，大学是学习并掌握一门外语最好的时期，别指望以后，以后哪有这一大把的时间。如果你在大学里没学到什么，但掌握了一门外语，这也是很棒的。

第三，跨院系、跨学科交友。大学之大，在于有很多兴趣、专业、社团共同体，不像中学是以班级为单位。进入大学后，虽然你被分到某个专业、某个班级、某个寝室，但你的交友范围最好不要局限在寝室、班级、专业、老乡、中学老同学这种地缘、业缘的同质小圈子，要跨出交际舒适区，跨学科、跨学校交友。我至今仍感谢自己当年读大学时的跨专业社交，我读的是新闻专业，最好的朋友中，一个读中文，一个读政法，跨专业的日常交流为我们带来了很多思想碰撞。

在大学，能给自己带来知识和思想滋养的，往往不是大圈子，而是自己经营的小圈子、小共同体、小环境。大学很大，你要学会在里面找到自己的世界。

第四，保持写作的习惯。写作是通识和通用能力，不论你学什么专业，当你与这个世界打交道时，当你想让别人了解你时，得通过驾驭文字来实现，文字仍然是思考、表达、交流的主流媒介。就像作家叶开所说的，在现代教育体系中，基本上大家都被框定在一个职业范畴内，很少在固定之后再打破。写作是人类文明的底层技术，它是通用能力，不管你从事什么职业，写作和表达能力都是给人加分的。只有这个通用能力，能够在你成年职业固化之后，突破你的天花板，让你跨过职业之间的鸿沟。

保持写作习惯，不只是写论文、交作业时才写，还可以把生活中有趣的事写下来，把读书时的感悟写下来。文字是欺生的，写得越多越有灵性，越能给你滋养。萨特曾说："写作，这是某种要求自由的方式。"对此，我很认同。

第五，培养一个非职业爱好。你如果学的是新闻，那么新闻是你的专业和饭碗，最好再有一个非职业爱好，比如音乐、篮球、二战史、老地图、博物学。胡适特别推荐"非职业兴趣"，他当时给年轻人建议："总得寻个吃饭的职业，但你寻得的职业未必就是你所学或所喜欢的，工作往往成了苦工，就不感兴趣了，就很难保持求知的兴趣和生活的理想主义，所以应该有他的非职业的玩意儿。往往他的业余活动比他的职业还要重要，因为一个人的前程往往全靠他怎样用他的闲暇时间，他用他的闲暇打麻将，他就成个赌徒；用闲暇研究历史，也许就成个史学家。你的闲暇往往定你终生。"没有非职业爱好，你的闲暇就很容易被电子媒介、有害习惯所消耗。非职业兴趣也能成为一个人的精神寄托，使人不容易陷入精神抑郁。

第六，多读专业前沿的文献。在学好基础课、通识课后，多读专业最前沿的文献，少用搜索引擎，学会使用"知网"等知识文献平台去搜索，看专业领域被下载和引用得最多（前50名）的那些论文。按图索骥，知道自己的专业有哪些大咖，他们最近在研究什么，在讨论什么。如果还以考试过关为目标，而不是以获得更多、最好的知识为追求，那么你的思维还停留于中学阶段。

第七，找到自己所擅长的方向，并发挥到极致，不必门门都求优，不必每门课平均用力。门门平均用力，你只能成为一个平均的常人。如果没有自己的方向，可以把"保研"当方向，这总没错，但还是要尽量找到超越"保研"的方向。有了所擅长所热爱的，才有能力以自己为中心去定义成功。如果没有自我擅长，很容易被"卷"。

第八，如果没能到大城市读大学，那就到大城市去实习。如果在大城市读大学，那就到另一座大城市去实习。不管以后在什么地方工作，大城市的视野、思维、生活和共事过的人，能让你在思考问题时拥有开阔的眼界。

第九，远离那些消耗你的事物。人是自我选择的结果，管理好自己的电子媒介时间，特别是要管控好电子游戏。要到专业平台、专业新闻网站去获取信息和知识，电子媒介很容易让你廉价地消耗自己的时间、精力、意志。你是成年人，没有外在的监管，只能靠自律。消耗是在无形中一点点地吞噬你。

第十，尝试做一些与专业匹配的赚钱工作，培养责任感。自小到大一直是父母在供养你，你自己出点力，流点汗，能知道赚钱是很不容易的事，以后发微信让父母打钱时，就不会那么理直气壮，玩游戏时，也不会那么昏天黑地。

第十一，学会省钱。这一代上大学的孩子，特别是城市里的孩子，往往都不怎么缺钱。乡村走出来的孩子，父母大多也会尽其所能地满足他们的要求，穷什么不能穷孩子。但还是要学会省钱，在省钱中管理好自己的财务，有计划、有节制地生活。物质自律与精神自律是相连的，它们都是一个人很重要的品质。

第十二，开设一个公众号，写写读书笔记。用这种方式来逼着自己养成输入和输出的习惯，光读书还不行，读了书还得有输出，才能固化读书效果。固化读书效果的最好方式，就是用自己的语言把一本书的核心思想梳理出来，如果能结合当下现实，结合自己的专业，那就更好了。公众号，有他者的凝视，在他者凝视下做这种梳理，读书效果会更好。

第十三，学会拒绝，善于做减法。大学有很多活动和社交机会，刚进入大学时很容易迷茫，在热闹过后要做减法，拒绝那些无效的、消耗的活动。人的精力是有限的，要迅速进入聚焦状态。善于拒绝别人，同时也能在被别人拒绝后坦然面对。

第十四，学会批判性思考。不要崇拜教授，每位教授的观点都不一样，甚至互相冲突。做好课前阅读，让自己拥有"挑战"教授的资本。人文学科没有客观知识，每个理论体系只是一种合理性。你能看到它的合理性，也能看到它的不合理性，看到一种体系的前提、框架和假设。你需要知道的是，一切真正的理解，都源于不接受这个世界表面所呈现出来的东西。

第十五，不要看"网红"的文章，不要把网络阅读当学习，多去读经典文献，到图书馆读被很多人翻过的纸质书。不要被网络社会标准所左右，最一流的知识、最牛的专家、最经典的文献，都不是在网络上。不要看热搜，那只是消遣。

第十六，对学姐学长辅导员老大哥的经验分享，要有批判性眼光。你正在看的这篇文章，也会有自身的经验局限。不要被他们的眼界限制你的想象力，你要相信自己能超越这些。

第十七，不要扎堆，不必非要"合群"，培养独立做事、学习、解决问题的能力。提升自己，让自己具备鲁迅先生所说的

"个人的自大",而不是"合群的自大"。不要在意虚拟社会、网络社会中的人对你的评价,那些陌生人的评论,本来就不属于你的生活。

第十八,培养自主学习的能力。不要指望教授教你,教授们忙着做科研写论文,比你还"卷"。不要用高中生的心态看待大学课堂,等着别人灌输知识。如果用划知识点、得高分的心态去学习,你将成为"废人"一个。

第十九,不要把自己的精神封闭在校园,多关注时事,关注世界,保持与公共事务相勾连的丰富感官。你要关注的新闻,不只是绩点新闻、校园新闻、树洞里的话题,人不能只是"咀嚼着身边的小小的悲欢",更应该关注社会热点新闻、这个时代人们的痛点、世界正在发生什么、一条新闻背后的社会结构是什么。读大学,也要读好时代这所大学,不能埋头读死书。不要靠算法推送去看新闻,你要主动到权威新闻网站上看新闻,不被他人喂养,不要让别人的意见塞满你的头脑。

第二十,想大问题,做小事情。隔一段时间就把这份清单看一遍,看自己有没有偷懒,是不是荒废了什么,是不是又在迷茫中无所适从了,是不是陷于某种诱惑中而不能自拔。对了,谈一场恋爱吧,这是大学的必修课。在大学找志同道合的人跟你一起实践,有志同道合者、有爱的人一起走路,能走得更远,坚持得更彻底。

("澎湃新闻"2022 年 7 月 28 日)

谢绝无思之问，做一个诚实的提问者

如何做一个不让人反感的提问者？复旦大学新闻学院邓建国教授的一段评论引发很多共鸣，他说："凡有人找我咨询我领域的事情，我基本上知无不言，言无不尽，线上或线下常常一聊就是几十分钟。但现在有些人的工作方式是，凡对某事有疑问，自己不做任何阅读和调研，直接拿起电话问并不熟的专家，一通'白痴问题'抛过来，既要你向他普及方法论、基础知识，还要为他提供解决问题的思路甚至方案。我向来不歧视仅仅是'不知'的人，毕竟我知道一点别人不知道的客观知识，并没有什么了不起的，但我歧视那些人到中年还没有学会思考和如何提问的人。"

很认同这个观点，提问不是轻易把一个问题抛给别人，不是作问号状、等别人的答案就行了。成为一个提问者，是需要资格的——说"资格"，不是给提问设门槛，让人闭嘴，不让提问，而是说，你有没有为提问做基本的准备？你问的是不是一个"真问题"？你有没有对这个问题进行过思考从而有真正的困惑？这关系到一个提问者是不是诚实。只有"有思之问"，才能在启思中拉高思考的水位，在思想的激荡中带来知识的增长。否则，无思无知的不诚实之问、炫耀卖弄式提问、"傻白甜"式低水位提问，对提问与回答都是一种消耗。

向人咨询、提问、求教，是需要诚意的，先有自己的努力与思考，再去开口问。应该知道的、可以知道的、容易知道的、有确凿的标准答案的，那就自己去求索，借助工具书、教科书或搜索引擎获得答案。经过思考之后，实在觉得困惑，那么就去问。思想偷懒，不思而问，那也是对别人的不尊重。

常常听到这样的提问——你觉得学新闻的人应该读些什么书？你觉得"内容为王"有没有过时？你觉得新闻是不是"无学"？你觉得读新闻应不应该考研？一般面对这些问题时，我都会反问一句：那么，你觉得呢？——很多提问者应对我的反问时，往往显得比较慌张，结结巴巴不知道说什么。我想，他们倒不是不知道说什么，而是根本没有做好"提问者也要接受反问，提问不只是等解答也是一种对话交流"的心理准备，所以慌了阵脚，不知所云。

比如"学新闻的人应该读些什么书"，你提出这个问题之前，就应该先有基本的思考，应该在脑子里有过纠结并产生了无法排解的困惑。其实，如果这是一个真问题，它应该包含着自己的思考以及"问题意识"。一个带着"真困惑"的完整提问应该是这样的——很多人觉得新闻"无学"，靠新闻那些教科书无法支撑起将来做新闻所需要的知识，需要读的书太多了，知识的海洋浩瀚无垠，你觉得学新闻的人应该优先读哪些书？有没有一个最低限度的"新闻人必读书目"？你看，有思之疑惑，这才是一个真问题。如果你对"学新闻的人应该读些什么书"这个问题没有自己的思考，没有问题驱动，那么，它就不是一个有诚意的问题，纯粹是浪费别人时间的、无法带来知识增量的消耗式提问。

知之为知之，不知为不知。提问是一种好品质，但好的提问，要知道自己"真正的无知之处"。现在的一大问题是，很多人活得浑浑噩噩、恍恍惚惚，不知道自己的"无知"。托马斯·索维尔曾说："认识到自己的无知程度，需要有相当程度的知识。"伊莱·帕里泽在《过滤泡：互联网对我们的隐秘操纵》一书中也揭示过这个真相："伤害我们的不是我们不知道的东西，而是我们不知道'我们不知道'。它们经常删除其空白点，把已知的未知变成未知的未知。"无诚意的提问，为提问而提问，本质是"缺乏看到自己无知的知识"。只有经过认真的思考、充分的知识准备，在这个过程中才能对"已知的已知""已知的未知"和"未知的未知"做出区分，看到自己的困惑，也就是看到那些"已知的未知"，然后去提问，在交流中带来思想碰撞，进一步发现那些"未知的未知"，这才是一个滋养自己并能够让回答者也获得滋养的致知过程。有诚意的好问题、真问题，是能够启发回答者的，我常能从别人的提问中看到自己"未知的未知"，眼前打开一个世界。

提问是一种交换，它隐含着这样一个前提——你对这个问题有思考，思考带来了困惑，把自己的困惑告诉别人，想知道别人的思考。别人不是智能机器人，不是回答你问题的工具，你要拿你的思考去跟别人交换，在交换中证明自己是一个配得上提这个问题的人。比如，我要去采访一位专家，我一定会做好充分的准备，比如看他以往接受的访谈，了解他的风格，对其研究领域有基本的认识，也了解公众对他的哪些方面感兴趣，我才敢去提问。我不会问以下这些问题——你是哪一年毕业的？你为什么选择了现在的工作？什么是算法？什么是元宇宙？——很多未经思考准备的提问，只会拉低回答者的水位，让别人觉得跟你聊完全在浪费他宝贵的时间。

提问是一种交流，而不是寻求标准答案。有人说，哲学是"无法一拳击倒对方的一种论述"（no knockout statement），因此对话才可以继续下去。智慧和思想，正包含于这种"可以继续下去"的对话中。被提问者特别反感的一种提问，就是能够在教科书、工具书上找到标准答案的。既然书上可以查到标准答案，你为什么要问别人？是考别人的记忆力或知识点吗？这种自带标准答案的提问，很容易把天给聊死，不是聊天，是在秀自己的智商。"问渠哪得清如许？为有源头活水来"，如果提问本身就包含着答案，可以自问自答，可以借助工具，那么回答就失去了交流的意义。"四海无闲田，农夫犹饿死。"好问题本身自带这样一种深层动力机制，发人深省。

提问不是挑战和表演，不是"表现自己在思考"，不是"掩饰自己的无知"，而是表达自己经过思考之后的困惑。提问不是留一个空白等别人的答案去填充，有智识的提问，恰恰是善于把答案变成问题，用批判性思考驱动出一个真问题，驱动出新的思考，从而带来问与答互相滋养的新思新知。

(《羊城晚报》2022年8月7日)

"另一种声音"与批判性思维

最近在看十多年前的各种《杂文年选》和《时评年选》，作为一种时事思想的反刍和回溯，很有收获。我一向鼓励年轻的朋友不仅要关心当下正发生的事，不仅要读那些写进书里的"远去的历史"，也要了解自己出生之前发生的、还没有来得及写进历史、不远不近的事，看到今天的昨天。这一代年轻人，不能只知道 B 站、李子柒、铁链女、俄乌冲突，也要知道记事之前的孙志刚、马加爵。批判性思维的倡导者都特别推崇"回溯阅读"，这是一种让我们的头脑向不同的经验开放、以此去抵消社会条件和媒体影响的阅读方式。黑格尔曾说："所谓常识，往往不过是一个时代的偏见。"如何超越时代的偏见？必须要有充分的"回溯阅读"。

正好看到 2006 年《杂文年选》中的一篇马加爵的"自白"。"马加爵"这个名字及其锤杀 4 名室友的血腥事件，曾震动舆论，"马加爵"在当时也成为一种让人谈名色变的暴力符号。人人喊杀的舆论中，马加爵的这篇"自白"也在网上流传，十多年过去了，读来仍让人感觉非常沉重。"自白"还原了一个出身农家的大学生在心理上从卑微走向扭曲的过程：

"那次我的母亲掉了一百块钱，她心疼地说那是烫了两百件衣服赚来的。我把一百块丢到了地上，对母亲说，妈妈，你的一百块钱在这里。母亲露出了一丝苦笑，其实妈妈知道是我丢的。""那天我没鞋子穿，我不好意思去上课，直到学校发了点救济。""总有些同学有意无意地歧视我，有时说些话很伤我的心，他们总觉得我的穿着打扮很怪。""我家虽然很穷，但大家互相关怀，感到很快乐，没有歧视和蔑视，从来不知道什么是人格践踏。"

在"强烈谴责罪犯"的舆论叙事框架中，这种"还原罪犯心理过程"的叙事常常受到质疑，很多人都想捂上耳朵——闭嘴，我不听，我不想听——他们担心这种"倾听罪该万死的人诉说"会形成一种对犯罪的同情，会把施害者洗成受害者，顺着其逻辑把矛头指向社会，会让"报复社会"成为一种"正义"。其实不必担心，不要低估公众的判断，听一听罪犯的这种自我心理剖析，就像听贪官的忏悔、律师为坏人辩护一样，天塌不下来。"痛恨马加爵"与"倾听马加爵自白"并不对立，不会抵消正义的声音和消解主流价值观，只会在超越浅层谴责中走向更深层次的批判性思考。

什么是批判性思考？一个人不能靠着某种单纯、单一的信息去思考。"只知其一，等于无知"，多元充分的信息是批判性思考的必要环境。这就是为什么我们必须要去倾听不同的声音，在舆论一边倒的时候，能朝相反的方向深情地看一眼。经过"另一种声音"的批判性激荡与对勘，一种观点才有"耐思"的深刻纹理。西奥多·阿多诺在《道德哲学的问题》中谈到二律背反的困境，他说："我们要把二律背反的困境呈现出来，不是为了解决矛盾，而是为了让我们在两种截然对立的可能性面前驻足停留、注目沉思。"无论是马加爵或是张君，没有谁是天生的恶人，没有对马加爵心理历程的了解，没有看到"一个心疼母亲养家不易的寒门学子"与"一个锤杀4名室友的罪大恶极之人"之间的人格矛盾，那种谴责是很肤浅的。"错误的生活无法过得正确"（There is no right life in the wrong one.），错不只是一个结果，需要有对过程的思想深掘和本质直视。

有句话说得好："一个人成熟的标志，就是脑海中能够同时存在两种看似对立的观点。"这种"看似对立"，不会形成对冲和抵消，不是"人格分裂"，而是为开放和辩证的思考提供了充分的信息空间。我在另一篇文章中谈到，批判性思考的本质是"对判断的判断",思考不能停止,不能在逻辑的半山腰就停下来号啕大哭或义愤填膺,要努力往前再走几步。拿什么去对(被喂养的、被偏见主导的、未经思考的)判断进行判断呢?需要另一种声音的批判性激发——是不是有另一种可能?是不是把问题想简单了?是不是有更深层次的原因?痛恨马加爵,把马加爵骂死,是很容易做到的事;不容易的是,在掌握了复杂多元的信息后仍保持那种基本的是非判断。

空难中对遇难者家属的采访,讲述悲伤故事,被当成"悲痛侵扰";看到负面报道,就说这会"影响地方形象",为什么那么多好事不报道;困在朋友圈相同声音的茧房系统中,一听到不同声音就感觉受到"冒犯",动不动就"情绪不稳定"。这些思维方式,都是过分依赖单纯信息环境的结果,从而造成了思维的简单。苏珊·桑塔格在《旁观他人之痛苦》中曾说:"在达到一定的年龄之后,谁也没有权利享受这种天真、这种肤浅,享受这种程度的无知或记忆缺失。"

考验一个人有没有批判性思维品质,首先看其能不能在思想上倾听不一样的、相反的、可能让其不适的声音。耶鲁大学校长彼得·沙洛维在2022年毕业典礼上演讲的题目叫《论思想上的谦逊》:"与那些持有不同视角的人互动交流,并不会让我们背弃自己的信仰,反而会扩大它。倾听我们可能不认同的观点,并不是一种妥协,而是对真理的忠诚。承认我们的错误并不是失败的标志,而是走向博学的必要过程。伟大教育的标志不仅在于我们对于新知识的探索抵达了多远,还在于我们对现有观点有多少重新的思考。"这就是批判性思维的思想价值。

(《青年记者》2022年第17期)

整体性视角与批判性思维

好几个学生都写了关于"知乎治校"的话题，观点比较同质化，基本的判断大致如此：因为学生在学校内部的表达得不到尊重，诉求不被重视，所以只好到"知乎"这样的外部平台去表达，把事情捅到外部平台形成"舆情"，从而倒逼学校管理者的重视。

此种角度的思考当然没有问题，观点也合逻辑，但视野过于"校园化"，困在校园这个小系统的角度，缺乏整体的结构性视野。"知乎治校"是一个校园问题吗？当然不是，从整体和结构看，它只是整个社会问题在校园管理上的一个缩影，是一个普遍性的社会问题，是社会问题在校园的延伸与投射。民众的诉求和表达在法律制度框架内得不到重视，维权没有反馈，只好向媒体和舆论求助，借助"法治"之外的"媒治"力量去驱动，这是每天在社交平台上都在发生的事情。首先认识到这是一个大社会的普遍问题，对"知乎治校"的分析才有了认知方位和判断坐标，校园不是外在于社会的、例外的、特殊的校园，在整体观照中才能看清问题脉络。

这种"把个体分析置于整体系统"中的"格式塔思维"，对于批判性思维的驱动特别重要。我曾在专栏文章中提过，批判性思维的一个关键特质是"对判断进行判断"，避免被某种判断线性地、平滑地、顺从性地"冻住"，你得在思维上"阻断"一下，用一种"高维"的判断来对"那个判断"进行审视。那么，拿什么"对判断进行判断"呢？一个重要的批判性思维资本是"整体"，"不识庐山真面目，只缘身在此山中"，将分析对象放到整体框架中去判断：这是一个什么样的问题？元问题是什么？属于哪一类有普遍性的现象？这种局部从属于何种整体结构？是何种"高维逻辑"的延伸？整体性视角驱动着我们的社会学想象力，让我们能够批判性地跳出"就事论事"，透过杂乱无章的事实而发现现代社会的根本架构。

比如，学生思考绩点和内卷问题时，能不能跳出局部和临时的学生身份，而看到整个社会的绩点和内卷——不仅学生被绩点所困，整个社会其实都是如此，每个人都在做着自己的算术题，教授在数论文课题、影响因子和转引量；白领在为自己的KPI焦虑；媒体人困于流量和阅读数据的系统；外卖骑手计算着每一单的距离与速度。——大学生的绩点只是这个"整体结构"下的一个缩影。再比如，很多人注意到了"逆向考研"现象，即跟过去的"三流四流学生争相选择一流大学"的考研流向不一样，如今不少一流大学的学生反向去考二流大学的研究生，有人觉得这背后可能是"名校崇拜"的弱化。那么，用整体的视角来看，这一现象仅仅出现在考研领域吗？并非如此，"逆向"是一个普遍问题，如反向旅游、反向留学、逆向就业。（回到小城市，回到传统稳定的岗位，而不是像过去那样向往大城市的大厂。）

以作为一类现象的"反向××"的整体视角去看待"逆向考研"，能更清楚地看到环境气候和整体心态的变化。这就是"整体"所赋予的批判性视角，也是"意义格式塔"思维的本质。"意义格式塔"作为系统性思维，强调的是意义的整体性和结构性，它并非部分和局部的简单相加，意义和价值是从一个完整结构的格式塔中产生的，事实不是孤立的，总是某个内在一致的整体之中的"事实"。"知乎治校"是"媒治"的一部分，绩点内卷是整体社会"数字考核"的缩影，"逆向考研"是在特定经济社会语境下结构化"下沉现象"的一个表征。

在"信息茧房"和"过滤泡"的现代信息系统中，人们的思维常常被分割在某一个封闭的微小系统，看不到整体，批判性思维也就无法驱动。拿现代劳动系统来看，正如有学者所反思的,现代劳动的一个特点是,"为了工作效率而把各种任务分割成独立的环节,分工越细,每个环节上的劳动者就越不了解这个活计本身的意义。零部件标准化,生产过程被分割成一个个不断重复的简单劳动岗位并形成流水线,人们迅速成为熟练工人,也随时可被替代"。看不到整体,思维也逐渐被驯化成"熟练工思维""零部件思维"。条件反射般的线性判断,无法由此及彼,无法在作为"高维"的整体中看到自己的方位。

汉娜·阿伦特曾说,"当罪恶的链条足够长,长到无法窥视全貌时,那么每个环节作恶的人都有理由觉得自己很无辜"。另一个法律学者也谈到过类似的观点:"当诈骗被切成许多个小片段的时候,人的良知就会被冲淡,犯罪心理也会被冲淡。每个人都知道自己在犯罪,每个人都觉得犯罪的主体是公司而不是我,每个人都认为公司才是犯罪分子,每个人都认为自己不算罪大恶极。"这说的其实也是整体视角对批判性思维的重要,窥视不了全貌,困在"小片段"中,失去"对判断的判断",就会沉沦于"平庸之恶"和"无思状态"。

做学问也需要这样的整体思维,就像钱穆先生所说:"学问必先通晓前人之大体,必当知前人所已知,必先对此门类之知识有宽博成系统之认识,然后可以进而为窄而深之研讨,可以继续发现前人所未知。"这也是"文献综述"的意义,"必先通晓前人之大体"才能拥有站在前人的肩膀上进行批判性思考的资本,也才能创新。没有文献阅读和材料积累,靠油滑头脑"灵机一动"去做学问,看了几本教科书和二手、三手文章,坐井观天,动不动就产生一种"我的想法要改写整个学术史"的幻觉冲动,在知识的盲盒中自以为是,只会贻笑大方。

只有"根系阅读"才能支撑一个人的写作

"文字失语者"是当下一种比较普遍的现象，文字失语有以下几种表现：第一，缺乏鲜活生成的文字表达能力，习惯了表情包、梗式流行语（废话文学、糊弄文学、凡尔赛文学之类），不好好说，久而久之变成不会说，文字失能；第二，文字表意空间匮乏，内心戏可能很丰富，但无法用有文化内涵的话语表达丰富的内心，只能干瘪无趣地说"俺也一样""你懂的""一切尽在不言中"；第三，老师让写一篇千字评论，下笔好像一两句话就把想法讲完了，写不到一篇严肃完整的论证文章所需要的长度，只能用废话空话套话填充，成为"废话篓子"。

我经常听到这样的困惑表达：老师，我平常也看了不少书啊，在网上读了不少文字，收藏夹里有一堆文章，怎么到写文章时，就写不出来呢？阅读怎么无法支撑我的写作。我想到了一个概念，叫"根系阅读"，并不是读了书，有了阅读，就能支撑"输出"和表达。只有扎向知识底层、人性底层、结构底层的根系，读原著，接触完整的原典思想和智慧，才有支撑"再输出"的知识营养，促进文字写作的能力。"根系"，是一个很形象的类比，树苗有根，一面扎向泥土深处，用庞大的根系滋养生命，一面向上生长，伸向天空，吸收阳光雨露，长成参天大树。与"根系阅读"相对的是"花式阅读""果式阅读""枝叶阅读"，只读作为果实的"结论"，作为佳句、金句的某段精彩表述，流行什么读什么，刷屏什么就跟风去读，读了很多，却没有"根系"。写作需要"话语的生成"（而不是"找现成某句话"），没有阅读所形成的"思想根系"，怎么能支撑"话语的生成"呢？

这就是自己觉得读了很多书，浏览了很多信息，收藏了很多素材，却"文字失语""写作失能"的关键原因。徘徊在"花朵""果实""枝叶"层面的日常阅读，没有根系的生命营养，没有沉淀形成"可以生长和调用"的底层根系知识。那些"花花草草"，那些看起来很炫的知识，反而浪费了宝贵的时间，占用了大脑有限的内存。

为了把"根系阅读"解释清楚，我再借用一个比喻。史学家布罗代尔对于长时段与短时段，有一个精彩的类比，他说："人类生活面貌在很大程度上是被地理环境、气候、生物物种分布等条件所决定的。仿佛一条河流，河床和深处的潜流的各种特征，才真正决定了河水的流速和流向，而传统史学所关注的人物和事件，不过是河流表面的白沫。"地理环境、气候、生物物种分布，包括中时段的风俗、风土、制度等，这就是一个社会的根系。很多人读的书、关注的热点人物和事件，可能只是"河流表面的白沫"，不了解河的深度，不了解河床深处的潜流、湍流，自然就掌握不了河水的流速和流向。靠那些"表面的白沫"，你能写出什么呢？

任何流行的东西，都是即时性的，那些文字"都只关心飞溅的水花和波浪，而不是水下的湍流"。阅读需要对抗"好读"的深沉阅读、坚硬阅读、根系阅读，需要专业化的扎根，需要每个专业都努力把知识扎向根系。比如，人类学是揭示出"每一种制度与每一项习俗后面的无意识结构"；社会学是"透过杂乱无章的事实而发现现代社会的根本架构"。社会学家米尔斯所说的"社会学想象力"，就是一个将日常生活置于某种社会"根系"去思考的能力——在日常生活中，人们经常感到私人生活充满了一系列陷阱，这种困扰实际上与存在于社会结构中的非个人因素和变化有关，只有将个人生活与社会历史这两者联系起来认识，才能真正理解它们。

只有"根系阅读"才能支撑"根系思考"，进而支撑有深度的、有价值的、有源头活水涌流不断的流畅写作。"无根系的阅读"——通过杂志、报纸、公众号、短视频去吸收知识，只是休闲、消遣性的阅读，至多让你形成某种感慨或者积累素材，并不能支撑你的写作。我们应该对着纸质书去读，千万不要迷信"让别人替你读书"。

哪些阅读属于"根系阅读"呢？比如，经过时间检验的经典原著，不是"河流表面的白沫"，而触及了河流深处的深流、湍流，每一代人都能从中汲取思想营养。啃原著，就是在培养自己的"知识根系"。比如，对一个社会的结构和文化进行深描、细描的著作，什么叫"结构"，我将其理解为"长时段中不变的规律和逻辑"，这就是一个社会的根系。"元宇宙""区块链""ChatGPT"无非是各领风骚没几天的概念泡沫而已，我们要去读"结构"。比如，能洞察幽微人性的文学作品，读懂了它们，就能解释当下每天遇到的多数人、每天经历的多数事，那些作品写的不是一个时代、一个人，而是那个时代的"根"、人性的"根"。

"根系阅读"包括这些关键词：经典、普遍性、人性、结构。普遍性意味着什么？因为是底层根系的观念，它有解释多数现象的普遍力量。比如，我们阅读新闻，不能只看每天的热点，更要看支撑这些每天此起彼伏、循环往复热点的普遍结构是什么？是什么支配着新闻？为什么这个世界每天发生了那么多事，却只报道了这件事，没报道那件事？社会学家赫伯特·甘斯在《什么在决定新闻》中有很经典的分析。有一个文学概念叫"母题"，伟大的作品中总包含着共同的人类母题，每天呈现的新闻热点，其实是一个社会结构化母题的再生产。读表面的新闻，像吃麦当劳鸡块那样，习惯了快餐式的阅读，却没有对其背后的"社会根系"的阅读，当然无法支撑你对其他热点的观点输出。

"根系阅读"能让你的知识盘根错节，形成某种"联想式致知"的层累结构，这才能支撑流畅自由的输出。日复一日，脑子里有那么多有机的、活化的"根系"，当面对某个热点时，"根系"好像受到了阳光、雨水的刺激，很容易就破土冒芽，生长出观点的枝干。"根系"涵养了那么多的"活水"，取一滴水、一瓢水就能撑起源源不断的写作。

思维混乱的人有个共性，他们很少写作

身边一定有很多这种思维混乱的人，你问他怎么看待"大学校园封闭"这个话题，有什么观点？他明明有自己的想法，反对校园开放，有一肚子的话想说，却很难把自己的观点清晰地表达出来，脑子里一团乱麻：1.想说的也不完全是那个意思，可能是没表达清楚吧，自己并不反对正常开放；2.想表达太多的内容，纠缠于"既要、也要、又要、还要、都要"，被面面俱到所困，没有可以一言以蔽之的焦点；3.思维缺乏秩序感，话与话之间没有逻辑关联和结构层次，前言不搭后语；4.思维过于跳跃，说A扯到B却落到C，无法与受众形成对话；5.实在说不清楚，只能以"你懂的"含混过去，狼狈收尾。

思维混乱的人是很吃亏的，不能清晰、有效率地表达自己的观点，或者被人表达，或者被人打断，或者被人忽略，或者在写作时无法形成有条理的、让人眼前一亮的输出。人们通常说的"个性"，很多时候是通过清晰直接的个人观点呈现出来的，让自己被清楚地看见。没有清晰的观点，在人群中就没有可视化的识别性。就像高考作文写作，个性被混乱的思维所耽误，自然无法在一堆文章中脱颖而出。思维的关键，就是对复杂事物的清晰表达。

思维混乱的根源是什么？是没有想清楚，没有在"想法"上形成一种清晰的秩序。思考，本身就是以"谋求秩序"为驱动的。那什么叫"秩序"呢？就是确定性和同一性，即要有一个确定的、能将万物聚焦于此的中心。找到这个中心，才能打破混乱，形成秩序感。比如，我谈"反对大学校园封闭"这个话题，思维清晰的标志是，找到了"视外人为洪水猛兽，大学封闭带来的恶果"这个中心，论点、论据和论证都围绕这个中心，形成向

心的收敛，就是一种秩序。脑子里盘旋着很多想法，必须在整理中"使之有序"，找到一句"能够一言以蔽之"的飞跃性概括，才算对这个问题"想清楚了"。思维就是"同一"，没有"同一"去聚焦形成秩序，就不可能有清晰的思想。

我在课堂上经常跟同学们讨论"怀特海命题"——是先有表达，还是先有理解？我们在思考问题时，是理解了才能把它表达出来，还是表达出来了才说明真正理解了？很多人都觉得是"理解优先"，心中觉得理解了，然后再诉诸表达，把脑子里想清楚的诉诸语言文字。真正的思维方式不是这样的"纸上谈兵"，理解是不能脱离表达的。怀特海认为，在任何理解之前，先有表达。我们在思维时用什么去理解？用的是语言文字，我们在理解的时候，都是先尝试跟别人对话，让别人听懂。在"尝试对别人表达"的过程中，如果能说清楚了，那就说明真的理解了。

没有一个人能够脱离语言来进行思维，正是表达让思维变得清晰，思维本就内居于语言中。所以，要想让理解变得清晰，思考找到秩序，没有比尝试把它表达出来更好的途径了，即去说去写，让白纸黑字这种有形的线性形式将无形的思维规整为结构秩序。

我经常用"气体""液体"和"固体"来比喻思考和写作。当脑子里的灵光一闪，觉得有点儿意思，有种模糊的直觉，那只是"气体式想法"，它飘忽不定，不会留下痕迹，也不会形成积累。当尝试把那种模糊的想法说出来，这时就需要一定的秩序与结构了，但说出来的还只是"液体式想法"，它有一定的形状，但流动变化，容易被风干、稀释或流失。只有写下来，才会让思考成为"固体"，写出来的心理过程，也是接受很多人凝视的过程——能经得起各种角度的琢磨推敲，能经得起共时、历时、错时，被翻来覆去地看。写出来，是糊弄不了人的，文字的凝固就像给思维穿上了紧身衣——想法的混乱、命题的偷换、思考的肤浅、逻辑的错乱、旁逸斜出、内容臃肿，全部暴露出来了。这种在写作暴露中的反身思考，逼着自己必须清晰有序地表达。

米尔斯把写作当成一种"向他者的展示"，他说："如果你写东西只想着汉斯·赖兴巴赫所称的'发现的语境'（context of discovery），能理解你的人就会寥寥无几；不仅如此，你的陈述往往还会非常主观。要想让你想的不管什么东西更加客观，你就必须在'展示的语境'（context of presentation）里工作。首先，你把自己的想法'展示'给自己，这往往被叫作'想清楚'。然后，当你觉得自己已经理顺了，就把它'展示'给别人，并往往会发现，你并没有搞清楚。这时，你就处在'展示的语境'中。"写作的过程，就是一个在"向他者的展示"中"使之有序"的过程。

想法是靠不住的，需要经常将自己的理解呈现在"展示的语境"里。多写，就能训练出一种敏锐高效的思维方式，能迅速将某个复杂问题理出清晰的思路。快速地写出来，并快速地抓住受众的注意力，我将其总结为"快思、快写、快传的强输出能力"。

"所操益熟，所得益化"，写作是打通人的表达器官的关键按钮，流畅的写作与流畅的思维、流畅的表达形成了高度的调适，脑、手、嘴很好地协调。口头表达好的人，少有文笔和写作不行的，因为他们的"口力"往往都是以文字进行思考的，嘴上流畅的表达，背后有文字化、流畅化的腹稿所支撑，想到，语到，嘴到。

勤奋的写作能与活跃的思维形成一种互相成就的关系，写多了，能积累一套丰富的"语料词汇系统"，那些语料不只是单独的语言，而代表着一种对现象进行概括的表意空间。思维生成语词，语词也刺激思维，很多时候，我们对某个问题产生想法，并非突发奇想，而是因为自己的"话语系统"中拥有这样的表意空间。陈词滥调，匹配的是僵化的思维。比如，我在写作时，会经常使用"我看人看我"这个词，描述符号互动、镜像社会的双向关系，这个词便扩展了我对很多社会问题的表意空间，提醒我用"互动关系"的视角来看待事物——我会想到,市场是一种"我利他利我"的关系,哲学是一种"我问他问我"的学问。写作能不断丰富我们的词汇思想,反向促进、活络、疏通我们的想法。

二 时代记录

在丰县"铁链女"事件热度最高的时候,有一句话很火:"能感觉到自己的疼,说明你活着;能感觉到别人的疼,说明你是个人。"说得真好,区分是否真正是知识分子的一个标志是,能不能表达与自身处境无关的忧虑。我们的精神生活所具有的集体性,通常都远远超过个人性,本章的写作,从"疫情驯化"到"小镇做题家",从"保卫张文宏"到"关注唐山打人案",再到"苦命的流调",这些是我感受"他者的痛感"的一种日常坚持。写作不只是写作,而是一种与公共事务、公共利益和时事热点保持联系的方式,不平则鸣,文字需要这种"一个问题在胸腔中燃烧"的痛感淬炼。

学会锚定评论的"基准线"

怎么构思你的论点?拿到一个话题的时候,一定不要在空白的起点上去思考,而要学会站在别人的肩膀上去思考,想想多数人对这个话题怎么看?先画出一个话题的基本评论面,即大众认知的基准线。这根评论基准线有什么作用呢?第一,有了这根基准线,你就不会偏题。第二,有了这根基准线,你就能在基准线的基础上去思考,站在别人的肩膀上去构思论点,而不是说一些众所周知的套话、废话,即能让你站在一个比普通人稍微高一点的起点上去思考。

比如,媒体报道南京大学社会学系梁某的学术不端,早年论文抄袭,水平低,后来通过关系把这些文章在网上的痕迹都清除了。拿到这个话题,你应该首先去想,评论的基准线是什么?99%的人对这件事的态度是什么?肯定都是批判——这样做太不要脸了,这样的人是怎么评上"长江学者"的。这便是基准线,是大家看到这条新闻时都有的态度,如果你的评论只是表达这一基本的态度,说一堆正确的废话,写得再好,最多也就是及格的水平吧。我们不要把评论降低到表态的层面，不要用表态的姿态去写评论，因为话题本身已包括了大家都有的态度，不需要你去表态，你应该在人人都有的态度的前提下，往前多思考一步，把思考往前推一点，那才是你的论点。不要误把态度当成你的论点。

比如，在上述的基准线上，你可以这样来思考：梁某学术不端，却能一路绿灯，肯定不只是一个人的问题，而是一群人的问题。接着你会问：面对梁某的这个问题，其他人会怎么反思呢？到底是反思"出来混总是要还的"，还是反思"以后干这种事情要隐蔽一点"？再继续追问：梁某被揪出来了，到底还有多少个梁某？其实梁某也是评价体系的受害者，她为什么要写那么多的垃圾论文，是评价体系的问题吗？这件事是媒体曝光出来的，其实之前就有很多人举报了，为什么学术圈没有自我净化的能力，没有能力去清理门户，而总需要借助外部的力量？

你看，这样站在大众的态度上去进一步思考，既不偏题，又能够跳出多数人的态度，即站在别人的肩膀上，高那么一点点。想象出一条评论基准线，你就有话可说了，你可以去认同，也可以去反驳。这条基准线就成了你的靶子，比如，我写的评论《不只需要爱国心，爱国是需要能力的》，基准线是，"爱国当然是好的，但是，爱国不只是热血沸腾，不只是义愤填膺，爱国需要能力，需要理性的判断，需要产生对国家有利的效果"。《别矫情了，你为屌丝，除了努力奋斗你别无选择》，针对的是"说高房价消解了人们奋斗的热情"，奋斗再多，也不如一套房。

评论的构思是有规律的，不是胡思乱想，一定要找到评论基准线，有了这根线，你就有了一个大体的范围，思考也就有了框架。不能盲目地想，没有框架地想，想到哪里就是哪里，那样会把写评论变成了一种运气，运气好，灵机一动，碰巧就想到了，运气不好，便将就一点吧。基准线是及格线，在基准线上思考，一步一步把观点往前推，推到那个让自己兴奋的亮点和抓手，文章写起来就很流畅了，也不用担心自己偏题。

ChatGPT 强大智能是对人的反向测试

ChatGPT 突然就火了，火得不可思议，去年上线后很快就达到百万用户，它似乎啥都能聊，人们用各种问题去"刁难"它，让它写不同领域的"文案"，解决各式各样的"难题"，纷纷惊呼"这一次自己可能真要被取代了"。其实这几年人工智能一直都很热，其应用已经深度融入我们的生活，而这一次 ChatGPT 火就火在，相比过去那些机器，它太"像"一个人了，"像"到了让很多人恐慌的地步。"我是谁？我从哪里来？我到哪里去？"的灵魂之问，变成了"有了能取代我的它，我的存在价值是什么？"

对于人工智能，之前看过钱颖一教授的一篇文章，他说："人工智能将使中国教育的优势荡然无存。"批评得很尖锐，读了后深以为然。强智能的 ChatGPT，如今又提供了一面镜子，如果我们把教育优势建立在死记硬背和超极限刷题上，如果我们到了大学和考研时仍把"背诵知识点"当成学习方法，如果我们把"善于记忆"当成"最强大脑"的话，那么，ChatGPT 足以让人恐惧。可以肯定，在以上这些方面，ChatGPT 会比任何一个所谓"考生"要做得快和好，你的记忆再厉害，比得过数据储存吗？知识点记得再多，能有 ChatGPT 多吗？人工智能的结果，必然能制造出远远超越人的有机体极限的"超人智能"，这也是人类发展智能科技的目的，如果人工智能不如人，那么要它何用？

ChatGPT 的强大智能对人是一种反向测试，人的优势到底在哪里？作为生命有机体，面对越来越像人的"有机计算"，我们有什么不可替代的优势？脱离了死记硬背和刷题的那些知识点，我们还剩下什么？试试吧，那些考研试题，你能答得比ChatGPT更好吗？

我一直觉得，如果轻易就被ChatGPT这种机器取代，说明自己平常做的就是机器可以做的事，机械、简单、重复、无创造性、可以自动生成。ChatGPT再"像"人，只是"像"而已，聊得挺像回事，本质上只是一个工具和机器，如同一只电子宠物。我看了很多人应用其生成的那些内容，无论是写的文案，还是回答的问题，或者是"即兴对话"，不过是高级"洗稿"罢了，即对互联网上既有内容的匹配、组合、嫁接和再生产。ChatGPT的学习能力非常强大，但再强，并没有摆脱人工智能"大数据、小任务"的大样本被动学习模式，也就是说，当你向ChatGPT输入一个问题（写一份宣传某新产品的文案），这是一个"小任务"，它完成这个任务是凭借巨大的数据库而生成的，它并没有任何主动的思考，没有反思和判断，只是根据事先输入的程序规则，在数据库飞速运转下完成这种"任务"。

这有什么好怕的？它会拒绝吗？不会。它会因为窗外突然飞舞的雪花而爆发灵感，从而写出某段让人兴奋的佳句吗？不会。它会将事情搁置一下去发呆，等待心情好的时候"心有所感而抒发于外"吗？也不会。它就是一个"互联网洗稿机器"，借助已有的关键词和数据去匹配，进行流水线工作，没有任何创造性。如果它创作的那些文案能让你觉得"真像那么回事"，说明多数文案写作，不过也"就这么回事"，是既有文案的高级洗稿而已。苹果公司CEO库克曾说："我不担心机器会像人一样思考，而更担忧人会像机器一样思考。"ChatGPT写出的文案，不是机器的人化，反照出的恰恰是"人的机器化"！

我之前写过一篇文章，谈过智能、智识与智慧的区分。智能是什么？就是那种能迅速找到最佳答案的能力，很多所谓的"小神童""最强大脑""优等考生""高智商"，无非都处在这个层次，而人工智能将这种"迅速得出答案"的能力发挥到了极致。智识是什么？它与智能是反向的，智能是"把问题变成答案"，而智识则是"把答案变成问题"——为什么呢？是这样吗？有没有另外一种可能？前提正确吗？深层次结构是什么？答案是不是错的？——一个人知识的增长、观念水位的提升、认知的飞跃，就是在"把答案变成问题"这个反身性、批判性过程中完成的。智能需要"迅速求解"，而智识则有能力"延迟判断"，在延迟中"对判断进行判断"，从而提高认知的水位。不满足于既有答案，在"问题化"中挑战它，智识才会增长。智慧是什么？就是智识达到一定高度后形成的、应对多变情境、由此及彼的答案通透力。

你看，ChatGPT 的能力就是"你输入问题，它给出答案"，它只能应询而无法反问，更没有能力对问题提出挑战；只能借助"大数据"完成"小任务"，不能像人那样有灵感创新，有"随机性的自适力"之智识悟性，在"小数据"触发灵感下完成"大任务"。即便再像人的机器，终归只是机器，只能按输入的指令完成任务，而缺乏人那样的"有机反身思考"：我是谁？我为什么要完成这样的任务？这样的问题是不是一个蠢问题？

一名学者曾说："同机器智能的构成部分相比，构成有机体的蛋白质确实缺乏力量和速度，但恰恰正是这些'劣势'，在一定意义上成就了审美发生的机缘，因为美的发生是有机生命体受动（suffering）的结果，是生命体对于外界环境的受动性调适在意识层面的曲折反映。"是啊，这种"受动性调适"是人的智识思考天然所带的痕迹，也是人相比于机器的优势，而不是反当成负担。看 ChatGPT 写的文案和那些答案，都特别"像那么回事"，但跟一个人真正用心创作的东西，还是差那么一点意思。那一点"意思"，比的不是力量和速度，不是数字运算，而是心灵对美的观照，是一个有着丰富对话触角的生命跟外在世界对话时所生发的好奇、想象和悟性。

ChatGPT 的强大智能对人是一种反向测试，如果你缺乏对智识和智慧的追求，心智停留于智能崇拜，那么在心理上只会被那种比自己强大无数倍的智能所支配和碾压。真正应该"恐慌"的，不应该是ChatGPT的人工智能，而是支撑这种科技能力的人类创新，我们的智识能做出什么样的人工智能。

（微信公众号"吐槽青年博士"2023年2月10日）

不要把别人的无奈和不堪当励志

近来的一些新闻，读来让人觉得很不舒服。表面上似乎挺励志，大学毕业生在什么岗位上都能发光，细品，却有一股怪味。

比如，大学毕业后摆地摊年入百万，还清百万负债；"211"毕业生收破烂，月入过万；还有名校毕业生摆摊卖串，卖大葱，当环卫工，等等，都写得非常励志。在就业难的氛围下，高学历与低就业形成鲜明反差，这类扎堆的"下沉就业"文章，传递着一种说不出的味道。无论是年入百万，还是月入过万，言语间充满诱导，可扪心自问一下，如果有点办法，读了那么多年书，为学历付出那么多，谁愿意去摆地摊、卖大葱？

真应了一句话，把捡垃圾、摆地摊、卖大葱写成大学生励志故事的，都坐在写字楼里；劝人逃离"北上广"的，都生活在"北上广"。将心比心，你会去收破烂、卖大葱吗？不要把别人的无奈和不堪当励志，不要把过度脱离常规就业方向的个案选择当成"下沉"的成功典范。

虽然不能把学历和读书看得太功利，端着某种优越感，但客观地说，大学毕业生在专业学习上投入了那么多的资源，就应该在擅长的领域最大限度地发挥才智。工作没有高低贵贱之分，行行出状元，但经过了相应的学历教育，付出了相应的成本，就应该在社会分工的相应层面找到合适的位置。人尽其才，才能体现读书和学历的价值，也是对付出的回报。名校毕业后卖猪肉、摆地摊、当环卫工、收破烂，各有各的无奈，各有各的选择，但无论如何，都存在某种浪费，这是反常的个案。不能因为这种个案就否定别人的选择,或推向"读书无用论",也不能把这种现象当成正常。

我不喜欢这类报道所隐含的价值规训:"你看看人家,为什么就不能降一降身份,为什么就不能脱下长衫?""行行出状元,人家一样能在'下沉'中做出精彩,在什么样的岗位上都能脱颖而出。"这种腔调,名为励志,实为说教和规训——不是没有工作岗位,是你眼高手低,是你的身段不够"下沉","下沉"一样有"钱途"啊,前段时间不是还有篇报道嘛,题目叫《瓦工行情走俏,年收入25万仍招不到人》。

这些报道不会告诉年轻人,摆地摊能够年入百万的,少之又少,肯定无法复制;收破烂能月入过万的,不是到大街上捡破烂,而是发明了一种小程序。卖大葱,当环卫工,卖猪肉,要经历很多无法想象的辛苦。前段时间正好看到一篇题为《"211"毕业后,我靠体力活谋生》的文章,这篇文章写得很真实,让人看到了"体力活"的艰难,毫无那种"月入过万"的励志说教味。当一份工作让动辄成百上千的大学生竞争时,或许"下沉"是无奈的选择。文章中有一句话很打动人:"不要美化任何一条你没有走过的道路,一个人和他的困境,在从事体力活之后,并不会自动消失。一个摇奶茶的姑娘说,如果真的有一份有双休、不用加班又体面的工作,谁又想来摇奶茶?哪有什么励志故事,大部分人不过是普通的失败者、失意者。"

当名校毕业生与"摆地摊""收破烂""环卫工"这些词联系在一起的时候,我们应该去关心什么?无视其中的无奈与不堪,是不负责任的。刻意回避这些选择的"反常性",高调去赞美,甚至拔高为就业偶像,很容易对"正常思维"形成误导。当一种"下沉"并非出于主动而是被动时,我们应该带着问题意识和同情的理解,去关心这些"反常选择"的年轻人:是什么样的困境让他们没有去发挥自己的专业特长?是什么样的压力迫使他们丢掉了自己的热爱和兴趣?需要做哪些结构性的努力,才能帮他们走出困境,让读书人和高学历的人保持对知识的自信?

人往高处走，找到适配学历价值和读书回报的工作，才是多数人正常并理性的选择。"反常选择""反向就业""逆向工作"有各自反常的问题，还是应该给正常选择以信心。不要总对年轻人训话："你不够努力，你不够识时务，你要调整自己的身段，你不要挑三拣四。""今天工作不努力，明天努力找工作。""有工作没人干，有人没工作干。"回避结构性问题，将所有问题归因于"个人不够努力"，让年轻人"下沉"去"卷工作"，这对他们读过的书、"卷"过的学历、熬过的夜、掉过的头发，是不公平的。

"等你上大学就好了。"读书读了这么多年，励志的故事已经听得足够多了。年轻人从来不缺励志，文凭神话破灭后，缺的是自己面临的困境受到重视，自己的努力被看见，自己的声音被听见，那些"靠个人努力无法突破的障碍"得到清理。

（微信公众号"吐槽青年博士"2023年3月27日）

不被疫情驯化，不被疫情心态支配

对于当下疫情，清华大学心理学系教授彭凯平受访时认为，疫情对年轻一代的影响，比人们想象的要大；调查显示，疫情导致很多人的"四无"：一、学习无动力；二、对真实世界无兴趣；三、社交无能力；四、对生命价值无感受。有题为《警惕你正在被"疫情"驯化》的评论写道："卷又卷不赢，躺又躺不平，不少人在不自觉中完成了'驯化历程'，生活世界被打乱后，精神世界也拉胯了。"

跟几个年轻人聊这个话题，本以为他们会产生强烈共鸣，借此大倒苦水，慨叹"生不逢时"，抱怨疫情对流动自由、实习自由、梦想自由、就业自由的冲击，我也是做好倾听这些"不满"的准备而打开这个话题的，他们需要这种倾诉和被倾听。然而，出乎我的意料，一名学社会学的年轻人说，过多地讨论"疫情对年轻一代的影响"并没有多大意义，只会强化一种"这一代太不幸"的心理暗示，疫情的影响确实很大，但很多问题都不是疫情带来的，人本就不是在"无菌室"中长大，那些在今天困扰、驯化和支配着我们的问题本就存在，只不过作为一种反常状态的疫情暴露和放大了这些问题。

他继续谈道："缺乏自律、意志薄弱、没有学习自驱力的人，无论有没有疫情，都会'躺平'，自我放逐，醉生梦死。那些优秀的、目标清晰、有坚定追求的人，无论外在环境怎么挑战，他们都不会放弃努力。再换一个角度看，我们从疫情中看到的那些社会问题，如层层加码、形式主义、官僚主义、滥用权力等，有多少是疫情带来的？疫情只是一个'照妖镜'、一个社会生活的背景、一个挑战，让这些问题暴露出来。没有疫情，这些问题也活跃在社会的毛细血管中，以没有新闻价值的方式影响着公众。"

说得真好，这种"超疫情心态"很理性。这些生活在疫情"非必要不××"支配下的年轻人，有理由去吐槽，他们可能愤懑并吐槽过，但他们没有沉浸在疫情心态中，而是摆脱了那种心态的支配，去创造一种"既然无法避免那就去超越它"的、自律的学习心境。想起一句话，真很有道理："读书愈少的人，对环境愈不满意；读书愈多的人，对自己愈不满意。"过多地把问题归因于"疫情"而没有一种"落脚于自我行动"的超越意识，很容易在驯化中把宝贵的时间荒废，主动性和主体性被磨光，精神世界躺下了。

不被疫情驯化，包含着"不因为环境的变化而消磨自己的追求，放弃自己的主动性"这层意思。一位作家曾说，越是状态不好的时候越要保持自律，别让自己陷入无聊的黑洞和空虚之中。确实，已经纠缠了我们三年多的疫情很消磨人的意志，让正常生活失序。越是在这个时候，越需要强大的自律所固化的生活秩序感，去对抗这种失序。我们的生活时间不是由疫情支配，而是由我们自己支配，汲取人类优秀的思想成果，如读书、写作、批判性思考、运动、与人交流。环境的失序并不可怕，最可怕的是我们的精神生活跟着一起失序，在"状态不好"后没有很快建立起自己的秩序，被失序情绪伴随的失落感、愤懑感和无所适从感支配，陷入这无聊的黑洞和空虚，跳不出来。

前段时间看了一篇刷屏文章——《封了57天后，在小区发现了84种草药、43种野菜》。一个被封控在小区近两月的人，没有浪费这段时间，而是拾起了自己植物研究的兴趣，将镜头对准小区里那些"隐秘的角落"，记录那些野生植物的成长史。在文章中他这样写道："它们不会因为被叫作'杂草'而垂头丧气，也不会因为被做成'连花清瘟'而春风得意，它们作为生命本身，时刻认真冷静清醒地对待和关注生命自身。疫情终将过去，封控终将结束,这座城市的绿化景观肯定会被重整一新。但只要这个环境还能孕育生命,总有一些它们的种子随风飘散,落地扎根。"——"发现了84种草药",这可能在科学上并无多少创见性,但却让人看到了一种不被疫情心态支配的韧性,该干吗干吗,保持自己的秩序感,用生活秩序对抗失序。

这几天,俞敏洪又受到了舆论致敬,"双语直播带货"让新东方走出了一条新路,他被盛赞为在"本手"中走出了"妙手"。确实是这样啊,没有谁比俞敏洪更有理由吐槽,"双减"和疫情给他原先的舒适区带来了颠覆性冲击,但他没有"躺平",而是不断在逆境中"折腾",不失教育的本分。

(《羊城晚报》2022年6月18日)

"小镇做题家"是这个社会最坚定的公平信仰者

很多词,生来只是用于自黑自嘲的,而不是递给别人的一把往自己生活捅伤口的刀子,"躺平""985废物"是如此,"小镇做题家"更是如此。每次看到有人轻率、轻浮地拿"小题做题家"这个词来嘲讽那些努力改变命运的人,总想怒吼一句:你有什么资格嘲讽他们,他们是这个社会最坚定的公平信仰者。

"小镇做题家"是什么人?社交媒体对这个词的经典解释是:出身小城,埋头苦读,擅长应试,缺乏一定视野和资源的青年学子。他们曾凭借刷题和超强的应试能力,经过高考的角逐,从小城镇考入一流高校,以为能从此命运逆转。但进入大学却发现自己曾因成绩优异而拥有的光环逐步瓦解,特别是与来自大城市的同学相比,在思维、眼界、家境、社交能力等方面都存在差距。脱离了做题模式后,他们对新环境无所适从,甚至自我设限,以至于在升学或求职过程中常常碰壁受挫,陷入自我怀疑的焦虑迷茫。

他们有什么错呢?出身小镇小城是他们的错吗?不是,我们无法改变自己的出身,"北上广深"只是中国很小的一部分地区,中国多数人都生在农村和小镇小城,不要因为坐在北京的写字楼里就忘记了这一切。埋头苦读、擅长应试,有错吗?没有,他们要想改变自己的命运,走出小地方,只有埋头苦读,考试是向上流动的门槛,每个人都要应对考试。"缺乏视野和资源"不是他们的错,而是地区发展和资源分配的不平等所先赋的。他们没有资源和背景,没关系,他们还可以做题,靠这个"公平的底线"进入大城市和名校,赢得一点自信。个人努力遇到了天花板，眼界与社交与大城市的同学存在差距，脱离做题模式后感到茫然，升学求职中受到挫折——这些结构性问题，不是靠他们个人努力能解决的，他们因此焦虑迷茫，这是他们的错吗？当然也不是。

那凭什么嘲讽他们呢？面对他们的努力、他们的挫折、他们遇到天花板后无法突破的愤懑和迷茫，应该有起码的"同情之理解"，有"这个社会欠他们"的同理之心，岂能用嘲讽往他们的生活伤口上撒盐？

人是无法选择自己的出身的。"我奋斗了18年，才能跟你坐在一起喝咖啡"；"我走了很远的路，吃了很多的苦，才把这份论文送到你的面前"；"逼自己优秀，然后过上骄傲的生活"；"把书读下去，然后走出去"；"感谢贫穷，我从卑微处走来，亦从卑微之处汲取生命的养分"——这些都是寒门学子走出来后，在论文后记、毕业感言、开学演讲中含泪带血的文字，因为触动了国人深层的情感结构、多数人努力向上的灵魂，所以每一次都能刷遍全网。"小镇做题家"这个词是这些学子自己创造的，自黑自嘲中带着一种抱团取暖的自我和解——遇到挫折了，我是"小镇做题家"嘛；努力后看到回报了，我是"小镇做题家"嘛；被人说缺乏视野，我是"小镇做题家"嘛。自嘲中，是一种认清现实，又不甘于现实，咬牙去改变的韧性。

认清生活的真相后仍然热爱，仍然努力，这是一种多可贵的英雄主义啊。我是"小镇做题家"，在这个词中，既写满自我认知，又写满自我防卫，以及经历自我怀疑和否定后的自我和解。面对这种谦卑的自嘲，怎么忍心去嘲讽呢？

不仅不应该去嘲讽，反而应该去鼓励，给他们力量。"小镇做题家"，他们是这个社会最坚定的公平信仰者啊，捍卫着公平这个核心价值。

缺乏资源和背景的人，是最信仰公平规则的，因为他们除了依赖公平规则之外，没有其他可依赖，这是他们上升的通道。这种信仰和依赖，让他们身处困境而保持着眼里的光，陷入逆境而能不断爬起来，遭遇不公对待后仍然相信"还是有未来的"，对贫穷、困苦、打击有一种超常的耐受力。几年前看到过一张新闻照片，照片里有一个在案板下上网课的小女孩，她的父母在集贸市场卖卤菜。案板上是生活，案板下是希望，支撑案板上下的，就是一种对公平的信仰。对于大城市里的人来说，公平只是一种游戏规则，在生活中保护自己"不被差别对待"；而对"小镇做题家"来说，公平是信仰，是一种精神寄托。工地搬砖少年收到清华大学的录取通知书，给别人送了很多年通知书的投递员亲手给儿子送北京大学的录取通知书……在大学录取季的新闻里，写满只有"小镇做题家"才能读懂的信仰。拼不了其他，只能拼做题和高考，没有其他选择，公平成为了信仰。

有了这种公平信仰，出身乡土和小镇的人，才没有怨天尤人，而是拼命奋斗，用读书这种完全靠自己的方式去改变命运。有了这种信仰，他们才能对枯燥的刷题有了超常的耐受力，有了超越常人的意志，也才能一边自嘲自黑，一边咬牙坚持，与苦难和解。这种信仰也让他们相信，不是每一次努力都会有收获，但每一次收获都必须通过努力来实现。这种公平信仰是向上向善的，是让自己变得更优秀，获得公平对待，而不是把"过得比自己好一点的人"拉下来，跟自己一样承受苦难。因为有了这种信仰，他们对破坏公平者尤其深恶痛绝，不平则鸣，眼里容不得半粒沙子。对这个最坚定地信仰和捍卫着公平的群体，怎么能去嘲讽他们呢？

嘲讽"小镇做题家"的人，多数其实也是出身小镇，也是通过做题来改变命运，只不过当他们改变了命运，坐在"北上广"的写字楼里和精英一起喝咖啡时，忘记了自己的来路，厮混于所谓的"上流社会圈子"，更容易跟掌握着金钱、地位、名望、资本的人共情，挺悲哀的。因为被淋过雨，然后呢？善良者给出的回答是，所以愿意为别人撑伞；但有些人的回答则是，所以对别人淋雨变得没有痛感。

千万不要让他们眼里的光消失

看了《那对眼里有光又消失了的郑州小夫妻》这篇报道后，感觉心里很难受，堵得慌，为那对眼里的光消失了的小夫妻感到不平。有些地方、有些人，真的太对不起这些努力的年轻人了。

"亮亮丽君夫妇"的抖音账号，发的第一条短视频就是他们买房子的喜讯。"从此万家灯火，终有一盏只为我而亮"，能够感受到这句话写满了年轻夫妻买房后的巨大喜悦。从社会的最底层闯出来，吃了无数的苦，跑过"滴滴"，睡过东莞的光板床，才在这座城市有了自己的房。首付45万元，没向任何人借钱，是他们过去人生的全部，他们每个月如期给银行还贷款，每个月去工地看正在建设中的新房，即使遭遇降薪，把两人的生活费都快降没了，他们仍互相扶持，积极生活。可天还是塌下来了，融创爆雷，楼盘突然烂尾停工，时代起伏的浪头，打在了这对小夫妻身上。他们很努力，现在却有可能一场空，还欠银行100万元。

照片的前后对比，真让人心疼这对小夫妻。他们在社交媒体分享在建中的新房照片中，眼里真是有光的。他们真够坚强，生活的艰难没有磨掉他们的乐观，还着房贷，过着最低限度的物质生活，承受着降薪压力，但房子给了他们对未来生活的美好想象。楼盘烂尾后，眼里的光没有了，黯淡、绝望。房子停工了，房贷还得继续交，他们能怎么办呢？两张信用卡，再加上"花呗"，还房贷时倒腾一下，1万元的手续费是60元。只能这样，才能把日子过下去。他们现在的生活，经不起遇到什么事情，一旦生个病，或怎么样，就难以想象。

这篇文章之所以刷屏，是因为触动了普通人的生活痛处。无数的普通人，特别是从小镇走到城市、刚工作的年轻人，不就是这样生活的吗？他们跟这对小夫妻一样拼，从小地方走出来，读书已经透支了家庭，不会跟家里要一分钱，靠双手一分一厘地在城市里打拼出一块可安身落脚的地方，找工作，买房，结婚，生孩子。房子透支了他们的过去与未来，而疫情让这种艰难雪上加霜，抗风险的回旋空间越来越小。但他们只能选择更加努力地工作，想到未来，眼里仍会有光。这对小夫妻的遭遇让他们充满不安，他们害怕时代的这粒灰也落到自己身上。毕竟，眼里的光太微弱，承受不了这样的重压。

郑州小夫妻的经历，冲击和消解了努力的价值，动摇了人们对努力的信仰。让他们眼里的光消失的，除了停工、不知道还能不能交付的房子，还有对拼命努力的怀疑——为什么我如此努力，却还可能落得一场空。不是说努力就有回报吗？为什么生活像瓢泼大雨那样浇得人透心凉？让我们眼里有光的，正是那种对努力的信仰，但这样的遭遇，让信仰受到怀疑，眼里的光也黯淡了下来。想起哈佛大学教授迈克尔·桑德尔提出过的疑问："如果你努力，你就能成功？这种从事实到希望，再从希望到事实的倾向，难道只是一种修辞？优绩至上的承诺有时其实很脆弱，很容易让努力工作并遵守规则的人产生强烈的挫折感。"就像这对郑州小夫妻所愤懑的，努力了到头来却一场空，到底是自己的错，还是别人的错？

比眼里的光消失更让人心疼的是，他们对努力的怀疑。小夫妻受访时说："我看过张朝阳说的一句话，大意是说年轻人不要努力过头，太过于拼搏的话，也是有伤害的。我以前不认同，我觉得年轻人就要吃苦，年轻时不吃苦什么时候吃苦。但这件事让我有点明白他的意思了，太过努力，会感受到社会的不公。那么努力，到最后你什么都没有，还会抑郁。"——怀疑自己"努力过头"，怀疑吃苦的意义，不是这两个年轻人的错，是很多人对不起他们的努力。

张朝阳确实说过这样的话,建议年轻人不要过度努力工作,因为太努力工作,可能会伤害自己的身体,有些事不是努力就可以做到的,年轻人要客观地认清自己,找到适合自己的路后再努力,因为这个世界并不是很公平。——这话听起来比较负能量,特别希望人们用自己的奋斗实践去证伪这样的命题,证明"努力终有回报",可"这个世界并不是很公平"这个魔咒,成为消解努力的一种自我实现诺言。

从这次烂尾楼事件中能看到这种不公,房子烂尾了,违约交不了房,但欠银行的钱一分也不能少。一个网友是这么总结这种不公的:"烂尾楼现象,代表着人间罕见的荒唐,地方政府拿走了土地财政和税收,开发商拿走了购房款,银行拿走了高额的利息,而老百姓呢,他们花光了父母的积蓄,花光了自己的积蓄,甚至为此把下半辈子的债都预支上,却拿到一套不能住不能卖的毛坯房。有时候连毛坯房都没有,就一块地基,更荒诞的是,他们还不能因此停止供房贷。"是啊,当人们的努力遭遇这样的血盆大口,遭遇贪婪和不公,常人拼命努力的一切,确实很容易被魔鬼吞噬。

怀疑努力的价值,只是一种受挫的情绪,如郑州小夫妻这样的年轻人,无法不选择努力,因为这是他们创造美好生活的唯一路径。努力不一定有回报,但不努力就一定没有回报。常人眼里的光芒,是一个社会最美丽的风景,千万不要让他们眼里的光芒消失,要清除那些吞噬着"努力就有回报"这种信仰的社会不公。

"爱国"应是一个最有包容性的词

看到这几天关于张学友"爱不爱国"引发的讨论,"网暴"逼得张学友不得不站出来声明。这让人感到很无语,为张学友不平,为爱国者不平。这一次舆论之所以反弹如此强烈,是因为张学友一向的爱国形象,如果连张学友这样鲜明的爱国者,都被扣莫须有的帽子,都受到苛刻的质疑,常人岂有身份安全感?陶行知曾说:"国家是大家的,爱国是每个人的本分。""爱国"本应该是一个最有包容性的词,把一个国家多元的人们团结起来,最大限度地去团结最大多数人,而不是用来撕裂的。

"爱国"这个词在舆论场上的异化,首先是从逻辑混乱开始的。公共讨论的反逻辑,形成了围绕这个词的概念、观念和认知上的混乱。

热爱贴标签的人喜欢给"爱国"找对立面,他们想当然地认为,"爱国"的对立面是"不爱国",这就犯了一个很大的逻辑错误。"人类"的对立面是什么?不是"非人类",而是"反人类"。"非人类"是以人类为中心的描述,它包含着很大的空间,如很多在人类之外应该尊重、保护的生命形式,很多与人类和谐共存的东西。"物质"的对立面是"非物质"吗?当然也不是,那些"非物质文化遗产"跟物质性遗产一样重要。"理性"的对立面是"非理性"吗?显然也不是,直觉、本能、直观、经验,都是有其正当性的,"理性"与"感性"就是一对可以互相成就的品质。"理性"的对立面不是"感性",而是"疯狂"。

弄清了这种逻辑关系,就会明白,"爱国"的对立面不能描述为"不爱国",而是"叛国""卖国""祸国"等。对矛盾关系、对立关系、反对关系的混淆，导致了对"爱国"概念的错误延伸。就像"某人不积极"，不能推出"他就是消极的"。"积极"与"消极"虽然互不相容，但并非穷尽。

另外一个逻辑错误在于，从语法上看，"爱国"本身是一个动宾结构的组合词，不宜再套嵌前缀。"爱"的内涵非常丰富，有无限多的表现形式，什么是爱，什么是不爱，什么是强烈的爱，什么是内心深沉而表面平静的爱，得诉诸主观判断，是一个人自己的事。对于这样一个诉诸主观的、动宾式的组合词，不宜再加什么前缀。"物质"是一个名词，可以在其前面加上前缀，以进行类属、种属的区分，比如"非物质""反物质"等。类是一种逻辑构造，名词本身是客观存在的，加上前缀，可以起到清晰的区分效果。而"爱国"本身是一个组合词，"国"是客观的，"爱"是主观色彩极强的，在一个主观色彩极强的组合词前面再加前缀进行区分，对"爱国"进行区分排序，起码从语法上看是无效的。

所以，最好不要随意在"爱国"这个词前面再加前缀，主观与主观的叠加，很容易形成语义的暴力和价值的扭曲。"欲加之罪，何患无辞？"就好比，"近乡情更怯，不敢问来人。"哪有什么"恶意返乡"？种地是农人的权利，"汗滴禾下土"，岂能添加"恶意"之标签？逻辑是个好东西，逻辑是必然有效的推论规律的科学。知识程度高的人讨论时所含的逻辑成分，比知识程度低的人的言谈中所含的逻辑成分多，公共讨论还是要讲语法和逻辑的。

不要拿"爱国"这个词在普通人之间进行撕裂，爱国应该是一个最有包容性、最能凝聚起绝大多数人身份认同的词。"爱"的阐释权并不垄断在某个人手中，它诉诸每个人的情感。"爱"的内涵和外延太丰富了，有些人情感丰富，把"爱"高声喊在口中，诉诸强烈的情感符号；有些人的爱是内敛的，放在心中，表现在行动；有些人的爱是沉默的，从不轻易示人，"事了拂衣去，深藏身与名"；有些人的爱是柴米油盐，融于生活中，融于血肉中；有些人的爱是大声的赞美，觉得歌颂才是爱的体现；有些人的爱是深沉的，觉得批评也是一种深刻的爱，在批评中让他更好、更进步。

所以，对于这个有着巨大包容性、团结感召力的词，应该呵护其包容性，让它去凝聚绝大多数人，减少在这个词上的"积极论证"和"排他论证"，不要让普通人觉得有那么高的门槛。我们应该认同的是，一个人是天然的、不证自明的、天经地义的爱国者，如果要贴否定的标签，得有充分的、实在的证据。爱国是如此朴素而高贵的情感，应该让普通人有生命的亲切感，不要用撕裂和暴戾去玷污它。

(《羊城晚报》2022年7月11日)

名人明星必须克制"通吃欲望"

易烊千玺入职国家话剧院的舆论风波,以易本人声明放弃入职才得以平息。与很多人对易获得这一身份而愤愤不平一样,很多人(尤其是易的粉丝)对易被迫放弃这一身份,也是愤愤不平——你知道他有多努力吗?他不偷不抢,按招聘程序经过各种考核面试获得的职位,凭什么要逼着人家放弃?不是说"制度面前人人平等"吗?为什么对一个名人就不平等了,形成逆向的歧视?为什么非得屈服于那种"剥夺名人正当求职权利"的舆论?

这种愤愤不平的反问,有一定的道理,但我还是支持易烊千玺放弃这一职位,这不是某种对"不正当诉求"忍辱负重的屈从,恰恰相反,是对实质公平的尊重。程序正义只是程序上的,名人明星以这种方式考编,无法避免会有明星光环的加持,名人的资本和机会已经足够多了,多得让普通人只能匍匐仰视。名人光环很容易形成虹吸社会资源的"通吃效应",一个敬畏公平的名人,应克制那种自己易如反掌的"通吃能力",遏制"成名后能在各方面混得开"的"通吃欲望",不在可能与普通人形成"资源竞争"的领域去争利、争食、争饭碗、争机会。

易烊千玺的本意确实并非争利、争机会,而是基于自小的梦想,但客观上形成了"你进我出"的饭碗竞争,这也是舆论对此形成巨大情绪反弹的关键原因。

从程序来看,当然是平等的,程序是见得了阳光的,但实质公平呢?像易烊千玺这种身上带着巨大明星光环的人,获得这样的职位,比普通人简单多了。别跟我说经过了严格考核,也别跟我说入职要求一样,名人光环效应是无法回避的——脸熟、关系、招呼、招一个名人带来的传播效应、粉丝经济、名人资本等,都以看得见或看不见的方式起着支配作用。一个人成为明星之后,很容易获得撬动起其他资源、敲开其他领域大门的"通吃资本",不仅在商业和娱乐领域,教育、文化、旅游等很多方面的资源都会涌向名气。成名之后,在其他领域自以为靠努力获得的那些资源,或多或少都与名气资本有一定关系。

就拿曾经也引发舆论风波的翟天临来说,作为一个演员,读了博士,获得了北京大学博士后的机会,可他竟然连"知网"都不知道。对于一个普通博士来说,在学历和论文内卷得如此激烈的情况下,绝对不可能出现这种情况,但就发生在明星身上了,你能说这跟"通吃效应"无关?

名人可不可以考编?名人是人,考编没有身份限制,当然可以考。但这是一个伪问题,不是说应该有一种程序或规定限制名人考编,而是说,名人明星应该有一种自觉,不与普通人争编、争饭碗。因为你的机会已经足够多了,你拥有着普通人无法想象的资源,而且这种资源和机会比那个所谓的"编制"好多了,还是应该把考编的机会留给普通人。名人明星已经成名,并不太需要国家话剧院这样的平台,如果想提升自己的专业能力,增进自己的表演才能,有大把进修和镀金的机会。对名人明星来说,国家话剧院只是在名气之外增加了一种实际上可有可无、锦上添花的身份资本,而对普通人来说,是一个饭碗,更是一个在话剧艺术上打开自己事业之门的上升机遇。

所谓"通吃效应",就是在获得某种支配性权力之后,各种资源纷纷涌来,不费吹灰之力;或者说,只要你想要,能以比普通人容易得多的方式获得。一个正派的名人,总能克制这种"通吃欲望",避免将名人光环影响应用于娱乐文化工业之外的地方,不用名气获得本不属于自己、对别人也不公平的生活资源。拿编制这种对普通人来说极为稀缺的资源来说,对于名人明星,公平并不意味着"平等机会去获取",而是要主动回避,防范名气资本干扰社会公平。

另外,名人明星有必要克制在自己并不擅长的领域"表现"自己的天才或者通才。一个人成名了,总会在身边围上一群"无论你做什么他们都会为你点赞"的"脑残粉"。演艺让你成名了,你就发挥这种特长,并发挥到极致,不必非要营造什么"学霸人设",也不必展现自己的体育天赋。娱乐文化工业似乎有一种诱惑,让名人明星去展现自己天才、通才的一面,演戏的,数学也很好;演戏的,文笔也很好;演戏的,篮球非常棒。越是成名,越需要心里有点数,你不是天才,不是通才,不是做什么都非常棒,只是暂时的名人光环效应罢了。不要在不擅长的领域透支自己的名气,毕竟,你的能力其实非常有限。

名人首先是一个人,做一个不被自己的名气亮瞎了眼的、诚实的名人。

张文宏为百姓说了公道话,就地过年不是理所当然

张文宏之所以受到公众追捧,言论被年轻人喜欢,常上热搜,很大程度上是因为他的接地气,与舆论水温保持同温,与大多数普通人站在一起,知人冷暖,有温度,且不装。同样一句话、同样的意思,从张文宏嘴里说出来,就让人感觉很舒服,有道理且有人情味儿,比如昨天深夜走红的"没有谁认为就地过年就理所当然"。

他是这样说的:"对于就地过年的同志,我表示非常敬佩。没有谁认为这些做法是理所当然的,可以'看作为全中国人民所做的一次贡献和慈善',祝大家春节开心,家人平安。"在多数人已经接受就地过年的现实并准备安心过年的背景下,这句贴心的话瞬间刷遍全网,对于看到这句话的人来说,是遗憾后的治愈、释怀、放下,也是一种被理解所带来的共鸣感。人同此心,原来不只我一个人这样想,原来就地过年并非理所当然,原来"想回家过年"很正常,原来这可以看作一种贡献。

是的,张文宏为百姓说了句公道话。"就地过年不是理所当然"的意思是什么?回家过年是很正常的诉求,事关传统风俗和人的情感。离家一年,突然回不了家,回家过年变成了"麻烦"。多数人响应倡议,留下来就地过年,对于这种留下,应该带着谢意和关怀,不应该天然觉得"你就该留下"。对于动员"就地过年"这件事,应该带着感情去做,带着"你在为防控做贡献"的谢意去做,带着"为你留下过年做好服务"的热情去做,让人们在异乡如家乡,年过得舒心安心。就地过年人心所向,需要对这份人心多些体贴呵护。

这两天跟一个朋友讨论这事儿，他想写一篇文章倡导就地过年，谈谈就地过年的十大好处，如省下交通折腾、异乡特别体验、避免感染风险等。我跟他说，你说的都对，确实有很多好处，我身边多数朋友都准备留下了。但咱能不能站在就地过年那些人的角度，要多想想"就地过年可能遇到的问题"。好处已经被说尽了，很多人在抢着说，我们能不能设身处地地替他们想想就地过年的麻烦，把这种麻烦说出来，所在的城市能解决的解决，能疏导的去疏导。想异地过年人之所想，急他们之所急，问题解决了，麻烦消除了，自然都愿意留下来过年。"就地过年的好处"留给过年的人自己去想，而公共部门、服务部门要竭力地、前瞻性地想他们可能遇到的难处。

这是公共服务者在倡导就地过年上应有的温暖视角，就地过年不是理所当然，要用服务留人，用服务解后顾之忧，消除异乡过年的心理障碍。

要表扬义乌。前段时间，义乌那份通知之所以被全民表白，就因为通知里没一句空洞的口号，全是实实在在、满含诚意、过日子的"年货"。能想象出义乌的相关部门在发出这份通知前，不是坐在办公室拍脑袋、想点子、攒文件，而是跟外来务工人员坐在一起讨论，从外来者的角度考虑他们留外过年的难点、心结和痛点，急返乡人之所急，想回家人之所想，360度无死角地从过日子方面提供便利。吃饭不用愁，洗衣不用愁，逛景区不用愁，停车不用愁，快递不用愁，租房不用愁，孩子的教育不用愁，老人看病不用愁……你没想到的都替你考虑了，那还愁啥？回家过年，关键是"家"的感觉，义乌这么像一个家，衣食住行问题都全面考虑到了，把外来者当自家人，那还见什么外？留下过年很好啊。

满满诚意，柔性留人，这正是基于一种对"就地过年并非理所当然"的尊重。向义乌学习，不仅是攀比近乎完美的红包投入，更要攀比的是那种用心留人的诚意体贴。

"就地过年并非理所当然"的另一层意思是，不要把"是留是返"当成权力，而应以谦和的服务之心来看待民众需求。返乡的核酸检测、隔离的时间、就地过年的安排，说到底是一种公共服务。本来"春运"回家过年是自主安排，但疫情限制了流动，政府部门应以更好的服务来降低"过年留返受限"所带来的不适。就地过年应享受到什么保障，返乡应带什么证明，这些都是服务，而不是权力。福利不能打折，证明不能加码，可以回家的，应该允许回家，按程序办就行了。不要让人民群众再去多办什么证明，不要借此创设权力。

就地过年是好事，为自己为家人为社会，各地在动员，民众也有这种责任自觉，相信多数人已经做好了就地过年的心理准备。对这种全民贡献多一些张文宏式将心比心的共情，多一些义乌式的"干货"服务，多一些"替你想问题"式的思维，而不是"就地过年就是好""就地过年就应该"。《人民日报》评论说得好："就地过年，无法堂前尽孝、共享天伦，确实是牺牲。也许暂时的牺牲，能够换来疫情防控的长效。理解每一份思乡之情，愿每个留在异乡的人都被善待，盼疫情早日消遁！"

（《潇湘晨报》2021年2月3日）

复旦大学坦荡荡的调查给张文宏卸下了重负

调查一个星期后,复旦大学公布了调查结果:"依据2017年《复旦大学学术规范实施条例(试行)》的有关程序,根据原上海医科大学1999年1月修订的《科研型博士研究生培养工作细则》,认定张文宏博士学位论文符合当年博士学位论文的要求,附录综述部分存在写作不规范,不影响博士学位论文的科研成果和学术水平,不构成学术不端或学术不当行为。"按今天的程序,有程序正义;按当年的工作细则,有实质正义。符合当年要求,不影响学术水平,不构成学术不端,字字掷地有声,光明磊落!

看到复旦大学这个调查结果,估计很多关心张文宏的人都松了一口气。人心有一杆秤,相关信息都是公开的,公众对于是非早已做出了判断,结果在预料之中。但学术委员会的调查是不可替代的,小人带节奏设置的污名议题,只有学术共同体堂堂正正的调查才能正名。无论舆论如何信任和支持张文宏,不介意二十年前的写作瑕疵,可总被人当成攻击和污名黑料,是当事人无法承受之重。复旦大学及时的调查,给张文宏卸下了重负,也是对学术规范的尊重和对舆论的交代。事情就是这么个事情,有了明确结论的事,这一页就翻过去了,很难再成为攻击的由头。

可以想象,复旦大学因为这种事来调查一位受到舆论尊敬的优秀毕业生时的那种为难和无奈,但这是无法回避的调查。看到这个结论,立刻想起鲁迅在1925年写的杂文《战士和苍蝇》,有句话作为金句常被人引用:"有缺点的战士终竟是战士,完美的苍蝇也终竟不过是苍蝇。"按当年的论文标准,写作不规范,连缺点都算不上吧?姑且就算小缺点、小瑕疵吧,有瑕疵的张文宏终是战士,而苍蝇不过仍是苍蝇。战士每天在病房、会诊、分析中与病毒作战,做公众健康的卫士,筑起免疫的屏障。苍蝇呢,永远活在粪坑里,不时恶心恶心人。

复旦大学的调查结论,既是在这件事上给张文宏卸下重负,不必再被这件事纠缠,不必始终被人当成攻击借口,还有另外一种意义的减负——他不是完美的圣人,而如常人一样,跟公众很近。这种"近",鲁迅在《战士和苍蝇》中也谈到过:"正因为近则愈小,而且愈看见缺点和创伤,所以他就和我们一样,不是神道,不是妖怪,不是异兽。他仍然是人,不过如此。但也唯其如此,所以他是伟大的人。"张文宏医生这次遭遇的舆论风波,不是如明星那样的"人设崩塌",而是一次"人设卸负",他不是一个完人,不要将他捧上神坛,"圣化"会给他带来沉重的压力,也会给他招惹敌意。保护他的一种方式,就是不拔高,不神化,不消费。

愈看见瑕疵和创伤,就愈看到他和我们一样,作为人的立体多面。我们依赖他,相信他的判断,是出于对其作为科学家、医生和正直人格的信任,而不是如"脑残粉"那样的盲从迷信。一般人受到这样的攻击,可能会失去公众信任,而一位在科学和人格上被信任的人受到这种攻击,干净,更确证了这种信任。一位在舆论光环下被"完美人设"所累的医生,这次风波反而"帮"了他,帮他卸下那种重负,以后可以更加轻松地与公众沟通,表达自己的专业看法。

这次风波,舆论表现出的那种集体把一位正直的医生护在身后的正义感,真让人挺感动的。这是一次正直与正直的拥抱、生命友谊的考验、正直眼神的确认——公众确证了这位医生值得去保护,这位医生也确证了正直的公众和正直的舆论值得自己继续去坚守。在中国医师节前夜,张医生更新微博,向公众"汇报"近况,实际上也传递了"没有被吓倒继续当公众喜欢的那个张医生"的心声。

这次风波，让公众舆论与张文宏走得更近，人们更了解了这位医生，更相信他的专业和人格。不干净的人，很小的黑料就能打倒他，而干净的人，这种所谓"黑料"不过反证了干净，让人格更加挺拔。这次风波，也让公众看到一位在抗疫外更立体饱满的医生。对张医生的攻击激起公众的强烈愤怒，不少张医生的病人纷纷站出来，写自己眼中的张医生：处处为患者着想，医术高明，不开大处方，不让病人多跑腿。采访过他的记者站出来，写自己眼中的张医生：所谓"怼记者"不过是误解，他体贴他人的尴尬困境，质朴谦逊，尊重新闻职业，淡泊"网红"，爱惜羽毛。互联网热传的"张文宏几件小事"，医德医风堪称典范，感人至深。

"苍蝇们"本想"搞臭"张医生，却踢到了学术和民意的钢板上，触碰到民众不会退缩的底线，让人们看到了一位正直的医生有如此大的民意基础。"君子坦荡荡，小人长戚戚"，复旦大学坦荡荡的调查给这场闹剧画上了句号，让战士在属于他的阵地上安心战斗吧，呵护他，不让他招惹敌意。至于苍蝇，留给苍蝇拍吧。

（财新网 2021 年 8 月 23 日）

唐山打人案，我们需要怎样的愤怒

愤怒就愤怒，是一种"目睹罪恶后感同身受义愤填膺"的正义本能，一种瞬时的道德激情，如果还得考虑一下怎么去愤怒，该如何愤怒，对谁愤怒，那还怎么愤怒得起来？是的，愤怒往往是瞬时、未经深思熟虑的，正因为未经深思，当我们冷静下来后，还是应该思考一下这个问题的，避免那种廉价且背离道义、走向正义反面的愤怒。

唐山烧烤店打人案，公众目睹全景的现场群殴视频后，震怒，暴怒，舆论挺长一段时间没这么愤怒过了。调戏骚扰女性，遭拒后，几个畜生肆无忌惮地群殴，从店里打到店外，从灯光下打到黑暗处，态度之嚣张、下手之狠毒，触目惊心，让目睹者（尤其是女性）产生了强烈的不安感。视频传到网络引发强烈关注后，当地开始做出反应，将畜生们逐一抓捕。最新消息是，河北省公安厅指定唐山打人案件由廊坊警方侦办。

且不说犯罪规律，先说舆论规律：某个舆论爆炸性个案，绝非偶然，必然是无数个问题在生态化中蓄积而成的，如慢性炎症化脓成瘤。可想而知，嫌犯的那种嚣张、公然调戏的霸道、群殴的毫无忌惮、围观者的敢怒不敢言，是多少日常之恶积累出来的，是多少"没有新闻价值"的罪恶叠加起来的。无数没有引起新闻关注的恶、治理生态的恶化、恶人无法无天无所顾忌，最终以"大新闻"的方式现形。中央级媒体的追问代表了普遍的民意——围殴女性、种地道歉、铁丝锁门，这个地方一月三上热搜，不可不反思当地社会治理的失败。

目睹视频全景记录的群殴，公众无法不愤怒。当然应该愤怒，为自己的权益受侵害而怒，说明自己是个活人；为别人的权益受侵害而怒，说明自己是个人。这种愤怒是人之为人的感同身受之怒，是社会的道德肌体被侵害后集体防卫之怒，是生而为人的纯净道德感没有被厚黑的处世哲学所泯灭、心存悲悯之怒。面对这种罪恶，如果仍无动于衷，自诩"冷静"，那不是"冷静"，而是冷漠。曾经写过一篇评论，批评那些"坐等反转"的人"既冷漠又无耻"，很多时候，"坐等反转"已经成了一些人罔顾事实、炮制阴谋论搅浑水、颠倒黑白是非的借口。众目睽睽下的群殴毒打如何反转——搭讪骚扰还能被说成关爱女性？打人还能被说成"对可能反击的提前防卫"？我也特别反感"让子弹飞一会儿"这句话的异化，"在动态报道中还原事实"的审慎本意，被偷换为"坐等官方通报"的独断和冷漠。

"让子弹飞一会儿"，这枚"子弹"既包含官方的调查，也包含媒体的报道、网民的追问、无数普通人的愤怒。不平则鸣，无愤怒则正义会失去民意动力，普通人能做什么呢？不是每个人都能调查，都能当网络福尔摩斯，都能做报道，良心和良知支撑的愤怒感及表达，是每个人都具有的正义资本。这种无数常人的愤怒感所汇聚成的力量，能形成必须被关注的议题、拒绝变成烂尾的坚定韧性，以及让作恶者受到震慑的天地良心。

愤怒有高贵和普通之分，面对唐山打人案，最高贵的愤怒，当然是"路见不平一声吼"的愤怒，是现场目睹罪行挺身而出、试图阻止犯罪的愤怒。这种愤怒的高贵之处在于，一方面，它可能对犯罪形成震慑，让作恶者有所忌惮，让正义在现场得到张扬；另一方面，它是有代价的愤怒，要承担某种危险，让自己具身进入那种与作恶者搏斗的危险中。在唐山这起恶劣的打人案中，要向几个阻止施暴而被打的人致敬，她们在那一刻可能也很害怕，但她们还是勇敢地去阻止。很多在现场敢怒不敢言的人，我并不觉得他们应该受到"道德审判"，并不觉得看视频的人有资格去"审判"他们，相信他们内心也充满愤怒。普通人后来在视频中目睹暴行、隔着屏幕的愤怒，以及汇聚舆论的追凶声量，这种普通的愤怒对于正义的伸张也是不可缺少的。

愤怒这种道德激情，必须以"最大受害者的最大利益"为中心，如果偏离了这个中心，就容易自以为是地走向正义的反面，我不喜欢以下这些撕裂正义的愤怒。

第一，缺乏"同情理解"的迁怒式愤怒。无视这件事给女性群体带来的不安，甚至形成对发声女性的逆向攻击。很多人在尝试为这件事定性，有人认为是男性对女性的暴力、恶人对常人的暴力、黑恶对社会的犯罪、畜生对人的犯罪、暴徒对法治的犯罪——这些身份定义框架，都有道理，并不互相排斥，本身就是多元的。女性可能更具有代入的性别敏感，专家看到的是犯罪的黑恶性，法律人看到的则是法治受到藐视。嫌犯作恶时，既是逞身体优势的男性，又是无人性的畜生，还是无法无天的法外暴徒，这有什么好争的呢？对这种多元的身份，如果以一种一锤定音、唯我独尊式的标准答案思维对事件进行定义，封闭其他的"身份代入"，在概念游戏中制造对抗，那么，这种愤怒是病态的。

无法回避的是，这起案件包含的"性别性"，黑恶势力确实可能对任何人形成威胁，但这件事更容易让女性产生强烈不安。起因是对女性的性骚扰，借酒施暴、群殴等暴力方式，都有着男性的身体优势。场景、起因和暴力，显然都让女性更容易成为受害者，女性更容易感同身受，日常受骚扰霸凌的记忆被唤起，这不是人之常情吗？回避这种群体的受害身份想象，想用宏大的概念掩盖性别问题，甚至将愤怒之刃反指向不安的女性身上，丑化"女权"，迁怒维护女性权益的人，转移焦点偷换议题，这些都非常猥琐。作恶者清楚地摆在那里，愤怒不能变成这样的舆论内耗。

第二，施暴式愤怒。似乎每一起类似的事件、每一次愤怒的激情无限膨胀中，都会伤及一些无辜者。愤怒，需有良心的节制，否则很容易膨胀为伤人的凶器，尤其是群体的愤怒，更需要节制。愤怒需要"敌人"，需要有"敌人之血"来浇愤怒之块垒，人们的愤怒需要"某个直接可发泄的靶子"。谁是敌人？谁是靶子？这个过程中，如果没有对准确事实的尊重和法律的敬畏，跟那些施暴者没有什么两样，冠以正义之名的网络暴力便会堂而皇之地发生。正义很可敬可爱，但如果"没有克制的群体正义感"，又很可怕，已有多名无辜者因这些事件被"网暴"。

第三，苛求常人、缺乏内省的表演性愤怒。每每发生这样的事，总会有人说："为什么冷漠无情的都是路人，义愤填膺的都是网友？到底是网友不上路，还是路人不上网？"谴责现场那些没有站出来的人，我并不认为这种场外的、后仰俯视式的、站在安全处带着优越感对他人指手画脚的反思有多大的价值，可以理解"敢怒不敢言"的常人状态。道德是个人内省的，反思只有指向自身时才有价值。"反思"之"反"，是"反身性思考"的意思，如果我们置于那种场景，我们会怎么办？我们会不会挺身而出？而不是大义凛然地指着别人的鼻子、摁着别人的脑袋去反思。

愤怒不能脱焦失焦，须围绕着让事实水落石出、让作恶者得到严惩来愤怒。应该用"不窥全貌不挖到底绝不罢休"的愤怒牙齿，去揭开一起恶劣群殴案背后的地方生态——这些人渣是怎么滋生出来的？背后是怎样的社会治理？谁在纵容？谁助长了他们的无法无天？一个都不放过。

（"澎湃新闻"2022年6月13日）

不怕百姓骂"草包",就怕自证确实是"草包"

毕节反应挺快。女子因在业主群骂社区书记"草包",被毕节警方跨市铐走行拘,这一事件引发舆论强烈反弹,当地迅速回应:"任某在微信群侮辱他人的行为存在,七星关分局洪山派出所因任某拒绝配合进行异地传唤。经审查,该传唤程序违法,依法撤销七星关分局对任某做出的行政处罚决定,并责令七星关分局依法处理后续相关事宜。案件涉及派出所所长及办案民警已停职接受调查。"

看了一下事件的前因后果,不由感慨,不怕被百姓骂"草包",就怕一系列后续的骚操作、乱操作,自证就是"草包"。毕节的这个社区支书,官不大,但官威感觉比前几天那个打秘书长耳光的济源书记还大。一言不合,就让警方跨市抓人。通报称,"支书刘某某,其前夫赵某系七星关分局民警,两人已于7年前离婚。对于是否存在办关系案、人情案等违法违纪问题,纪委监委已介入调查"。仅"草包"两字,警方就如此兴师动众,很难让人相信没有动用关系,没有滥用公权。

骂人"草包",确实不对,伤害不大,侮辱性较强。不过,人民群众的语言是简单直接的,你为百姓干实事,干得好,就点赞、送锦旗;你干得不好,就会被骂"草包"。"当官不为民做主,不如回家卖红薯",面对民众哪怕稍显激烈的批评,为官者应有一定的宽容度和耐受度。官民人格和权利是平等的,但基于官员掌握的权力,你做的事让别人承担后果,这种不平等需要官员对民众的评价怀有必要的敬畏。你占着做事的权力,关系到别人切身利益,别人还不能说你几句、评你几句?官员做事,百姓评价，天经地义，应该最大限度地包容这种评价，而不能自证是"草包"。

不是太了解这个社区的具体情况，是否未召开业委会就擅自让新物业通过试用期，这需要调查，但从这个社区书记的反应来看，还真别怪别人那么骂。这一系列动作证明其真不配坐这个位置，缺乏一个干部应有的法律素养、网络素养、舆论素养和官德认知。

第一，不懂法。骂人"草包"，是不妥，有侮辱成分，但要考虑到这不是一般的微信群或某个随便的场合，这是业主内部讨论群，是事务性公共讨论空间，业主们在讨论事关本社区每个人切身利益的具体问题，不召开业委会就擅自让新物业通过试用期。也就是说，事出有因，这属于"业主内部矛盾"问题，或者属于讨论某个具体问题而引发的言语冲突，是内部工作讨论的一部分。作为社区管理者，应该能判断这种矛盾和言语冲突的属性。对于工作群讨论引发的问题，应该用群的规则去解决，而不是上纲上线到去动用警力。一个社区书记，连工作群里的问题都解决不了，被骂一句"草包"就动用警力，暴露的是自己的工作无能。群有群规，社区有社区管理办法，什么性质的问题在什么层面解决，拿警力吓人，恰是缺乏法律素养的表现。不懂法的另一个层面体现在，即使觉得权利被侵犯而去维权，也应有基本的回避意识，让前夫派出所的警察抓人，岂能脱得了人情案、关系案、公权私用的嫌疑？

第二，不懂舆论。任性报复一时爽，事后没法去收场。把社区、警察和毕节都拉到舆论旋涡中，让一个地方难堪。本来这事，就是一个社区书记与一个业主的言语矛盾，两个人就"业委会开不开"这一非常具体的问题产生了矛盾，这么逞威一抓人，把两个人的矛盾变成了一个人和人民群众的矛盾、人民群体和警察的矛盾、官员和民众的矛盾。这哪是在解决问题，而是为地方发展制造问题和矛盾，把言语冲突这个"业主群可控的小问题"放大成全网民众声讨的、让毕节警方被人戳脊梁骨的大问题。将业主群规能够化解的问题，上升到警力问题，跨市抓人，人为地激化矛盾，把小事搞大，把矛盾搞炸，这样的领导干部摆在什么岗位，都是个"雷"啊！

第三，不懂网络。网络上发生的问题，需要用网络的方式去解决。既然要在社交平台、网络平台讨论小区的具体利益问题，就要有承受"网络方式"的心理准备。如果面对面开会，大概不太会出现"指着鼻子骂草包"的情况，用微信群这种沟通方式，言语难免会奔放和随意。一句"草包"就引起那么大反应，报警抓人，说明这个社区干部平常上网太少，不了解网言网语和网络传播规律，没有网络对话交流的能力。倒不是支持骂人，骂人"草包"确实不对，但报警抓人的激烈反应表明了这个书记跟网络隔膜太大了。

当然，这个事件中更让人瞠目结舌的是当地警方对抓人的配合，报警是社区干部的权利，怎么处置是警察的事。社区干部冲冠一怒，警察立刻配合抓人，这是对警权的滥用。实际上，这次的违法办案，也给当地警方挖了很大的一个坑——以后出现类似情况，如果网民报警说某个微信群出现"草包"这样骂人的话，警察是不是都得出警抓人？那以后警察就别干其他事了。两个普通人就"草包"发生冲突而报警，这不算问题，怕就怕滥用公权来打击报复。一个社区书记在业主群被骂，前夫所在的派出所跨市抓人，滥权问题一定要调查清楚。

（微信公众号"吐槽青年博士"2021年1月27日）

要有向"历史遗留问题"开刀的还账责任

拐卖妇女儿童，丧尽天良，人人喊打。海啸般的舆论关注，表明社会文明和公众认知的水位已经发展到了无法容忍这些罪恶的层次，政府治理的水位必须跟上。常常听到一些怪论，以"历史遗留问题""这些问题很复杂""会牵动很多人的利益"之名，回避对这些问题的穷追不舍和根治努力。比如舆论曝光某个拐卖案，把违法者送上审判席后，就会有人说，人家婚都结了这么多年，生了这么多孩子，但你们的报道拆散了别人的家庭，导致更坏的结果，以后老了谁养？那些孩子怎么办？如果全部倒查彻查，全部一查到底，类似的家庭怎么办？那些村子怎么办？谁来承担这种贸然触碰历史遗留问题所带来的种种代价？

在这个问题上，特别认同新华社《半月谈》在调查组发布调查结果后推出的评论《根治极端个案背后的现实之痛，必须刮骨疗毒》。这篇评论提出："面对刺眼的历史欠账，要以此事件为起点，在全国范围内深层次全方位治理拐卖人口问题。"

我一直有个观点，一个健全的社会需要每个人在各自的专业岗位上，恪尽职守，说自己专业的话，守自己的专业底线，不需要每个人都要有"充分考虑可能后果及如何解决的全盘思维"。全盘思维是一种高屋建瓴的思维，行政有行政的视角；法律人需要考虑合法性的问题，即打击犯罪；新闻人通过报道事实，告诉公众真相；医生则直面病情，救死扶伤。不能要求法律人在判断一种行为是否合法、坚决打击犯罪行为、如何按法条定罪量刑的同时，还要站到行政视角去考虑"依法会产生何种后果""既有秩序受影响后谁来买单"。人是自身的目的，而不是他者的工具，这是至上的、不可让渡和退缩的价值，拐卖人口，罪不可恕，没有可原谅之情，没有需要平衡的后果，这就是"实现正义，即使天塌下来"的法治内涵。如果社会被一种罪恶所沉淀的既得利益绑架，没有那种排除万难也要去保护正义的坚定力量，社会就很难进步。

努力让人民群众在每一个司法案件中感受到公平正义，需要有坚定的规则和法律自信。我们依法做一件对的事，依法纠正一种错误，是必须做的事，这是基本的是非。至于会带来什么负面后果，无论是家庭破碎、妻离子散，还是老无所养，这种"负面后果"不是依法纠错和坚守是非带来的，而是之前的违法行为带来的，她本来就不是他的"妻"，那里本来就不是她的"家"，她本来是人家的女儿，拐卖让多少家庭破碎。对于这种"代价"，正确的反思逻辑应该是：拐卖人口的罪恶害了多少妇女儿童和家庭，带来了多少问题，并且贻害无穷。法谚云："不法行为不会产生权利，任何人都不能从自己的错误行为中获益。"通过拐卖人口所获得的权益，本就应该剥夺，"事情已经这样了"并不能带来合法性。"历史遗留问题"的逻辑已经绑架了很多地方、很多人，"遗留"需要清理，而不是双手一摊推卸责任的理由。

法律和正义容不得和稀泥，人们之所以痛恨诸如"来都来了、死都死了、大过年的、都是孩子、婚都结了、都这岁数了、习惯就好"之类的说辞，就是因为这些无原则的宽容中带着一种绑架，一种让法律和正义闭上眼睛的"既成事实绑架"。这种逻辑，貌似在维护一种稳定秩序，实则是将罪恶带来的利益合法化，召唤并滋生着更多罪恶。

说到"历史遗留问题"，有些人要么习惯把"历史遗留"当成"与我无关"，要么当成"有特定的历史语境"，或者视为"法不责众""没法解决"，在心理上缺乏去解决问题的急迫性和主动感。存在着一种普遍的误解，即把"历史遗留问题"当成"过去曾经合法的、不成问题的问题"，然而，绝不是如此，如拐卖人口这类问题，从来不是合法的。之所以遗留下来，这是法律执行和地方治理的历史欠账——观念落后，治理缺位，执法不力，违法问题未受打击，买卖行为成为产业链，甚至公开化和黑恶化，变成风气，把很多人卷入其中，形成法不责众的破窗效应与公地悲剧。"历史遗留问题"不是美化渎职的遮羞布，主体责任不是"历史"，不是"历史"制造了问题并把问题留给后人，而是之前那些地方、那些人作了恶，地方相关部门没有及时依法惩治，对违法行为睁只眼闭只眼，让问题越积越多。"历史遗留问题"是失职和渎职的产物，当提到"历史遗留问题"时，各地应该有这种沉重的歉疚感、自责感，以及不让问题继续"遗留"下去的还账意识，而不是心安理得地双手一摊，漠视问题。

《半月谈》那篇评论说得好："如果不彻底斩断这条罪恶的产业链，如果容忍'不买媳妇这个村子就会消失'的功利性逻辑存在，如果不在全社会筑起牢不可破的法治防线和高度一致的道德底线，真正让拐卖人口的恶行无处遁迹潜形，我们就难以彻底铲除这一'古老的罪恶'的生存土壤，就会让全社会的安全感幸福感大打折扣。对各级地方尤其是基层来说，到了该痛下狠手的时候。正如一些基层干部所言，在已全面建成小康社会的今天，我们基本具备了解决这一问题的能力、条件。"

没有"复杂"到无法实现的正义，不要继续推给"抽象的历史"，不要继续畏难、卸责，不要继续被"结了婚生了娃还能怎么办"所绑架。"遗留"到了我们这里，就得把它给解决了！历史到了今天，中国社会的文明和观念水位已经提升到无法容忍这种罪恶的程度，法治和治理能力必须跟得上文明的水位和公众期待。

（微信公众号"吐槽青年博士"2022年2月24日）

济源张书记的耳光不是舆情,是病情和案情

让人很好奇的是,济源张书记在食堂打下属那一记响亮的耳光时,有没有想到过后果?一般人打人会想后果,被打者控诉怎么办?围观者曝光该如何收场?估计这个张书记根本没想,任性的权力就是这样,做事无须考虑后果,"后果"是被打的人要考虑的事。像张书记这种身份,其霸道的耳光一般不是冲动的产物,而是在自己"地盘"上有着绝对安全感和支配感的产物,当众打了你又怎么样?没想到这次碰上一个"硬茬",碰上一个不想忍的秘书长,一个不顾一切在网上曝光以讨公道的秘书长之妻。

济源张书记继续在省里开"两会",该省纪委已经介入调查,当地回应说"双方或都有过激行为",一个"或"字很是微妙,可进可退,又诱导和传递了"一个巴掌拍不响"的民间想象。确实,这事儿很蹊跷,在那种情况下,怎么会一言不合就打耳光?仅仅是因为"食堂就餐问题"?似乎不太合常识逻辑,信息不对称,需等待进一步调查。但在调查结果公布前,基于书记和秘书长身份的不对称,基于打耳光这个侵犯和伤害的事实,舆论有理由对那个张书记进行"有问题推定"。

一个巴掌拍不响,一般适用的是日常生活中身份平等的人,但在官场上,书记与秘书长的身份不平等,书记居高临下,仗势欺人,有挥拳之威,秘书长无还手之胆,一个巴掌也是能拍响的。虽然曾有地方发生过"副局长抡锤局长"的丑闻,但那种奇葩事毕竟少见。再怎么"事出有因",再怎么"双方或都有过激行为",书记打人耳光,这种粗暴的处事方式、对待下级的态

度和为官作风，引发如此恶劣影响，都是有很大问题的。

这一事件发生后，很多网民和媒体都转发了2018年《菏泽日报》一篇题为《书记的耳光》的文章。文章记录了一个电台记者的回忆："改革之初，菏泽周振兴书记下乡看望困难群众，问一位生病的老人（这位83岁的老人为抗日战争和解放战争，牺牲了丈夫和三个孩子）还有什么要求，老人犹豫说'想吃半碗肥中带瘦的猪肉'，说完又后悔说'也就是一想，周书记别当真'。周书记一下子泪流满面，握住老人的手说'怪我们啊，对不起您'。回身掏出自己衣袋中的钱，老人当天就吃上了肉。随后在县委的汇报会上，周书记含泪讲了老人当年在抗日战争中的事迹，为让将士吃饱吃好，她变卖了家中所有值钱物件和娘家陪送的嫁妆。他自责说：'现在，在我们领导下，生重病了，竟吃不上半碗肥中带瘦的肉。同志们，我们还有脸当他们的书记吗？'说着，周书记突然抬手扇了自己一个耳光，'我们这些大大小小书记的脸还叫脸吗'？"

公众此时转发这篇《书记的耳光》，比任何再尖锐的评论都有力。同样是耳光，彼时，菏泽周书记那记扇向自己的耳光，自责"没有让老英雄吃饱饭"的自省耳光，打出的是权力面对民众时的敬畏和谦卑，是官民鱼水之情。此时，济源张书记那记扇向下级的耳光，打出的是权力的无所忌惮，是特权和官威，是玷污权力形象的舆情。一个为"没有让民众吃饱饭"而羞愧得扇自己耳光，一个为"凭什么在我吃饭的食堂就餐"而愤怒得扇下级耳光，同是耳光之怒，打出了不同的为官境界和权力观。

这记耳光惊天动地，引发舆论围观，当地会把这种围观看成舆情。一提到舆情，就会想到"要平息它"，可舆情背后是什么？不要把舆情当"敌情"，不是急于让人们不去关注它，而是要看到这个舆情背后的案情、病情和实情。动手打人，致人严重受伤，造成精神和肉体双重伤害，这首先是一个案情，需要公安机关的介入。然后是病情，一个书记，有什么话不能好好说？有什么意见不能好好提？有什么问题不能好好解决？在食堂以这种暴力方式对待下级，这是一种什么权力病？是一贯作风如此霸道，还是偶尔情绪失控？有必要治治这种病。最后是实情，书记用耳光跟下级解决问题，被打者无法在系统内维护自己的权益，一直讨不到说法，不得不采取曝光的方式向舆论求助，这暴露了当地怎样的官场生态和权力关系。

耳光，往往是某种冲突激化、矛盾不可调和的产物。一个书记，何以在公开场合如此无视他人尊严、不顾身份、不考虑后果，大打出手？事情发生了，公众关注了，自然形成"舆情"，关键问题是耳光舆情背后的案情、病情和实情，依法处理了案情，公布了实情，诊治了病情，舆情自然就散了。事出反常必有"妖"，如此反常，必有"大妖"，以耳光为线索去"捉妖"，必有收获！

（微信公众号"吐槽青年博士"2021年1月19日）

鹤壁奇葩通报所暴露的教育盲、法律盲、传播盲

你热望的"10万+"来了，然而是翻车的"10万+"。近日，微信公众号"鹤壁高中2021届"发布了一则学生"违纪情况通报"，记录了1月18日至24日高三级学生违纪情况。种种不该记录、不该处分、不该公布细节并以公众号的方式实名示众的所谓"违纪情况"，如抹护手霜、坐姿不端、哈欠不断、腿上放棉袄、好像睡着了等，引发大量关注，阅读量飙升。被公众批评后，该校连夜道歉，责成年级主任做深刻检讨，对所涉及的学生和家长公开道歉，消除对学生可能造成的不良影响。

我相信学校的道歉是真诚的，老师也是无意之失，不懂媒体和舆论场，不懂"你写对了，没人会记住；你写错了，没人会忘记"的传播规律，未预料到这种通报会在舆论场引发如此爆炸式反应。当然也没意识到，公众在教育文明的认知上远远跑在了很多教育者前面，育人者的教育观念落后了，这一次舆论给这所学校好好上了一堂教育课、法律课和传播素养课。

这则既违背教育理念，又有悖法理的奇葩通报，暴露了一些教育者在认知上的"三盲"：教育盲、法律盲和传播盲。

第一，教育盲。这则规训学生的通报让人瞠目结舌之处在于，把一些本不应该当成"问题"的常人行为，也以"违纪"方式记录下来，让人看到了机器式教育的可怕。什么叫机器式教育？一方面是像机器人一样无孔不入、无时无刻不在地监控着学生；一方面是把学生当机器人，而不是当一个人。看看这样的通报内容——某某在历史课上也看课外书，某某在梳头，某某抹护手霜，某某好像睡着了——是不是好像有一个机器人在全景监

控着学生的一举一动,让人浑身不舒服,这是教室,不是别的什么地方。

腿上放个棉袄怎么了?打个哈欠怎么了?眉来眼去算多大错?写网络小说为什么不可以去好好引导,而当成"违纪",贴上"违纪"标签去规训?学生是人,有人的动作和情感,有在这个年龄常有的活跃,不能把高中生训练成像机器一样按输入指令行动的机器人吧。这则通报,是以机器人监控方式把学生当机器人管理,违背了以人为本的教育理念。即使有考试压力,有高考指控棒,也不能违背人本教育观,不能把教室当成一个零件工厂。

第二,法律盲。"法盲"两字听起来像骂人的话,我用"法律盲"这三个字,以体现交流的诚意。我不知道这所学校之所以发这则通报,是不是学一些官方的违纪通报,这真是学得荒唐。官方的违纪通报,是依法依纪严格进行的,言必有法律和纪律依据,事关公共身份,应该向社会公开,尊重知情,同时也形成威慑。但这样的一则学校通报,通报了什么呢?违纪?违了什么纪?哪条校规校纪规定了不能把棉袄放在腿上,哪条纪律规定了不能写网络小说,不可以眉目传情,还说什么"看上去像睡着了",这是莫须有吗?

违纪,是专指掌握权力、负有责任的官员,岂能泛化到普通人,尤其是学生身上。这样荒腔走板,乱学乱仿,是另一种不过脑子的官本位,乱用手中权力,乱设纪律,乱设公堂。教育者教书育人,掌握的不是权力,而是一种知识权威,不能滥用这种知识权威。这样来实名通报,贴上污名标签,事无巨细地记录别人的隐私行为,已涉嫌违法。

第三,传播盲。估计本来只是想在班级内部通报,但看到现在流行公众号和社交平台,看别人开公众号,各种推送吸流量,所以也开个公众号。只知道学开公众号,却不知道公众号的公共传播、公共平台属性,不知道什么信息可以公开,便有了这种内规外传的迷惑操作。现在有不少缺乏媒介素养的"傻白甜",身在公共传播和媒介环境之中,却对传播与媒介缺乏了解,不知道传播属性、舆论规律,跟风发布,在无法预期效果的情况下盲目地把隐私、内部信息、不宜公开的信息发到朋友圈和公共平台,被动卷入舆论之中,给自己和别人造成巨大困扰。

媒介发展和技术迭代太快,新媒体深度嵌入人们的生活,超出人们原有的认知和想象。这时候如果不学习不掌握,很容易在这些方面翻车出事。每种媒介都有其属性,使用适合的媒介来传播适合的内容,并适时预判其传播后果,这是应有的媒介素养。

别把鹤壁这所中学当个案,尊重孩子,尊重法律,尊重传播规律,才不会像这样成为笑话。

(微信公众号"吐槽青年博士"2021年1月29日)

瑞丽的声音是民情,不是负面舆情

瑞丽这几天成为舆论焦点,一个曾在瑞丽有过挂职经历的网民,写了一篇《瑞丽需要祖国的关爱》的呼吁文章,让公众看到了这座边境小城在疫情下的困境。长长的边境线,承受着极大的疫情输入压力,当地经济遭受严重冲击,民众生活受到严重影响。"人民网"随后的评论证明了此言不虚,从10月1日至10月29日10时,在"人民网"的"领导留言板"上,与瑞丽有关的留言超过600条——"瑞丽市一直在严格管理疫情防控问题,已经尽了最大的努力","因为疫情,很多做生意和打工的老百姓没有经济收入,又因为疫情防控难以离开瑞丽","希望尽快恢复,复工复产"……瑞丽的网民在那篇文章后的跟帖,也表明那篇"呼吁"在当地有较大的民意代表性。

地方政府迅速做出反馈,表示将每天收集、梳理群众反映的"急、难、愁、盼"问题,限时办理完成。在切实强化社会民生保障方面,已采取诸多措施,比如按照每人1000元的标准发放补助金,还确定了分阶段复学复课的时间。随后,《人民日报》和央视都进行了评论,关注瑞丽——央视关心"边城瑞丽怎么办",《人民日报》称"瑞丽值得被所有人看见"。此外,更多的媒体也开始关注额济纳、黑河等边城的压力,他们在为国挡病毒。

从自媒体的呼吁,到瞬间刷屏,再到地方回应和权威媒体发声,形成了一条驱动着讨论向"倾听并解决"方向发展的建设性路径:边城民声和民生得到关注,提出的问题一个一个地得到解决。想起民众对个别地方形式主义和官僚主义的反讽:"缺口罩吗？缺！缺消毒水吗？缺！缺日常生活物资吗？缺！有困难吗？没有！有信心吗？有。"不面对民生的实际困难，空谈信心，这是对民生民情的漠视。只有让困难被看见，被倾听，被关注，那些承受着巨大压力的等待、坚守和奉献，才会拥有"我们的努力被看见了""在一起共渡难关"的信心。

从网络呼吁走向建设性解决，我还想到一个著名的研究结果。研究社交媒体的学者发现一个很有意思的论坛互动规律：当网民讨论国内报纸已经报道过的话题时，互动就好比一个安全阀；但当这些网民讨论主流媒体所忽略的话题时，互动就好比一个高压锅。我们在热点事件的公共讨论中，也能鲜明地感受到这一规则的存在，比如"被顶替上大学"这样的案件，如果这个话题已被官方媒体报道并发出追问的评论，那么网民的讨论框架将是建设性的，把官方当成一起捍卫高考公平的力量；但如果这件事是网民曝出，官方媒体没有报道和评论，那么讨论将成为爆发式、破坏性、对抗性的情绪发泄，并把官方当成跟顶替者站在一起、破坏高考公平的腐败分子。

网民发出声音，媒体报道了，官方回应了，在这种阐释框架下，可能出现的负面情绪、负面议题会走向建设性轨道，这是一种有效的脱敏和减压。声音的释放成为一个社会的减压阀，也使官方媒体、政府和民意融为一体。

所以，这次边城瑞丽受到关注，要感谢那位发出"关爱瑞丽"呼吁的网民，让瑞丽的民声民情被外界看到——看到了这里承受的境外输入压力、上级政府对这里的关心、地方政府做出的努力。在有些方面，其实各级政府一直在支援瑞丽，瑞丽虽然不需要外界的援助，但通过此事，一些民众的困难被看到，政府承诺"将每天收集、梳理群众反映的'急、难、愁、盼'问题"，这就是良性互动的效果。

有人把这种"引起关注"当成了"舆情"，甚至神经脆弱、神经敏感地当成"负面舆情"，责怪那位网民不应该发那种文章，好像让瑞丽官方尴尬了。将正常的舆论讨论"泛舆情化"，这是一种错误的舆论观。"衙斋卧听萧萧竹,疑是民间疾苦声;些小吾曹州县吏,一枝一叶总关情。"那篇文章所发出的声音,是"枝叶总关情"的民声民情啊,不是什么"负面舆情"。不能"泛舆情化",一旦把一个事件上升到舆情,就会形成彼此加码、互相抬杠、激化矛盾的对抗性解读,就会想着"要解决掉"。百姓为大,民生为大,民众的困难就是天大的事,如果我们在面对舆论和民声时,有一种"解决问题""问题导向"的民生敏感,而不是"动不动定性为出现舆情""赶紧平息"的灭火敏感,一大半舆情都不算是舆情。

为国挡病毒的瑞丽、黑河等边城太需要关注了,这种关系到切实民生的声音就应该上热搜。舆情只是"实情"的舆论表征,更多地从所谓"舆情"中看到民情,倾听民情,解决民众提出的问题。民情民意得到重视,民心顺了,再难的问题也都不难了。

(微信公众号"吐槽青年博士"2021年10月30日)

你以为义乌只是有钱啊，诚意是钱砸不出的

为了让外来者留下来过年，义乌真是拼了。因为在"留人过年"上的完美安置，义乌被全民表白。在那份广为流传的通知里，义乌从方方面面考虑到了外来者"留义过年"的痛点，穷尽着公共部门的努力，拿出政府可调控的头部资源，让外来者觉得义乌就是自己的家。有了这么温馨的家，就不用回去过年了。

没一句空洞的口号，全是实实在在、满含诚意、过日子的"年货"：支持企业合理安排生产，错峰放假调休，以岗留工，以薪留工。是啊，企业不停，工人有活儿干，那就留；超市、马路菜市场、快递网点正常营业，不影响生活；公布餐饮店、便利店、洗衣店、理发店、汽修店、洗车场等服务单位营业地图，随时可查；全市所有停车场免费，公交免费，景区免收门票，公共文化设施免费开放，免收门诊挂号费，中小学免费冬令营活动；发放每人500元的春节电子消费券、每人20G的流量包；倡导房东减免半月房租，餐饮单位可向主管部门申领补助。

能想象出义乌在发出这份通知前，不是几个领导拍脑袋、想点子、攒文件，而是一群人跟外来务工人员坐在一起讨论，从外来者的角度考虑他们留外过年的难点、心结和痛点，急返乡人之所急，想回家人之所想，360度无死角地从过日子方面提供便利。吃饭不用愁，洗衣不用愁，逛景区不用愁，停车不用愁，快递不用愁，租房不用愁，孩子的教育不用愁，老人看病不用愁，你没想到的都替你考虑了，那还愁啥？回家过年，关键是"家"的感觉，义乌这么像一个家，衣食住行问题都全面考虑到

了，把外来者当自家人，那还见什么外？留下过年很好啊。

满满诚意，柔性留人，这是一种尊重，是对春节回家习俗的尊重，也是对人的尊重。因为疫情防控需要减少流动，很遗憾不少人无法回家过年，他们的"不回家"是为自己为家人，也是承担了某种公共责任。虽然不回家有一定的硬性限制，但春节留人的方式应尽可能地温情柔软。义乌就体现了这种柔情，对留下过年的外来者给予带着谢意和诚意的家的回馈。就像我们看过的很多"暖闻"，外来的同事因故无法回家过年，热情的本地人邀请他们回家一起包饺子，一起吃团圆饭。

有人说，义乌很有钱，所以发得出这个红包，有底气实行各种免费。确实，提供这些公共服务需要有人买单，有财政做支撑，但像义务这样的留人方式真不只是钱的问题，诚意是再多的钱也砸不出来的。

首先，打破内外有别的福利区隔，愿意把钱花在外来者身上。很多地方并不缺钱，但在一些待遇和福利上内外有别，公园门票、文化设施、教育医疗等，本地人和外地人泾渭分明并固化成常态。这种"内外有别"可能是一个外乡人生活在一座城市最大的心理障碍，各种待遇差别，时刻提醒着你是一个外地人，你怎么还会留在这里过年啊？在我看来，义乌这个大红包，考虑到了这一点，起码过年的时候，你生活在这座城市，不会让你感觉自己是外地人，消除了留下来的情感障碍。

其次，愿意协调资源去给留驻者发红包。可以看出，这些红包有些是政府补贴，但有很多并不是现成的，需要公共部门做很多事去协调，比如营业地图，比如协调餐饮企业开门营业，还有儿童冬令营、菜市场营业等，需要做很多琐碎的后续工作去维持服务。这些资源，不只是钱的问题，而需要有人去跟进、维护并协调，是巨大的人力、精力投入。所以，这份通知的第十七条要求，全市党员干部、机关国有企业单位人员非必要不离义，去保障城市的有序运行，当好东道主，为留义过年人员提供各种便利。这么多人留下过年，公共部门不仅过不了年，还得比平常超负荷运行。

再次，是能把钱用在刀刃上，急企业之所急。城市留人的主体是企业，因为外来者基本都是与某个企业联系在一起的企业人。疫情之下，企业活得也很不容易，特别是中小微企业，已经过得跌跌撞撞，留下员工不回家过年，会让企业承担不少的成本。公共部门应该在税费上减轻企业压力，让企业过好年。只有企业过好年了，员工才能过好年。义乌作为市场经济发源地和标杆，从这份通知中可以感受到其对企业的善意，精准补贴企业，以此传导到留下来过年的人身上。

最后，是力度把握精准，没有用力过猛。无论是补贴，还是红包，都是在法律和部门职权范围内进行，既有分寸感又很温暖。不像个别地方，总是把握不好度，要么是过于生硬、应付、喊口号，要么是过于热情，比拼谁更热情，拿一些不属于公共部门的资源去当留人筹码，比如有地方拿"给孩子加分"去留人，无视分数的基本公平性。要有钱，更要有法律意识和权限感，什么是政府可拿去激励的，什么是公平资源，在分数这种资源面前应克制住那只过于热情的手。

向义乌学习，不仅是攀比这种近乎完美的红包投入，更要攀比的是那种用心留人的诚意体贴。

（微信公众号"吐槽青年博士"2021年1月20日）

不上进只上香？谁在给年轻人泼污水

平台和不少媒体都在讨论"年轻人上香""拜孔子像"这个话题，关于"求好成绩、好工作"，网络上有各种段子，比如："年轻人在'做题'和'作弊'之间，选择了'作法'。"——本只是一种调侃，只是年轻人自嘲的"梗"，是借"梗"消愁的一种集体社交减压方式，但很快变成了各种"爹"们教训年轻人的由头："这一代年轻人怎么了？""不相信努力奋斗和读书改变命运了吗？""怎么迷上拜佛上香了？"

社交媒体在评论这件事时，用的标签都是"年轻人不上课不上进只上香"，几个"上"字的矛盾张力，在视觉修辞中形成鲜明的互文讽刺效果。这其实是一个非常坏的标签，又一次给年轻人扣上了撕之不去的污名。"不上课不上进只上香"，这里面包含着多重的污蔑和逻辑陷阱：其一，上香只是个别人的行为，并不是集体行为，全称判断对整体形成污名。其二，事实上是"个别年轻人上香"，但在传播中变成了"只上香"，什么叫"只上香"？你怎么知道别人没有做其他努力而"只上香"呢？一个"只"字完全扭曲了事实。其三，"不上课不上进"是怎么得出来的结论？显然是为了与"只上香"形成对立而臆想出来的标签，"上课""上进""上香"，为什么不能兼容，而非得从"上香"推理出"不上进不上课"呢？

"年轻人不上课不上进只上香"，明显是伪命题、坏命题，反事实反逻辑，是标题党为了营造剧场效果而刻意设置的冲突。先说说"上香"，"上香"其实并不意味着年轻人就陷入某种迷信，不信奋斗而信鬼神。在我们的社会里，"上香"表达着一种美好的祝愿,是一种日常的心愿文化仪式。别只拿年轻人说事啊,看看每天去寺庙大山烧香拜佛的,年轻人占多少比例?年轻人并不是主流,为什么中年人、老年人上香拜佛求发财求长官求长寿,没人当成社会问题?年轻人去上个香,在前程上求个好彩头,怎么就成问题了?这显然潜藏着一种根深蒂固的"爹"视角:"爹"们上香可以,年轻人好好读书,上什么香啊!

求个好前程好彩头,有个好的祝愿,没什么特别意义,跟我们拜年时说几句"恭喜发财""万事如意"是差不多的意思,并不是"放弃其他努力"的"只上香"。如今就业形势严峻,工作难找,努力投简历、熬夜等回信之余,上个香求个好彩头,人之常情。上完香,继续投简历,挤地铁,跑面试。

"不上课不上进只上香",这种对年轻人的污蔑,非常坏。普遍接受过高等教育、接受了科学理性的这一代年轻人,有多少人会迷信"只上香就能许一个好工作"呢?又有谁不对自己的前途负责,不读书不上进就幻想有一个好前途?实际上,不是他们不读书不上进,而是太追求上进,读书太"卷"了。"内卷"这个词在这些年得以流行,便是年轻人生存状态的体现。他们自小就被"不能输在起跑线上"所"卷",像陀螺一样被竞争抽打着,根本停不下来。高考誓师时略显"狰狞"的面孔,就是他们用力过猛的读书和奋斗姿态。"卷"高考,"卷"保研,"卷"教研,"卷"简历,"卷"公考,"卷"教资……"卷"到无力可"卷",他们只能用"躺平""佛系""小镇做题家"这样的自嘲来释放无处安放的压力。

如此拼命地"卷",用"不上课不上进只上香"来对他们标签化,实在不厚道。"上香",只是在"孔乙己长衫"的无助哀叹下给自己一点力量,就业如此严峻,求谁呢?没有关系可求,可以靠自己,自己已经足够努力了,那就交给命运吧,顺其自然。容得下烧香求发财求升官求长寿,怎么就容不下年轻人在巨大压力下的这一点小小的期待?

总觉得我们的社会对年轻人存在一种"爹式凝视",不是平视、共情和理解，而是用"爹"的权力目光来审视、期待和评判着年轻人：总想居高临下来几句说教，总以"恨铁不成钢"的规训视角评价年轻人的行为，总觉得比年轻人懂得更多，总认为无论如何"都是为了年轻人好"，并总感觉年轻人"在某方面不如上一代"。"不上课不上进只上香"，正是"爹式凝视"的产物，仿佛一个痛心疾首的老子在调教一个不成器、调皮贪玩的儿子。

年轻人需要的是站在他们的视角的关怀，而不是"爹式视角"的俯视和规训。这一代年轻人，应该是最相信"读书改变命运"的一代人，相信努力和奋斗的回报，拥有充分的知识自信。如果他们真的"不上进只上香"，也并不是他们"不够努力"的问题，我们都应该反思，到底是什么让他们失去了对知识和学历的自信，又是什么让他们去乞求神灵。"卷"得疲惫不堪的年轻人去上香，我们对此应该羞愧，而不是"爹性"上身，板起训话的面孔。

（微信公众号"吐槽青年博士"2023年3月21日）

乐见这一次人性逻辑战胜了流量逻辑

在流量逻辑似乎无坚不摧的语境下，乐见这一次疯狂的流量受到了人性逻辑的狙击，忍无可忍的善良民众，保护了一位96岁的老奶奶免受流量的消费和捕猎。

不知道触动了现代人的哪根神经，这位在风风雨雨中摆摊三十年的老奶奶意外走红网络，"哭哭啼啼是一天，哈哈大笑也是一天"，"在家歇着无聊，不如找一点有价值的事情做"，挑水砍柴，无非妙道，平常的生活叙述，成为被膜拜的金句。现代人似乎太迷茫了，莫名就会被某句话触动，形成瞬间的舆论燃爆。"流浪大师"随口几句话，不知道让多少人神魂颠倒，从"大衣哥"到"拉面哥"，如今红到96岁的老奶奶身上。摊位成了如居伊·德波所说的"网络景观"，将生活迷雾化，一批批人前来排队围观、买饼、采访、合影、提问，满足好奇心。某些如蝗虫般的"网红"，满脸写满狰狞的流量欲望，试图挖出什么新的金句，去作为营销号的变现资本。一位本来安享着"自己虽辛苦却热爱日常"的奶奶，无奈地被这群疯狂的"网红"摆弄着，疲惫不堪。96岁啊，哪经得起这种干扰。

看得出来，公众非常心疼这位96岁的奶奶，对这帮"网红"实在忍够了，舆论上演了一场对菜饼奶奶的保卫战。实际上，当金句开始流行，媒体习惯性地将奶奶说的话无限拔高时，公众就已经开始反感了——能不能不一惊一乍，能不能多点关心少点说教，别把常人的朴实生活熬成自我感动的"鸡汤"。等到"网红"开始像消费"流浪大师"那样消费奶奶时，人们终于爆发了——一群四肢健全的年轻人靠自食其力的老人家蹭流量，还要脸吗？一位勤劳的老人，要养活一群年轻的懒人、一群不事生产的年轻网络乞丐，有比这个更讽刺的场面吗？

批评得真好，疼在"网红"脸上，暖在公众心中。舆论如果不像这样把奶奶护在身后，而去点击那些"网红"视频，那才可怕呢！这些声音，不仅是保护一位96岁的高龄老人免受打扰，更是一种捍卫社会"三观"的努力，保护勤劳的人不被懒人消费，保护一种能激励人的正能量不被以这种荒唐的方式透支着。乐见这一次人性逻辑战胜了流量逻辑，警方最终也出手介入，劝离了那些蹭流量的"网红"，赶走了那些成为骚扰的"苍蝇"。

我对流量并无偏见，它是注意力市场用指尖"投票"的一种结果，但我特别厌恶这类如寄生虫般的流量，不是靠生产好的内容来赢得关注，而是不择手段地猎奇，把别人当成流量工具，消费普通人的善良、朴实或者悲剧，用别人的尴尬、悲哀、无知、不堪、努力或不知所措，来拉升自己的流量。这些"网红"，似乎特别喜欢消费底层普通百姓。也是，强势群体他们碰不到、不敢碰、会被怼；而底层百姓朴实，不太懂网络，信息不对称，技术有鸿沟，容易被镜头摆布，很多时候无力保护自己的隐私，遇到这种情况没脾气，好"欺负"。于是，他们便常常成为"网红"的"猎物"，被肆无忌惮地围观，被镜头粗暴地拍摄，被流量无耻地消费。

那拥向奶奶饼摊的人群里，有喜欢奶奶的、有好奇的、有寻找"鸡汤"慰藉的，还有吃个饼追热度的、等着流量变现的。无论如何，这形成了一种把别人当成工具的、自私的流量霸凌。奶奶根本不知道发生了什么，被一群莫名其妙、不好好工作的人围观，人人手中都拿着一部手机，那里面有她不懂的技术和不懂的世界。不经她的同意，拍摄着她的生活，问着各种有卖点、取悦镜头外观众的问题，把她的影像上传到网络，对她的话进行着各种各取所需的阐释，她却无力阻挡，只能被围观和消费。这跟传递正能量没什么关系，而是"媒介景观"和"网红霸权"

对一个普通人生活的粗暴干扰，以背离他者意愿的方式将常人的生活"生产"为可消费、可变现的"网络景观"。

想起一个有现代性隐喻的寓言。年轻人到海边，看到一位老人在渔船上睡觉，沙滩上有一堆鱼，他一到船上就把老人吵醒了。年轻人问，这么好的天气怎么还睡觉，怎么不去捕鱼？老人说，已经够吃了。年轻人问，你这一网就可以打这么多鱼，如果你要两网、三网、四网、五网，能打多少鱼呢？老人说，我打那么多网干什么？我已经够吃了。年轻人说，打多了可以晒，晒完可以卖，卖完可以改善你的渔网和渔船。老人说，我还可以干什么？年轻人说，你还可以组织一支船队，甚至可以远洋，到深海捕鱼。老人说，那我能干什么？年轻人说，你可以指挥着你的船队，在摇椅上晒太阳，睡觉。老人说，你要是不来，我现在就已经在这儿睡觉了！

都散了吧！这个寓言本想说明传统与现代的两种迥异的生活态度，而我从中看到的是老人对"现代性优越感"的厌恶。不知道奶奶有没有这种厌恶：你们要是不来，我卖饼多自在啊。看她疲惫、佝偻的身影在围观人群和直播镜头之下，显得格外渺小，这就是"网红"镜头的霸权。如今流行的随手拍，在结构上隐含着一种霸权，"网红"的随手、手机拍摄的角度，常常指向这些底层普通人。不经他人同意，不跟他人说明这种拍摄和上传带来的影响，不顾别人的感受，只关心自己的流量，以消费为中心。

他们不知道，不是每个正能量都需要流量加持，有些正能量，需要不被打扰的清静，需要人们在生活中自己去体味，安静地靠近，安静地温暖。很多时候，正能量都是在寂静中光明，在热闹中消失。还好，这种贪婪的流量逻辑受到了人性逻辑的狙击，这些人，真以为每个人都像他们那样贪婪地迷恋流量？如奶奶所言："只要钱来得正道，没有不容易的事。来得不正道，再容易也不容易。"——流量，不也是如此吗？

(《中国青年报》2021年4月30日)

荆州新书记啊，耳光响起来，还要落下来

关公本是荆州的骄傲名片，而烫手的"违建关公像"，却成了荆州甩不掉的污点。关公大意失了荆州，两千年之后，荆州又以尴尬的方式"失"了关公。1.7亿元建成，1.55亿元搬走，高调建巨型关公雕像，因违法建筑受到批评后，是不可能低调地搬走的。《中国纪检监察报》评论文章指出："先是违建，后又搬移，3亿多元就这样浪费了。"文章痛批，"一些地方为了追求所谓政绩，不切实际，瞎拍脑袋，打擦边球，甚至不惜违纪违法，破坏当地民俗民风，破坏历史风貌和文脉，项目建设盲目追求'大''最''全'，耗费巨资造景"。

对于舆论的追问，荆州主政领导做出了反馈。据"澎湃新闻"9月7日报道，日前，荆州当地媒体公开了该市市委书记8月24日的一次讲话内容，提到"关公铜像搬迁"一事，新任市委书记的话说得比较狠："最近，我看到网上一些关于关公铜像搬迁的舆情。说实话，我觉得雕像的每一块铜片，都是抽向我们一记响亮的耳光。"他提到："项目建设过程中，相关单位缺乏主人翁的责任感，不去争取相关政策，进行点状调整，不严格把关，听之任之，最终造成现在我们都不想看到的最差选项。"

"每一块铜片，都是抽向我们一记响亮的耳光。"——市委书记的痛批听起来很尖锐，耳光打得似乎啪啪响，反思够深刻。这位刚履新的书记，对荆州之前的问题批评起来更没有负担，要如关公那样刮骨疗伤。不过说实话，我总觉得这种尖锐缺乏具体所指，耳光响起来却没有落下来。从去年年底开始就成为问题，至今没有落到具体人、具体部门身上，有自责而无追责，有狠

话而无狠罚，高举轻放，所以显得不够真诚。人们对"狠话"并不感兴趣，只想问谁来为这种违法的败家子行为负责？不要用一番狠话把实质问题糊弄过去。

"最近，我看到网上一些关于关公铜像搬迁的舆情。"——市委书记的这句话听着让人挺不舒服的，是看到"关于关公铜像搬迁的舆情"才被触动的吗？人是新来的，但事儿不是刚听说的吧？我们的很多痛感和反思，需要舆情才能驱动吗？舆情是什么，是民众对这事儿很反感，形成极大的负面评价。荆州地方领导应该对杵在那里的荆州最大的违建有主动的问题意识，对违法违规的"实情案情"有主动的法律自觉，而不是在被动的"舆情"之下才有耳光的痛感。

"说实话，我觉得雕像的每一块铜片，都是抽向我们一记响亮的耳光。"——佩服这种毫不留情的尖锐，但话要说清楚，"抽向我们一记响亮的耳光"中的"我们"，到底是指谁？这个"我们"是不能滥用的，如语言哲学家所言，一旦"我们"这个概念超出个体所熟悉和接受的范围，就会变成一个空泛的概念。决策时有没有问过"我们"？建设关公工程时有没有问过"我们"？如果没有，承担耳光责任的时候，就不能随意把"我们"拉进来。

"项目建设过程中，相关单位缺乏主人翁的责任感，不去争取相关政策，进行点状调整，不严格把关，听之任之。"——那么我要问了，这个"相关单位"到底是哪个单位？是这个单位的哪个领导？谁应该负把关之责？谁听之任之了？问责不可虚指，痛批不可泛化，狠话不可无落点。真诚的反思和追责，刮骨疗伤，需要指名道姓，不要用"有关部门""相关单位""相关领导"含糊其词。

《中国纪检监察报》的批评追问得很清楚："人们不禁要问，一个高达 57.3 米'未经规划许可'的雕像，究竟是如何在当地监管部门眼皮子底下拔地而起的？当地主政者是否依法依规用权？监督管理者的主体责任是否履行到位？"——这灵魂三问，需要当地主政者具体回答。谁决策谁负责，谁浪费谁买单，决策有具体的人，担责时就不能含糊，应该用具体的问责清单来回答"纪检监察报之问"。狠话有狠罚，耳光有落点，这才叫真正的狠。

我看网上有一种舆论说："既然花了这么多钱建了关公像，又花这么多钱搬迁，这是双重浪费，为什么不留在那里当成一个警示？"我觉得不能这么干，花多少钱都应该搬迁。否则的话，那么大的一个违建杵在那里，将极大影响政府公信，也对其他地方形成恶劣示范——只要建了就能形成"建都建了"的反向绑架，会都这样模仿。搬迁是必须搬迁的，关键是，这一过程中带来的浪费，需要有人买单，决策者受到追究。有人为巨大浪费付出代价，才不会让公众产生"双重浪费"的痛感。市委书记说得好，"雕像的每一块铜片，都是抽向我们一记响亮的耳光"，别让自责代替问责，耳光响起来，还要落下来。

（微信公众号"吐槽青年博士"2021年9月8日）

衣不遮体的分明是西安地铁！

真感觉无比刺眼和丢人，西安的形象被这群人丢光了。一名女士，在西安地铁上被保安那样暴力拖拽，拖到衣不遮体，还不住手。周围的人在围观拍视频，没看到有人阻止保安，也没看到有人给这名女士披上一件衣服。事后，在有视频为证的情况下，西安地铁方睁着眼睛说瞎话，对暴力行为和致人裸露只字不提，以文字游戏遮掩事实。面对女士遭受看得见的羞辱，有人习惯性地搅浑水说"等反转"。

有人说，让一名女士在公众场合如此衣不遮体，并上传到网络让全网看到，以后这名女士怎么生活、怎么面对身边人啊？我觉得，这个观点是不对的，人们常将这种"身体暴露的耻感"加之于女性——被那么多人看到了身体，丢掉体面和尊严，失去女性的身体隐秘，觉得女性应该为此感到羞耻。可是，这是作为受害者的女性的羞耻吗？难道不是那些让这名女士在公众场合光天化日之下如此衣不遮体、如此无助、如此无尊严的人，应该感到耻辱吗？

是的，我想说的是，这不是这名女士的耻辱，而是加害者的耻辱，这是那个暴力保安一辈子洗不掉的耻辱，是西安地铁的耻辱，是那些围观而无劝阻、看热闹、没有给身体裸露的女士披上一件衣服的人，今后一想起来就觉得羞愧的一幕。这名女士，只是被人看到了身体，衣服可以穿上，生活会继续。不做丢人的事，尊严不会丢掉，清清白白、堂堂正正。而那些让女士如此裸露、失去尊严感体面感的人，在道德上已经衣不遮体了，即使穿着衣服，也常会被人在背后戳脊梁骨。

是的，我想说的是，在西安地铁发生的那件事，"衣不遮体"的不是那名女士，而是西安地铁，是那个暴力保安，他们丢掉了文明和道德之衣，把丑陋暴露得淋漓尽致。这种在道德上"衣不遮体"的丢人状态，将持续很长一段时间，需要很多的救赎才能"穿上衣服"。

相比起直接导致女士衣不遮体的暴力保安，西安地铁更应该受到谴责。为什么这么说呢？保安是地铁方的员工，他应该受到地铁方的培训，如应该怎样处置这种地铁上的冲突，怎样对待乘客，应该有怎样的行为规范。从如此粗暴野蛮的行为看，他可能缺乏规范培训。这种野蛮的行为，可能是一个素质低下的人在失控的情境下做出的行为。但更应该追问作为运营和管理方的西安地铁，平时是怎么管理和教育员工的？光鲜外表下是怎样的混乱管理？

保安的行为令人作呕，更让人不舒服的是，事后地铁方的颠倒黑白，把如此恶劣的行为，颠倒黑白、轻描淡写："其间，该乘客不断辱骂身边乘客，并与部分乘客产生肢体冲突，严重影响了车厢内乘车秩序。列车安全员发现后立即进行劝阻，在多次劝离未果后，为确保车厢内乘车秩序，到达大雁塔站后安保人员与其他热心乘客一起将该女乘客带离车厢。其间因该乘客反应激烈，拒不下车，为确保地铁行车安全，车站工作人员及时报警协助处置。随后该乘客在安保人员的陪同下，抵达目的地后自行离开，未对后续车厢内乘车秩序造成较大影响。"——把舆论当傻子，以为人们都闭上眼睛了吗？

此前，西安地铁方曾因摆拍作秀上过热搜，受到过舆论批评。为了拍所谓"帮助乘客的好人好事"，一个递创可贴的动作，让乘客反复配合拍照。好了，这次不需要拍了，自然暴露出的这一幕，也许更能反映出日常管理。我想，地铁方平常营造的那种"热心帮助乘客"的诸多事迹，应该是真的，可该形象在这件事中崩塌了，地铁形象已经"衣不遮体"。管理混乱，有些保安素质低下，管理者没有担当，颠倒黑白，这才是最丢人的。员工得再做多少"好人好事",才能把"衣服"给穿回去?

除暴力保安之外,还有那些让人感到羞愧的群像:高举手机拍视频,少有人劝阻保安,甚至有人帮着保安拖拽,无人帮着给女士披上衣服,事后不尊重隐私,将未打码的视频上传网络。是的,这些人都穿着衣服,很体面,但在道义上,真的那么文明和磊落,真的可以问心无愧吗?不要拿"衣不遮体"羞辱一名女士,不要问别人"以后怎么过",看看自己身上的"衣服",问问自己能不能心安?

多个部门已介入调查,无论之前发生了怎样的冲突,因果不可错置,不要拿"事出有因"去消解保安之恶,吵架的"因"无法推出一名女士应承受的"衣不遮体"之果。作恶者应受惩罚,当然,也包括那些道德上"衣不遮体"的人。

(微信公众号"吐槽青年博士"2021年9月2日)

真对李云迪有耻感的话不是拿他"游街"

名人"有难",八方点赞,似乎已经成为舆论场习惯的狂欢仪式。这一次李云迪嫖娼被抓,全网格外震惊,狂欢仪式也盛况空前,简直已成了一场社交媒体的"游街"。羽毛是用来爱惜的,不是用来消费透支的。名声本身就包含这样一种回旋针效应:你风光时怎样从声名大噪中获益、通吃一切,你丢人现眼时名声就会像山一样压垮你、反讽你、羞辱你,报复性地让你一无所有,幻灭间灰飞烟灭,一夜间臭名昭著,从"青年偶像"成为"劣迹艺人"。德不配位,名不副实,自己把自己打回原形,不算冤,没法"洗白"。

依法惩罚是一回事,舆论"游街"又是另一回事。虽然人们反感李云迪,但是不是该受到这样的全网"游街示众"?一个嫖娼者是不是可以像这样被身份扒光,被全网"扔石头"?特别是个别媒体在李云迪丑闻被通报后,第一时间采访李的亲人、朋友、老师,记者被其老师怒挂电话后,还把"恩师怒挂电话"当新闻写出来,更是激起了公众对那种"游街"狂欢,甚至把亲友拉出来"陪游"的警惕。

这种"游街式"的报道、铺天盖地的私德"鞭尸",让人极度不适。以"负面典型示范"为名的"游街式"发布和传播,既起不到道德教化、清澈风气的传播效果,也无法树立法律的权威,只会在舆论狂欢中助长一些"群体之恶",逾越个人权利边界,稀释法律权威,恶化道德生态。如果真对李云迪丑闻有耻感的话,不是以这种方式拿他"游街",这不是一种有助于凝聚道德共识的耻感,而是一种"眼看他起朱楼,眼看他宴宾客,眼看他楼塌了"的快感，是一种"看到名人这么low就笑了"的乐感，是一种"谈起这种阴沟话题就兴奋不已"的流量亢奋感，是一种"可以脑补很多桃色想象"的集体窥淫感。

有人可能会问，你是不是在与一个嫖娼者共情？唉，谁愿意去共情嫖娼者，只是关心公域之清朗、公法之良善和公德之清澈。李云迪丢人现眼是他自作自受，只是不愿意看到道德风尚、舆论生态、法律信仰因为这种狂欢而被污染。

有人会认为，这种"对名人的公开处刑"能形成威慑和警示效应，从而净化道德风气，让人们对嫖娼行为产生深深的耻感——丢不起这人，做一个正派、守法、道德的人——会形成这种效应吗？从舆论反馈来看，并没有，很少看到耻感，更多的是段子、调侃、恶搞、戏仿中的乐感，还有一种弥漫人心的道德虚无感：一个身上闪耀着那么多道德光环的人，一个被视为青年偶像的人，一个呈现出那种唯美艺术"人设"的人，竟然干出这种事情，还有好人吗？平时人模狗样、衣冠楚楚，谁知道人后干着什么事？名人一个个都这样了，还能对普通人有什么更高的要求呢？

为什么一次次的类似"游街"并没有带来道德提升，就是因为这种"虚无效应"。深刻的耻感和罪感，带来的是内向的自省，慎独慎群，洁身自好，在别人看不见的地方修炼身心。肤浅的乐感，带来的只会是吞噬灵魂的道德虚无主义：没几个好东西，都这样；"人设"是"人设"，道德是道德，算了吧，没什么可信的。

有人会认为，这种"一夜让你身败名裂"的"炸街式"报道，能树立法律的权威，法律面前人人平等；能给名人光环祛魅，也能给明星崇拜泼泼冷水。这其实是一种不会实现的目标，只会走向反面。只有在尊重法律、不逾越法律边界的前提下，才能树立法律的权威。法律对嫖娼者的处理有明文规定，他们虽然违法犯罪了，但相关权利仍受到法律保护。以道德审判之名无视这些权利，无助于树立法律的尊崇地位，只会在"游街"快感中削弱法律的地位。法治社会中，抽象冷静的法律代表着公平正义，而在舆论狂欢中，泛道德的热情压过冷静的法律，惩罚权交给了专断的道德激情，让大众"吐口水"，法律被放到什么位置了？

至于说"有助于给明星崇拜泼泼冷水"，就更扯了。这种在明星出事后全网沸腾的场景，本就是一种"反向追星""变相追星"，都是太把明星当回事了，是另一种疯狂"追星"。光环加身时围观明星，普遍是基于一种"明星比普通人有更高道德品质"的迷思，"吐口水"不过是"撒鲜花"的逆反式表达。这种狂欢，与法律正义和道德热忱无关，不过是另一种以明星为中心的"娱乐化"。"眼看他起朱楼"，是一波娱乐流量；"眼看他楼塌了"，是另一波娱乐流量。

需要一种基于法律的正派思考，在真正的耻感中去守卫道德，敬畏法律，而不是在乐感、快感中变成一场让道德虚无、让法律旁置的娱乐狂欢。

（微信公众号"吐槽青年博士"2021年10月23日）

不要诱引人性对私生活的审判激情

近来的舆论空间，总让人感觉有一种躁动的私生活审判激情，游荡着一种"逮着你了""你裤裆不干净"的猎巫快感。猎奇欲、窥视感与膨胀的正义感混杂在一起，缺乏边界上的审慎与克制。众声喧哗之下，我们的公共空间并没有真正围绕迫切需要关注的公共事务形成舆论聚焦，从"某大学学生嫖娼"到"李某迪嫖娼"，舆论的狂欢既"辣"人眼睛，更使舆论焦点发生了严重的偏离，拉低了舆论的公共水位，浪费了公共资源，也败坏了公共讨论的品质。

有一些地方在这类事情的传布上缺少必要的克制，对可能带来的舆论失焦和"当事人社死"没有审慎的判断，缺乏"非必要不通告"的边界感。比如某大学学生嫖娼，学校对学生信息的通报形成了舆论对学生信息的"深扒"：上过什么学校、发过什么论文、得过什么奖、平常的生活习惯，全被挖了出来。"嫖娼"作为一个社会问题，确实应关注，但这种通报及相关报道，则偏焦于"大学生嫖娼"，最终形成对"大学生"素人身份的猎奇消费，而没有对真正问题的严肃讨论。对隐私信息缺少保护，进一步滑向了让个人"社死"的审判激情。

同样，对"明星嫖娼"也是如此。全部转向对明星个人身份的娱乐化消费，对私生活的深挖，很少把"嫖娼"作为一个社会问题去讨论。在这种议题语境中，"嫖娼"只是谈论明星的"谈资"，一个能激起亢奋围观欲的桃色主题，一个有脑补空间的热点，而不是一个能形成理性讨论的严肃公共议题。

在类似热点的信息传播中，对"身份"的刻意强调，误导着舆论,使讨论走向"榨取个人身份素材从而满足窥视"的狂欢化。再举一个案例,比如电信诈骗,这是一个在诈骗猖獗下人人都可能成为受害者的社会问题,可是,新闻报道或信息传播中刻意强调受害者的身份,如"清华教授被骗1760万"之类的报道,就容易把讨论引向对"清华教授"这个身份的窥视、消费甚至"网暴"。报道诈骗案,有必要强调"清华教授"吗?完全没必要,受害者形形色色,一强调身份,评论区形成的议题设置很快就会"歪楼"——读书有没有用啊?教授的警惕性到哪里去了?1760万元是怎么来的?原来教授这么有钱啊。只关心"清华教授"而没有了对"诈骗受害"、对"隐私信息是怎么被泄露"的严肃追问。

此外,前段时间某地"疫情信息通报"中对感染者"高校退休教师"身份的强调,以及其他不必要的表述,也引向了一场对当事人的网络暴力、对一个群体的攻击。"非必要不透露"是现代社会应有的"信息文明",这种情况下有必要强调"高校退休教师"吗?当然没必要。任性表述而不考虑可能造成的影响,这就是公权缺乏边界感和必要性意识。

这种缺乏边界感的传布,往往打开了舆论和人性的潘多拉盒子,牵动起那种面目狰狞的流量荷尔蒙,以正义之名形成了对私生活的窥视和审判激情。"具体身份"是一个被撕开的窥视窗口,将严肃问题的讨论引向了身份猎奇,也使具体的个人承受着法律惩罚之外的舆论暴击,个人的正当权利在"多数暴力"下失去应有的保护层,容易使惩罚走向失控。

在这一过程中,尤其让人失望并反感的是一些媒体的表现,为了流量而放弃了应有的专业操守。就像我在前篇文章中写过的,某媒体在"李某迪丑闻"被通报后,第一时间采访了李的亲人、朋友、老师,记者被其老师怒挂电话后,还把"恩师怒挂电话"当新闻写出来。曾经引以为傲的学生或亲人丢人现眼了,除了痛心和耻辱外,还能有什么,你要让他们说什么呢?是大义灭亲地切割,痛心疾首地代忏悔,抑或直播一下那种他的亲人想找个地缝钻进去的强烈羞耻感？这时候，上脑的流量欲望压倒了一切，没有了伦理思考，没有了专业敬畏，只有"蹭热点采访亲人、第一时间搞个独家新闻"的流量欲望。

是的，在这些记者看来，明星嫖娼被抓后其亲人的"反应"很有"新闻价值"，必成爆款。但什么是应该追求的"新闻价值"呢？考虑到背后的伦理问题，尊重当事人亲友和老师不想被舆论围观的羞耻感，这也是一种"价值"。把什么看成"有价值的"，在诸种价值排序中将什么置于"价值首位"，对热点的排序中更关注哪一类新闻的"价值"，这些体现的是一个人、一个媒体、一个机构的价值观。也就是说，在你所报道的新闻中包含的"新闻价值"，体现着你的价值观。到底是把嫖娼当成一个社会问题关注，还是想引领舆论对私生活的审判激情从而收割流量，价值观写在每个字里。

在"后真相情绪"主导的社交媒体中，没有什么比触动一种极端化情绪、私生活窥视、仇恨意识，更能生产汹涌可观的流量。好媒体会用客观的报道去遏制这种坏流量，引领理性和良善的思考；坏媒体则会竭力打开这可怕的潘多拉魔盒，触动、扩大、消费这种坏流量。

实际上，这段时间需要深度关注的热点有很多，血案后的是非、洪灾后的问题、燃气安全、疫情防控，每一个问题都比这种阴沟新闻要重要，公共资源就这样被消耗浪费了。当然，如果私生活涉及违法行为，也有公共性，但受到法律惩罚，就已经体现公共介入和公共价值了，舆论以这种暴风骤雨的方式介入，"狂欢"中会让人不适、不安。是的，围观私生活、窥视私人的幽暗一面，深植于大众意识和人性深处中，但健康的大众传播环境应尽可能地去激发人性的良善，而不是诱引幽暗并收割之。

（微信公众号"吐槽青年博士"2021年10月25日）

"省钱省出人命"的归因，傲慢无知又冷血

虽然真相由于缺乏监控和录音而永远无法还原，但从警方公布的翔实细节，可大致推断、拼凑出货拉拉事件当晚女孩跳车的经过：女孩搬家时自己动手，多次上下楼拿行李，司机没能赚到依行业"潜规则"可额外赚到的、搬家费外的"搬运费"，心生不满，提前接了下一单，赶时间抄近路两次偏航，又不向女孩解释，态度还不好，引起女孩恐慌。女孩跳车时，司机也未及时阻止，悲剧于是发生。警方以"过失致人死亡罪"刑拘司机，罪有应得，货拉拉因管理问题受到舆论谴责和调查，一点也不冤。

在悲剧的种种反思中，一种声音听起来很是刺耳，让人感觉既无知，又傲慢，更冷血，即将问题归因于"省钱省出人命"。这种论调称，搬家赚的是苦力钱，司机从平台那拿不到多少钱，所以一般会通过"帮搬行李"来赚些外快，如果让司机赚了这钱，如果不省这钱，就不会发生悲剧了。司机也是穷人，也不容易。这种没有是非的归因，让我想起网络常讽刺的那些无原则的"扯淡式宽容"——"来都来了""大过年的""死都死了""都是孩子""退一步讲""想开一点""习惯就好""都不容易"。

似乎每件悲剧中，都会出现这种指向受害者的冷血归因。还记得几年前重庆公交车坠江悲剧中，竟有人把矛头指向没有劝架的乘客，妄称"22路公交车上没有一个冤死的鬼"。这种反逻辑反常识反人性的归因，往往脱离核心焦点和关键问题，不顾直接的近因和起码的是非，而在"原因的原因的原因"的"长程推理"中，抓个无关紧要的细节来大做文章，以剑走偏锋假扮深

刻。边缘细节上吹毛求疵，核心问题上直接无视，"三观"碎了一地。

省钱有什么错呢？这难道不是民众美德吗？再说了，这不是省钱，而是按规则办事，找货拉拉搬家，说多少钱就多少钱，在其他方面让用户掏钱，近乎敲诈。该多少钱就多少钱，这是规则，如果你帮着搬，这是你的美德，不帮也没人强迫。你帮着搬，用户给小费，或者用户花钱请你搬，这是用户的自由，不是义务。说什么"潜规则"，如果真有这"潜规则"，也是丑陋的、应该废除的、平台应制止的"潜规则"。女孩自己搬，是按规则办事，也是保护自己，没有义务去迎合伤害自身利益的他者"潜规则"。作为司机，接了单就应该履行合同，不能因为别人没另外付费就抢时间赶下一单，应该按导航行车，当为省时间而偏航时，应及时向用户解释。这些司机都没有做到，"过失致人死亡罪"没什么疑问，他要为女孩的死亡负很大的责任。

有人拿这个司机的"穷人"身份说事，好像如果不穷，就不会如此因为没赚到搬家小费而对用户心生怨恨，这种逻辑是对"穷人"的侮辱。穷，并不必然会这样，不要把帽子扣到穷人身上。

像这样违背常识来进行"长程推理"，事事不问近因而追远因，所有的责任会无限泛化并虚化，走向"雪崩雪花论"和虚无主义，结果就是人人都有罪，又人人都无罪。如果事事都这么归因，那么事事都要追溯到开天辟地或归咎于亚当、夏娃。这个悲剧很简单，首要责任是司机，没有职业道德，过失致人死亡。然后是货拉拉的平台管理责任，管理中的种种不正常，对女孩的非正常死亡有不可推卸的责任，"非正常死亡"在某种程度上是"非正常管理"累积的结果。正常的话，行车时应该有录音，既保证乘客权益，也保护司机权益；正常的话，偏航应该有预警和约束，让安全可控；正常的话，平台应该第一时间获知行车异常状况；正常的话，对这些"潜规则"应该早有觉察并进行管理。搬家，搬的是一个人的财产和身家所在，平台和企业岂能有半分麻木不仁？平台野蛮生长，安全规范的原始积累远远落在资本的原始积累之后，嗜血的结果就是人命的代价。

　　脱离了这种起码的归因，而在"长程推理"中寻找"原因的原因的原因"，都是属于"三观"不正。而归因到受害者身上，更是冷血。省钱省出人命，把常人过日子的美德当成反思矛头，这种归因带着一种"何不食肉糜"的财富优越感，一种"事情没发生在自己身上"的冷血优越感。正如，你过得不好，不是那些过得好的人害的；我省钱，不该为你没赚到不该赚到的钱负责。无辜受害的女孩不仅应得到法律保障的正义偿还，也应在舆论道义上得到应有的同情、关切和尊重。

（"澎湃新闻"2021年3月5日）

爱情是私事，家暴是公事，这是文明对马金瑜应有的善意

《另一个拉姆》还在继续发酵，前媒体人马金瑜自述被家暴，引发很多讨论。因为之前呈现的爱情童话太美好，反而今天的碎裂更让人瞠目。随着更多前情和后续被披露，舆论很快从初期的"震惊愤怒"分化为复杂甚至对立。事实好像比较复杂，男方受访时说没有家暴，青海当地相关部门已介入。即使家暴这事儿取证比较难，间隔的时间又比较长，但从那篇文章的描述来看，有就医记录，有那么多知情者，调查清楚应该不是多难的事。

反对家暴，这是当下社会的基本共识。舆论的撕裂并不是发生在家暴"反对者"与"支持者"之间，而是马金瑜对待爱情的态度、处理方式、面对家暴的立场、对另一种生活的美化等。虽然后者的这些分析都会强调一下"反对家暴"，但很多逻辑是连带和隐藏的，选择了一个命题，这个命题往往就隐含着某种归责逻辑。一个人被家暴了，希望得到公众的同情和帮助，你却说：反对家暴，但，你第一次被打时为什么不求助不报警？你为什么会爱上他？你为什么不反抗？你为什么还跟他生了好几个孩子？你为什么当初不顾一切到那里生活？你为什么美化其实并不幸福的爱情？你为什么这么多年都保持沉默却在现在突然曝光？

嘴里说"我反对家暴"，但这些对一个受家暴者的责问，让被打者反思，羞辱被打者，所隐含的逻辑都指向一句恶毒的"被打活该"。

被家暴，本来是一件让受害者觉得很有羞耻感、耻于示人、说出来需要巨大勇气的事。你怎么不反抗啊？你怎么还相信爱情啊？你怎么瞎了眼爱上他啊？你还好意思在人前装美好？这些责问只会加剧被家暴者的耻感，使其更加沉默；加剧家暴者的霸道，使其更加嚣张。

我一向认为，爱情是私事，家暴是公事，这是文明对被家暴者应有的善意。遭遇渣男，生活不幸，被家暴者自己一定已经无数次在心里痛责、痛骂过自己：为什么当初瞎了眼？为什么这么怂不敢反抗？为什么还忍受这种日子？为什么不撕破脸皮让大家都知道？爱情和婚姻，没有谁比活在其中的人更知道酸甜苦辣，更知道怎么做才更好，但牵扯太多不足为外人道的东西，复杂得只有自己经历了，才会一声叹息。当初为什么瞎了眼，这是被家暴者自责的话，而不应该是外人的责问。

一个文明社会应有的善意是，当一个人遭遇这种不幸，人们要学会倾听，同情地理解，并对公事与私事进行区分。爱情婚姻，这是私事，外人看不清，也说不清，只有自己才清楚。教训，自己去反思：以后跟什么样的人交往，怎么看待诗和远方，怎么识别那些看起来很好的人，怎么做对自己负责的选择。谁的生活经验不是在遭遇这些磕磕绊绊之后成长和成熟的？在爱情和婚姻面前，都不要装什么人生导师，冷暖自知。建立在别人不幸之上的后见之明，留在心中自己去品，不要当成鞭打家暴受害者的冷酷逻辑。

爱情、识人、生活态度、文艺青年之类，那都是别人的私事，在价值次序上留给受害者自己去反思，家暴才是公事。我们的社会应有的共识是，把被家暴吓得瑟瑟发抖的人护在身后，大声呵斥家暴者，让其受到法律严惩。不管前情如何，不管什么样的人，被家暴就应该得到同情，而不是用"你怎么不……"之类的人生导师句式去羞辱受害者，让其在家暴后又被"网暴"吓得瑟瑟发抖。这样对受害者大声呵斥的逻辑，无异于是给家暴者助威，让家暴者觉得"吾道不孤"——没打错吧，大家都说你有问题。

一个社会的文明程度其实体现在，当一个人遭遇不幸时，旁观者是大声向谁喊话，是向强者还是弱者？当一种不幸纠缠着公事与私事时，旁观者是盯着那些羞于启齿的私事，还是用公心对公事？

目前讨论中，不少问题都"歪了楼"，有必要用文明社会的原则明辨一下基本是非。有人说：你当年把爱情说得那么美好，现在又说得这么糟糕，不是打自己的脸吗？——这不是打脸，背负着当年美好爱情的"人设"，把背后不敢示人的丑陋和罪恶说出来，是需要勇气的，不要嘲讽一个家暴受害者。有人说：你不是另一个拉姆，你有很多机会逃出来，但你没有，一直忍着。——这种观点隐含着"活该"的判断，这是不对的，不能为家暴的控诉和受害设置门槛，不要设想一种完美的抗争者，这只会加剧沉默。每一份站出来的勇气，都应该得到正义的回应和反馈。有人说：你是一个文艺青年，是你把生活和爱情想象得太美好了。——这种贴标签的"三观"更是扭曲，文艺青年怎么了？家暴会选择对象吗？憧憬美好的爱情，有问题吗？家暴没有模板，不要把家暴悲剧偷换成对文艺青年的恶意。

教训还是留给私人去反思，"你有错就该打"的暴力逻辑根深蒂固，反家暴这种公事，需要凝聚更多的共识，不要用那种谴责受害者的人生导师逻辑为家暴逻辑助威。

（微信公众号"吐槽青年博士"2021年2月8日）

全红婵爸爸的"三观"战胜了算法逻辑

这次奥运会出圈最火的中国奥运冠军,非全红婵莫属,不仅因为她的"水花消失术",更因为那句懂事得让人心疼的"想赚钱给妈妈治病",触动了这个社会大多数人生命世界的痛与爱,跟几个月前寒门学子博士论文后记中的那句"我走了很远的路,吃了很多的苦,才将这份博士学位论文送到你的面前"一样,让人看到穷人家的孩子用各种方式改变命运的努力。体育已经不只是体育,也是一种通道,寄托着寒门孩子用超越常人千百倍的身体努力和残酷训练,让自己和家人不再被贫穷所困。这句话在心中憋了多少年啊,跳出了冠军,终于可以把这句话说出来了,为母治病,跟为国争光一样动人。

一样让人敬佩的是全红婵的爸爸。全红婵夺冠后,"摘桃子"的人纷至沓来,各种莫名其妙的奖励、生拉硬扯的亲戚、不三不四的"网红",纷纷拥向全家,将夺冠喜事变成消费全红婵的流量闹剧。全爸爸很果断,企业和个人的捐赠,家里未取分毫,并喊话让那些访客不要再来打扰,直播吆喝已经影响到家里老人的作息。刚下地插秧回来的他说:"我一直都是靠双手赚钱,种甘蔗、蔬菜和稻谷养孩子读书。我不能消费女儿的荣誉,还是要靠自己的双手努力去改变生活。"

这句话,透着一个庄稼人的朴实和本分,"三观"如此之正,培养出这样的女儿,不是没有理由的。不知道那些围在全红婵家门口搞各种直播的"网红",听了这句话是什么感受?这句话也是在打那些"网红"的脸:别人靠跳水改变命运,靠双手在努力劳动,夺冠后仍保持着勤劳本分,你们在消费别人的劳动成果,把全红婵的荣誉当成了流量蛋糕，丝毫不顾忌别人的感受，为了流量不择手段，低级的蹲点直播造成严重的流量骚扰。爬树摘菠萝蜜的，大喇叭扰民的，蹲守到深夜影响村民作息的，从这些"直播"中没有看到半点有价值的"冠军奋斗精神"和"成长故事"，全是低级的蹭热点、猎奇式的现场围观，拿全红婵进行流量营销。

什么是价值观？简单说就是，有些事永远都不会去做，不管给多少钱。更直接的说法是，为了坚持某种价值会放弃金钱和利益。全红婵爸爸的选择，就体现了一个劳动者的朴素价值观：不能消费女儿的荣誉，要靠自己的双手努力去改变生活。即使作为培养者的他可以去分享女儿的荣誉，但他对"消费"保持着警惕，超越了荣誉的正当所得、不明不白、有可能对女儿声誉形象形成损害的所谓"捐赠"，一分都不要。靠努力得来的荣誉，更要用同样的努力去守卫它。祝福留下，钱请拿走，辣条分给孩子们，这就是堂堂正正的价值观。

相比之下，这些如苍蝇一样逐流量而居的"网红"，眼里只有流量，而没有其他正确的价值观。让公众兴奋的"水花消失术"和热泪盈眶的"赚钱给妈妈治病"，一位受到大众热捧的奥运冠军，对他们来说不过是一个"能带来巨大流量收益"的热点符号，一个可以受到平台推荐的"流量热词"。他们并不看重这个"流量热词"本身的价值和含义，无所谓向上向善的追求，只要有热度，围观能带来热度，就可以了。你感动也好，愤怒也好，恶心也好，哪怕指着他们的鼻子痛骂，有流量就行。

他们是追热度的苍蝇，嗅到热度和流量，可变现为流量收益，就会无所不用其极地蹭上去。他们可不管是洪灾，是卖菜馍的老奶奶，还是"流浪大师""大衣哥"，所有那些能激起公众各种强烈情感的，对他们来说只是一个"流量热词"罢了。那些同价值观有关联的词，跟他们一点关系都没有，他们不会"还原真相"，无意"传播正能量"，更不会想到"尊重当事人"，乌泱乌泱地赶到现场"直播"，没有任何技术含量的合影、摆拍、蹲守、作秀、加戏，只为了流量。

从拥到洪灾现场作秀添乱，到对全红婵家人的骚扰，每当这些苍蝇般的"网红"被曝光后，相关短视频平台都会回应"对相关账号进行治理"，可这些平台刻意回避的是其算法机制和流量逻辑。这些没有正确价值观的恶心"网红"，正是没有正确价值观的算法机制召唤出来的流量魔鬼。"网红"主播是这几年的新现象，伴随着短视频而出现。当平台算法缺乏正确价值观，把流量放在第一位，逐热点和流量而居，寄生于其上、靠流量收益为生的"网红"，怎么会有正确价值观呢？只要出现"河南洪灾""卖馍老太太""全红婵"这样的热点关键词，这些平台就会进行推荐，而不管这些关键词背后是何种内容——带来良善还是引发撕裂，治愈人心还是败坏人心——"网红"们怎么会不按"流量热词"进行生产？算法推荐就像指挥棒，决定着内容逐利方向。

算法计算着人性的低级层面，"网红"计算着算法的推荐逻辑，算法制导热词，热词牵引"网红"，"网红"蜂拥现场，混乱的线上生态污染到线下，这是一种低级与低级互相强化的流量生产机制。在全红婵的单纯善良和全红蝉爸爸的"三观"衬托下，"网红"和算法的面孔更加丑陋。

（《中国青年报》2021年8月13日）

有几个人没像罗翔那样逃避过弱者的凝视

"现在回想起来，都觉得很羞愧。"近日，法学教授罗翔在一档访谈节目中回忆起一段发生在17年前并可能让他一生难忘的往事。2003年，还在读博的罗翔在天桥偶遇一位来京寻求法律援助的老人。因找不到援助中心，老人从北京西站一路步行问路到双安天桥，罗翔见状便提出打车送她。但出于怕惹麻烦的想法，他有意隐瞒了自己的法律人身份。到了目的地，老人一句体贴的"你不用陪我上去了，别影响了你的前途"，瞬间击中了罗翔的内心，让他羞愧至今。看到罗翔最近的这个分享，更觉得，他受到那么多年轻人的喜爱，不是没有道理的。

这段真诚的忏悔，让人看到了一个法律人内心不甘被"抽象法理逻辑"淹没、不甘困于系统而面向生活中具体之人和柔软内心的努力。很少有法律工作者没遇到过这种求助，没在内心挣扎、犹豫过，没在刚入行时意气风发、拍案而起过，但当在这个行业经历了一些挫折和看过很多日常后，很容易走向冷漠——对每天的悲剧见怪不怪，对弱者的求助无动于衷，对远方的哭声毫无知觉，甚至嘲笑自己初入行时的理想、热爱、激情和冲动，并美其名曰"成熟"和"专业"。罗翔能把这件让自己羞愧的事记住了17年，并以"忏悔"的方式公开说出来，逼自己去面对那位老人的目光，避免法学理论与具体的人失去连接，这种努力太可贵了。

今年有很多法学院的学生选修了我的"新闻评论课"，他们想跳出狭隘的专业框架而面向公共事务的热情，让我很感动。一个学生说，法学学习中常能接触到反映社会底层生存状态的案例,由于生活阅历不足,感觉到自己的同情是一种"书斋"式的纤细情感,更多来自知识和道理而非沉浸式的体验,希望通过新闻评论来更多地认识到个人的局限性、狭隘性,并努力打破这种与不同群体的认知隔阂。另一个学生说,在看到一些家暴、性侵等类似新闻的时候,常因这类事件太多而产生了一种"免疫力",想起一个法学教授说过,你不能"因为学习了法律,见多了违法犯罪的事,就对这类事件麻木,同别人共情或者说同这个世界共情是永远都需要学习的品质"。

在法学院学习时,能有这种思考,是很好的。更可贵的是,像罗翔这样告别单纯的法学学生身份,在法律实践的江湖历尽千帆后,仍具有这种柔软的关怀,仍能想起17年前那位衣衫褴褛的老人。这种反身性的忏悔,不仅是在解剖自己,也是在用17年前的自己凝视今天的自己,用17年前老人的目光凝视今天的自己,用人的目光凝视自己给学生讲授的法学理论,你办的不是案件,而是一个人的人生。

"凝视"不仅是一个深刻的哲学命题,也应该是每天的日常。如何凝视?凝视什么?尼采曾说:"我们的眼睛就是我们的监狱,而目光所及之处,就是监狱的围墙。"而拉康说得更深刻:"自我并不是自己的主宰,人们苦苦寻找自我,而当找到它时,它却外在于我们,总是作为一个他者而存在,被自身无法掌控的外部力量所决定,永久地被限定在与自己异化的境地。"如何跳出这种自我的异化和专业的异化?需要来自不同视角的凝视,感知身边的人,感知"远方的哭声",感知跟自己平等的主体,感知弱者的眼光,感知历史的眼光。有了这种凝视,才不会为了学术的精致而失去人味,不会追求理论的完美而"裁剪"不完美的人。

我们同情骑手"困在系统中",同情名校生"困在绩点中",我们多数人何尝不是困在某个专业系统中而失去向外凝视、与他者连接的柔软感知力?一个学者曾感慨说,自己这么大年纪了,对好多事还常有想拍案而起的感觉,但很多年轻人好像比她更习以为常，甚至还反过来教育她"能改变什么呢""这是现实""说了也白说""做好自己的事比什么都强"。困在狭隘的专业中，困在精致的利己中，困在个人中心主义中，而缺乏与公共事务丰富的情感与理性联系。想起我的一位新闻前辈说他写每一篇稿件时，都能想到他的乡亲、父母、孩子的目光，这种凝视让他不敢胡说八道，不敢脱离大地。也是这种凝视，让他摆脱了那种冷气和到了他这个年龄很容易陷入的职业化冷漠。

前几天，我还跟一个学生聊，她不理解，为什么网上对老人和孩子有那么大的戾气，对陌生人有那么大的仇恨。我说，他们在现实中可能并不这样，他们对身边认识的老人、孩子不会这样，但在网络上，"老人""孩子"成了抽象的符号，对他们来说只是一个抽象的概念，于是，抽象的恶意就产生了。价值观的深刻在于，能不能跳出熟悉的身边人、亲切的人，而对陌生的、抽象的、远方的人存有"人同此心"的同情和善意，关心他们的命运并相信与自己的命运密切相关。人不是符号，不是结构，不是象征，每个人都是具体的、活生生的人，就像正义不是抽象的概念，而是那位衣衫褴褛的老人所追求的。

身体可以"躺平"，精神不要"躺平"，慢下来去感受那些目光的凝视——来自书斋的、键盘外的、远方的、内心的、若干年后自己的，就像学者罗翔那样。

(《中国青年报》2021年6月11日)

攻击受害者妞妞父亲,他们缺乏基本人性

对不起,作为信奉理性的评论人,用词本应平和克制,但面对他们热衷于攻击受害者,甚至连一位遇难者的父亲谦卑地表达悲伤都不放过时,实在忍不住骂一句:真是丧尽天良,丧失基本人性。

郑州水灾中那张父亲穿着雨衣跪在地铁口,自行车上写着"等着妞妞归来"的照片,让无数人心碎。"封面新闻"的文章《妞妞,一个父亲的送别》,还原了照片背后一个家庭的悲剧。父亲穿着的雨衣,是父女两人最后一次一起上班时穿的;他戴着的墨镜,是妞妞送给他的礼物;那辆老式的自行车,载着妞妞从小女孩长成了大姑娘。妞妞在药房工作,上个月才带着女儿去拍艺术照,妞妞奶奶一直在住院,爷爷陪在左右,不会上网的老人直到现在都不知道孙女已离开。妞妞的丈夫出生时因为大脑缺氧身体微有残疾,他笨拙而真心地爱着妞妞,洒水车来了会用身体帮妻子挡住水,那一晚牵着手的夫妻俩在地铁5号线被冲散,再看到时已在太平间,阴阳相隔。充满自责、无法走出悲伤的父亲,以那种方式"等着"妞妞归来。

一位父亲如此谦卑地表达失女的悲伤,竟然受到了一些人的恶毒攻击,说他是炒作,攻击这位父亲"为什么穿着雨衣",为什么戴着墨镜,为什么女儿这么大了还要"自行车接送",为什么要写"爸爸还想接你回家"的标语,大热天捂着盖着搞什么行为艺术?——多么下作的攻击,不共情受害者也就罢了,这是在舆论审判和二次伤害一位悲伤欲绝的父亲。甚至在媒体报道并确证了事实、警方也进行了确证、多方信息还原了这个家庭的

悲剧后,这些人仍在胡搅蛮缠,攻击媒体报道和受害者。

这些人是不是已经自负、张狂、冷血到了极限?一个家庭一边承受着失亲之痛,一边还要"面对舆论用事实证明自己的悲伤",被恶毒的攻击逼着把血淋淋的伤口展示给大家看,仍然满足不了他们嗜血的"真相需求",似乎太平间的遗体、父亲的哭泣、媒体到现场的采访、警方提供的确证,都比不上他们在键盘后那些信口开河、毫无依据的猜测。这是一种"胡乱猜测"对"确证事实"的可怕颠覆,这些人对一件事情知道得越少,就越热衷于形成判断,而且是强烈的、不可改变的、根深蒂固的判断。

攻击受害者妞妞的父亲,不是网络个案,而是"攻击受害者"这种现象演化到极端的产物。面对看得见的、明摆着的受害情节,用常识和常理可以判断的受害事实,有些人不同情和帮助受害者也就罢了,反倒借助信息的不对称、细节的模糊和受害者的身份弱势,去攻击受害者,制造指向受害者的网络暴力。在种种畸形生态的驱动下,攻击受害者甚至已经成为一种流量营销的生意,借助扭曲的姿态在网络茧房中聚敛人气,作为变现的资本。同情和保护受害者是基本的道义、起码的舆论水温、绝大多数人的常识底线,反道义的"攻击受害者"为何能成为让某些人趋之若鹜的现象呢?背后可能有这样几个原因。

第一,借助"后真相"的信息混乱,误导不明真相者,营造出位、醒目、另类的"人设"。在"后真相"的语境中,情绪往往远远跑在事实的前面,自媒体太多、记者太少、事实不够用,情绪发酵的速度比事实调查快多了,"反转"似乎成为一种常态。这种生态背后的情绪便成为一些人收割的对象。人们以往熟知并承诺遵从的"从事实证据推出结论"或"结论服从于事实"的逻辑规则发生了逆转,转变为"让事实证据服从于既定的结论","事实胜于雄辩"的原则被"雄辩胜于事实"所取代。在网络上,似乎每个事实都有一个大小相等、方向相反的反作用力,你再觉得是常识常情,都会有相反的声音出现,抵消着事实和共识。攻击受害者的现象，便滋生在这种土壤上，不管有没有证据，先把声音抛出来，把"无证据的胡喷乱猜"阐释为"另一种声音"，用"平衡""反转""质疑""网曝""据称"作幌子，混淆舆论的视线。

第二，利用受害者的身份弱势，欺负陷入痛苦的受害者无暇反驳。这些人，从不会质疑强势者、施害者、打人者，专咬弱势的受害者。受害者似乎好欺负，有些躺在医院里，有些甚至躺在太平间开不了口说话，有些沉浸在巨大痛苦中无法自拔、无心发声，有些承受着受害的心理羞辱和心理创伤而无法公开表达，这些受害困境让一些攻击者有恃无恐。

第三，利用所谓的"传播正能量"作掩体，自抬身份，将自身所有言行包裹在这种"人设"中以绑架舆论。这些人，往往特别善于喊口号，把自己的行为与"正能量"挂钩，在一些热点中姿态摆得很足。当他们攻击受害者而受到质疑时，就会给别人贴上"攻击正能量"的标签，仿佛别人质疑几句就是与正能量为敌。这种策略有时候似乎挺管用，甚至绑架了一些平台，不敢碰他们，投鼠忌器。

第四，移用信息不对称和茧房效应，伪造所谓"民意"舆论，进行舆论敲诈和流量收割。虽然攻击受害者的行为会受到多数人的不齿，但网络将人们割裂成了不同的圈层，大家被局限在不同的茧房和回音室中，浏览不同的信息，代入不同的身份，投喂不同的情绪，这使得那些背离事实和公道的攻击，往往能欺骗少数人。这些少数人形成的流量和舆论，会形成一种回音扩大效果，制造出某种很有欺骗性的舆论幻象。

事实和法律是底线，我们未能阻止悲剧和受害的发生，起码要让那些受害者得到保护，保护他们表达悲伤的卑微底线，保护他们不受二次伤害，让他们感受到公道和人心的温暖。纵容"攻击受害者"现象的存在，是正义和公道的耻辱。

（微信公众号"吐槽青年博士"2021年7月30日）

对奥运健儿的"网暴"很凶猛，公众强悍地把她们护在身后

东京奥运会在艰难世局中开幕，让笼罩在疫情阴影下的世界有了一点振奋和亮色，中国健儿夺金揽银，国歌一再奏响，国人分享着光荣与骄傲，这就是体育的力量。不过，在振奋中也有些让人添堵的事：女子10米气步枪，中国选手王璐瑶遗憾止步资格赛，她随后在微博发出一张自拍，配文称"各位抱歉，很遗憾，我承认我怂了，三年后再见吧"。这种给自己也给竞技减压的表达，竟然遭到了网络暴力，短短几小时内收到很多谩骂，逼得王璐瑶没过多久就删了微博。奥运会首金得主杨倩，竟然因为以前微博发过收藏耐克鞋的照片，被喷子攻击为"跪族女孩"。

震不震惊，恐不恐怖，愤不愤怒？跟这些喷子有什么道理好讲呢，我们羞于竟然与这样一些人同在一个互联网上，我们耻于类似毫无逻辑的恶臭声音竟冠以"爱×"之名。还好，互联网以让人反胃的方式呈现了这里的复杂、混乱和丑陋，同时也迅速展现出互联网强大的纠错和自净力量，理性和道义的声音很快占了上风，以压倒性的方式碾压了来势汹汹的"网暴"声音。网民痛斥那些喷子，媒体用评论把奥运健儿护在身后，平台迅速处置了攻击者，还了在赛场上努力拼搏、为国争光的王璐瑶和杨倩应有的道义。

真好，互联网以自身强大的人格和道义力量，把被"网暴"气得、吓得瑟瑟发抖的两个女孩护在身后。魔高一尺，道高一丈，不要高估"网暴"逆流，也不要低估网络道义。荒谬的声音

可能会在几分钟内蛊惑人心,在一两个小时内被疯狂点赞,甚至在大半天传播发酵中成为有影响的议题,但如果真是荒谬的,它的生命不会超过一天。公道自在人心,网络因其巨大的包容性,常常容纳了一些鱼龙混杂的存在,使一些谬误以"另一种声音"的多元掩体方式流传,但网络也以无数双雪亮的眼睛和无数颗透亮的人心,形成了一种规范和净化机制,让那些反常识、反事实、反逻辑的声音无法招摇过市。

努力拼搏了,却遗憾止步于资格赛,这没有任何可以指责的地方啊,她不需要跟任何人说抱歉,甚至,这是一个需要安慰和鼓励的姑娘,就像我们的孩子遭遇失意时需要慰藉一样。能在社交媒体以"自我期许"的方式与对她寄予厚望的公众对话,这种精神尤其可贵。可以说,这就是基本的舆论水温,代表了这个互联网上绝大多数人对待这位年轻人的态度。这种态度,有些人表达出来了,留言跟帖安慰,多数人并没有表达出来,但"没有表达"并不代表人们是冷漠的,不代表"这个常理"可以被漠视。一旦有人背离这一基本的常情常理,远离了舆论水温,用恶臭的逻辑和语言去攻击这位年轻人,这个由多数人的常识感和常人理性固化成的舆论水温,就会像互联网身体中的抗体那样被激活,狠狠地去"烫"那些偏离常理、煽动情绪、制造网络暴力的喷子。

对于奥运冠军的态度,更是如此,小姑娘那时候喜欢非国产的运动品牌,有什么错呢?并不是说小姑娘拿了奥运冠军,人们才对她是这个态度,这是对待每个人的常理常情,可以确定,这也是这个社会多数人的态度。因为是常识,所以是不证自明的,无须整天挂在嘴上,一旦这种常识在网上受到极端声音的挑战,涵化在无数人心中的常识感就会被动员起来,让社会保持正常状态。这种凝聚在社会大多数人身上最有公共可通约性的常识感,在互联网上可能会沉默,可能会迟到,但绝不会缺席。在这种开放透明的语境中,一种反常识反逻辑的声音的生命如果超过一天,互联网会把它当成自己的耻辱。

人们常常震惊于网上很多反逻辑甚至反人性的声音存在，对此充满悲观——你看，如此"脑残"的观点，竟然有人支持，竟然被顶上热搜，竟然得到高赞而位列前排。对此，我并不感到奇怪，这是互联网因其巨大的包容性——人人都有麦克风，而必然会出现的问题，因为有茧房、圈层、回音室的存在，奇葩和极端声音得到高赞并不奇怪，因为你跟他们不在一个圈层，你跟他们接受的教育不一样，你跟他们接收到的信息反馈不一样，你所觉得理所当然的不是他们的理所当然。

互联网里有很多被分割成无数茧房的小世界，但互联网是开放的，井底之蛙终要见阳光，这无数小茧房中的世界观，会接受互联网这个大世界的世界观的检验，每一个自以为惊世骇俗的声音，都要接受互联网人格世界中那个大多数人凝聚成的常识常理的检验。互联网是阴谋家、骗子和煽动家的噩梦，常识的免疫系统一旦启动，"脑残"和谬误会被击得粉碎。就像这一次针对两位奥运健儿的网络暴力，很快受到压倒性的道义遏制。

看新闻很温暖，看评论却很崩溃。对那些被极端声音所激怒、觉得不可理喻、失去对话和讲理耐心的朋友，我常常劝他们：第一，不要只看前面的评论，要有往后翻评论的耐心，如果觉得顶在前面的评论不可理喻，你往下翻翻，多翻几页，打捞那些沉没的声音，就会发现那里有公道人心，看得越多，越能感知到真正的舆论水温。第二，要有常识自信，常识往往是沉默的，因为是常识，所以觉得那种态度是理所当然的，浸入人们的肌体和日常，不必处处去强调。不要看到个别"不正常的声音"，就觉得社会不正常了。一旦反常识的声音跳起来，常识受到挑战，互联网观念的免疫系统会迅速启动。第三，有点儿耐心，热点此起彼伏，要拥有长时段的理性。理性爱国是常识，包容失败是常识，宽慰失意者是常识，善待拼搏者是常识，这些不用怀疑，这些也是互联网上大多数人的观念基本面和舆论水温，背离了，必然会被"烫"着。

另外，有时候也别被那些反常识的声音设置议题，别被明显的拉踩、引战和撕裂的声音反向支配。就像这次攻击两位奥运健儿，明显没有任何代表性和民意含量，很少有人会注意到他们的存在。过多凝视他们，把他们当回事，忽略多数正常的声音，反而制造了恶心效应。越重视他们，让他们有了存在感和流量，反而可能刺激了一种以反常声音来赢得关注的流量荷尔蒙。互联网有自身的局限，公众要有打破这种局限的自觉，不要觉得理性的声音过于理性，就不去关注和传播，反而过度关注那些非理性的声音，被它们获得的存在感反向支配。用人心照亮人心，不必理会那些恶心。

（微信公众号"吐槽青年博士"2021年7月28日）

苏炳添"玩梗"上热搜，年轻人偶像审美的重构

苏炳添又上热搜了，再一次见证了"苏神"的影响力。

这个热搜一开始有点让人莫名其妙，叫"苏炳添怎么官宣金牌了"。9秒83、9秒98，"苏飞人"东京奥运会一战封神，创造了中国田径新的历史，很多网友都说东京奥运会欠"苏神"一枚奥运奖牌，但跟金牌有什么关系呢？"苏神"在社交媒体晒出一枚金牌，配文说："哇，奥运奖牌到了！"粉丝们还以为这是某个赛事的金牌，后来才知道是"苏神"卖了个关子，这不是奥运奖牌，而是他的一个新代言。一家品牌正式宣布与苏炳添签约，并邀请苏炳添成为其代言人。"苏神"以这种方式晒出"奖牌"，创造了一个有趣的"梗"。粉丝们会心一笑，迅速把这枚"奖牌"顶上热搜。

奖牌之"梗"，以及随之而来的热议所形成的热搜，既体现了苏炳添如日中天的影响，也显示出这位"风一样的男子"与粉丝、网民的亲密社交关系。"梗"是关系亲密的人才能玩的，才会产生"无缘无故互望一眼就笑了"的默契效果。缺乏这种公众亲密度和形象美誉度，"玩梗"很容易玩砸、玩翻车。

又上热搜，之所以说"又"，是因为苏炳添似乎已成热搜常客，贡献了很多热议的话题。比如前段时间的"983大学"，这又是一个"梗"。苏炳添是暨南大学副教授，暨大今年正逢115周年校庆，他作为教师代表发言时说，"很高兴让母校成为独一无二的'983大学'"——暗指他在东京奥运会上跑出9秒83的成绩。"985大学"有很多，但这所拥有"983"纪录的"985大学"却是唯一。"983"的"梗"充满了神之自信啊。

这不是普通的明星上热搜，而是一种热搜现象。苏炳添热搜现象，体现着一种舆论和社会在偶像审美上的微妙变化。过去以娱乐明星为中心、娱乐话题创造流量的热搜景象，正在悄然发生转向，更多向体育明星和文化名流倾斜。娱乐明星不像以前那么吃香了，纯粹靠流量成名的人已风光不再。如果流量超过实力，实力配不上热度，会很快被公众抛弃，年轻人似乎更青睐那些拥有精神象征和价值内涵的偶像。你得具有某种实力和精神滋养着公众，让公众汲取到向上的力量，公众才会不断热捧你，用热点滋养你。在苏炳添的热度中，包含着这种深沉的偶像审美变化。

过去，一个明星能靠流量"空手套白狼"，没有演技，没有代表作，没有人品，没有美誉，光靠炒作一些话题或者拥有光鲜的面孔，就能稳稳地占据热搜，左右流量的方向。即使他们的演技是纸做的，但总有粉丝为他们买单，总有导演找他们拍戏，总有娱乐节目为他们炒话题，总有"脑残粉"为他们辩护"你知道他有多努力吗"。现在真的不行了，韭菜和流量不那么好收割了，种种乱象、丑闻让某些"流量明星"穷形尽相后，人们已经越来越厌恶"实力撑不起流量"的花架明星了。

苏炳添热搜现象，代表了这种转向，徒有流量其表的娱乐明星退场，拥有精神价值的实力明星正在得到更多的关注和尊重。今年9月开学时，我就注意到这种变化，流量明星凉了，知识、文化、体育领域的明星红了，互联网越来越有书卷气和精气神。比如一些短视频平台，开学第一课都邀请大学教授、奥运冠军、科学家去讲，而过去多是娱乐明星面孔。苏炳添不断上热搜，也是这种审美重构和舆论潮水的一部分。苏炳添的形象，很好地体现了当下年轻人的追求，健康阳光，"文明其精神，野蛮其体魄"。"983"的速度，包含着人类对"更高更快更强"的极限追求；实力的背后，是刻苦训练的精神磨砺，还有为国争光的"侠之大者"的关怀。在"奥运飞人"之外，苏炳添还是大学副教授，带研究生，教书育人，有知识气质和教育情怀，差不多囊括了年轻人对偶像的素质期待。所以,"苏神"这么火,不是没有原因的!

　　企业和品牌对于年轻人的偏好是最敏锐的,什么样的明星有感召力,看中明星的何种品质,他们能第一时间捕获到。他们嗅到了大众对偶像的审美变化,看到娱乐流量的弱化和文化精神的需求,在选择品牌代言时也越来越多地倾向这些拥有精神厚度的明星。于是,苏炳添们成为品牌争夺的宠儿。他们邀请苏炳添来代言,是希望用"9秒83亚洲纪录保持者"身上的全力以赴、超越自我的精神来鼓励千千万万奋斗的人。话题上了热搜,也说明了网友对这种合作和代言做出了积极反馈,乐见其成。

　　我也乐见苏炳添经常上热搜,一边跑出亚洲纪录甚至世界纪录,一边用"文明其精神,野蛮其体魄"的力量滋养年轻人。

(微信公众号"吐槽青年博士"2021年12月3日)

让苦命流调后的生活被看见，这就是新闻理想

早上看到《中国新闻周刊》在朋友圈刷屏的报道《对话"流调里最辛苦的中国人"：来北京找儿子，凌晨打零工补贴家用》，被不幸的人生之"苦"震动之余，是对媒体和记者的深深敬意。报道中的内容，不正是那份苦命流调发布后，公众最想知道的"新闻"吗？当事人与记者的对话内容，不也正是他艰辛寻子这几年，拼命在城市求生、深夜搬扛沙袋扛到天亮，最想让人看到并帮他的吗？

自己忍不住在朋友圈写了几句，向这篇报道致敬："普通人看到流调后的艰辛，感到的是心酸、各种'破防'和感慨。记者迅速反应，找到当事人，挖掘不平常背后的生活。前几天讲座，一个学生问我，新闻理想到底是什么？我说，是一种欲望，在好奇、不平、不解、疑惑、混沌下，努力让事实、真相透明的强烈欲望。感动、'破防'之类，是一种混沌模糊的情感，有欲望冷静地去把事实弄清楚，把'故事'讲出来让更多人知道，让人们知道'原来如此'，这就是一个职业的理想。保持职业的好奇和敏感，迅速反应，连夜采访，这种职业状态越来越少见了。"

是啊，让苦命流调后的生活被看见，并推动时事进程、改变人物命运，这就是新闻理想，也是新闻存在的意义。

还记得昨天那份流调刚发布的时候，社交媒体全是关于"怎么这么苦"的感慨——1月10日0:00—1:45，在胡大簋街三店工作；2:00到达胡大簋街二店工作；3:00到达建国门壹中心1座工作；4:00到达通州区盛园宾馆附近的管头工业区工作；9:00

到达顺义区丽宫别墅工作——人们无法想象这种整夜都在工作的艰辛状态，一时各种"破防"和对"城市折叠""生存不易"的感慨刷屏朋友圈。人们在感慨的同时，心中一定会生出无数个问号：他是做什么工作的？为什么这样熬夜拼命工作着？为什么要辗转这么多地点工作？为什么都在夜里工作？他到底经历了什么？

全网在感慨时，一个媒体朋友征求我的意见，他们要发布相关报道，对两个标题拿不定主意：标题之一是《北京这名装修搬运工人的轨迹令人心疼，18日内涉及32个地点，常工作至凌晨》，标题之二是《北京朝阳一无症状感染者轨迹：18日内涉及32个地点，时空交集者请第一时间报告》。我建议他们还是"客观中性"地去陈述，说事实，而不是带动和消费公众情感。如果想帮这个工人，用呈现事实去帮，用事实去推动进程。"煽情"貌似情感饱满、温情脉脉，但那是一种自私的、自我感动的即时情绪，以感动者的情感需求为中心，是对他人命运的"消费"，而不是真正利他，事实很容易在自我感动的情绪泡沫中被淹没。让当事人去说，呈现事实，挖掘事实，让事实被看见，才是媒体需要做的。

这个岳大哥很不幸，丢失了儿子，四处寻子找不到下落，多次求助无人帮他。爹瘫了，娘胳膊摔断了，一人养六口人，生活压力很大。在北京拼命工作是为了找孩子，因为孩子在北京当过帮厨，他想在孩子待过的地方找最后一点希望。每到一地，在找儿子的同时，他都会打零工来维持生活。然后，他又不幸感染了新冠，本来一个生活在"暗夜"中很难被看见的苦命人，通过流调"闯"进了新闻，进入都市人感慨的视野。这次的经历，很难说是幸或不幸，这就是命，艰难辗转中感染新冠，也让他的艰难被看见，让寻子看到了希望。

感谢媒体，在流调后接力进行了新闻调查，让他的苦难命运在"破防、感慨"中被挖掘出来，在种种不幸的叠加后有了转机。这可能就是新闻最大的意义，"反常"不是用来猎奇、消费和感慨的,"反常"是对新闻的召唤和调查的邀请,在唤起好奇心、不对劲感和悲悯困惑中,去呈现被麻木的日常和失灵的机制所遮蔽的命运挣扎。海德格尔曾说:"一把断掉的锤子更像一把锤子。"锤子正常时,我们不会思考它的存在,只有断掉时,才会引起我们对它作为一把完整锤子之功能的思考。反常的流调信息,正像一把断掉的锤子,也是对记者新闻敏感和新闻调查的泣血召唤。

为了寻找儿子,他一直想得到公平正义的关注,新冠让他在无意中闯入流调、闯入公众视野,记者和媒体接住了这种"召唤",不能让他再被淹没!

从对话中可以看到他身上的自尊、朴实和坚忍。面对公众的同情,他说:"我也不觉得自己可怜。我只是好好干活,我不偷不抢,靠自己的力气,靠自己的双手,挣点钱,挣了钱找孩子。都是为了生活,为了照顾这个家。打工都是打零工,赚了钱就找孩子,没钱了就打工。我努力,就是为了把孩子找回来。我辛苦一点,就算把命搭到里面,也要把孩子找回来。"可以想象,正是这种作为父亲去"找孩子"、作为丈夫和儿子"照顾这个家"的执着信念,支撑着他搭上性命去吃苦,深夜跑几处地方扛沙袋扛水泥。

自媒体太多、记者太少、事实不够用,"生活这么苦"的感慨对一个寻子者并没有什么用,在自我感动中让他者的苦难继续被淹没,"一起帮他找到孩子"的舆论强音才是有公共价值的。这就是报道的意义和事实的价值,一夜之间,让朋友圈中的苦难感慨,迅速转向"帮他找到孩子"的公共吁求和舆论推力。

什么是新闻理想?——"怎么这样""原来如此""这就对了"——让"小人物"的命运被看见、被善待、被改变,让沉没的声音被打捞起来,让折叠的事实得到呈现,在"怎么这样"的触动或愤慨之后,通过报道让人们看到"原来如此",并在推动改变人物命运后,给社会带来"这就对了"的正义实现感。

扎堆催生下，关心独生子女父母养老体现良心

今年"两会"，"以何种方式鼓励生三孩"是代表委员热议的焦点，从"高考加分"到"弹性学制"，代表委员们穷尽着"资源想象力"去为催生助攻。在这种"我为催生献一计"的热烈氛围下，冷静地往回看，关心那一代独生子女父母的养老问题，这种关怀视角体现了一种良心。

全国人大代表陈雪萍建议，提供独生子女父母的养老补助，鼓励兴办独生子女父母养老院，在政策所规定的退休金基础上，独生子女父母退休金上浮 10%—20%，并允许已达到退休年龄的独生子女父母投靠异地工作生活的独生子女。陈雪萍说："我国自实行计划生育政策以来，第一代独生子女父母已迈入老年行列。他们的子女正值干事创业黄金期，也赶上全面开放'二孩''三孩'政策。独生子女一方面要拿出主要时间、精力投入工作，同时要腾出精力培养教育孩子，探视照顾父母的时间已所剩无几，独生子女父母养老、医疗等方面问题已逐渐凸显。"

这个建议迅速被公众顶上热搜，在催生氛围下去关注过去的"独生"问题，真是一股清流。网民不仅顶这个建议，还提出了更彻底和公平的方案：养老金上浮，要普及那一代所有的独生子女父母，千万不能遗忘农村。推行独生子女政策的时候曾说"只生一个好，政府来养老"，应该记住这个承诺并尽力去履行，不要因为政策的重大调整而直接翻篇，这既关乎公信，也关乎道义。

不太喜欢目前这种"穷尽资源去催生"的建议氛围，从"高考加分"到"幼儿园免费"，从"弹性学制"到"45 岁弹性退

休",各种建议都在围绕着"如何鼓励生三孩"各显神通、拼命用力。不喜欢这些建议中浓厚的"工具化"思维,有些人把"高考加分"当成了某种万能工具:要鼓励一件事或者奖励某种行为,都喜欢拿公众看得非常重的"高考加分"去调节。高考不仅是一次选拔,更事关底线的社会公平,本身有着不可让渡的独立价值,岂能当成"激励其他目标"的工具?还有建议用弹性学制鼓励休学生娃,把"生娃"放到了"学习"之前,仿佛为了鼓励生娃可以让所有事情"让路"。弹性学制应以年轻人的教育和成长为中心,而不是结婚生娃。那些"穷尽资源去催生"的建议逻辑,某种程度上是把生孩行为工具化了,热衷利益驱动,缺乏对生育意愿的深层关注。

在这时,国家放开和鼓励"三孩",提"如何鼓励生二孩三孩"的建议,好像更贴近政策热点。但公共讨论不是"追热点",需要一种"向历史深处深情看一眼"的现实关怀,需要在热点盲区处看到被忽略的真问题。都在谈"二孩三孩",谈未来,谈人口红利,可那一代响应号召"只生一个好"的独生子女父母们,已经到了养老的年龄,他们的养老问题,不能淹没在"三孩"热点中。让他们老有所养,事关承诺,也体现着政策的善意与良心。

一项政策会随着现实的变化而做出调整,政策因时而变,但政策所包含的承诺不能变,要保持稳定预期的连续性。为了响应国家号召和遵守政策,独生子女家庭做出了贡献,如今作为父母的他们老了,孩子既要面临结婚后两边"四老"的养老压力,又要响应"二孩三孩"的号召。当年"只生一个好"所包含的家庭外的养老承诺,应该得到履行。独生子女父母退休金上浮10%—20%,这个要求一点也不算高!这是保证政策连续性和制度公信力应有的政策担当。

有人会担心,现在鼓励"生二孩三孩",应该给"生二孩三孩"的父母更多的利益激励,岂能反去上浮独生子女父母的退休金?这种理解是错误的。上浮那一代独生子女父母的退休金,跟"当下激励"没有关系,是在履行当年的政策承诺。不管现在的政策取向是什么,当年为推进政策落实而给公众的预期,要去实现,这是基本的契约精神。另外,这种"上浮退休金"针对的是那一代父母,跟新政策后的独生子女并没有关系。

实际上,从长远功利看,以这种方式解决独生子女父母的养老问题,也有利于当下"三孩"政策,减轻生育的后顾之忧。年轻人的生育意愿不高,有很多原因,其中一个重要原因是养老压力大,特别是独生子女,两边要养四个老人。如果老人的退休金能上浮,家庭养老压力减小,等于是给年轻人的"补贴"。既履行了当初的政策承诺,又连带地助力了催生新政,何乐而不为呢?

比"某项政策"的一时之效更重要的是,政策让人信赖的长效,带给公众长期、稳定而连续的预期。在"鼓励多生"的新政下,不忘当年"只生一个好"的承诺,关心政策的受影响者,能更深刻地体现政策的可信任性。维护人们对政策的信心与信赖,比起诸如"三孩幼儿园免费""三孩中考加分"之类的功利刺激,真的重要多了。

(《时代邮刊》2022年总第409期)

三 冰点暖评

北漂女孩被困浴室里长达 30 个小时,没有人伸出援手。最终,一个同样滞留在北京的陌生年轻人救了她。有人批评都市人的孤独和冷漠,但不也正是"陌生人"救了这个女孩吗?那个救人的陌生年轻人反思这件事时说的一句话,很触动人心:"人们不愿意在现实生活中跟别人发生太多关系,反而会在虚拟的网络中满足社交需求。"人最重要的就是产生连接,而什么能产生连接?利他。很多时候,安全感不是靠建造一座坚固的城堡所能获得的,而需要利他,需要关心别人的遭遇,相信它最终会与自己的遭遇相关,在"我看人看我、我待人待我"的连接中获得心安。我这些年在"暖评"上的写作坚持,就是为了保持一种人心的温暖连接。

时评这样写

从"全面看问题"的思维巫术中跳出来

曾辅导几个学生写评论,他们在思维上暴露出的问题很有共通性,值得说道说道。

比如其中一个学生,他想写当时舆论热议的"唱国歌大闹曼谷机场"的话题,但他总想把两边的责任掰扯清楚,先是机场在服务上怠慢了乘客,然后乘客才去闹,要分清责任,老师不是总说"要全面客观地看待问题"吗?我给他的建议是:第一,要从"各打几板子"的思维里跳出来,宁要片面的深刻,也不要肤浅的全面,抓住一点,有所侧重地去评论。第二,不适合用"谁先错谁后错"的思维进行两边归咎,即便机场有问题,也是服务问题,可以投诉,闹事就是法律问题了。如果陷入"谁先错谁后错"的归咎,很容易推理出"后错"的正义性,从而推导出以暴制暴的正当性。第三,我们常说的"客观公正"不是厘清责任,各骂几句,而是要有基本的是非和原则。

另外一个学生想评论这条新闻《17 岁少年出走留绝笔信:

下辈子不做穷人家孩子》。他说，看到这个标题，就立刻感觉非常心酸，穷人真苦，这孩子真是穷怕了！可能很多从贫穷中走出来的孩子都有这种"下辈子不做穷人家孩子"的酸楚。他选择的评论角度是分析贫困带来的心理压抑，从而引向批判社会的贫富差距。

我给他的建议是：第一，不要被煽情的标题牵着鼻子走，需要仔细阅读新闻。其实读了新闻便会发现，他们家并不穷，只是父母在花钱上对他管得比较严，他离家出走可能是其他问题。第二，不要先入为主地带着这种自以为正义的"批判体制"的视角，需要基于事实，防范轻易进入一种悲情逻辑和悲愤的陷阱——这种绝笔信及表现出的取向，其实跟贫困关系不大，而是显示这孩子的教育和心理可能出现了问题。"下辈子不做穷人家的孩子"，这首先是一种需要批判的病态心理，这是一种病，得治，评论不能跟着"病人"一起犯病。也就是说，这不是一个批判贫富差距的论据，而是一种需要治疗的心理疾病。或者说，这本是一个教育问题，不要引向其他问题。评论需要传递理性，而不是自以为正义地跟着病态思维走。以前还有过这样的新闻，精神病人制造血案，然后称是受到不公对待后报复社会，评论员还真进入了精神病人的思维，跟着去批判社会和体制。跟着"病人"的思维走，这也是一种评论病。

还有一个学生，他想评论这条新闻《调查显示55岁以下丧偶博士学历男公务员最幸福》。我建议，不要被这种伪议题所误导，这些貌似很有新闻点的议题，如丧偶、学历、性别之类与幸福的关系，是被问卷所设问题诱导出来的。为了让学生明白这种结论是怎么以貌似"科学"的方式得来的，我讲了一个段子："为了证明蜘蛛的听觉在脚上，专家做了一个实验，先把一只蜘蛛放在实验台上，然后冲蜘蛛大吼了一声，蜘蛛吓跑了！之后把这只蜘蛛又抓了回来，将蜘蛛的脚全部割掉，再冲蜘蛛大吼一声，蜘蛛果然不动了！于是专家发表论文称，事实证明了蜘蛛的听觉在脚上。"

这几个学生在看待时事和做判断时所暴露出的思维问题，并不是个案，在很多年轻人身上常能看到。他们每天从新媒体上接触到很多新闻信息，有很多想法，却缺乏理性思维，容易被一些似是而非、自以为正义的逻辑牵着鼻子走。他们在很多问题上具有起码的同情心，充满了正义感，有基本的专业知识，却缺少透过表象看本质的思辨能力。与他们交流时，他们嘴里充斥着诸如"为弱者说话""坚守良知""新闻理想""道德权利""民主自由"之类的流行大词，迷恋谈论一些抽象的善和宏大的观念，似乎对那套民主理论很熟悉，沉浸于宏大概念中却不善于就事论事地分析问题，不习惯从实际问题和实践经验谈起。说起大道理时能高谈阔论，但落到对具体问题和新闻事实的分析上时，却经常容易发生判断偏差。或者生搬硬套地用抽象的观念去"套"事实，或者不顾具体的事实而空谈大道理，或者用简单的中西对比去分析，难免会出现下笔千言、离题万里的过度阐释。

比如，"全面看问题"常常变成了"面面俱到却没有重点"，"一分为二地看问题"变成了"没有是非没有立场"的庸俗辩证法，"当鸡蛋与石头发生碰撞的时候，永远站在鸡蛋那一边"变成了没有原则地认为"弱者代表正义"。这些套路思维，已经成为窒息人的独立思考的思维巫术。杨绛先生批评当下很多年轻人"读书不多而想得太多"，实在击中要害。不少人接受的多是从网络和媒体上得到的碎片化知识，或是快餐化的阅读中获得的碎片理论，没有系统和架构，没有对完整理论的深入认知，多是一些名词泡沫和学术概念，还没有深入理解就生吞活剥地拿来分析问题，难免发生偏差。

学者许纪霖曾说："现代人接受碎片化的资讯，看似什么都知道，其实思考能力不断下降，越来越碎片化，碎片之间没有逻辑，所以人最容易被操控，只用一句口号或金句就可以将人动员起来。"确实，在碎片化的阅读和快餐式的评论中，常常不自觉地进入那些陷阱而不能自拔。写时事评论实际上是一个杀毒过程,对自身思维中逻辑谬误的杀毒,对媒介环境中带毒信息的杀毒,对网络上那些伪正义的杀毒,评论者不能失去这种基本的问题意识。

文明就是穿两只鞋的能想着穿一只鞋的人

为了满足残障人士的特殊需求,中国残联联合电商推出国内首个单只鞋销售服务。第一次,鞋子可以只买一只!——很惭愧,当我刚看到这条新闻的时候,我觉得是不是有点小题大做了,不就是鞋嘛,如果有特殊需求只需要一只的话,买一双不就行了,另一只扔了,专门满足"一只鞋需求"得耗费多少成本?很快我就为自己的这种想法感到羞愧不已,为自己穿着两只鞋而没有想着那些穿一只鞋的人,感到内疚。进而对联合推出这个计划的中国残联、天猫,以及回力、斯凯奇、锐步、乔丹、骆驼、SEMIR、ECCO7等七个品牌充满敬意。

只需要一只,那买一双不就行了?这种思维,纯粹是站在"两只鞋"的角度思考问题。从这条新闻里,我们看到了那些"一只鞋"的角度:"贵州的小刘,4岁时因车祸截肢后,买鞋的问题困扰了她33年,'买来的鞋,总是穿一只扔一只。鞋子为什么不能只买一只?我也想过找一个跟我脚一样大的人合资买鞋,但是人海茫茫,到哪里去找'。四川的小乔,在2008年那场地震中失去了右腿,这些年扔过的右脚鞋少说也二三十只了,每次问售货员能不能只卖一只鞋时,得到的回答总是:我们剩下的那一只怎么办?广西姑娘小归7岁时失去右腿,努力拼搏后拿下全国残运会跳高冠军,当卖鞋小贩将鞋子堆在一起卖时,她会偷偷拿两只左脚的鞋,这一直是这位冠军心中难以启齿的'秘密'。"

看到这里,人们可能便不会满不在乎地再说一句"不就一只鞋嘛,买一双不就行了"。俗语"光脚的不怕穿鞋的",

说的是对抗，野蛮丛林，你死我活，利益不可调和。文明是什么？文明就是，穿两只鞋的能想着那些穿一只鞋的人。14亿人里，有"一只鞋"需求的人不是个案，而是一个不可忽略的群体。

有关数据显示，中国肢体残疾人数多达 2400 余万，截肢人数约为 220 万，他们需要无障碍设施，也需要适配他们的商业服务。无障碍的商业服务，不仅满足他们的需求，更让他们感受到"作为一种正常需求"被商业尊重，不会在逛网店挑选商品时感受到"异样目光"，时刻提醒自己"跟别人不一样"，从而在心理上固化一种被排斥感和区隔感。一只鞋还是两只鞋，虽然对鞋的需求不一样，但人是一样的，背后是两个平等的人，应该受到市场平等的尊重。不要小看这种"小事"和"细节"，这是一种深刻的市场融入，跟城市的无障碍设施一样重要。中国残联的这个计划从人的角度对"正常"进行了再定义，"一只鞋"跟"两只鞋"一样，都是正常的需求。

完全从市场和功利角度看，生产和销售"一只鞋"似乎对厂家、商家很不经济，会增加很多成本，是反市场的，满足多数人的需求才能最大限度地产生效益。这种思维只有"商业算计"，而没有"商业文明"。文明的进步，是一个权利至上战胜功利主义的过程，从"弱肉强食""胜者通吃""适者生存"式的社会达尔文主义，走向"穿两只鞋的能想着穿一只鞋的人"。

从边沁的功利主义视角看，"一只鞋"计划确实反功利。崇尚社群主义的迈克尔·桑德尔在《公正》中对边沁的观点进行了猛烈批评，边沁嘲笑自然人权观念，称它们为"踩在高跷上的废话"，功利算计才是人性根本。什么是正当的行为呢？就是任何使功利最大化的行为，使幸福最大化，使快乐总体上超过痛苦。基于这种快乐主义的算法，边沁建议将乞丐从街上赶走，把他们关到救济院，因为这种游荡在街头的乞丐会让人产生厌恶之苦，降低了社会的幸福感和快乐感。虽然乞丐会因被关到救济院而痛苦，但公众所忍受的痛苦总量，要超过那些被赶到救济院的乞丐所感受到的不幸感。为了降低多数人的痛苦，边沁甚至建议实行"降苦组合"：在每个可能产生某种不良影响的群体附近，安置对这种不良影响有免疫力的群体，例如，在胡言乱语的疯子或说话不检点的人附近，安置聋子和哑巴；而那些肢体严重畸形的人，应该安置在瞎子附近，反正他们看不到。

文明的进化是一个不断战胜功利主义原则而回到人本身的过程。就像康德所言，道德跟那些外在功利、快乐最大化没有关系，只跟人本身有关，人应该被作为人本身受到尊重，本身就是自身的目的，而不是其他事情的工具、对象和手段。从这种权力至上的视角看，"一只鞋"的需求，本身应受到平等尊重。他们需要"一只鞋"，不能服务于"生产一只鞋会增加成本""跟多数人无关"这个目的。他们只是需要一只穿着舒服的鞋，不必买多余的鞋，不必承受异样的目光，"一只鞋"的需求不能当成"不正常的需求"。

看到"一只鞋"的新闻之所以感到欣慰和感动，并不是出于怜悯，也不是说自己可能成为"一只鞋需求者"才产生共情，而是，每个人的权利应得到尊重，他们也是"每个人"的一部分。这篇新闻里还提到，"《洛丽塔》的中文译者于晓丹也现身天猫'一只鞋'发布会现场，她曾担任多个知名品牌的内衣设计师。2019年，她选择转型成为淘宝店主，专为乳腺癌患者设计内衣。'很少有商家愿意为这些女性做专门的设计，她们术后常穿着很不适的硅胶义乳，导致伤口发炎。'于晓丹说。截至目前，该淘宝店已经为很多女性提供更舒适的内衣"。

我由此想到罕见药，不因病很罕见，就不去生产患者需要的药；想到很多"多数"之外的"少数"，甚至像偏远地方的交通需求，即使只有一两个人出行仍要设立一座车站。"少数"是一个社会的权利和福利试纸，少数人的声音、少数人的需求，是在最低限度上对社会的考验。在一个少数人都能受到尊重的社会，每个人也都会得到尊重。科技延伸着人的肢体，哲学家说，发明机器的人大概是因为身体弱小，他们在体力上比不过别人，有了机器后，体力优势就不那么重要了。文明就是这么进化的。

(《中国青年报》2021年11月5日)

从一份遗书和告别视频中读到的死亡观

看到刷屏的纪念,才知道我平常爱听爱唱常哼的好多歌,如《大王叫我来巡山》《送你一朵小红花》《女儿国》《都选C》,都是赵英俊的作品。好歌手、好音乐人其实跟好记者一样,都是先让人记住作品,作品脍炙人口,能滋养和带红作品背后的人。很多人都哼着赵英俊的作品,未必知道创作者是谁,这总比名字经常上热搜,却没有什么好作品要好。正值创作盛年,却英年早逝,让人悲伤。

满屏的纪念中,有不少"一定要保重身体""珍惜生命"之类的感慨。我不太喜欢这种感慨,不要急于在这时拿别人的死亡当"案例说教""生命警示",你怎么知道别人去世是因为"不注重身体健康"?这种即时的感慨不是在真正感悟什么,不过是对死亡恐惧的折射。靠别人的死亡吓出来的"健康观",脆弱又易健忘,不堪一击,经不起诱惑而会很快恢复原样。与其讨论这些作为"正确废话"的健康观,不如去读读他的遗书,从一份感人至深的临终告白中,感受一种我们既陌生又讳言的死亡观。

这份遗书太珍贵了,跟赵英俊的那些优秀作品一样宝贵,有微博评论说,"这是他留给这个世界的最后一篇小作文"。很少有人能这样直面死亡,一般人面对癌症如此强大的敌人时,早被死亡的恐惧所支配,哪有心境写出站在另一个世界与生者对话的冷静文字。不长的文字里,除了写着一个热爱生活的人对世界无比眷恋外,还记录着他的死亡观:当死亡变得不可避免时,应该以怎样一种态度去看待?一个人死去,怎样才能让世人不那么快把自己遗忘?为了在面临这种死亡时不留遗憾,一生应该怎样去度过？

当死亡不可避免时，应该怎样看待？赵英俊的遗书告诉我们的态度是，勇敢地面对这种"必然性"。可想而知，当他刚听到自己所得之病，被绝症宣判了"死刑"时，一定也非常恐惧和绝望。也可想而知，在经过怎样痛苦的心理建设、克服了多少恐惧、迈过多少障碍后，才勇敢地写下这份离开之后对世界的告白，坦然地阐释对死亡的态度。他留给世界的背影，跟他的作品所传递的形象是一致的，真诚、自由、洒脱、幽默、深情，也符合他天生的喜剧长相。

我们无法改变死亡这样的"必然性"，只能改变自己对它的态度，用自由的灵魂去面对它的重击。就像他所写："别搞得黑黑白白、哭哭啼啼的，用你们的狂欢送我最后一程。"一边忍着剧痛，克服着死亡恐惧，一边努力给世人留下一个乐观的形象，这背后是强大生命意志的支撑。

赵英俊在遗书中回顾了自己43年短暂人生的精彩，说了很多遗憾："对父母的亏欠，我还没娶我爱的人为妻，还没有生一个孩子，还没带爸妈去海边冲浪，还没去鸟巢开演唱会，还没当电影导演。"这些遗憾告诉生者，珍惜自己的时间，不要犹豫，不要挥霍，赶紧去做那些生命中最重要、不可缺少的事，不要让自己在面临这种绝望时会有这么多遗憾。我们常陷入应对日常的重复和琐碎，不知道什么对自己最重要，总觉得时间是无限的，会有时间的。

生存的价值就在于，时间是有限的，总会有某个时候的到来。你永远不知道意外和明天会哪个先到来，因此，要去主导自己的时间，而不要在某个时间终点再去衡量重要性。如果生命再来一次？没有如果，重要的事、所爱的人，没有辜负，便不会有太多的遗憾。

害怕很快从世界上完全消失，很快被世界遗忘，是死亡恐惧的重要来源。赵英俊在遗书中说："希望你们别那么快地将我遗忘，只要还有人记得我，记得我的歌声，我可能就还在某个角落，陪伴着你们。我从小就喜欢下雨，若某个傍晚暴雨狂风，便是我来看你。""赵英俊"这个名字会被人记住，因为他留下很多被传唱的经典作品。人的身体会很快灰飞烟灭，只有你的工作和作品与那些永恒的价值相关，当你所从事的事业与那些人性追求的普遍价值有了联系，你才能在逝去后被人记住。

音乐中包含着这样的永恒价值与普遍人性，就像那首绝唱《送你一朵小红花》中所蕴藏的。有人说，赵英俊去世后，才真的听懂了《送你一朵小红花》。被人懂，被人爱，被人传唱，被人记住，这一生，就没白来。

(《中国青年报》2021年4月9日)

谁不希望遇见一个能停下课一起看晚霞的老师

  高三老师暂停讲课让学生欣赏晚霞，"太美了，不想他们错过"。高考将至，这条温暖的新闻不仅治愈了很多将走入考场的人，也感染到我们这些过去很多年仍被高考紧张支配的人。云南蒙自，一中学高三政治老师为了给学生减轻高考压力，在晚自习上课间隙让学生们出教室欣赏晚霞，还表示晚霞这么美，为什么不给学生们看呢？学生们非常喜欢这位老师，说老师是个特别可爱、特别温柔的人。

  是啊，晚霞这么美，为什么不看呢？学生不能变成了考试的工具，而失去对生活和身边美好事物的灵敏嗅觉。从题海中探出头来，抬起头来仰望天空和远方，在美丽的晚霞中透口气，本来是多平常的事，但在各种高考热血誓师标语背景下，显得那么可贵。网友们很感动，有的说："在高三最紧张的年纪能遇到这么一个温暖的老师，算是人生一幸事吧。"有的说："记得那个夏天，最美不过落日余晖，那时的我们都很努力，仿佛一切疲惫都能被治愈。"一个老师回忆起自己的经历，曾经让一年级的孩子出去看了十分钟落雪。

  也有网友调皮地说："好了同学们，晚霞已经欣赏过了，是不是很美？那今天咱们围绕晚霞，撰写一篇议论文。还有刚才拿手机拍照的同学，把手机都交上来。"可见人们对应试教育的记忆多么深刻，看一次晚霞都可能负载沉重的考试意义，连晚霞都不放过。学生们对审美和写作的排斥，就是这么形成的。感谢这个老师，让学生看了晚霞，看晚霞就是看晚霞，没有负载其他的应试考量，没有毁掉学生们对晚霞的审美想象。

赞美和感动的网友，都已经是过来人，或者家中无考生。但愿家有考生时，也能摆脱考前焦虑，为晚霞老师点赞，让孩子喘口气。除了应届考生的家长，谁不希望遇到一个能停下课一起看晚霞的老师呢？晚霞里，不仅有给学生减压的努力，还有一种教育的从容，跳出题海的内卷，向外自由舒展，慢下来去感受自然的美，从而让学生不失去心灵与自然世界、公共事务丰富的情感连接，不失去审美的能力。

老师心中有晚霞，才会在讲课之余看到晚霞，从而带学生去看。如果老师心中只想着升学率，想着考前冲刺，再做一道题，一分刷掉几万人，在这最后冲刺的紧张时候，哪会有抬头看晚霞的闲心？老师都年轻过，在那个奔放的年龄都爱过晚霞，但面对应试这一庞大的机器、高考这个终结性的指控棒，还有以分数为中心的教育，很容易泯灭掉高中老师心中与"提分技巧"无关的那些审美追求，形成"高考分数之外别谈其他"的职业性冷漠。没有心中有晚霞的老师，怎么有抬头看晚霞的学生？

老师心中有学生，才会停下课带学生看晚霞。老师当过学生，陪过那么多学生，知道到了此时学生那根弦已绷到最紧张，需要减压，知道学生虽然闷在教室里低着头，但心中有对天空和晚霞的向往。高三学生太苦了，深夜还在刷题，日出前就得到教室埋头做题，"春天的花开秋天的风"，"光阴的故事"从他们身边悄悄溜走，记忆中只留下题海。他们是完整而饱满的人，这个年龄不只为高考而存在。错过了日出和正午阳光，不能让他们再错过美丽的晚霞。

老师心中有教育，真正理解教育对学生的意义，才会在题海内卷的焦虑中慢下来停下来，给教育以晚霞的间隙，让晚霞映入心灵。教育不是把杯子装满，把心灵填满，而是把灯点亮。教育不是让人记住知识点，而是唤起好奇心。教育不是培养一流的考生，而是培养有创造力的一流人才。爱因斯坦曾说："想象力比知识更重要。因为知识只是局限于我们已知的一切，而想象力将包括整个世界中那些未知的一切。"不是说不需要知识，知识是我们好奇的资本,意识到无知是需要相当程度的知识的,但教育应该给好奇和想象留一点空间。晚霞,也许就隐喻着一种对好奇和想象的包容。

前几天跟几个学生聊评论写作,我没有选择在教室或办公室,而特地选在未名湖畔聊。后来一个学生说,从一个教室赶到另一个教室上课,这么好的校园景致,平常竟很少"看见"。昨天在《光明日报》上看到一位学者反思当下为C刊所内卷的"论文人",文中的一句话很触动我:"人这一生,不能活成了证明题,孜孜以求地去向他人、向社会证明自己,而要活成一篇散文,在自由的追求中去实现自己的社会价值和个人价值,形散而神不散。"是啊,晚霞是散文中常见的意象,无论是中学生、大学生还是社会人,匆匆赶路中,不能失去看晚霞的能力。活成放荡不羁爱自由的散文吧,不要活成证明题和论述题。

(《中国青年报》2021年5月14日)

这就是老师比一般职业受到更多尊敬的原因

虽然这条新闻过去了好几天，但看到的时候，还是深受触动，对细心的苏玉娟老师充满敬意。如果不是她的细心，今天我们讨论的可能就是一个悲剧，一个家庭的碎裂、绝望和舆论的叹息、痛心。

对这件事，很多媒体用的标题是《学生迟到老师上门救下一家！网友：中国好老师》。3月16日，一名一向遵守纪律的学生迟到了，湖南益阳安化县的苏玉娟老师觉得不对劲，上门找人时发现家中无人应答，进门后发现家中弥漫着刺鼻的味道，老人斜躺在过道里，两个孩子也没有任何反应，当即送医。17日，奶奶和孩子已脱离危险。

对冠以"中国好××""最美××"之类标签的称赞，公众其实已经很厌倦了，但对苏玉娟老师此举，人们不厌其烦地还是用了这个表达。可以理解这种"俗套"，善良而朴素的人们，实在找不到更贴切的词来表达对这种职业精神的尊敬了。有人说："好老师是在用心教书育人，每一个学生的基本情况都装在心里！"有人说："能够马上到家，说明平时班主任经常家访，哪个孩子的家在哪里都知道！实在是一位非常负责任的老师。"

我想，如苏老师这般的细心、负责，关心学生，正是老师这个职业比一般职业受到更多尊敬、在我们心中分量最重的原因吧。人们看到的是，人命关天，老师的细心救了三条人命，避免了一场悲剧、惨剧，震撼了人心，上了新闻，受到全网盛赞。而我通过这条新闻看到的是，这份"救命的细心"在日常是怎样的一种习惯性的存在，对学生是怎样的熟悉和细心，对学生有怎样的责任感，在课堂之外有怎样的观察积累，才能在这种情况下救了一家人的命。这不是偶然的细心，而是细心已成为一种习惯，在关键时候救了命。就像在很多让人痛心的悲剧中，当粗心、疏忽和不负责任成为习惯，会在关键时候要了人命。

　　人们对一个职业的理解，很多时候是"做符合职业规范的事"，其实这只是"最低限度"的要求。一个职业要受到公众尊重，总要承担比那个"职业规范"更高要求的期待。就拿苏老师来说，如果她没有从学生迟到的信息中细致地发现问题，并去上门找原因，最终出了事，她会不会承担责任？从写在纸上的规范要求看，很难追究老师的责任，做好课堂教学是老师的本职，在课堂上不出事就行，谁能管得了在家里出什么事？如果老师要在道义上承担这种"无限责任"，那谁愿意当老师啊。

　　对于一般的职业也许可以这么去理解，用"按程序办事""我没违反规定""那不是我的职责范畴"当成免责的说辞，用"生产者—消费者"的关系定位彼此，把"免责"挺在前面，摆出一张职业性冷漠的脸。但老师跟学生的关系，不是市场化的契约关系，它承担着比消费有更高期待的信赖托付关系。"那不是我的职责范畴，按规定办事"——这不是老师的口头禅，老师面对的是一个人，一个信赖自己、位置不对称的人，担负一种"让人成为更好的人"的天职和使命。不只是关注学生的学习成绩，他的精神状态、他的生活情况、他的成长环境，也应该得到细致关爱。

　　那些在"职业规范"之外承担着更多的职业，也会受到更多尊重。记者不仅是报道真相，还要谨小慎微地考虑报道可能产生的后果，笔下有人命关天，笔下有毁誉忠奸，笔下有财产万千。医生更是如此，想到钟南山院士说过的一句话，"医生看的不是病，而是病人"——意思是，医生要将患者作为一个人来看待，而不是各个器官的集合体；医学不只是技术的医学，更是人的医学。社群主义者查尔斯·泰勒在批评当下的工具理性时也谈到，"在医学上，技术进展常将病人单纯看作需要解决的技术问题的场所,而排斥将他们当作有生活经历的活生生的个人的治疗方法"。

是的,教育更是如此,学生不只是到学校读书考试,老师要把他们当成有生活经历的活生生的个人。苏玉娟老师的细心,不只是技术上的细致,而是把学生当成一个有生活经历的人,能叫出他的名字,了解他的习惯,知道他的生活背景,能及时看到正常和反常。救命,处理的只是意外,我更感动的是这种进入一个孩子生活和生命的细心、在日常教育中让学生所得到的爱。

("澎湃新闻"2021年3月31日)

拼什么也比不上拼读书

前几天看到一条新闻,心情很是压抑。北京师范大学研究团队最近发布的《全国首个区域教育质量健康体检报告》显示,农村地区学生手机依赖比例高于城市学生。虽然城市学生手机拥有率高,但农村地区学生手机依赖比例很高。超过25%的农村地区寄宿生认为,自己睡眠不足的原因是"看电视电影、玩手机或网络游戏等消遣活动",而这一比例远高于城市寄宿生。这让我想起很多人反对"快乐教育"的理由,他们认为,课业的减负和课堂时间的减少,在城市带来的是课外辅导和兴趣班的替代,而在乡村带来的却是捧着手机的网瘾少年。"快乐"让本就落后的乡村教育又落下了一大截。

"快乐教育"的背后却是问题。直到看到另一条消息,自己才稍有点治愈感。

这条消息说,近日某平台发布"多多读书月阅读榜单",《心安即是归处》《浮生六记》等最受读者欢迎,这场持续一个月的大型知识普惠活动,共联合10余家出版社,"百亿补贴"超过100万册图书,吸引超过千万人次的消费者。补贴确实挺诱人,贾雷德·戴蒙德的成名作《枪炮、病菌与钢铁:人类社会的命运》在"百亿补贴"加持下,价格低至每本8.8元。相比价格低,我更看重谁在买书。让人高兴的是"好书在下乡,知识在普惠",过去一年,平台来自农村地区的图书订单量、图书交易额同比增长双双超过180%;来自乡村中小学的图书订单量、图书交易额同比增长双双超过152%。

真好!如果乡村的孩子不是捧着手机,不是依赖网络,而是捧着书，和城里的孩子一起读《月亮与六便士》《万历十五年》，一起接触新近的畅销经典，那是多美好的事啊。"下沉市场"这个词，从词源上就带着一种精英的俯视，"下沉"似乎意味着"下降""格调低""品质低"。不说其他，如果"下沉"的是知识，是经典的书籍，是买书读书的习惯，那是一件多伟大的事。

"万般皆下品，唯有读书高"，读书人制造出来的传统迷思已被现代所祛魅，但"读书改变命运"仍是这个社会最坚硬的底层信仰。人们坚信读书的力量、读书的公平意义，拼什么也比不上拼读书。书本里不仅有知识，更有公平。正因为如此，前段时间，那个寒门出身的博士在论文后记中的那句"我走了很远的路，吃了很多的苦，才将这份博士学位论文送到你的面前"，才触动了很多正在爬坡前行的人内心的痛点。我想，这也是一个愿意花百亿补贴百万册图书的平台所看重的价值吧。多多读书，拼读书，你读书，我补贴，乐见这些书更多地流向那些最需要的人手中，让人们不会因为贫穷而读不到好书。

乡村校长张桂梅的事迹感动了很多人，她坚守在大山女校中，用屡弱的身体向外摆渡着那些孩子，如泰戈尔所说，"如果在黑暗中你看不见脚下的路，就把你的肋骨拆下，当作火把点燃，照着自己前进吧"。"知识普惠""知识下乡"的努力，也带着同样的善意，推动着好书和知识的"下沉"。最好的学区房是你的书房，这是城市白领对书的表白。乡村孩子没有学区房，也没有自己的书房，但有可获得的好书，就好。有书，便有了光，我能想象出孩子们读《月亮与六便士》时眼睛里的光芒。

书是好东西，像种子一样在人的心中种下未来。我写了好几本书，最有成就感的时候，是常收到来信或者讲座后听学生说，是因为看了哪本书才对新闻感兴趣并学了新闻。写书的时候，根本不知道谁会看到，会对年轻人有什么影响，直到有一天奇妙地遇见。这段时间，常有这种美妙的遇见。一次做完讲座后，一个学生走上来告诉我，三年前在高中听过我的讲座，认真读了我给她签名的书,考到了北京;当看到我的讲座信息时,早早就占了座位,为了说一声"谢谢"。

报道说,从4月起,平台先后在APP内为易中天、何帆、雪漠、杨红樱等近10位作家开通了作家明星专区,周国平、余秀华等著名作家也已成为第二批入驻创作者。"为你读书"公益行动走进乡村,专门为孩子读书,为当地中小学捐书,还请著名作家上读书分享课。我想,这些作家作为读书人和写书人,一样享受着"现在种下种子,多年后不经意间在哪个拐角处遇见"的美妙。

奋斗了十多年,才能和城里人坐一起喝咖啡,城乡差别让人感到辛酸、苦涩。还好,读书可以缩小这种差别。最应该"下沉"的不是电子产品、短视频,而是教育、知识和读书,书和知识越能"下沉",人越能往上流动。"农货上行,知识下乡",这个在田野播种的读书理想很动人。"上下"之间,弥合城乡阅读鸿沟,才会迎来一个更加公正的社会、一个鸿沟被填平的社会。

(微信公众号"吐槽青年博士"2021年5月20日)

就地过年的不甘心,用另一种年味来补偿

从中国人的私心来说,此时此刻,归心似箭,谁不想跨越千山万水归乡过年?只是疫情挡住了很多人的返乡路,让人不得不调整计划。"既留之,则安之",让人充满敬意的是,很多人不仅迅速接受了就地过年,还把这种别样过年过出了新的年俗、新的年味。

从"春运"的数据来看,年味似乎因就地过年而变淡。往年的年味,首先都是从火车站、航站楼、乡间小道拥挤的人群"透"出的,但今年"春运"好像还没开始就结束了。记者从铁路方面了解到,1月28日、29日和30日,"春运"前三天,全国铁路发送旅客分别为308万、283万和296万人次,仅为去年同期水平的四分之一左右,"春运"前三天全国铁路客流同比下降七成以上。——归途中没有拥挤的人群,年味好像大减。

这个数据恰恰说明,多数人都接受了就地过年,在防控、倡议和自觉下,减少流动成为共识,"春运"数据背后是无数人无数家庭做出的贡献。不要为冷清的火车站和"缺少人气"感到难过,我们看看"春运数据大降"之外的另外一组数据。虽然人的流动性减少了,但物的流动、数据的流动在激增,呈现出另外一番火热的"春运"场景。因为无法回家过年,很多人都选择了把年货寄回家,一边是老人往城市寄家乡的年货,各种好吃的、各种带着乡愁乡情的美味;一边是年轻人往老家寄城市的年货、新衣服、新电器、新年礼物。因为年货寄递激增,几大快递巨头促销揽客,承诺春节不打烊。"就地过年"催生网购年货热潮,"2021全国网上年货节"开启,电商平台纷纷发力。"宅经

济"持续爆发，带动了室内娱乐相关商品热卖。

年味因为就地过年变淡了吗？年俗因为"春运"寂寞而变得冷清了吗？没有。过去有句话叫作"有钱没钱回家过年"，说的是无论如何也要把年过好。今年是，不管有钱没钱，不管身在哪里，这个年都要过好。人的流动减少了，那就宅着过好年；回不了家了，那就把年货寄回家。这，就是新年俗、新年味、新的过年氛围。"春运"不是"没开始就结束了"，而是换了一种方式，体现在物流和数据流上，背后同样是火热的人气。

"此心安处是吾乡"，这体现了中国传统文化巨大的适应性和人情味。过年团圆，是一种传统。那么，因为疫情回不了家，有没有违背传统呢？没有，传统以人为本，传统不会背离人的需要和现实约束。回不了家，"云端"天涯若比邻，"视频"遥敬一杯酒，人健康，心安处，也是团圆。年味的本质是人情味，是烟火气，是心心相印。一家人惦记着彼此，父亲给孩子寄腊味，孩子给父母寄新手机，其乐融融，就是最好的年味。

过年团聚团圆的文化传统，是为了人，以人为本。就地过年，同样是为了人，以人为本，为了人的健康，为了更长久的相聚。中国人响应就地过年倡议，把就地过年过出新年俗年味，让人看到了人的敦厚善良，爱人，爱家，爱国。

家多好啊，如果能回家过年，有多少人愿在异乡为异客？每一年都团聚，但今年身在异乡，有遗憾、有不甘心吗？当然会有，等疫情好转、下一年团聚的时候，回忆起这难忘的就地过年经历，可能会更加珍惜彼此，珍惜家人健康、国泰民安，就像千家万户红彤彤的春联上写着的，那里面有中国人、中国传统最深刻的美好祝愿和文化基因。

(《中国青年报》2021年2月5日)

熟悉的陌生人，这温暖群像深深打动了我

不算多大的一条新闻，街头很寻常的一个场景，深深打动了我。

前段时间杭州一条人行道上，一名产妇突然临盆，司机、路人、附近小区的保安和物业，不少人跑来帮忙，拿着衣服围成了小圈，形成了一个临时产房。不少闻讯赶来的业主也纷纷带着毛毯、衣服、纸巾等前来帮忙，一边有人一直在给120打电话。参与救援的物业胡师傅后来受访时说："我连她生了个男孩还是女孩都不知道，不过听见孩子的哭声洪亮，应该蛮健康的。产妇被送上救护车的那一刻，我都快哭出来了，比我孙子出生还激动啊。"

都市报的版面上经常看到类似新闻，不同城市都有，普通得都很难成为新闻了。正因为平常，都是普通人，才更让人感动。这个善良的凡人群像、日常街头的一个瞬间、用众人的背影搭起的临时产房，在道德上很有象征意义，传递着一个社会最普通的人对陌生人的善意。

我特别注意到了这条新闻中那些人的身份，不同职业的人参与其中，司机、保安、邻居、业主、物业师傅、外卖小哥、路人。这些职业和身份，我们平常在生活中可能都不是太注意，基本上属于"熟悉的陌生人"。"熟悉"，是因为生活中经常打交道，"陌生"，是因为大多只是被看作一个符号和生活背景，并没有说过几句话，只有在打车、叫外卖、开门、维修时才会有几句交流。这些身份，代表了我们这个社会最普通的人、最平常的日常生活背景。

但在关键时候，正是这些最普通的人伸出援手，在街头保护新生命的到来，保护孕妇的安全。他们不是媒介形象中通常意义上的那种"英雄"，没有什么非凡的能力和特别的奉献，不需要冒多大风险和危险，上升不到"挺身而出""从天而降""舍己为人"的高度，不过是普通的举手之劳。正是这种普通，才更让人安心，因为我们日常遇到最多的，就是这些普通人。没有多少从天而降的英雄，多是挺身而出的凡人，普通人的善良、平凡人的援手、街头流动的群像，代表着一个社会常态的道德水平。我们生活中遇到最多的就是这些路人，而不是警察和医生，所以路人的道德水平跟我们关系最大。

这些普通的职业、熟悉的陌生人，都有着自己的生计，这些举手之劳的善良，与他们的日常生计都没什么关系，纯粹是人之为人、助人救人的本能。这种本能尤其可贵，社会分工把我们分割成不同行业、不同职业的人，渐渐形成"为稻粱谋"、机器人般的职业性冷漠，对职业程序之外的事务毫不关心，困在那个系统中——送餐的只想着不能延时被扣钱，保安只想着站岗时不出事，司机只关心到站收钱，业主关上门外面的世界就与自己无关。而这个温暖的群像告诉我们，人的善良与职业无关，是保安、业主、修理工、司机、外卖小哥、陌生人，但首先更是一个有着怜悯、共情、爱和善良能力的人。

这条新闻中，不同职业的人作为一个临时产房群像，凝聚着社会的日常道德生态网络。提到路人，人们常常想起的标签是"冷漠的路人"，生活中可能确实会有冷漠的现象，但这样的新闻告诉我们，在我们身边，善良比冷漠更强大，普通人的善良，有着更广阔的群众基础。

我们彼此是路人，作为生活背景的路人，弥漫在我们身边，善良需要去发掘、呵护和激发。特别是要善待我们身边那些普通人、那些熟悉的陌生人。善良在人们身上、人们心中是互相传递的，一个受到善良对待的司机，会把这种善良传递给乘客；一个受到善良对待的邻居，会把这种善良传给另一个邻居、另一个陌生人。我们都要成为这种善良的生产者，而不只是消费者，不只是消费别人对你的善良，而要付出善良。一个社会普通人的道德水平，就是在这样的点滴生活中累积起来的。

想起前段时间"独居女孩浴室求生"所引起的讨论。北漂女孩被困浴室长达 30 个小时，没有人伸出援手。最终，一个同样滞留在北京的陌生年轻人救了她。对此，有人批评都市人的孤独和冷漠，但不也正是"陌生人"救了这个女孩吗？那个救人的陌生年轻人在反思这件事时说的一句话，很触动人心："人们不愿意在现实生活中跟别人发生太多关系，反而会在虚拟的网络中满足社交需求。"人最重要的就是产生连接，而什么能产生连接？利他。很多时候，安全感不是靠建造一座坚固的城堡所能获得的，而需要利他，需要关心别人的遭遇，并相信它最终会与自己的遭遇相关，在"我看人看我、我待人待我"的连接中获得心安。

(《中国青年报》2021 年 3 月 1 日)

谢谢这份像游子一样被亲人惦记的温柔

从朋友圈中看到这份神秘的礼物时，才更明白为什么把曾就读的学校称为"母校"，因为她会像母亲一样惦记着你，无论你贫穷富有，无论你身在何处，无论你腾达还是落魄。近日，华中科技大学新闻与信息传播学院部分毕业学子收到了一份特别的礼物——学校寄来的暖心礼包。礼包里除了口罩和信件，最让学生欣喜的是有一份自己出生当天的《人民日报》《中国青年报》或《光明日报》。该学院为近五年毕业的部分学生送出量身定制的温暖与鼓励，学生们陆续会收到这份神秘惊喜。

我是二十多年前毕业的老学长，收不到这份惊喜，但能感受到其他幸运者的感动。说实话，首先感动我的不是礼物的珍贵和温暖，而是用心，找到 500 多个毕业生现在的通讯地址，500 多份生日当天的这些报纸，再一一邮寄，是多么麻烦的事。做这些事又不能给自己涨工资，纯粹是热情驱动和对毕业生的爱，纯粹只为毕业生打开礼物时的那一份惊喜。500 多份惊喜、500 多份被惦记的幸福感，就是这份礼物的意义。寒冷的冬日，在因疫情而无法归乡的游子郁闷时，能有一道阳光照拂。

像父母惦记孩子一样惦记着学生，这样的大学，这样的新闻学院，无法不让毕业生惦记、想念、牵挂。看到新闻中的这段文字，眼眶湿润了，一个收到礼物的毕业生在班级群说："本来今天加班不开心，但是收到这份礼物后，回忆起在华科的校园时光，特别开心。"是啊，在觉得自己孤单无力时，有人告诉你一直惦记着你，多开心啊。

当我们从大学走向社会，成为一切都得靠自己打拼的社会人，无功利的惦记，似乎已经成为稀缺品。惦记常常负载着很多压力，让我们焦虑——被人惦记着要加班，要交稿子，要完成KPI，要交房租。给你打电话的是惦记你的钱包，惦记你办不办信用卡，办不办套餐，保险到期了什么时候续，孩子报不报培训班；或者是过生日时，各大银行、运营商、航空公司、保险公司程式化的信息惦记。当我们不再是孩子，除了父母惦记我们，更多的是我们要去惦记别人。所以，这份来自母校、叫出你名字、专门为你量身定制、无须任何回馈的温柔惦记，尤其让人触动。

宠自己学生的大学常有，像这样宠着离校毕业生的大学，惦记着给他们一点关怀和鼓励，让努力打拼的他们感到被惦记的温暖，尤其可贵。之所以选五年内毕业的学生，除了离毕业时间近、相对便于联系，可能还有一个重要原因——毕业时间久远的，可能已经闯出了自己的一片天地，可以用自己的羽翼关心别人，而刚走出去不久的毕业生正处于职业爬坡期，更需要关心，更需要来自母校的温度。

这份礼物，有口罩，有出生日的报纸，有一份热情洋溢的信，是对毕业生的职业激励、一种情感勾连的方式，也是对在校生的专业教育。你们的师兄师姐在各条战线上努力工作着，有的在抗疫一线采写新闻，有的下沉到社区当志愿者，今天的他们就是明天的你们，保持着对火热新闻工作的理想和热情。

这种惦记，也塑造着一种大学与毕业生保持情感关联的文化形式。新闻学院与毕业生的关系，常常体现在实习和找工作方面，怎么为学生争取实习机会，如何为后来者闯出就业空间。今天你以大学为荣，明天大学以你为荣，这些当然没问题，是毕业生应尽的义务，但这之外呢？需要更多情感勾连的方式，这种礼物，开拓了一种情感打开方式，常来常往，互相牵挂，彼此思念。人们常说要毕业生常"回家"看看，要感恩老师，要铭记教育之恩，但这些牵挂和记住是相互的，大学与学院以这种方式告诉毕业生，我记得你的名字，牵挂着你的近况，关心着你的发展；感受到这份惦记的学生，不可能对大学没有精神归属感，不可能毕业后就跟大学没有了关系。

收到礼物才发现，在母校像在母亲那里，自己永远像个孩子一样，真好。

(《中国青年报》2021年1月29日)

这位河南母亲让我们看到了远程救援的希望

这几天在朋友圈好几次刷到这个触动人心的群像，12 名勇士在洪水中接力砸车窗救人，过程如大片般惊心动魄。外婆开车接两个孩子放学，车被洪水淹没，万分紧急，孩子母亲接到电话后，情急下远程求救，最大程度地调动起最靠近现场的路人，12 名勇士游向快沉没的绝望孤岛，展开了一场争分夺秒的生死救援。勇士们在快被淹没的车顶高高低低地站着，把两个孩子围在中间，有人还为孩子撑起一把大伞。这片汪洋中充满人性力量和生命希望的孤岛，触动并抚慰着人心。

12 名勇士的救人群像，代表着我们最常遇见的"路人"——有酒店保安和老板，有便利店店主，有街舞老师，有面馆老板，有物业保安，有酒吧小哥，有学生，有外卖小哥。救人的故事有很多，这个故事之所以格外让人触动，最主要的是化绝望为奇迹的"远程调动"：很多时候，我们都要仰仗陌生人的善意，可如果生死关头，我们不在亲人身边，又身处与外人隔绝的险境，怎么办？这是我们最无力和绝望的时刻，目睹过多少这样让人干着急的人间悲剧惨剧——天啦！如果旁边有人喊一嗓子就好了，如果有人看见就好了，如果我能飞奔到身边阻止该多好。鞭长莫及，望洋兴叹，无数让人痛惜的"如果"，见证着不在场的无奈和无力。

这段教科书般的远程驱动救援经历，治愈了我们身处远处时眼睁睁看着悲剧发生却无能为力的绝望感，教我们如何最大限度地借助媒介力量来延伸肢体，找到最关键节点上的"关键联系人"，超越空间隔断，形成在场连接，在打通信息管道中打通生命管道，从而让孤岛不孤，让远水去解近渴。

在这个绝处逢生的救人故事中，每一个人都不可缺少：冷静的外婆、懂事的孩子、智慧的母亲、热心的12名勇士——接电话不推卸的、喊一嗓子的、拿锤子的、砸车窗的、向路边呼救的——其中起了最关键作用的是那个从惊慌迅速调整到平静、远程调动起近处关键联系人的母亲，她在关键时刻的一系列举动，挑战了过去所认为的不可能，挑战了不在场和极限状态下的局限，树立了一个远程救人的典范。

不知道这个母亲是做什么工作的，但她在紧急状态的远程操作中所表现出的媒介素养，太像一个最优秀的记者：处变不惊的强大心理，挑战极限环境下的资源局限，充分借助媒介手段建立生命管道，迅速定位关键的网络节点，找到最近处的关键联系人，打通关键人的关键电话，用媒介技术和信息管道打破信息、场所的不对称，让"不在场"与"在场"形成连接。记者在平常训练得最多的就是这样的任务，打破"不在现场找不到人"的采访困境，如何在最短的时间找到关键人物的联系方式，打通电话说服其接受采访，挖掘到核心新闻信息。

再回顾一下这个母亲是怎么做的。自己的母亲和孩子被困在车里，可能很快被淹没了，她身在远处，开始也是天塌地陷的感觉，哭都哭不出来。打电话报警一直占线，她告诉自己必须冷静。她让母亲告诉自己他们的确切位置，并且观察周围的情况，母亲在电话中一一报出周围店铺的名字：一家京东便利店、一家酒店和一家面馆。她通过搜索外卖和点评软件，最先找到了便利店老板的电话，打通了！

在最近的关键节点上打通了关键人的电话，连接了"不在场"与"在场"，让最近处的人知道不远处被洪水围困的一辆车里困着一个老人和两个孩子。信息通道打开了，生命通道也就打开了！打通关键电话驱动起现场救援后，她还做了另一件事，让救援有了"双保险"——她在朋友圈发出求救信息，寄望于遇险附近的人能看到。这也连接起另一个关键的救援人物，孩子的街舞老师恰好在附近，看到消息后冒着生命危险游过去一起救人。真是"万能的朋友圈"啊，这时候见证了朋友圈的信息连接力量，平时弱相关的人，不经意时真能起到救命的作用。

这个母亲未必受到过系统的媒介素养训练，这些行为，可能是出于一个母亲在情急之下的救子救母的本能，也是一个熟练掌握社交媒介技术的现代人在紧急情境下的潜意识反应。用软件打车，用地图搜索目的地，寻找吃喝佳处，"万圈"寻物找人，媒介嵌入我们的日常生活，驯化出我们借助媒介去延伸肢体和信息的本能。这个故事之所以能触动如此多的普通人，关键正在于此——看到了无力的痛感，更看到了媒介连接的力量，我们都身处媒介的某个节点，作为一个点，我们享受着日常便利，关键时候，点与点连成的线、织成的网，能"挽狂澜于既倒，扶大厦之将倾"。媒介素养的核心在于"连接"，平常与外界形成连接，有连接的技能、善良与习惯，关键时候才能被外界所连接，超越空间约束，形成"不在场"的救命连接。

当然，媒介毕竟只是媒介，媒介的终端是人心，媒介只是把人连接起来，有善良的人心作为媒介，物理上的媒介才能连起生命的通道。即便这个母亲再智慧，外婆再冷静，地图定位搜索再强，如果打通电话后，那边冷漠地挂断电话，朋友圈无人应答，没有人帮着吼一嗓子，保安小哥不提着菜刀游向险境，孤岛仍是孤岛。治愈了我们身处远程时那种绝望无力的，是河南母亲的媒介素养，更是12名勇士的温良人心。媒介延伸着我们的护亲手臂，更延伸着人心的连接距离。

（《中国青年报》2021年8月6日）

不要用我们的成见把医生困在手术室

新冠疫情阴影仍然笼罩世界，人们对医护人员尤其充满敬意与依赖。对于医生，你知道最让我动容的剪影是什么吗？不只是他们在手术室与死神争分夺秒，也不只是手术后累得瘫倒在墙角，还有几个学霸医生的一段MV，唱出了专治各种疑难杂症和"不服"，更唱出这个群体"不屈的信仰"。

在由新华社"声在中国"出品的一支MV中，"青光眼乐队"四个博士医生联手友情出镜的医生朋友，用他们特有的民谣方式唱出了医者仁心，唱出了这一代医生对医学的热爱："我要加快速度，厘清千头万绪，只为那件纯白衣服。视触叩听，直击病因的出处。穿针引线，编辑健康的纹路。时刻守护，对抗疾病的反扑。心跳在线，热泪盈眶。一起战斗，托起生命的重量。"——"我有歌，你有病"，这支民谣乐队，以"腰椎间盘突出症""良性前列腺增生""全麻"等把病唱给你听的趣味科普方式，风靡网络，王思斯、曲音音等为医学吸粉无数。

这支MV瞬间冲上"10万+"，见证了人心的共鸣和公众对医生的敬意。听着MV，好几次跟着一起哼唱起来。特别喜欢他们的欢快和清新，让人们看到了医生作为普通人的一面。他们不只是穿着白大褂，不只是厚厚隔离服后的模糊面孔和给人抚慰的天使。穿上白衣就是战士，脱下后，也如你我一样有着各种爱好：追星，玩狼人杀，迷恋音乐，热衷吐槽，常说"yyds"，喜欢追剧，爱美颜，粉张文宏；有时逗乐，常常拖延，总是爱"干饭"，这才是医生的生命世界，这种有血有肉、热气腾腾的形象，一样让我们感到亲切。是的，不要用我们的刻板成见把可爱的医生困在手术室。

每次看到医护人员"全副武装"、疲惫不堪的媒介形象时，都特别心疼。前几天网上的一段视频，看哭了很多人，我也没忍住泪水。武汉一处核酸检测点，穿着厚厚防护服的医护人员低着头一声不吭，排队的市民以为她在休息，大家都没去打扰她，想让她休息一会儿。可她一直低着头，直到有人过来叫她，才发现她是中暑晕倒了。这种形象在媒体呈现中很有代表性，见证了医护人员的伟大。有时特别害怕这种自私的"感动"仅仅是自我感动，会变成一种对他者悲情的消费。应该呼吁让他们去休息啊，多些保护，而不是在廉价的歌颂中把他们架在岗位上，困在手术室和隔离服里，只露出一双眼睛，喘不过气来。

这群弹着吉他唱着歌的年轻医生，包括几个友情客串者，虽然没有去武汉抗疫前线，但之前参加过抗击SARS、汶川地震救灾，以及在后方提供强有力的支撑，参加核酸检测等。脱下白大褂后玩乐队，这些"85后"医学博士以写歌的方式做医学科普，唱宫外孕、癌症、精神分裂，让更多"对疾病如青光眼般模糊"的人了解疾病的真相，尊重生命的过程，也学会理解医生。这些手术室外的努力、很酷很有趣的音乐形式，让这个职业跟公众离得更近。他们用忙于救人的双手灵巧地玩转着各种乐器，让公众看到一个更饱满立体的医生形象。

舆论呼吁过，不要把骑手困在系统中，不要把大学生困在绩点中。其实，人们被困在不同的系统中，比如，媒介和宣传就把医生形象困在手术室中：手术室和隔离服成了他们的标准媒介形象，只露出一双眼睛，这种形象成为他们无法卸下的重负。完美"人设"甚至让他们受到攻击，急救车上吃根香蕉、手术室里喝瓶葡萄糖、穿件贵点的羽绒服都会被"喷"。

想起年仅27岁的王倬榕医生，突发脑意外与世长辞，他捐献的器官挽救了5名危重症患者的生命，让2名双目失明的患者重见光明。关于此事的报道，媒体标题多如《泪目！27岁清华医生最后的奉献！》《这次，是这位清华医生最后一次救人》，但有一家媒体的标题是《一个喜欢听周杰伦的年轻人去世了，27岁清华医生最后的奉献》。我的一个学生说，这篇文章尤其让她感动，因为它揭开了医生那"闪着魔法光芒的白色战袍"，让人看到王倬榕的立体形象——他就像我们身边的一位老朋友或是好师兄，喜欢追剧，也喜欢读古诗词，还是周杰伦的"铁粉"。

医生其实有很多形象，他们的工作不仅在手术室，无论是拿着手术刀还是弹着吉他，医生们在不同的岗位治愈、帮助、安慰着患者。"不见不散，不放开牵你的手。电话铃声响起，一秒就会冲向战场。"都听听这支 MV 吧，在医生的歌声心声中感受这个职业的伟大！

(《中国青年报》2021 年 10 月 15 日)

不要吝啬奖牌榜和热度，给残奥会应有的尊重

看到不平的网民在社交媒体给残奥会争热度争奖牌榜，说媒体欠他们一个热搜，欠他们一个奖牌榜，真觉得很感动。让正在赛场拼搏的运动员感受到舆论平等的尊重，这是一种文明。很惭愧，如果不是网民提起这个话题，都没有意识到残奥会正在进行，也不知道中国健儿竟已拼下 6 块金牌。在网上搜了一下，看到有的 APP 早在显著位置设置了残奥会奖牌榜，如奥运会那样实时更新，让公众看到最新动态，稍稍心安了一些，也向这些不吝啬流量的平台致敬，给了被遗忘的残奥会应有的尊重。

为残奥会运动员争热度，既让人欣慰，也让人心酸，他们超越常人的努力，更应被人们看到，如"百度"这样流量倾斜、热度倾斜、平等尊重的残奥会奖榜牌，应该成为一种常态。这不是在进行热度施舍和恩赐，而是一个文明社会对那些在赛场上比普通运动员付出更多努力的人们，应有的尊重。他们获得了关注，我们更从他们的拼搏中获得了无与伦比的精神，有什么比他们勇敢地站上赛场去挑战极限，更能让我们获得一种绝不"躺平"的力量？

奥运会与残奥会一前一后，热度却大相径庭，没有了即时的金牌海报，没有了时时刷新的热搜，没有了诸如"yyds"的欢呼，没有了青春偶像，一切悄无声息。过去很多届一直是这样，习以为常。时代的进步就在于，过去觉得"正常"的，在今天看到了问题，因为大众和媒体的观念水位提升了，人们的观念容忍不了这种热度的失衡。是的，残奥会的观赏度远远不如奥运会，无论是从技术还是审美上，都有距离，于是形成了天然的

热度差距。什么是文明？文明就是用人的关怀矫正那些看似"天然""自然"的结果，遏制那种弱肉强食的社会达尔文主义。残奥会紧随奥运会之后，本就是体育文明的一种进步，对"自然"的一种反思，把体育精神放到了比观赏度和技术更高的位置。

这也是网友为残奥会争取热度和奖牌榜，平台给了残奥会应有的热度，残奥会奖牌榜在APP显要位置闪闪亮眼，那么让人感动的原因。

奖牌榜下的很多留言，让人看得热泪盈眶，多希望这些留言也能被那些运动员看到。有网友说，奥运会选出了人类巅峰的身体，但残奥会赛出了人类巅峰的灵魂。——说得多好啊，是的，他们的身体是残缺的，但正因如此，赛场上的他们显得更加不平凡。他们突破了身体局限而走上赛场，就是发着光的、给我们带来无数治愈和激励的冠军。我们还有什么理由不努力呢？他们失去双臂依然可以奔跑，失去双眼依然可以前行，失去双腿依然可以向上。一个网友说，游泳比赛中，有的运动员咬着毛巾用头触壁；乒乓球比赛中，有用脚抛球的，用嘴咬着拍子打球的，看到这些，他不仅充满敬意，更得到了一种"无论什么都击不垮"的精神滋养，让我们觉得"没有什么不可能"。

中国代表团150人参加了入场仪式，此前，中国已连续四届获残奥会金牌榜第一。从媒体报道里看到，这两天，我们的残奥会运动员斩金夺银，创造了一次又一次的奇迹，半小时6枚金牌，对此，我们不能吝啬关注的目光，不能吝啬热度。特别是在今年的疫情局限下，空场比赛，他们在没有掌声、没有太多现场媒体记者围观的场景中突破自我，此时更需要场外、媒体、网络给他们应有的关注，让他们感受到凝视的温暖和抚慰。

感谢这样的平台，通过第一时间的奖牌榜，既让用户看到了实时赛况，更让人看到了平等尊重的价值观。什么是价值观？就是为了一种文明的价值而愿意放弃或让渡某些看得见的利益追求，不为流量，不为利益，只为被看见、被呵护、被注视。看到越来越多的媒体开始设残奥会奖牌榜，我甚至觉得，真的不是那些残奥会运动员需要这种热搜、热度和榜奖单，是我们需要！我们需要看到弱者受到关怀，看到每个人的努力被平等看见，看到人类抵制社会达尔文主义的努力，看到那些似乎最有理由"躺平"的人在努力的样子所带给我们的震撼。

（微信公众号"吐槽青年博士"2021年8月27日）

买书时的犹豫，不是每个人都愿去理解

作为爱书、爱买书、爱读书的人，一直关注"多多读书月"的相关活动。对于读书，常有人忧心忡忡地说，读书人越来越少，尤其是纸质经典阅读，甚至连名校学生都不读书了。第二季的读书数据，让人看到了平台的给力补贴所推动的阅读繁荣：累投亿元读书基金，官方补贴200万册正版经典好书，商务印书馆的《走到人生边上》补贴后只需7.9元，《万历十五年》只需6.9元。低门槛消费让图书加速流通起来，来自三、四线城市的消费者购买社科哲学艺术类图书的比例在上升，《先生》《浮生六记》《万历十五年》等爆款图书在下沉市场需求旺盛。

之前我写过一篇文章，谈到"拼什么不如拼读书"，记得当时有一条评论，似乎对这种补贴不以为然，认为"买本书多大的事儿""不就一本书嘛""一杯咖啡的钱"。我当时感慨，中国很大，贫富差距也很大，不是每个人都愿意去理解那种买书时的犹豫和迟疑。共情是一种高贵的品质，尤其是身处优越位置的人，愿意俯下身去与境遇不如自己的人去共情。这也是主持人愿意蹲下来与孩子对话，甚至跪着与轮椅上的受访对象交流这类场景特别触动人心的原因。相比亿元投资的大手笔，我更看重"多多读书月"愿意跨越阶层去体贴买书人的犹豫，身处一线城市体贴三、四线城市的痛点，考虑最弱者的最大利益，在推动知识普惠中尽企业"共同富裕"责任。

社交媒体上常能看到这样的表述，某个问题，不是月收入5万元的人会考虑的问题；某个问题，是月入2000元的人才会考虑的问题。我想，一个社会的文明就在于，月入5万元的人

能俯身去思考和理解月入 2000 元的人的问题。前段时间，一条新闻在网上很火，河南周口的留守女孩笑笑，在学校吃午餐时，会把其他的饭菜吃得干干净净，唯独留下盘子里的虾，被问为何不吃虾，她刚开始说一会儿再吃，后来才说是留给妈妈，妈妈做手术了。每次学校发的牛奶、水果、虾，她经常留着带回家给妈妈。过去常看到"妈妈不爱吃鱼肉爱吃鱼骨头"之类美丽的谎言，这一次是懂事的孩子把最好的留给妈妈，格外动人。人们之所以感动，还有一种跨越阶层的惊讶和歉疚感，没想到孩子需要这样的"留饭"。

与发达国家动辄上百元的书价相比，中国的书价总体并不贵。良心和价值观就在于，如何去比，在何种坐标系上去比较，有没有考虑到最弱者的购买能力？城市人的一杯咖啡、秋天的第一杯奶茶、节后随手丢掉的月饼，可能就是其他人几天的生活费。是的，知识能改变命运，对于越是身处底层、缺乏资源的人，读书越是成本最低的上升方式。然而，在物资匮乏之下，要面包还是要书，常常又让人很纠结。所以，不要小看了这种补贴，它大大降低了买书的门槛。

这种善意让我想起一些大学对待学生的温情，通过分析学生在校吃饭刷卡的数据，比对困难生库，并结合学生的综合表现，找出每个月在食堂吃饭 60 次以上、每天吃饭平均低于 8 元的学生进行资助，悄悄给学生的饭卡里充钱。"多多读书月"的补贴方式，很像那种默默给饭卡充钱的善良，让人们起码不输在买书和读书上，拼不了其他，起码可以拼读书。

我想到了一个词——"车厘子自由"，还有类似的如"月饼自由""口红自由""会员自由""外卖自由""星巴克自由"，等等，这些"自由"多带着某种调侃和"梗"的色彩，以及消费主义式的傲骄，并非真源于某种匮乏。在我看来，需要认真对待的是如"买书自由"之类的纠结，让人不必在买一本经典图书上有太多基于物质的纠结，这是最需要关注的痛点。

一个企业，能把知识普惠和读书补贴当成长期战略，帮助读者减轻经济上的顾虑，让不管是 CBD 写字楼的白领，还是乡下红砖屋的农家孩子，都可以不假思索地下单买一本好书，这包含着一种令人尊敬的价值观。提到企业的发展战略，人们常常提到"下沉""争夺用户数更广阔的三、四线城市"，等等。怎么"向下沉"？在我看来，不仅是争取数量巨大的用户，最应该"向下沉"的，是沉到田野去关注他们的心灵，沉浸到他们的精神和生活世界，理解他们的焦虑、犹豫、沉默和困境，与他们一起成长。

看一家企业的品质，先看他们对穷人和弱者的态度，再看他们如何对待读书和知识。最近"共同富裕"这个词特别火，买书不必犹豫，共读一本好书，这不也是在推动"共同富裕"上的生动实践吗？期待"多多读书月"这样的公益行动能接力延续下去，让书成为平等的向上阶梯，让知识鸿沟不断被抹平。

（微信公众号"吐槽青年博士"2021 年 9 月 27 日）

刘德华上热搜，十三年的时差尤其动人

刘德华前段时间上热搜了，不是出了什么新歌或演了什么新剧，更不是什么负面八卦，而是十多年前一件事。这件事让人们看到，一个明星火了三十多年，让几代人听他的歌、记住了他的名字，在天天有人"翻车"的娱乐圈中保持着清朗坚挺的"人设"，不是没有理由的。

刘德华已经到了被人叫"刘爷爷"的年龄，他这次上热搜其实上得挺有反讽味道。性侵的，偷税的，嚣张的，违法搞钱的，一个接一个的明星"翻车"事件，让人们看到了演艺圈的藏污纳垢和乌烟瘴气，人们怀念起那些清朗的明星人格，人们第一个想到了刘德华，并迅速激起共鸣、顶上了热搜。

热文《某某上热搜的那天，刘德华也被曝光了》中提到十多年前的一件事：2008年，中国喜迎奥运会。那时候，海峡两岸与香港、澳门地区的无数明星争相为北京奥运会献歌。《北京欢迎你》邀请了100位明星共同参与演唱和录制。这首歌，红遍了全中国的大街小巷。有一点挺让人纳闷：100名艺人里，有当红的，有过气的，有年轻的，也有老一辈的，有陌生的，也有脸熟的，却唯独没有刘德华。后来才知道，是他自己选择不去的，他说："大家都在抢奥运，没有人跟我抢残奥。"他没有去抢奥运会的风头，而是义无反顾地为残奥会挑起宣传大梁。他亲自参与词曲创作，写了一首歌，名叫 *Everyone is No.1*，中文歌名是《人人都是第一名》。

这首歌是他自掏腰包150万元制作出来的，在歌曲的MV中，他扮演了一位身残志坚的运动员。为了把"断腿"的角色

演好，他在拍摄过程中，每天都要把左小腿用绷带缠起来、吊着，长达7个小时。绑得左腿经常麻痹抽筋，痛到不行。后来有网友在微博评论区说："那年我才8岁，看见这支MV，我真的以为这个叫刘德华的歌手，是个残疾人。"还有网友说，曾经有记者在奥运会期间采访刘德华，问他最喜欢哪位运动员，本以为他会说刘翔，会说姚明，会说林丹或者孙杨，但他没有说这些明星运动员的名字，他说最佩服的是雅典残奥会上的"无臂飞鱼"——何军权。那年残奥会，缺少双臂的何军权，一人独揽4枚残奥会游泳金牌。

当年的残奥会并没受到多少关注，所以刘德华的这些事，也少有人知道，十多年后才上了热搜，这个热搜"热"得人热泪盈眶。这就是人心的温度和向度，你默默无闻做了很多好事，"事了拂衣去，深藏身与名"，事情可能被"藏"住，但善良的光芒是藏不住的，十年、二十年，你数十年如一日地坚持这种品质，总有一天会突然触动人心的那根弦，被记录下来的人当宝藏一样翻出来，像金子一样闪亮人心。时间越久，沉淀越深，越有一种温暖人心的力量。

低调做事，关怀弱者，德艺双修，爱惜羽毛，用作品说话，人如其作品，刘德华身上的品质，在老派明星身上很有代表性。那一代的明星巨星，很多都是从苦孩子拼出来的，走过跑龙套的艰难岁月，一步步地拼出代表作，一首歌一首歌地征服大众。财富是拼出来的，名声是硬"打"出来的，所以他们的心智能驾驭得了财富以及娱乐圈的诱惑，并且对弱者更多一些关怀。因为自己也从穷人走过来，觉得闯出来的自己有义务去帮扶那些弱者。不像如今的一些"小鲜肉"，堪称流量暴发户，不是靠"戏"和"歌"闯出来，而是流量拼出来的，家境富有，父母用钱投资把孩子"砸"出声名，饭圈助力，综艺加持，炒作推流，畸形文化滋养，小小年纪就聚敛了巨大财富。德不配位，身体和心智驾驭不了财富，对弱者也缺乏共情。刘德华这时成为热搜，体现了一种鲜明的文艺态度：需要拼出来的刘德华，不要这些流量泡出来的"小鲜肉"。

  刘德华上热搜,尤其触动我的一点是这个"热搜时差",十多年前的事,当时没有火,今天才上了热搜,广为人知。这说明,他根本不在意什么热搜,能让残奥会运动员感受到有人关心有人关注,就好。正如在奥运会的光环热度下,他选择了没有热度的残奥会,关心那些热度之外的人。于是,这个经过十多年沉淀的热度,更有了深沉的价值。如今一些"小鲜肉",似乎也经常捐钱做好事,但总觉得过于功利,到哪里做好事都带着一堆拍照记录的,迅速上热搜,把这种"捐了多少钱"立刻变现为某种"慈善人设"。刘德华躲着热搜,悄悄地给残疾人写歌,担任爱心大使做代言。十多年后的热搜,包含着人们对这种"深藏身与名"的深沉敬意。

  功成不必在我,热度不必当时,躲着热度去做事,会产生穿透十年、二十年的时间力量,在光阴的故事中如宝藏被挖掘出来,这种明星和热度更可贵。

(《中国青年报》2021年9月17日)

像张桂梅那样关心最弱小者的最大利益

开学了,在"双减"政策和"饭圈"整治的背景下,今年开学季有很多新气象。比如,各种"开学第一课"中看不到那些"流量小鲜肉"了,取而代之的是奥运会冠军、大学教授、艺术家、抗疫英雄、科学家。流量明星遇冷退场,知识和精神偶像受到礼遇,这不是偶然的,而是社会风气的一次巨大矫正。过去那些流量明星占据了各种平台,哪里都是他们,开学也是他们的流量捞金盛宴,这种"成名的想象"对青少年是很大的误导。流量明星退场,某种程度上也是"双减"的一部分——减少娱乐追星带来的负担和精神赤字。

开学季,网上有很多表达家长、老师、孩子相爱相杀的段子,那张家长们爬墙看孩子的照片,刷遍网络,给开学增添了很多喜剧效果。相比这些"锦上添花"的开学花絮,我更关心远方的"雪中送炭",关心那些可能因贫困而害怕读不起书并因此有"开学焦虑"的孩子,关心喜剧化的城市开学场景之外的那些需要帮助的孩子。感谢新华社记者深入基层用脚采访,让我们看到了另一种开学,看到了云南大山里张桂梅的女子高中,看到了那些最弱小的孩子在开学时受到了怎样的安顿。

记者写到了 16 岁的高一新生杨丽梅,她在需要帮助的孩子中,应该很有代表性。为了走进华坪女子高中,杨丽梅也走了很远的路,吃了很多的苦,走得很不容易。读小学一年级时,她的父母先后去世了,自那以后跟着舅舅。懂事的杨丽梅早早把"考进华坪女子高中"当作努力目标——除了为实现"用知识改变命运"的梦想,也有很现实的考虑,华坪女子高中为所有像她一样来自偏远山区的学生免去了包括学费、住宿费在内的诸多费用，在这里读书，可以减轻舅舅的负担。

杨丽梅刚迈进校门，放好行李，就见到了在校园里迎接一批批报到学生的校长张桂梅。这段刷遍全网的对话感动了很多人："家里给了你多少生活费？""如果生活费不够你跟我说，其他同学吃什么你就吃什么。""不用喊我张校长，喊我张老师就行。""到女高来了，啥都不怕！"听到张老师这些话，杨丽梅再也忍不住眼泪，她觉得张老师好像能看懂自己磕磕绊绊的坚持和坚持背后所隐藏的不安。"没想到，张老师对我们每个学生都这么了解。"

这种了解，是张桂梅走了很多路的结果。深入了解每个学生家庭的实际情况和困难，是张桂梅从教多年来的习惯。早在 2008 年华坪女子高中第一届学生入学时，她就让学生们每个人写一张小纸条，简要介绍自己的家庭情况。每年寒暑假，她还要利用假期，挨家挨户到高三学生家中家访。她说，华坪女子高中的学生大多来自山区，家庭条件普遍较差，"我通过家访才能了解、解决学生家庭的困难，让她们专心学习，没有后顾之忧"。自 2008 年华坪女子高中成立以来，张桂梅家访已超过 1600 户，行程 11 万多公里。

这种体贴，是一位坚守在大山的校长对最弱小者最大利益的关怀。大山里的女孩，本来就是弱者，而像杨丽梅这样失去双亲的孤儿，又是弱小者中最弱者，不去拉她们一把，不给她们"到女高来了，啥都不怕"的信心，不给她们"读书改变命运"的信念点一束光，她们很容易就滑落到平庸的沟壑中，跌入更弱的境地。对一般人来说，开学是从无忧的假期生活进入无忧的学校生活，而对于杨丽梅这样的孩子来说，是过一道艰难的心理关和生活关：能不能被学校接纳，很少的生活费能维持多久，会不会受到同学的歧视，自尊心会不会受到伤害。关心那些最弱小最无力的孩子，在温柔的体贴中给予她们自信，让她们迈过"开学关"，迅速融入学校生活，人们才能心安。

想起前段时间媒体讨论的一个话题，对于有些地方引发争议的"新生入学，学校收集家长职务信息"，相关地方称"正研究取消"。确实应该取消，为什么要家长职务信息呢？跟孩子上学有什么关系？这只会引发"让孩子产生身份焦虑""让公众不舒服"的联想。如果真是为了孩子好，为了了解孩子的家庭情况从而去帮扶，为什么不能像张桂梅校长那样体贴孩子的困境，以尊重孩子、不让孩子产生身份区隔感的无声方式去了解？这需要老师承担更多的责任，如张桂梅那样，细致入微地体会那些最弱小者的最大利益，看到她们隐藏的不安和脆弱。

(《中国青年报》2021年9月3日)

"丑东西"丑成什么样，才会被夸可爱

"丑东西"丑成什么样，才会被夸可爱？之所以想到这个问题，是看到两条关于"丑东西"的新闻。同样是"丑东西"，舆论反应却完全不一样，背后的社会心态颇值得玩味。

一条是某平台举办的"2021丑东西颁奖盛典"，在12月20日晚举办的全网直播中，超过60万人在线围观了"年度五大丑东西"的诞生，在万余份投稿中"五丑"凭颜值脱颖而出，它们分别是：仿真人脸口罩、小熊猫花洒、不会碎的镜子、梦幻粉蝴蝶短靴和微笑橘子头套。对于这个"微笑橘子头套"很多人应该不陌生，自去年第一届大赛"绿鱼头套"获奖后，头套类商品成为今年的顶流，各式各样的头套在平台上走红，成为年轻人互送礼物的首选，"绿鱼头套"甚至登上"央视新闻"的画面，令人忍俊不禁。获奖商家在盛典现场激动地表示："我们正在让更多人看到，丑东西也可以站C位，丑东西也能登大雅之堂。"

另一条是受到热议的"2021中国十大丑陋建筑"评选，这个被称为建筑界"金扫把奖"的活动从2009年举办至今。环顾榜单，那些奇奇怪怪的建筑，集炫富、媚俗、浮夸、浪费、假大空于一体，网友们戏称简直是"建筑界大型翻车现场"。各地媒体纷纷"认领"了本地的丑建筑，觉得这些建筑给城市之美减分了。

同样是选"丑东西"，为什么前一个"丑东西"受到了网友的喜爱，被赞"可爱"，称"我不理解，但我大为震撼""非常生动可爱，不知道丑在哪里"，而后一个评出的"丑东西"却真以其丑受到舆论吊打呢？不是舆论在对待"丑物"上有什么"双标",而是"丑"的出发点和内涵不一样。人们能接受满怀梦想、顽强打拼的"丑小鸭",能包容有创意、有个性、自由洒脱、不拘一格的创造力,但不能接受指鹿为马、以丑为美、侮辱公众智商的"伪艺术真审丑"。

人们反感的那些"丑东西"有一个共性,都冠以美的名字,对公众的常识审美感形成某种"强暴"。它们或者是花别人的钱来造一堆丑的东西,矗在城市中央让市民越看越觉得丑;或者是以艺术之名把人画得不像人,放大人的缺陷,让相关的人觉得受到冒犯,却还说这是美;或者是不顾常人的美感,以审丑的恶趣味去追逐流量,对公序良俗和价值观形成冲击。在伪艺术和流量欲望的驱使下,这些年人们见多了这种真丑的东西。

平台的"丑东西大赛"受到热捧,被赞"可爱",说明这种"丑东西"跟那些"丑东西"是不一样的。首先,没有"以丑为美"、自诩很美,而是"自黑"得很彻底,但即便"丑"也有它的用处和拥趸。其次,没有在涉及公共审美的"公共品""公共空间""公共领域"里去主张这种"丑东西",而是在社交圈层中"寻找共同的爱好者"。更重要的是,没有对他人形象和公共利益带来伤害,不存在"可能对谁形成丑化""冒犯别人尊严"的问题。这种"丑东西"都可能在生活中碰到和用到,是生活的一部分。

毕加索曾说过一句话:"艺术是一种谎言,它教导我们去理解真理。"这些"丑东西"之所以受到热捧,可能是年轻人的一种行为艺术,用日常生活用品的"丑"来作为减压的艺术中介,在美丑对比中更好地去理解美,追求美的生活。诗人史蒂文斯说的这句话是一个著名的悖论:"现实主义就是对现实不忠实的描绘。"无论是"微笑橘子头套",还是"仿真人脸口罩",丑的面具、嘻哈的表象、扭曲夸张的"丑样子",包含着现实主义的追求、当下年轻人丰富的精神内在。

这是年轻人的一种减压方式。日常压力太大,主流的"成功美学""滤镜美学"对年轻人形成了巨大的规训和表演压力——

上名校，进大厂，教育出神童，活成朋友圈美颜滤镜所呈现的样子，无处不在的内卷让现代人太累太焦虑了。而维持"成功美学""完美人设"的成本很高，有句话是这么说的，"社交之所以累，是因为每个人都试图表现出自己其实并不具备的品质"。评选"丑东西"，面对日常中的"丑"和自己身上的"丑"，是一种减压。就好像年轻人常在嘴上说"躺平"，但不是真的"躺平"，只是为了减压。维持那种"人皆称赞的美"已经让现代人喘不过气来，"丑东西"太能帮人减压了。

这是年轻人的一种社交方式。很多时候，"丑东西"并不是人们所追求的，重要的是它创造了一种圈层交流的话题，人们在其中找到了社交亲密感。美是给外人看的，越亲密的关系，越能承受和面对"丑"，就像调侃和"自黑"只会在熟人间进行，"丑东西"拉近了彼此距离，提升了社交亲密度。

这更是年轻人表现自身创造力的一种行为艺术。艺术家保罗·克利曾说，他所要探求的视觉形式是人们从未见过甚至想到过的，是未来乃至宇宙的奇特视觉形式。这种探求正是艺术家的创造力，他称之为"构形力"。我还想到了"陌生化"这个美学概念，艺术的技巧就是使对象陌生化，使形式变得困难，增加感觉的难度和时间长度。这些"丑东西"看似很丑，却让我们能够换一个视角看待日常生活中的这些常见之物，比如那些谐趣搞怪、欢乐十足的口罩，获奖者说："疫情之下，一成不变的表情渐渐在我们的面孔上定格，仿真人脸口罩的出现，希望能提醒蓝白口罩下的自己，多笑一笑。"

可爱的"丑东西"与可怕、可恶、面目可憎的"丑东西"的不同，就在这些方面。

（微信公众号"吐槽青年博士"2021年12月22日）

不是每个小店都能有幸遇到热心的记者

不得不感慨舆论和流量的强大。不时能看到这样的新闻，某家企业、小店或乡亲的农产品遇到困境，被偶遇的记者或"大V"知晓，一篇报道或一条微博，舆论如潮水般的热情会让问题迅速得到解决。有钱出钱，有力出力，热搜效应下，一句"把链接甩给我"，什么问题都不成问题了，流量就是任性！——每当看到这类新闻，感动之余都会思考一个问题，舆论聚焦的流量效果固然非常强大，能立竿见影地帮濒临关门的小店重生，但这完全是反常的个案，越是立竿见影，遇到的概率越低，一家路边小店能受到媒体流量眷顾的机会，微乎其微。流量偶遇很罕见，但遇困的小店很常见，特别是在疫情冲击下，他们怎么办？

这就是我为什么特别关注以下数据的原因，从中看到了多数小店在新闻之外自我造血的韧性生存，在企业社会创新助力下的顽强生长。一家平台近来公布了其社会责任报告，报告显示，截至目前，已有近1200万"小微"企业主享受到了他们的服务，其中超过六成都是5人以下的路边小店。新冠疫情以来，该平台和其他金融机构一起累计为"小微"企业主、个体工商户提供了超过7000亿元的无抵押信用贷款。平台金融首席风险科学家张俊表示，"小微"活则就业旺、经济兴。用科技破解"小微"企业融资难，是金融科技公司最大的社会责任。

1200万"小微"企业主、5人以下的路边小店，数字的这种描述方式，确证了他们既"小"又"微"，"小微"到名字在新闻中忽略不计，以无名氏式存在着，只能活在宏观抽象的数字中。然而，他们不是抽象的，在现实中如毛细血管般存在，是我们的邻居、U盘常忘在他家的打印店老板、早餐时让你慢点吃的大叔、可以代收快递的大伯、问你孩子学习情况的阿姨。他们不仅是我们生活的背景，还是生活烟火气的一部分，平时无感，只有当哪天关门时才会让人感到"不习惯""不方便"。他们是"小微"，"关门"不会有任何新闻价值，默默生存，黯然离开，只会让习惯生活方便的老街坊感慨一两天。

作为金融科技公司，关注"小微"，缓解"小微"商户资金周转困难，这种把握到"小微"生存痛点的"企业社会责任"，尤其值得点赞。"小微"生存，小本生意，资金周转可能不需要太多的钱，但"小微"的抗风险能力非常弱，小小的周转困难就可能压垮一家企业。印象深刻的是这样一个面对镜头痛哭流涕的中年面孔，前年安徽发生水灾，一家茶叶店新到的货全部被水泡了，一夜之间茶叶全废了，造成数千万元的损失，中年老板面对镜头时不顾体面地号啕大哭。这还是一家有一定抗风险能力的企业，都上了新闻得到公众的同情，可想而知，后面无数"关门关得没有新闻价值""哭得无人关注"的"小微"的命运。"新闻价值"有时候真是一个很残酷的词，"见多了""没什么特别的"，就没有新闻价值了。舆论聚焦其实也是这样，媒体版面有多少，网民热情能持续多久，网络流量有多大，能承载多少无助的"小微"、多少困境企业的求助呢？

所以，相比仰仗他人善意的输血，让"小微"在资金运转上保持正常运作的造血功能，也就是资金的可获得性，非常重要。"小微"虽小，但船小好调头，反应快，有着根据经济形势及时调整生存策略的极强韧性，但前提是金融机构要成为其灵活转身的后盾。压垮"小微"的最后一根稻草，往往不是困难本身，而是融不到资，造血功能丧失，导致失血而终。我国有2000多万"小微"企业法人、6000多万的个体工商户，这些"小微"企业贡献了全国80%的就业、70%左右的专利发明权、60%以上的GDP和50%以上的税收。新冠疫情席卷全球,"小微"企业主首先受到冲击,胶着疫情下的客户流失、订单量减少,加剧着资金周转困难。

说到企业社会责任,人们常常谈到捐款捐物献爱心,相比之下,我更看重的是"企业社会创新"。捐款之类的"输血"只能惠及有限的人,而一种创新则能产生制度化的普惠效果,形成源头活水效应。就拿平台来说,云计算、人工智能、大数据与区块链等先进技术使金融科技企业服务实体经济的能力进一步提升,比如利用人工智能技术持续为"小微"企业提额降价,平均利率下降约20%,人均放款额增加65%,全面助力"小微"恢复经营。还有助力实体经济,进行区域战略合作,推动本地实体经济;联合中国中小企业协会成立"小微"金融分会,助力"小微"实体经济;还有"领航员计划"等公益助农项目,为贫困地区的农户提供免息贷款,通过公益直播为贫困农户的农产品"带货"。资金是实体经济发展的活水,资金的水畅通了,企业和经济就活了。

企业社会创新让"企业社会责任"更加可持续和互惠化,这种商业创新一方面以解决社会问题为导向,满足社会需求,让渴望资金的企业获得了"造血"再生资金,服务了国家发展大局;另一方面企业本身得到了壮大,拥有服务实体经济的更大力量,这是一种在商业创新中,金融与实体的互相滋养,科技与公益、创新的互相成就。相比如潮水一样来又如潮水一样去的热情,这种制度化的互相成就方式让人更有稳定的预期。

不是每一家遇困的小店都能遇到热心的记者、遇到激情网民的热情流量加持,实际上多数小店都是得不到流量"眷顾"的,但每一个像路边小店一样的经济实体都得跟金融打交道,都离不开低门槛、高效率的畅通金融通道,这是他们可以自主脱困、自主造血的生命通道。平均利率下降约20%、7000亿元的无抵押信用贷款,不像激情公益那么热情奔放,但雪中送炭,这些如涓涓细流精准触达"小微"肌体的资金,让多少企业渡过了难关并看到重回增长轨道的希望,这是万家小店的灯火,是我们经济生活离不开的烟火气。

可能不是年味变淡，而是年在减负

吃年夜饭时，跟爸妈聊"年味有没有变淡"这个话题。我爸调侃说："你们回家过年都是坐享其成，刷着手机看着电脑，等着叫吃饭，等以后我和你妈忙不动了，需要你们照顾，你们自己去菜场买菜做年夜饭，自己去备年货，就知道年味有没有变淡了。年味对我们来说，就是动手忙碌的感觉，买年货，大扫除，备饭菜，包饺子，贴春联，年味就出来了。现在有了网络都方便多了，不用囤货囤菜，随时可以在淘宝天猫美团下单，网店不打烊能马上送货，过年不像以前那么累了。"

老爸这段话让我感到很惭愧，我立刻意识到视角中的自私。当我们在感慨年味变淡时，我们是站在什么角度？是站在"躺平""等喂养"的角度，是"坐享其成等年味"的角度，是"靠父母替我们营造年味、我们享用年味"的角度，而不是"动手去做年味"的角度。年味是在热气腾腾中端出来的，是在风风火火中忙出来的，而不是躺出来、等出来的。我突然明白了，为什么以前聊起年味变淡时，爸妈一直都是笑而不语，沉默的他们操持着年味，我们身在温暖的年味中，却不知足。我们所心心念念的年味和新年仪式感，往往是父母的忙碌。

爸妈老了，渐渐忙不动了，以后再回老家，家里的年味终究需要我们去主理。换到年味操持者的角度去体味，很快能感受到，不是年味在变淡，而是年在减负。年味变"淡"的背后，是发达的互联网科技接过了过年那些"让人累"的服务部分，解放了忙碌的过年人，剥离了物资匮乏的农耕时代所赋予过年的那些功能，让过年时可以名正言顺地"躺平"，让春节真正能够以人的休闲、娱乐和团聚为中心。

这种减负，首先可以从过年回家的行李看出来。还记得多年前"春运"时的火车吗？行李架上基本被大包小包的年货占据，归乡时这些大包小包、东南西北各种年货礼品盒，就是年味的一部分。现在回家，很少需要拎这些礼品了，淘宝上逛一圈，什么年货都有了，人还没到家，年货快递已到家签收了。可以轻松"空手"回家，这不就是减负嘛！

善于创造新词的年轻人又造了一个词，叫"淘宝式过年"，很是形象贴近，见证了互联网科技带来的过年方式变迁。昔日年味的一部分，就是囤货囤菜，冰箱里外囤一堆菜，怕过年几天商店都会打烊，囤够过年几天的菜才安心，这也是过去物资短缺带来的本能，看到好物就想囤。便利的网购正打破过年囤货的老习惯，随时可以买到，24小时可以下单，又快又新鲜，干吗要囤货？手机上的淘宝天猫多方便啊，春节照常发货，物流保障不停运，囤"购物车"里就行。据报道说，春节期间，菜鸟物流联合国内主流快递公司一起确保全国300城的淘宝天猫消费者照常收货。不必囤货，不必担心市场按下"暂停键"所带来的不便，省事省心省麻烦，这也是减负。

过去回家过年之所以需要大包小包带年货，除了物流不方便，还有就是地理区隔带来的特产概念。在外地工作，回家总得带些那个地方的特产，或者带些本地买不到的"稀罕东西"，跨越千山万水，把"最好的东西"送给最亲的人，给家人惊喜，体现一种新鲜感。这些特产也是年味的重要"气氛组"，深深地留在我们的味蕾记忆中。那时盼着过年，正是盼着这些平时难吃到的"好吃的"。发达的互联网似乎也在"弱化"着"特产"的概念，无处不在的电商物流打破了地理区隔，使城乡消费同频，特产不再困于时空，好物可以随时随地分享给亲人。

各大平台的年货节基本囊括了你能想到的特产，比如天猫年货节早就启动了"卖空 100 个乡村计划",助农专属会场一天推荐一个地方的特色农产品,如查干湖的胖头鱼、海南三亚的凤梨、浙江舟山的海鲜、新疆阿克苏的苹果……23 个省级行政区、110 多个县域的农产品,在那里都能买到送到。日前,广西水牛奶借年货节集体出桂,为全国超过 300 座城市的消费者送货上门,当天下单最快当天就能送达。天猫表示,整个春节期间照常发货,保障次日达,让地方风味、时令生鲜等各种特色年货快速送达千家万户。"淘宝式过年"的背后是中国整个以物流行业为代表的新基建的日益完善,过去需要游子背在行囊中的年味,变成了一个个飞速的快递。

前段时间看到一篇文章谈"互联网消灭的 40 件事",比如"问路""电话粥""随身听""英语角""媒婆""黄页""酒桌上的司机""硬币""光盘""地图""说明书"等。提到这些改变,人们常常带着对往昔的浓浓怀旧感,其实仔细看一下,这些互联网所"消灭"的,往往不是人的情感和生活,而是一种技术替代,是对人的物质性减负——没了"媒婆",发达的社交媒介之"媒"却无处不在;很少有人"问路",因为手机上的地图导航太方便了。

年味更是如此,热衷于"淘宝式过年"的年轻人总结了这些新年俗:"二十三,大扫除,往年大扫除靠爸妈,现在洗地机巧当家;二十四,收快递,往年瓜子花生开心果,现在低卡零食有点火;年三十,年夜饭,往年一顿操作猛如虎,如今小白也能变大厨;大年初三,走亲戚,往年麻将打牌斗地主,而今剧本杀里闯江湖。"新年俗中包含的不正是对"过年"的减负吗?归乡行李减负、家务减负、身体减负、年夜饭减负、走亲戚中的社交减负,读懂了这些,更理解了爸妈对年味的看法。

所谓"年味变淡"的另一面,可能是"年在减负"。源于农耕文明的"过年"被赋予了太多的经济社会功能,随着中国社会从农耕社会向工业乃至信息社会的发展,过年的经济功能在不断弱化,人们对春节的需求在发生变化,"变淡"的实质是在减负中转型,回归其作为节假日的休闲、娱乐和团聚功能。是啊,新年俗给春节减负,轻松回家,轻松过年,把人们从繁杂的过年事务中解放出来,留更多时间陪伴亲人和休闲,这是过年更该有的样子!

(微信公众号"吐槽青年博士"2022年2月2日)

有一种静悄悄的善良让我们很陌生

看多了"被救助后拉黑删除救人者"之类忘恩负义的新闻,"助人后删除被助者"的新闻尤其触动人心,"事了拂衣去,深藏身与名"的背影,让人看到了静悄悄的善良力量。

西南民族大学大四学生谢同学,想通过媒体寻找一名资助其上学多年的杭州飞行员"冰哥"。这位热心的"冰哥"每年固定两次汇钱作为助学金,平常也会打钱,还会贴心地寄点东西,但从不留他的个人信息。前段时间,"冰哥"给谢同学转了6000元后称:"我资助你上学并不求回报,走出大学校园,你面对的是另一个世界,需要你自己去拼搏。"然后就删除了联系方式,婉拒见面。记者找到了这位"冰哥","冰哥"说,在自己的成长过程中,也遇到过好心人的帮助,那位好心人也是这样悄悄地帮他,希望谢同学以后有能力时也帮别人。不留个人信息,并在之后删除联系方式,都是为了不给受助者心理造成负担。

特别理解这种不事张扬、不求回报、不做恩主的善良,这是一种脱离了需要"他者目光"去激励才能自我满足、完全靠内心道义支持的大善至善。我们习惯于做了好事就应该得到众人的表扬,好人就应该得到"好报",被帮助的人应该感恩并报答恩人,施恩报恩应该形成对应,应该通过张扬在整个社会弘扬这一美德。但这种静悄悄的善良告诉我们,有一种善良,可以不需要回报,不需要在别人的围观、赞美中获得滋养和满足,只靠个人内心的自我凝视就能实现道德自足。

在这种静悄悄的善良中,之所以"不求回报",是担心这种"回报"会给受助者制造一种"你要感恩""你要报恩"的谦卑心理压力——需要别人帮助的人，本身就是弱者，"报恩"的压力有时会形成一种道德重负。施恩者未必有什么优越感，但受助者在"恩人"面前有着天然的谦卑、脆弱和敏感，谨小慎微，稍做不好，就会被视为"不知道感恩"。穷过的人、受过别人帮助的人，更知道这种无形压力之重。很多匿名的、静悄悄的、不事张扬的、不留痕迹的行善，是在体贴弱者的尊严，祛除施恩者的隐形道德权力，让受助者不必有任何压力地感受到善意。

这种善良也不是"不求回报"，只不过是不把回报当成一种"我施恩你报恩"的对等互动。不求自己得到回报，不是站在恩主的角度去得到"报恩"，而是希望一种善良能推至更多的善良。不留个人信息，行善后删除联系方式，是寄望于受助者以后有能力去帮助别人，让善良传递下去，而不是来"报答"恩人。恩人有能力帮助别人，本身并不需要"回报"，那些如他当年一样看不起病、上不起学的人才需要帮助。不是传统的"滴水之恩涌泉相报"，不是施恩、感恩间的"人际道德结算"，而是把这份善良在社会接力传递下去，使其成为一种迈向公共、施恩更多人的公共善。

对于这种静悄悄的善良，我们似乎很陌生，但它是生活的常态。我们身边大多数的善良，都不是那种会写到新闻里、得到大众赞美的善良，也不是那种能迅速得到"感恩""回报"的善良，而都是悄悄地发生着。社交媒体上曾有这样一段视频：在成都地铁里，一个小男生一直在低头玩手机，当一位行动不便的乘客坐着轮椅进地铁后，旁边的他很自然地用手拉住随车晃动的轮椅，又把一只脚卡在轮子下，固定住轮椅以避免其滑行，整个动作一气呵成。几个站过去了，一直低头玩手机的他，也一直没放手。如果不是碰巧有人记录下来，这个悄悄的助人动作根本没人知道。安静地做完，安静地离开，每天川流不息的人群中，可能有很多这样不经意中的平常之善、随手之善。

一个网友说："有一次坐公交，一个女生拖着箱子上来，箱子一直滑，一个男生默默地把脚伸到箱子下面卡住，那个女生一直都不知道,旁边的我看着觉得很暖。"还有网友讲起:"我之前带着我弟弟去坐地铁,小孩子闹,在地铁里跑动,坐隔壁的男生用手挡着座椅转角的位置,防止我弟弟撞到。"你看书的时候,有人在一边悄悄地把灯调亮一点;你赶时间冲向快关门的电梯时,有人悄悄地替你按着电梯"开门键";雨后你在路边散步,司机经过时降低车速,避免车轮激起的水花溅到你身上;看到有行动不便的老人缓慢地过马路时,你也让自己的脚步慢下来,悄悄走在她旁边,避免她被车碰到。

回到开头的那条新闻,面对"冰哥",尊重他静悄悄的善良吧,不必非要让他"亮相"接受舆论的赞美,不要用那种"让好人得到好报"来打扰别人、感动自己。如果真被感动了,就把这份善良静悄悄地传递下去。

(《羊城晚报》2022年1月16日)

教授和学生在哪里，清华就在哪里

白重恩、江小涓、张明楷、万俊人、彭林、李强——当这些在学术界鼎鼎大名的清华教授在"抖音"这样的海量受众平台"开课"，会产生怎样的轰动效果？我的想象力还停留于20世纪末读大学时听杨叔子院士、张培刚教授讲座的经历，容纳400多人的大讲堂，挤进了近千人，应该是线下讲座的极限了。而在线上则完全突破了自己的这种想象，看报道说，350万平台用户成为清华旁听生，《生活中的经济学》有100.2万人观看，有近千万人在短视频平台听清华教授上课。

4月12日，"抖音"宣布与清华大学携手，共同打造"数字人文课堂"，包括推出学者访谈对话节目《清华·访谈录》，引入"人文清华"讲坛完整版演讲内容及系列直播。看到这个新闻，我想起清华老校长梅贻琦的那句名言："所谓大学者，非谓有大楼之谓也，有大师之谓也。"可以这么理解这句话，大师就是大学，一所大学的知名度，就是大师的知名度。对于一所大学，并不在于大楼建在哪里，先哲所崇尚的"无形学院"，谈笑有鸿儒，往来无边界，爱智者超越空间局限而在精神上形成一个求知共同体。这种"数字人文课堂"，应该是"无形学院"最理想的样子吧。

后现代名家们曾悲观于网络对知识的贬低和稀释，他们失落地认为，网络只钟爱狂热的、偶像导向的业余者，让专业人士丢掉了饭碗。网络代表了粗鄙者的崛起、剽窃者的胜利，以及文化的终结。利奥塔甚至断言，数据库将成为明天的百科全书，而这将"敲响了教授时代的丧钟，因为一个教授在传授既定知识上，不可能比数据库更加胜任"。清华教授在"抖音"的火爆，"数字人文课堂"吸引了那么多粉丝，"江小娟·经济""张国刚讲《资治通鉴》""弦歌不辍"等视频合集播放量均超千万，证明了那些预言的失败。就像我坚信一流的媒体和一流的内容永远是稀缺品一样，一流的教授、一流的知识也永远是稀缺品，新媒介只有与这些身上储存着一流知识的人融合，才会获得恒久存在的生命资本。

教授和学生在哪里，清华就在哪里，这不是对名校品牌资本的"稀释"，而是大学的延伸，让大学超越了地理空间局限而无远弗届。这也是名校争相开辟"抖音空间"的原因所在，数据显示，截至2021年底，已有92%的全国"双一流"高校入驻这里，全年高校开播场次达14463场。一流大学毕竟是一流大学，大师毕竟是大师，这种知识感召力也表现在数据上，清华是2021年"抖音"上直接观看人数最多的大学，"最受欢迎的公开课"前三名都是清华的。

完全突破了传统的边界，大学以这种方式延伸和扩展，是无数读书人、爱智者、求知者的福音，这是真正的知识普惠。我想起杭州图书馆几年前的一段佳话，那里允许拾荒者入内阅读，唯一的要求是：要洗手。有市民表示无法接受，馆长褚树青说了一句让人振聋发聩的话："我无权拒绝他们来读书，但您有权离开。"这句话包含了一种"读书最不应该有门槛"的理想。离开东莞时给在那里读了多年书的图书馆留言，农民工吴桂春与东莞图书馆的故事，也感动过很多人。看报道说，听"人文清华"公开课的多数是大学及以上学历的年轻受众，我不知道其中有没有像吴桂春这样的打工人，但我知道，这种线上和线下对知识普惠的追求、关怀，是一样的，让求知没有门槛，让这个世界爱读书的、求知若渴的人能受到一流知识的涵养，能从知识中看到生活的光亮，被打动，被照亮，在内心建造一座能逃避不幸的避难所。

清华名教授们的课程在社交平台受到追捧，反映出人们对一流知识的渴求。网络虽然在信息海洋中扩散了很多知识，但可能缺乏体系。正如刘擎所说，年轻人比较喜欢金句，但一个比较闪光的句子，都是在整体论述之后出现的，是有上下文的。有年轻人反思过这种"金句式知识"带来的问题：网上好像有很多地方可以获取知识，一本很厚的书，总有人用一篇推文、一则分享讲完。看这些东西，好像也能获得知识，但就是很不对劲。可能是因为这些东西都很零碎，所以很难帮人建立一个思想谱系，也很难被用于"再输出"。"人文清华"目前在"抖音"上有三种内容形态：第一是以短视频作为轻骑兵，"短平快"地到达用户；第二是30分钟左右的中视频精华版演讲内容，学者围绕关系国计民生的某个重大主题做深度阐述；第三是近两个小时的完整版访谈内容，全面呈现学者的个人经历、学术经历、各个时期的重要观点及本学科的重大问题。从短视频进入长视频，在经典的、大师的系统讲授中接触完整的、体系化的一流知识，才能支撑"再输出"。

外行能听懂，内行有收获，知其然还知其所以然，这个学术知识普惠的过程，也是"权威知识"扩展影响的过程。在此次"数字人文课堂"的课表中，我特别注意到了阎学通教授。阎教授在一篇广为流传的演讲中批评如今不少年轻人深受网络观念影响，把经济决定论、阴谋论、债权武器等"网红观点"当常识，"他们脑子里已经被灌进去了大量'网红'们的言论，比如我上国际经济，课上就有学生问，我们为什么不能对美国抛售美债，这样就可以整垮美国。因为'网红'们说，只要把美债抛售完了，美国就完蛋了，他们认为这是天经地义的道理"。——这说明在一流的、权威的知识缺位下，混乱、劣质、极化的网络知识对公众的误导。很高兴看到阎教授这样的"学术大神"能现身网络传授知识，让"双一流"知识驱逐那些误人子弟的坏逻辑，不把舆论场拱手让给坏知识。

张小琴教授是"人文清华"讲坛的制片人，我很认同她在《手机：个人移动多媒体》中的一个观点，她说："手机确实使人们的时间碎片化了,但另一方面也可以使碎片化的时间得到有效使用。"确实如此啊,我也一直觉得,媒介素养本身就包含着我们如何使用媒介碎片化时间的素养,要主动使用媒介,而不是被动喂养,不是被消耗。一种媒介就是一所大学,里面有各种经典的、时尚的、能滋养你的知识,你善用它,它就滋养你。你缺乏自律能力和学习主体性,它就消耗和消费你。"教授和学生在哪里,清华就在哪里。"——这句话还有另外半句才完整:"你求知若渴,自律好学,媒介才能成为一所大学。"

(微信公众号"吐槽青年博士"2022年4月12日)

许倬云和刘慈欣，都在担心这件事

"弹幕"好玩之处就在于，常能"弹"出一些既出人意料又在意料之中的妙语，比如这半年，每当人们沉浸在某个新闻热点中时，总会弹出这样一句话："别忘了，我们天上还有三个人！"——立刻引发一系列点头认同："是啊，确实差点忘了。"好了，这趟让国人、让世界牵挂了半年的"太空最牛出差小组"回家了，安全顺利出舱。王亚平对女儿说："摘星星的妈妈回来了。"和女儿拥抱完，她立刻把"星星"递给女儿。"手可摘星辰"，女儿以后背课本里的这句诗时，该多自豪。

欢迎回家，谢谢我们的宇航员们，他们不仅是用自己的眼睛看太空，更是帮我们，用亿万双追星星的眼睛凝视着这个神秘的地方。我们没有身在太空，却透过他们拍的影像仿佛身临其境，可贵的太空视角让人们更读懂了这句话——"只要你站得足够高，就会发现大地是星空的一部分。"

在众多欢迎回家的"追星"作品中，最触动我的是"央视新闻"和"B站"联合发布的一段视频。该视频将"B站"上众多追星星的人的经历融合成一个故事，借一名成长中的追星少年的形象，反思技术的困境，呼吁更多人加入追星星的队伍。第一句话就很戳心："如果不仰望星空，我们会丢掉什么？"故事讲到小时候这名少年是怎么想象星座和爱上天文的，毕业、面试、上班、格子间、地铁站——长大后仿佛失去了想象力，城市的霓虹遮蔽了天空，方寸的光亮成了一切，不再梦到星星。他想把星星找回来，在藏区腹地，到温暖岛屿，往草原深处。故事结尾说："这不是我的故事，这个故事，属于他们，当生活被数字围困，世界失去了远方。不仰望繁星，我们丢掉的，是自己的未来。"

从评论区看到，很多人都如我一样，被这个"灵魂叩问"击中了。是啊，生活在技术舒适区和低头忙碌的我们，有多久没有抬头看过星空了？有多久没有数过星星了？对遥远的地方和神秘的星空失去好奇心，又有多久了？我们是否已经宅得太久，习惯了低头刷手机，忘记了头顶灿烂的星空。我们的宇航员飞向太空，在那里生活了那么长时间，往返流转，不仅给我们提供了一种陌生的太空视角，更呵护着大地对天空的好奇心，用国家的航天梦想给予普通人仰望的力量。

前段时间看历史学家许倬云的一段访谈，他的一句话特别有震撼力，他说："要有一个远见，能超越你未见。"是啊，一个人不可能攀登得比自己不知道的地方更高，所谓的"远见"就是，能站到未来三十年、五十年甚至一百年的位置看今天的自己，意识到"已知的未知"，才有超越的可能，而不是活在"未知的未知"中。一个人和一个国家的发展，都是如此。人们之所以爱把"星空和远方"当成梦想的象征，就在于那里包括"已知的未知"，有了这样一个努力的方向，生活才有了意义，也才有了未来。

古希腊哲学家泰勒斯是第一个研究天文学的人，他发现了小熊星，腓尼基人正是靠这个发现得以在大海上安全畅行。泰勒斯过着离群索居的沉思生活，相传有一次他在观测星象时不小心掉入坑里，遭到身边女奴的嘲笑：他只知道仰望星空，而对脚下的事情不闻不问。柏拉图对此评论说："任何人献身于哲学就得准备接受这样的嘲笑。"是啊，一个社会需要有一些这样关心宇宙、星辰、未来、人生的人，即使他们掉到了"坑"里，但能为更多人的未来避"坑"。看看我们今天享受到的那些科技便利和技术红利，从互联网到人工智能，从信息消费到元宇宙想象，多是建立在前人抬头仰望星空的基础上。"嫦娥之父"欧阳自远曾说，当前航天科技已有3000多类转化为民用产品，辐射到了新材料、新能源、精密制造等领域。

然而，这里有个悖论，技术越来越发达，人们越来越舒适，可能会让人"乐活"在这个舒适区，失去探索和超越的动力。科幻作家刘慈欣对此曾忧心忡忡，人类正活在技术的安乐窝里。他以他最熟悉的科幻文学举例说："如今受人追捧的作品大多向内收束，关注人的现实境况，却丧失了科幻黄金年代磅礴辽阔的气韵，不再探索星辰大海，不再激发人类的好奇心和创造力。"他发现，让人"宅"的那些技术发展得都很快，而开辟新世界的技术发展得都很慢。刘慈欣的这个判断真让人惊出一身冷汗，无论是手机上最耗我们时间的那些功能，还是受到最多追捧的智能技术，不都助长和迎合着那种"宅"吗？疫情减少了流动性，让人宅得很郁闷和无奈，让人忧心的是那种被算法围困的宅，技术解放了人的肢体，省下了很多时间，可省下的时间都用来干什么去了？宅！

生活在技术安乐窝，被数字和算法围困，好奇心和想象力不断萎缩。技术哲学家伯格曼也曾警告过人们，随着环绕我们生活的各种技术装置越来越"人性化"，或愈加"友好型"，我们也越来越容易在技术中"躺平"。写到这里，更明白了"B站"这段"追星星"的视频反身思考之深刻，估计会让很多"宅"着刷这段故事的人猛然坐起：即使宅在家里，也不能失去对星空的想象。

多年前，清华大学物理系曾邀请几位诺贝尔奖获得者来访，在探讨他们为什么会取得科学成就时，清华学生给出的关键词是"基础好、数学好、动手能力强、勤奋、努力等"。然而，几位诺奖得主的回答出奇一致，不是这几个词中的任何一个，而是"好奇心"。写到这里，又想起"太空最牛出差小组"，他们并非与我们无关，并非只是一个国家富强的符号，而更与探索和好奇相关。今天仰望星空时，与过去已有不同，我们是一个"在太空里有人"的国家，中国人在那里追星赶月，想到这一点，仰望星空的我们会获得更多探索的勇气。也许这就是航天精神的传递，就像视频中那些追星星的人,他们本身就是被航天精神激励的,长大后,他们又成为航天事业的生力军。

  此刻万籁俱寂,想起毕业时老师送给学生的一段话:"如果你今后从事研究型工作,请不要忘记人间还有万家灯火!如果你今后从事实务型工作,请不要忘记头顶还有一片星空;抬头吧,去探索!"当这段视频结尾出现所有那些追星星的UP主名字的时候,我想,这段航天故事触动人心之处便在于,我们从这个故事和这些名字中能看到自己,从宅中抬起身来,舒展了一下筋骨,深情地看了一眼久违的星空。摘星星的他们回来了,我们的追星步伐不能停。

(微信公众号"吐槽青年博士"2022年4月18日)

终于有机会跟孩子聊《大闹天宫》

大圣时隔六十年后"高清归来",4K 修复版的《大闹天宫》亮相北京国际电影节的"修复经典"单元。第一时间带孩子去看了这部我小时候、他爷爷小时候看过的动画片,在惊艳于 AI 修复的美感之外,感慨万千。很多人看重的是 4K 修复版中包含的科技含量,满足了自己的"怀旧杀",而我更看重的是,互相陪伴的观影过程,给了我一次跟孩子聊《大闹天宫》的机会。

确实是一次机会啊!父子间平时很少有这种文化讨论的机会,我是 20 世纪的"70 后",孩子是新世纪的"10 后":他听的唱的是《孤勇者》,我听的是《孤星泪》;我是在文字阅读中长大,他则在电子媒介中耳濡目染;我小时候看的是《圣斗士星矢》,他看的是《名侦探柯南》;我想给他报兴趣班,他说"那是你的兴趣不是我的兴趣";我是从黑白电视的动画片中知道了孙悟空然后读了《西游记》,他了解的是游戏中需要花钱买特别皮肤的"孙行者"——拥有这些文化代沟,怎么聊?真得感谢 AI 技术的力量,在大银幕致敬经典、重现经典国漫的同时,也让几代人看到了一样的孙悟空,一样的身着黄衣红裤虎皮裙、脚踩筋斗云战云霄,有了共同的文化话题。

该版本由"西瓜视频"联合"火山引擎"共同修复,见证着科技和人文的融合,这就是看得见的传统和文化传承啊。艾略特曾说,传统不仅包括"过去的过去性",还包含"过去的现在性",爷爷看过的动画片,爸爸看过,孩子也在看 4K 修复版的片子,这不就是"过去的现在性"吗?传统是什么,它本身必然包含着一种连续性,才能把过去、现在和未来联系在一起,成为一个想象的共同体。为什么我们的文化生活中有很多看起来很枯燥的仪式，而这些仪式都是在做一些"重复性的动作"？孩子跟着大人一起重复，这种重复便是一种对过去的延续，从而固化到文化血液里成为传统。当我和孩子坐在影院里一起看三十多年前我看过、六十年前我父亲看过的《大闹天宫》时，内心里那种紧密相连的文化传承感便油然而生。

中年与童年相遇，中年的我穿越回童年，我正童年的孩子，陪着中年的父亲了解那个时代的"国漫巅峰"。借着这个机会，我跟孩子讲了他所熟悉的游戏之外、经典之中真正的孙悟空，他的自由洒脱不畏强权、他的不畏艰险敢做敢当、他的善恶分明疾恶如仇。实际上，动画片《大闹天宫》在原著基础上做了一些改编——大闹天宫后的孙悟空，没有被压在五指山下，而是打碎灵霄殿匾额之后回到了花果山，又竖起了"齐天大圣"的大旗，和猴子猴孙归于自由的山水之间。"若一去不回，便一去不回"的气质，为孙悟空注入了更勇敢更自在的精神内涵。

特别希望孩子也喜欢我喜欢过的《大闹天宫》，并因此对经典产生兴趣，去读经典原著，在那些"踏平坎坷成大道，斗罢艰险又出发"的故事中受到传统精神的熏陶。神话不是幻想，而包含着一种超越与追求，"世上无难事，只怕有心人"，我们父辈身上所流淌的这一精神，都或多或少地受到了这种文化的熏陶。在"西瓜视频"联合"火山引擎"共同推出的经典视频4K修复计划中，准备在一年内修复百部经典，如《葫芦兄弟》《小蝌蚪找妈妈》《九色鹿》，多熟悉的名字，多少人儿时曾从中汲取过营养。

4K修复让传奇经典高清重现，让人们看到了媒介科技内在的文化亲和力，用情怀致敬情怀、匠心握手匠心，正如很多文章满怀敬意谈到的："《大闹天宫》诞生于创作没有电脑、全凭手绘的年代，全片光手稿就有十多万张，创作前后持续了四年。声画表达上也融合了那个时代的美感极致，蟠桃园里七仙女的造型灵感来源于敦煌飞天壁画，天庭则是脱胎于中国各地的建筑古迹，孙悟空的武打设计吸收了传统京剧的形体动作和姿态。但六十年过去了，以胶片为存储介质的老动画片，很容易出现褪色、划痕、噪点等问题，4K修复致力于还原那种精致。"这个修复的过程，是用科技的匠心向经典致敬，让文化传承，也是新旧媒介间的文化互补。对于当下的电子媒介，很多人持批判态度，比如梅罗维茨曾说："电子媒介文化导致了场所感的丧失，因此记忆中或传统中对温馨可爱的家园感的依恋便产生了。"4K修复《大闹天宫》说明，新旧媒介并不对立，而是有着深刻的文化亲和力。

我想到了保罗·莱文森在《软利器：信息革命的自然历史与未来》中提到的"窗户隐喻"："墙壁是一连串媒介里的初始媒介，带墙壁的居所，帮我们的先人抗御恶劣的自然条件。但墙壁也隔绝了阳光和空气，我们的先人想出的第一种补救性媒介是，墙上少砌一块石头，留一个洞，让阳光和清风进来。于是窗户应运而生，既带来观景便利又有安全感。为了防范外人向室内偷窥，窗帘又成为窗户的补救性媒介，后来又有了按钮控制透明半透明效果的窗帘。"新旧媒介的关系，就是这样进化的互补关系。4K修复《大闹天宫》，科技力量助力经典动画传承、新技术融合旧媒介，正包含着这种科技人文的互补式进化。在"一切坚固的东西都烟消云散"的当下，这种科技驱动的文化回响尤其重要。

也带孩子去看看自己当年看过的《大闹天宫》吧，当年自己的回忆，会成为孩子今后的回忆。我们终会老去，孩子终会长大，这种同看一部经典的陪伴，也是难忘的回忆。

（微信公众号"吐槽青年博士"2022年8月18日）

"文盲"绝不是一个用来骂人的词

看到近来好几家媒体对"直播间成人识字班"的报道,很是感动。"你文盲啊?你这个文盲!"在现代人的社交话语体系中,当很多人只是把"文盲"当成一句嘲笑和讥讽时,有人在短视频直播间认认真真地扫盲,用后现代的媒介工具,以前现代的笨拙方式,一笔一画、一字一句地,帮着一些成年人识字,带着他们融入现代文明。"娜娜成人识字课堂""宋老师成人识字""许薇(成人识字)"等直播间进入公众视野,很多评论赞其为"短视频洪流中的一股清流"。

圈层限制着我们的想象力,不看这些报道,真不知道我们的社会还有这么多不识字的人,更看不见他们在日常生活中的尴尬。报道呈现了他们作为"文盲"而无法言说的自卑:觉得自己是世界上最笨的人,习惯了沉默,在被同事骂"脑子笨"的时候沉默,在被伴侣骂"废物"的时候沉默。在短视频平台刷视频、看直播,大部分人因为不会打字,从没发过评论。有一个学员叫"想家的女人",42岁,从来没有一个人回过娘家。虽然娘家离她只有100多公里,但她不认识地名,怕坐错大巴。

报道让沉默的他们"被看见","成人识字班"也让他们看见了这个世界,写下自己的名字,敢去评论区敲下自己的看法,学会了自信和独立。说实话,看了这些报道,我很有愧疚感,扪心自问,我也曾把"文盲"这个词当成骂人的话,聊天中敲出这两个字时充满优越感,却没想到过我们的社会真还有很多不识字的人,而且不是一个小数目,有3700万之多,他们中的很多人都不是因为自己不努力,而是缺少学习机会。惭愧的是,当说起网民的受教育程度不高，本科率不足 10%，初中教育比例最高，甚至还有"文盲"时，我的内心是充满鄙视的——难怪网络有那么多无法理喻的言论，难怪乌烟瘴气。

还好，面对这个数字，当很多人止于"没想到还有文盲""难怪如此"之类的嘲讽式感慨和智商优越感时，有人往前走了一步，看到了不识字者作为一个群体的困境，并出现了"成人识字班"这样的直播间。这些成人识字班，让裹过小脚的奶奶、因为没有文化而只能"围着家转"的妈妈、渴望像《一帘幽梦》中大胆活泼的紫菱一样而将网名取为"紫菱"的脑瘫女学生、"学不学都一样，早晚要嫁人"的王美玉、疑似丈夫有外遇却依然能在自己眼皮底下与人聊天的妻子，在识字后对未来生活有了新的想象。

当"文盲"在日常话语中已经沦为一个带着贬低和侮辱的符号时，其实不应该用"文盲"形容这个群体，就像"瞎子""聋子""哑巴"这些词，被"视障人群"等表述替代所包含的文明一样。当我们在说"文盲"时，到底在说什么？"文盲"不该被嘲讽和羞辱，而应该得到受教育的权利，享受到识字的机会。直播间里的识字班，包含着这种知识普惠的善意。这是一个似乎很奇妙、有点违和的后现代组合——现代化的直播间、前现代的识字教学、摆弄着最新媒介科技的老师、看一切都新奇并曾裹过小脚的奶奶，"折叠"在直播间里。是的，中国不仅有"北上广"，中国很大，"折叠"的直播间里有最真实的中国社会。

短视频和直播间，代表着一种媒介形态，这是现代人的后现代日常表演的媒介，也是前现代文化中的人进入现代社会的媒介。传播学专家说"万物皆媒"，不是没有道理的。就拿识字来说，万物都能充当学习的媒介。看过一期《国家相册》，那期节目叫《一个都不能少》，讲的就是新中国扫盲史，在 20 世纪 50 年代，中国人是怎么扫盲的呢？有这样一个细节：1952 年，在庆祝建军 25 周年的全国运动会赛场上，起跑线上的运动员没有跑，而都蹲着在纸板上写字。这是为什么呢？原来，起跑不用发令枪，而是谁先写出规定的几个字，谁就可以起跑。当时的很多运动员都是"文盲"，通过这种方式来让他们识字。放牛娃在牛背上识字，渔家女在船头识字，扫盲被编成戏剧演出，这种文化普及的方式，堪称世界奇观！

这是一个很深刻的隐喻，识字就是起跑线。在起跑线不断内卷、人们害怕输在起跑线上的今天，写出字就可以起跑，这样的"起跑线"似乎很难想象。但这仍是今天的现实，对城市人来说，"胎教"是起跑线；对不识字的人来说，识字就是起跑线。不识字寸步难行，识字班的学生们圆了不少心愿，比如第一次实现一个人坐火车、一个人去医院挂号缴费、一个人去银行存取款。有人感叹，"不亏来这世上一回"。是啊，会识字便有了新生，生活才刚刚开始。会识字了，他们才能在短视频账号的个人简介中写出"真的很累吗？累就对了，苦才是人生，忍才是历练，变才是命运"的生命感慨。

在这些成人识字班的留言区，好几个学员都说识字让他们看到了生活的光亮。是的，读书识字需要光亮，在媒介史学家的眼中，作为延伸白昼的媒介，19世纪末的电灯光对养成读书习惯所做出的贡献，超过了过去的一切东西。历史学家大卫·德·哈恩的论断有以下数据支撑：爱迪生发明电灯后，美国人口翻了一倍，日报增加了三倍，报纸销量增加了五倍，周刊发行量增加了两倍，公立学校在校生占适龄学童的比例从57%增加到72%，"文盲"在人口中的比例从20%降到了10%。作为新媒介形态，像为读书点亮的灯光一样，短视频和直播间不是对传统阅读的取代，而是给阅读带来了"光"，特别是对那些有阅读障碍的群体，让他们看到什么时候学知识、学文化都不算晚。

想起小时候晚饭后写作业时的情景，妈妈总会把灯光调亮一些，让书上的字看得更清楚。这些成人识字班，不也是在为底层那些拼命努力、渴求知识的人点灯吗？让他们不仅能低门槛地进入新媒介，进入直播间这样的教室，获得看见和表达机会，还享受到了知识普惠，以最低的成本提升着自我。这里的学习打破了时空、地域和阶层的壁垒，让他们能在工地上、高速公路边、蔬菜大棚里，在劳作间隙、在孩子入睡的片刻，靠着屏幕黑板上的亮光，补上小学、中学、大学的课，为他们拓宽人生路径在知识上创造了可能性。

  北大清华请大师讲"公开课"，使这些新媒体平台成为一所"一流大学"，这种高端的知识普惠很让人感动。而像这样的"成人识字班"，创造条件让那些出身底层、早就为生计奔波、没能受到良好教育的人受到教育，使新媒体平台也成为"一流小学""一流中学"，也许更让人感动。从最基础的文化抓起，面向最底层的人，能惠及这个社会更多的、更需要帮助的人。一位五十多岁的学生说："我的人生是不完整的。我当过母亲、妻子、女儿，但我从来没有同学。"直播间里补的不只是课，而是他们人生和生命的完整。读到这里，也许你也跟我一样，以后绝不再将"文盲"当成一个骂人的词，而是向"成人识字班"学习，努力做点什么。

（微信公众号"吐槽青年博士"2022年9月1日）

四 不同观点

人们都在说共识，很少有人愿意接受异识，即在没有共识的情况下如何彼此共存。"人类的悲欢并不相通"，多数时候看法并不一样。我们与其说需要共识，不如说需要学会在没有共识的情况下如何一起生存，形成一种"健康的不同意"。我一向建议评论者多看"评论区"，让自己拥有"评论区想象力"，也就是对不同观点的想象与"同情之理解"的能力。就像尼采在《道德谱系学》中所说："我们越是知道更多的眼睛、不同的眼睛是如何打量同一个问题的，那么对这个问题，我们的'概念'以及我们的'客观性'就越是会完整得多。"

时评这样写

评论写作
需要会"讲故事"

评论,很多人觉得就是"摆事实,讲道理"。我最喜欢的评论倒不是讲道理,而是讲故事,通过感性的故事去阐释一个深刻的道理。比如,有一次我写一篇评论,想谈谈生活中那种"没话找话说"的尴尬状态。我在开头讲了一个故事:多年前,一个性格比较内向的同事在电梯中遇到老总,偏偏老总也不太爱说话,打完招呼后两人彼此对视无话可说,电梯里就两个人,狭小的空间里写满尴尬。电梯开门时,这位仁兄觉得此时此景不说点什么,实在对不起老总,于是,拍了拍老总的肩膀,说了一句注定会成为经典的雷语:"我会好好干的。"

你看,不需要你评论,观点都在故事里了。有一个学生写的评论作业是关于中国科学院大学老师给抄袭的学生零分的新闻,批评大学的"水课"。其实这个道理是一个老套的道理,光从道理上说,说不出什么新意,但我从她的文章中看到了一个故事:"大一时我参加了一个社团,开学第二周,社长就热情地提出开会,传授选课秘诀。我满怀期待地参加了,等到的却是'逃课表''水课表'等高分攻略。那天晚上回宿舍的路上，一直活在象牙塔里的我又是震惊又是失望，几乎要哭出来。"

多好的故事啊，很有说服力和感染力。道理是老的，但故事是新的，这也是评论的附加值，所以我毫不犹豫地建议她把这一段提到前面来，我给她改的标题也是围绕这个故事——《听完"选课秘籍"回来，我几乎哭出声来》——看，多有节奏感，多有感性的带入感。我们要学会在日常生活和日常阅读中积累这样的故事，会讲故事，关键时候都能在评论中用上，起到画龙点睛的作用。

故事是感性的，道理是抽象和理性的。读者的认知过程其实是一个从感性到理性的过程，因此我们的写作要尊重读者的理解，尊重人们对一个道理的接受习惯。更重要的是，通过故事讲道理是潜移默化的，是让读者自己从故事中感悟，让他觉得这个道理是自己获得的，而不是评论写作者强加给他的。同时，故事也能让文章结构更丰富，如果都是板着脸讲大道理，那样的文章也太难懂了；很多时候，故事就是文章的兴奋点，就像相声小品一样，是文章的"包袱"，有"包袱"的评论才好看。

此外，故事还能让文章充满"肉感"。《南方周末》的一位记者曾提供了一种"肉感写作"，所谓"肉感"就是用充分的故事来支撑文章，她的大部分稿件都会采访近10位对象，还有不少杂人。大采访量能较大程度地保证材料的丰富性，留意和收集似乎与主题无关的材料，这在写作中往往能发挥出增加弹性的效力。但"肉感写作"并不是容易的事情，大量地使用"肉感"材料也容易产生副作用——这类材料由于弹性十足，具有很强的延伸性，如果使用不当，容易让文章出现力量不集中、材料驳杂的问题。既要讲好故事，又得避免材料驳杂，这需要做减法，比如《冰点周刊》的爆款文章《湍流卷不走的先生》，就是讲故事的典型，聚焦于写李佩先生的故事，舍得放弃那些有诱惑力却庞杂的材料。

尤瓦尔·赫拉利在《人类简史》中谈道："人类思考用的是

故事，而不是事实、数据或方程式，而且故事越简单越好。每个人、每个团体、每个国家，都有自己的故事和神话。"公众爱读故事，不爱看陈词滥调，当下自媒体创业，主要都是在"卖故事"："六神磊磊"讲的是金庸的江湖故事，吴晓波卖的是经济故事，罗振宇卖的是读书和思想的故事，秦朔、迟宇宙、许知远的核心产品也是故事。有意思的是，这几位创业选择的内容变现方式都是评论，而评论的核心都是故事。这些生动的故事包含着一个人日常"问题意识"的积累，以这些"丰富的感觉素材"做论证支撑，避免评论成为那种"支离破碎的白骨"，而有"血肉丰满人体"的美感。

如何讲故事？这涉及评论写作者对受众情感结构的洞察力。一个触及公众情感结构的故事，才能在打动人心的过程中起到修辞感染力，从而对观点形成有力助攻。什么叫情感结构？它涉及一个社群深层次的心理共识，比如，美国著名社会学家赫伯特·甘斯在《什么在决定新闻》里分析了美国社会的新闻中的那些恒久价值，其中就涉及了美国人的情感结构，那些恒久价值包括：民族优越感、利他的民主、负责任的资本主义、个人主义、温和主义、社会秩序和国家领导权。当新闻纳入这种价值框架中，才能被视为主流；而新闻故事要想触动社会痛点，需要进入这种情感结构中。

米切尔·斯蒂芬斯在《新闻的历史》里谈到了故事的原型，对我们在评论中构建一个有感染力的故事很有启发。他讲的是一个记者刚入行被老编辑教育的经历。1959 年，达恩顿任《纽瓦克明星纪事报》治安记者，找不到可发的新闻，于是查看警察局的案子，准备写一个"男孩在公园里被抢走自行车"的案件。老编辑说，不能这么直白地写，于是，他坐在打字机前，向"菜鸟"达恩顿展示如何补充必要的细节：

"比利每周都在小猪储蓄罐中放入 25 便士零钱。他梦想买一辆自行车。实现梦想的一天终于到来。他买了辆炫目的红色施文，骑着它去公园兜风。每天他都自豪地沿着同样的路线在公园里兜一圈，就这样过了一个星期。但昨天，公园里突然冒出三个恶棍。他们将比利从车上打下来，骑着车跑了。比利受了伤，流着血，蹒跚地回到艾尔姆大街 43 号的家。父亲乔治·F. 瓦格纳对他说：'没关系，孩子，我帮你买辆新的，你可以用它送报赚钱还我。'"

  回去后，达恩顿便打电话寻找适合上述套路的事实，最后，他撰写的报道出现在《纽瓦克明星纪事报》的头版上，而且第一次署了名。很快，邻居开始为比利集资买新的自行车，公园管理者也宣布要加强公园安保。达恩顿认为，他利用普遍的情感与人物——男孩与自行车、小猪储蓄罐、无情的恶棍、宽慰的父亲——引发了读者的共鸣。

  这就是故事的情感结构，故事高手总能够构思出能吸引住受众的情感结构，把受众纳入这种框架，并进入观点节奏。

  故事从哪里来？需要我们日常有意识地积累，如项飙所言，要对自己生活的世界有很具体的、物质性的、清晰的认识，每天跟具体的人互动，并善于把这些日常的"边角闪念"进行梳理，以"问题化"的方式记录下来，成为可以调用的个人知识。

抱歉,我无法同情记零分的考研透题者

"人大法硕复试30余人成绩零分"上了热搜,中国人民大学法学院发布说明回应称,这些考生的行为,违背了复试承诺,违反了考场规则,破坏了考试秩序,已构成考试违纪,给予记零分的处理。这份说明指出,有邮件反映有考生在某微信群里透露复试内容,经工作专班全面深入的调查取证,慎重认定确实存在。说明的最后还提醒考生,特别是未来的法治人才要增强规矩意识和诚信意识。

公众的反馈再次证明了一个舆论规律:相比破坏规则的"罪人",大众更痛恨生活中的"小人"。新闻后被顶到前面的跟帖,充分反映了这一点,人们对违反规则的泄题者表现出了近乎"圣化"的同情,而把矛头指向了那个隐秘的举报者。有人说:"看完复试内容之后举报,真有他的,为什么看题的不记零分?"有的说:"分享的人确实违反了规则,但学校真的想要录取那些践踏别人的真心以为自己铺路的人吗?"

从我们朴素的正义感来看,这些评论似乎有一些道理。实际上,泄题对泄题者本人也是不利的;另外,举报者可能是泄题受益者,为何未受惩罚?显然,这些评论和同情,都源于太深地将自己代入"泄题者"的视角,想象出一种"帮助他人却没好报""受益者反咬一口""人心险恶"的悲情,脑补出"英雄一小人"的冲突结构。这个社会可能最缺的是站在规则角度来思考的人,作为公正的旁观者,还是应该跳出这种想象,选择站到规则那一边。毕竟,生活的背景不断变化,我们的身份也不断切换,无论是透题者还是举报者,这些身份都是临时的、具体的，在另一件事上可能会发生变化的，站到抽象不变的规则那一边来思考，才最接近正义。规则保护每个人，包括那个泄题者，在其他事情上，他们更可能是泄题的受害者。

因为对泄题者的代入和共情太深，人们都是用"最大的善意"去揣度泄题行为，多是以下这样的理解：对自己又没有好处，这种慷慨和违规反而对自己不利；对考研同行没什么警惕心，别人问考了什么就顺口回答了。真的是这样吗？真的可以这么轻飘飘？有这么一条评论被众多同情声淹没了，我觉得很有道理："很蠢，甚至有点自大，觉得自己高枕无忧了，就蔑视规则，怀着普度众生的心态去破坏规则，最后把自己玩进去了。"我也赞同另一个网友的评论："法硕的考生居然视自己亲自签的保密承诺书如废纸，能顺利考上才可怕呢！想想他们将来如何对待委托人的保密协议？"

中国人民大学法学院的处罚没有毛病，就应该按规则办事，同时也是用鲜活的切身案例给法硕生上的严厉的一课。

有人说："说到不公，泄题者这样泄题所造成的最大不公是对自己不公，自己没准备但别人有了准备。"真的是这样吗？并不是。第一，是对规则不公平，规则被破坏了。第二，是对学校不公平，考题被泄露，没有按题目设定考查出学生的真实水平。第三，对没有进入该微信群、看不到题目和严格遵守规则的人不公平，变相惩罚了守规则的人。第四，背离了他们考研所追求的这个专业最珍视的价值观，法硕不把法律、规则和自己亲手签认的承诺放在眼里，这是对规则的双重伤害。

我不觉得这是一种"利他"式的、无意的违规，违规就是违规。觉得自己已经能够"稳赢"，就不受规则约束了，把自己凌驾于规则之上，"施舍"题目给自己的"群内好友"，让自己的圈内人受益，这种违规不也一样可怕吗？有人说，那是不是以后学霸就不能分享经验了？考题难道没有保密期限？这纯粹是偷换概念，正在进行的考试泄题，与学霸分享经验，完全是两个概念。考试正在进行，明显在保密期限内，无论是从考场规则还是考前承诺来说，都应保密。

  至于说到那个被当成"小人"的举报者，实际上，"小人行径"也是脑补出来的，你怎么知道别人的动机是什么？是捍卫规则还是打压优秀？你怎么知道那个举报者必然是"看了题目然后反手举报"的泄题受益者，而不是听说题目被泄露后觉得不公而找到证据举报的受害者？"小人"并不是基于调查的事实判断，而是身份代入后的价值判断。这时候，我们无法判断举报者的动机，不了解其身份，只能从事实出发去捍卫规则，按规则办事。

  至于说"有人从泄题中受益却未受到惩罚"，这很不公平。确实不公平，但这种不公，难道不正是泄题带来的恶果吗？群里泄题，无法判断谁看到、谁没有看到，从程序正义来看，只能惩罚泄题者，而无法追究"看到题目的眼睛"，"看题的也记零分"是不正当的。抱歉，规则被破坏了，补偿的正义，也许只能做到如此了。

  吾爱研友，更爱规则。相信那些虽受惩罚却真爱法律的孩子，会接受这个残酷的教训。当判决对自己有利时，信的是利益而不是规则，当判决对自己不利时，还相不相信规则？面对这个场景，尤其考验法律信仰的真。

（微信公众号"吐槽青年博士"2021年4月10日）

别人的二舅治不了我们的精神内耗

《回村三天，二舅治好了我的精神内耗》火了，生活艰难、精神抑郁的人们，太需要一场治愈。作者"衣戈猜想"以细腻、幽默、动人的笔触，描摹了山村里的二舅，一个意外残疾、生活艰难却坚强乐观的能工巧匠苦难而饱满的一生。有人说，这是视频版的《活着》。有人说，二舅像是从故事里走出来的主人公，重叠了无数平凡人的身影。在很多人的亲戚里，或许都有这么一位二舅式的人。心里既平静又汹涌，这是很多人看完这个故事后的真切感受。

平凡人不平凡的生活，身处逆境而不屈服，这是经典文学和故事的母题，我们见过类似的二婶、二伯、二姨、二哥、二叔、二姐，为什么这一次的"二舅"尤其触动人心？第一，时间选得好，此时，人们的心理上太需要一个二舅式的精神治愈了。第二，故事讲得好，讲得真诚而有技巧，叙事特别饱满。故事里有很多金句的提炼，但总体来说，提炼得让人感觉不是那么刻意，很自然，讲到某个地方，自然涌出来一句道理。

这是极高明的叙事，即叙事归因隐藏或潜伏在情节中，如"这个世界上第一快乐的人是不需要对别人负责的人，第二快乐的人就是从不回头看的人"。越是精彩的叙事，越让听者感觉"某个道理的得出"是如此顺理成章，自然而然跟随情节发展。越是好故事，其因果解释隐藏得也就越深。语言学家塞缪尔·早川曾说："技巧娴熟的作家，往往特别擅长选择能让遂其所愿的方法感动读者的事实，让读者参与结论。"二舅深刻地体现了这种"遂其所愿的感动"，而不是用大道理和悲情强加的感动。叙事是主线，提炼没有高于叙事本身的冲击力。

二舅视频中有很多的感悟，成为人们刷屏分享时的金句，比如"遗憾谁没有呢？人往往都是快死的时候才发现，人生最大的遗憾就是一直在遗憾过去的遗憾。遗憾在电影里是主角崛起的前戏，在生活里是让人沉沦的毒药。可见让小孩将来孝顺自己的最好方法，就是默默地孝顺自己的父母。小孩是小，不是瞎。"这些都是在经过饱满、充分的叙事之后，自然得出的道理，所以才有触动人心的治愈力量。没有故事，空有道理，那就是带着爹味的说教了。艺术是什么？艺术是看不见的，艺术性是"把匠心不露痕迹地掩盖起来"。

说完故事的艺术性，再说说寄托着当下人们精神治愈的二舅。被感动、触动一下，挺好，这也是文学和故事的应有功能，生活需要"鸡汤"。但，二舅是别人的，感动是瞬间的，故事是他者的，自己的日子、疼痛和艰难，最终还是需要自己鼓起勇气去面对。在非虚构故事的短暂按摩和治愈后，还是要回到自己眼前的苟且。视频的讲述和剪辑，容易让苦难生活美颜化，在这个故事中，二舅其实是沉默的，一直没有开口，都是外人视角的讲述。那些通透的道理，也并不是二舅的道理，而是他者的提炼塑造，二舅不是靠那些道理治愈自己的。二舅并没有一个治愈自己的二舅，用别人的道理永远过不好自己的一生，只有自己咬牙去闯去拼去和解。

别人的二舅治不了我们的精神内耗和心灵问题。每个人都有自己的生活世界，无法在"他的命运远远不如我们但都活出了精彩"中获得慰藉和平衡，我们只能在自己的生活世界中、在自己的努力中获得平衡。不要寻求二舅式的精神寄托，不必在自己的亲戚里找二舅、在生活里乱认个二舅。另外，这是别人的故事、别人的二舅，感动一下未尝不可，但不要头脑一热去打扰别人。

不要去围观二舅。社交媒体时代的一大弊病是，一个人、一件事、一篇文章火了，就成了"流量"，无数"网红"会扑上去围观，以传播正能量之名去打扰别人的生活——堵门的，爬墙的，组队采访的，合影的，寻求合作的，大半夜敲门拍视频的。一个腿脚不便的老人，家中还有更年老的老母亲，肯定不希望被如此围观。距离产生美，放过他二舅，让二舅安安静静地陪姥姥度过余生，就是最好的。

不要去"帮助"二舅。在网络留言中，一个网民的评论很让人感动，他说："刚看到时，有点'想帮他点什么'的感觉，但后来感到羞愧。"为什么羞愧呢？我想，是那种"自我感动"带来的羞愧吧。从这个故事看，二舅自立自强，能自食其力，日子过得还不错，在村里也受到尊敬，不需要别人的帮助。拿着手机看文章的人很容易"眼睛一酸""心里一动"，那种俯视的同情心一上来，什么都挡不住。还是得克制一下，不要用"我能做点什么去帮助这个二舅"去感动自己。

不要去"教育"二舅。我猜，看完这个故事后，肯定会有人心生不平，想教育二舅——你怎么不去告那个让你残疾的庸医？残疾证怎么就办不下来呢？你怎么不去主张自己的某个权益？你怎么不抱怨呢？——不要用自己现代世界中的价值观去评判和衡量别人的那种前现代的坚韧品质，不要用自以为高明的观念去度量别人的生活。没有谁比谁傻，很多道理，只有被打成生活的碎片，在水里泡一泡，在风中晾一晾，日晒雨淋一下，才有生命的质感。

不要去"消费"二舅。很多人都在呼唤二舅，建议他去各大短视频平台搞直播。视频作者很清醒，他回应说："二舅这点小小的流量，你要劝他直播干啥呢？一遍遍的像祥林嫂一样重复自己的苦难，跟一帮不知所谓的人ＰＫ，跪求大哥们上上票，然后突然开始扯着嗓子卖抽纸？"是啊，感动之后关上手机，不要在直播中消费这样一位自强不息的老人。

不要去"拔高"二舅。朴素的生活，不需要多少高大的道理，"都说人生最重要的，不是胡一把好牌，而是打好一把烂牌。二舅这把'烂牌'打得是真好，他在挣扎与困难中表现出来的庄敬自强，令人心生敬意"。二舅从来不是靠那些道理把自己的日子支棱起来的，很多时候是靠一种生存的、活着的、不让人看低的本能。这种本能，每个人身上都有，不必将其神秘化、高大化、神奇化，不必将平常的生活书写成传奇。如果带着某种需要来"拔高"，那种生活中野蛮生长的朴素和朴实，就没有了。

（微信公众号"吐槽青年博士"2022年7月26日）

"人血馒头"是一种莫须有的话语虚构

东航空难让人痛心。"落地发个消息",平时感受不到这句话的分量,MU5735无法抵达,此时才知道这几个字的珍贵。跟普通交通事故不一样,空难对一个社会的打击是沉重的,不仅因为死伤人数众多,灾难惨烈,几无逃生可能,损失巨大,更因为对安全信心的打击!人们把生命托付给自身无法掌控、悬在空中的飞行器,对飞行安全的要求必须是百分百地让人放心。一场空难对公众飞行信心的打击,可能会持续几年。也正因此,空难发生后,人们特别渴望媒体第一时间的报道,这种关注是对遇难者家属的抚慰,也是对公众关切的回应。

让人遗憾的是,一些媒体聚焦于遇难者故事的报道,引发了不小的舆论争议。有网民直指媒体以当事旅客的隐私来博取大众的眼泪,这是在吃"人血馒头"。遇难者家属悲痛欲绝,还在机场绝望地等待家人的消息,媒体却"榨取"死者的故事,有没有考虑家属的情感,有没有考虑读者的不适?也有新闻专业人士称这些报道背离了新闻伦理要求,没有考虑到"创伤应激",这种"死亡敲门"带来了"侵扰悲痛问题",让人极度不适。

我不认同这些对媒体报道的指控,"人血馒头"之类的道德重锤,完全是莫须有的话语虚构、耸人听闻的吃人修辞、泯灭真相的道德绞索!空难悲剧之下,讲述和倾诉是不少遇难者家属的需求,报道是媒体的义务,知情、共情和抚慰也是公众的需要。残酷的是空难,而不是对空难故事的讲述,不要用臆想出的伪问题去打击媒体的努力。

之所以说"人血馒头"是一个话语虚构,是基于这个事实,即并没有一个受害者家属站出来指控哪家媒体报道冒犯了家属情感，侵犯了遇难者隐私，给家属带来了什么困扰。起码在我的目力所及和信息视野内，没有看到哪个家属站出来骂媒体"吃人血馒头"。从既有报道看，记者和媒体多很克制，没有看到哪家媒体去强迫家属接受采访，或者在家属拒绝后仍去"侵扰"，不顾家属的感受去渲染悲情。

相反，我看到的更多是遇难者家属在寻找记者去倾诉和讲述，比如《冰点周刊》报道的标题为《我愿意讲述，姐姐姐夫都在那架飞机上，还有 1 岁半的外甥女》（标题里写满了倾诉者对媒体的保护和报道的"求生欲"）。她在开头是这么说的，"我是 MU5735 航班乘客的家属，我希望，媒体能够真实报道我们家的情况。有媒体报道了航班上有六名亲属同行，乘客中年龄最小的十几岁，我也想让姐姐一家三口能被社会看到。"她在讲述中的呼唤让人心碎："姐姐，不是说好一直陪伴吗？谁让你离开我，离开这个家庭了？"这种面向媒体的公共讲述，既是一种倾诉——与其他有同样经历的家属互相抚慰，抱头痛哭；也是一种心理自救、自我的情感疏导，把悲痛说出来，心里会稍微好受一点。

社交媒体上有不少这类"找媒体找记者倾诉"的家属发帖，特别理解这种诉求，遭遇如此巨大的不幸，郁结的悲痛，需要倾诉。公众的关注不是"消费"，而是必要的共情与抚慰。空难不像其他事故或灾难，这是一场对公众安全信心产生巨大冲击的公共灾难，遇难者是一个群体，一百多个生命、一百多个家庭，曾有着不同的生活经历，但这一天遭遇了同样的不幸，他们也需要在彼此倾诉中去面对灾难。在这个过程中，并没有出现什么"死亡敲门"或"侵扰悲痛"，没有哪个记者"强迫"家属接受采访。不愿受访，记者会转身而去；看到哭泣，就递上纸巾。面对灾难后的倾诉意愿和抚慰需求，不报道才有悖媒体伦理和职责。

说到"空难故事让人产生不适"，到底是谁不适？是遇难者家属不适,还是旁观者不适?有些人感到不适,到底是空难本身的残酷让人不适,悲剧的人生让人不适,还是媒体的"倾听讲述""故事还原"让人不适?显然,是客观发生的空难悲剧让人不适。媒体报道并没有造假,他们只是还原之前的平凡和美好,讲述空难背后的悲剧人生,以及美好生活的毁灭。这种毁灭,本身就让人不适,并非媒体臆造出来的。

接着说说"如何面对不适"。是的,"美好之毁灭"确实让人不适,那应该如何面对这种不适呢?是消除这种不适,拒绝媒体的还原和讲述,还是去面对它?一个成熟的人、一个成熟的社会,应该有勇气去面对"让自己不适的真实"。客观发生的灾难,我们无法背过身而假装看不见,新闻伦理是用来保护受害者不受伤害,防止媒介权力被滥用,而不是用来遮掩事实。

最后说说"怎么看待媒体报道让人产生不适感"。媒体报道是为了让你舒适的吗?让你永远热泪盈眶、永远心潮澎湃、永远心情愉悦的吗?不是,媒体并不承担着"让人舒适"的义务,媒体对事实和真相负责,并不负责人的心情。尊重事实,尊重良知,尊重正义,有时可能就会给人带来不适,报道死亡、毁灭、灾难、黑幕、暴力、谎言,是无法回避那种打破岁月静好、刺痛人心的不适感的。刺痛了,才会去珍惜或改变,这是新闻业的职责。

(微信公众号"吐槽青年博士"2022年3月24日)

终于膨胀到"教人怎么做空难家属"的地步

某些网民整天在网上成群结队干的事,可以一言以蔽之,即"教你做人"——怎么做艺人,怎么做评论人,怎么做完美受害人,怎么做男人女人,怎么做有钱人,怎么做企业人,怎么做不给地方添乱的维权人。这种"教你做人"的道德优越感极度膨胀,已经到了"教人怎么做空难家属"的地步。

东航空难让人痛心,旁观者的震惊、恐惧和悲痛只是暂时的,这种绝望的丧亲之痛将伴随遇难者亲人一生,此时,没有谁比他们更应受到体贴的关怀,不给一个温暖的拥抱,起码不要让他们受到二次伤害。然而,让人目瞪口呆的是,网络暴力竟然指向了他们。据"澎湃新闻"报道,一位乘客家属透露,他接受了媒体采访,讲述了他们家的故事,该报道刊发后,他遭到一些网友的"攻击",如有网友质疑称他"不够悲伤"。该家属表示,看到这些"攻击性"的留言后,他的心情大受影响,不仅对他的心理造成了巨大伤害,也可能会影响到他的家庭关系。

另一位乘客家属表示,得知航班出事后,家人在"抖音"发了一个怀念亲人的视频,视频中的社交平台头像、名字等均被隐去,但自 23 日晚开始,遭受个别网友的"猛烈攻击",相关截图显示,多个账号的评论留言不堪入目,指责家属"抖音守孝""拿亲人蹭热点"。这些往伤口上撒盐的评论,逼得家属不得不道歉:"没想到个别网友对我们对自己亲人的思念及感情都有所怀疑,非常抱歉,再次深深地道歉,让您不舒服了……"

一边承受丧亲之痛,一边还得为"自己的纪念方式让网民不舒服"道歉,这种无处寻公义的绝望式道歉,深深地刺痛着人心。应该是我们向这些遇难者道歉啊：对不起，这些刻薄、恶臭、恶毒的留言脏了你的眼睛，侮辱了你对亲人的思念之情，伤害了公序良俗，你不得不与这些无法理喻、缺乏人性的网友共存。

想起鲁迅的一篇著名杂文所写的："楼下一个男人病得要死，那间壁的一家唱着留声机；对面是弄孩子。楼上有两人狂笑；还有打牌声。河中的船上有女人哭着她死去的母亲。人类的悲欢并不相通，我只觉得他们吵闹。"即使悲欢并不相通，即使觉得"别人的哭声吵着你了"，你可以不去共情，蒙上眼睛，捂上耳朵，岂能去伤害那些痛失亲人的家属？这些恶意满满的评论留言仿佛在说：你死了亲人算什么？这种纪念方式让我们很不舒服，你悲痛的方式不符合我们的观感。

很理解那位乘客以视频怀念亲人的祭奠方式，更理解那些向媒体讲述遇难亲人故事的家属，这是他们倾诉痛苦、心理自救的方式。这时候，做什么说什么都是无力的，在倾诉中得到共情的反馈，可能会让他们稍稍好受一点。空难跟其他的一般事故和死亡不一样，这是一场牵动公众安全感的公共灾难，因此，纪念也就超越了私人空间而有了公共性。无论是寻求媒体讲述，还是在公共平台以文字或视频纪念，都是将私人记忆和纪念公共化。不同的人有不同的纪念方式，有人还处于震惊中，没有接受现实；有人悲痛欲绝，通过把自己与外界隔绝的方式去独自处理悲痛；有人则寄望于通过媒体来记录亲人的故事和命运，让个体记忆成为灾难的公共记忆。

悲痛和纪念有什么"国标"吗？没有，每个人有自己的方式，每一种方式都值得给一个温暖的拥抱。如何旁观他人之痛苦呢？基本的原则价值是，以尊重和关怀遇难者家属的情感为上，以最利于他们为重，没有谁比他们更爱自己的亲人，对亲人的离去更感到悲痛。然而，在习惯"教别人如何做人"的人那里，在颐指气使和喧宾夺主上没有任何心理障碍，他们可以自负地教一切人做人，包括教育遇难者家属，好像比丧亲者更懂纪念，更伤心，更有爱，更知道怎么去表达。

无论是"教你做人"，还是"教人如何做遇难者家属"，这不仅是网络暴力和狂妄，不仅是"社会临场理论"所认为的"因为缺少社交线索而导致的匿名性，计算机中介话语让人们不再遵守礼貌和文明的社会规范，比以往任何时候都对人更加刻薄"，其背后更有一种疯狂的支配欲、控制欲。

前几天，一个朋友在本公众号的留言很深刻，他说："现在感觉到的是，虽然有些网民的素质觉醒程度不够，但控制欲极强，经常根据有限的知识拼图把事物定性，不喜欢就施暴，爱了就'买断'鼓励。掌握着'麦克风大权'的背后，是一个刚刚接受教育不久的孩童，挥舞着大棒。"特别认同这个判断，这就是"匿名地成群结队"所孵化出的一种强烈的支配欲、控制欲——当道德审判的法官、决定生死的判官，支配正义判断的标准，决定网络潮水的方向，控制个体的网络命运。一次次网络事件中的成功裹挟，让他们越来越膨胀，膨胀到了如今想"支配别人表达悲伤表情和方式"的地步——你哭得不够伤心，你不能这样纪念，你这样是拿亲人蹭热点。

相关平台第一时间已出手"打击借东航坠机事件进行网暴"，这种恶毒的"网暴"行为会受到惩罚，我不怀疑；但如何驯服背后那种无知无畏的可怕的支配欲、控制欲，却很难让人乐观。

（微信公众号"吐槽青年博士"2022年3月26日）

林生斌需要走出来，舆论也要走出来

杭州保姆纵火案近日因为悲情受害人林生斌"组建新家庭喜得一女"，再度进入公众视野，引起一些争议。有人看到的是林生斌渐渐走出悲剧阴影，最不幸的人终于开始新生，让人有了些许慰藉，愿其"一生被爱，一生可爱，往后永远平安幸福"，"听闻近日喜得爱女，祝她聪明灵秀，美丽无边"。有人则在心理上感觉别扭，觉得他一边在媒体塑造"痴情人设"，一边重新结婚生子，是不是对舆论的情感欺骗？林生斌亡妻的哥哥在社交媒体透露的矛盾争端，委婉表达出对林生斌的不满，加剧了舆论的情感反噬。

怎么看待这种争议和反噬？我的总体观点是，对承受过世上最不幸、突然一无所有、从人生的鬼门关走回来的人，存有一点善意。保持热点介入的边界感，在公共性与私人性之间，有一个尊重他人的权界。我们这些"看"别人故事的人，不要在自己不可能有同样痛感和对称信息的事情上妄加揣测与判断。"人类的悲欢并不相通"，判断时更该多一点谦逊和包容。

第一，对于属于别人家务事层面的事儿，我觉得还是少一点掺和，其中有很多信息不对称和不足为外人道的情感纠葛、恩怨日常，外人做不了家务事的道德判官，千万不要入戏太深，产生一种"你的赔偿款是我们舆论施压帮你谈下来的，所以你得按舆论意愿分配"的幻觉。第二，对于缺乏事实证据、全凭臆想的种种纵火阴谋论，半个字都不要信。在确证的事实和证据呈现之前，把愤怒给憋回去，不要在愤怒的回音室里编一个让自己加倍愤怒的故事。第三，林生斌是一个常人，不要在同情中把他

"圣化",更不要在时间磨去同情后将他"魔化",常人只是常人,终究还是要过常人的平静生活,林生斌需要走出来,舆论也要走出来。

在社交媒体全面侵入日常的传播语境中,公共性与私人性的界限越来越模糊,像杭州保姆纵火案这样的事件,公共性与私人性深度纠缠,形成了当下剪不断的尴尬冲突。这是一个家庭悲剧,也是一个涉及公共安全的社会悲剧,当然有着强烈的公共性。因此,一曝出就以轰动性的方式触动舆论神经,细究原因,痛谴无良保姆,愤怒追问物业,施压当地相关部门,以各种方式安抚生不如死的林生斌及二老。这是舆论天然的正义感,这种突然家破人亡的不幸太让人无法释怀了,让罪犯得到惩罚,让如果及时救援本可避免如此重大死亡的物业付出代价,让天底下最不幸的人多得到一些赔偿,多感受到人间温暖,公众才能稍稍心安一点。

这种"我们为你做主"的舆论父爱主义,在推动事件的进程中施加着压力,同舟共济,形成"我们跟你在一起"的动人氛围。然而,也隐藏着在某个时候必然会爆雷的公私冲突。舆论正气凛然地"接管"了这事儿,便有了一种"我们要管到底""你要听我们的""你要按我们的去做""你不能让我们失望""我们对终极正义负有责任"的主导欲,公共性与私人性便不可避免地混杂在一起,为反转和翻脸埋下隐患——我们为你痛哭流涕,你却早已有了新欢!

公共性与私人性在保姆纵火案中是这样渐生冲突的:很多人觉得,物业之所以赔你林生斌的钱,是我们发出的舆论"帮你施压",你才获得的,所以分配必须让舆论看得见,并且要由公众判断分配是否正义。有人觉得,你林生斌在公众面前"树立"了"痴情人设",你的"生不如死"得到了公众的同情,就应该在重新开始的婚姻上"符合"公众期待,维持"痴情人设"。有人觉得,林生斌一直活跃在社交媒体上,向公众展示着自己的"伤疤"和对妻儿的想念,可新婚的事一直"瞒"着舆论,让人无法接受。——舆论帮了你这么多,同情了你这么久,你却"偷偷结婚生子"，并"独享天价赔偿"，这可能是舆论巨大情绪逆转的关键动因。

每当有人向我咨询"一件事要不要诉诸舆论曝光求取正义"时，我都会建议其考虑清楚，有没有做到全面把自己暴露在舆论下的心理准备，不能只考虑舆论对自己有利时才接受舆论，更要考虑当舆论对自己不利时能不能接受被围观？在"自己实现某种维权目标"后能不能接受舆论的继续围观？能不能接受舆论越过公共边界对你私人事务的围观？林生斌作为悲剧当事人，被卷入举国舆论关注之下，得到舆论极大同情，后来以"悲情形象"呈现并活跃于社交媒体，可能没有意识到舆论"你这事儿我们管定了"所可能包含的对其不愿让渡之私人事务的包揽。舆论最不能接受的是"隐瞒"新婚，可能在林生斌看来，这是他的隐私，这是他自己处理情感和伤痛的方式。

"痴情人设"是谁设置的？是林生斌刻意扮演一个能赢得舆论同情和支持（从而带货）的"人设"，还是舆论期待林生斌有一个能满足大众悲情审美与道德想象的"人设"？这本身就包含着一种公共性与私人性的撕扯。"亲戚或余悲，他人亦已歌"，看故事的毕竟是看故事的，无论这故事在别人身上是多大的痛。无论如何，舆论应该是鼓励、帮助、乐见一个深陷巨大不幸的人从不幸中走出来，勇敢地活下去。遭遇这种家破人亡的打击，活着比死去更不容易，不要让悲剧延续。

公共性不要吞噬私人性。我总觉得，舆论要有"爱"，但不要有逾越公私边界、包揽一切的"父爱主义"。舆论是公器，捍卫正义是公器的责任，不能有那种"我们帮你讨回了公道，你就该把自己全面暴露在舆论下"的恩主意识。舆论有义务保护弱者，捍卫社会正义，在法律框架下帮助受害者讨公道，"事了拂衣去，深藏身与名"，在事件的公共性方面得到解决后，应及早抽身退场，把私人的留给私人，时间能解决的留给时间。

（微信公众号"吐槽青年博士"2021年7月2日）

不要好斗到连个论文致谢都要开撕

一篇刷屏的博士论文后记,引发了一波情感爆炸式的感动潮。没有一篇好论文,哪配得上写一篇动人的致谢?我在我的博士论文致谢中写道:"致谢是需要资格的。经受过学术挑战,站在一个经过努力跋涉而抵达的路口,吃了很多苦,才让自己配得上写一篇走心的致谢,感谢那些在这段艰难攀登中给予过帮助的人。"感谢,不是可以随意说出口的套话,这是一次心灵仪式、一份对努力的交代、一种历尽千帆后与少年初心的对话。客观、规范、科学、数据和逻辑规训着写作过程,不能在论文中有任何主观和情感的倾注,"为伊消得人憔悴",致谢便成为情感表达的一个出口,有几个博士不是一边流泪一边写着致谢?

之所以刷屏,是因为触动了这个国家最普通的那群人拼命去读书、用力改变命运、用力生活的情感结构。回忆一下,我们的舆论场隔段时间就会有同样主题的一篇文章刷屏,这个主题是最恒定的母题。我上学那会儿还没有社交媒体,论坛刚兴起,那时广为流传的一篇文章题目叫《我奋斗了18年才能和你坐在一起喝咖啡》,就是这篇致谢第一句所说的"我走了很远的路,吃了很多的苦,才将这份博士论文送到你的面前"。故事和流行的说法在变化,不变的是那个关于底层人努力改变命运的母题:把书念下去,然后走出去。

网络传播有时让人很无奈,一件事在网上传播,经常会因为负载太多大众情绪投射而被扭曲。再纯粹的情感、再美好的事物、再温暖人心的故事、再美丽的心灵,也会在爆炸式传播后走向情绪的反面,形成流量的反噬。所以在互联网上,很少有一种感动能超过一天。论文致谢，很快在社交媒体形成情感分裂，有人觉得这种感动是在掩饰问题，"感谢苦难""感谢贫穷"式的"鸡汤"是一种精神麻醉。这种个体命运的改变，掩盖不了结构性的城乡二元问题。苦难就是苦难，阶层固化和寒门难出贵子，不会因这种"致谢式感动叙事"而被遮掩。

我不太喜欢这种貌似深刻、实则刻薄的态度，就像我在另一篇评论中说的，不要把《卖米》的奋斗贩卖成无力和焦虑，不要把"致谢过往"解读成"感谢贫穷"，不要去嘲讽和俯视普通人的朴素感动。很多时候，我们的舆论场缺乏一种包容，不是用自身的"合理性"去理解他者的"合理性"，而是习惯以"真理"的傲慢和自负去碾压"谬误"，形成"合理性"对"合理性"的否定。

我很佩服一些朋友，能通过这篇博士论文致谢看到那些正在挣扎、还没有上岸的博士，那些同样拼命努力却不像作者这么幸运、还没走到高点就凋零的寒门学子，那些因为贫穷而没能走出大山、永远无法坐在一起喝咖啡的人。一个调查很让人难过，有很多像黄国平一样默默吃苦的寒门博士，有的兼职送外卖，有的在草原治沙，也有人坦言，撑到毕业，但身体垮了。能在感动之后跳出个案，看到更多人的生存状态和攀升困境，看到无力的挣扎者，非常可贵。对一篇刷屏的致谢，应该有这种由此及彼、由特殊到普遍、由感动到沉思的深度观察。

但我想，"感动"与"深思"应该是可以共存的，不应该变成对彼此的否定。常有人把理性与感性当成对立的品质，这是流行的误解。我认同这种观点：这是错置了对立面，理性的对立面其实是愚蠢，而感性的对立面则是冷漠。理性、感性是可以共存的，并能在互相补充、互相成就中让一个人、一个社会更有质感，"给人双重滋养，此端越深，彼端越深"。

就拿这起致谢刷屏事件来说，人们被打动，是因为黄国平深深触动了普通人不普通的奋斗追求，人们从他的身上看到了自己努力的样子，心酸于他的贫穷，敬佩于他的拼搏，欣慰于他今天的成就，活出了让爱他的人为他骄傲的模样。这种感性的共鸣，可以凝聚一个社会对奋斗和读书的信仰，让无力和悲观的人看到一道光。当然，很多人没有停留于这种感性触动，而看到背后的问题——城乡差别、寒门艰难、上升困境、现实骨感等，这种问题导向的理性透视也是必要的，确实，有很多人不像黄国平那么幸运，他们的困境需要被看见。有些人通过奋斗走出来了，有些人正在拼搏奋斗，有些人没有走出来，这些是共存的事实。

"感动"与"思考"，怎么就对立起来了？如今似乎流行制造对立：赞美正能量，似乎就被看成是"掩盖负能量"；批评负能量，会被指责"你怎么看不到正能量"；感动于致谢的奋斗，就被批评"你怎么没有看到贫穷的残酷"。在这种互相否定的对立思维中，再美好的事都能引战和引起撕裂。黄国平靠努力改变了命运，很多人都是这么走出来的，让人感动。有些人没有改变命运，甚至被命运碾压，值得反思。都是事实，不用在极化思维中把此种存在当成对彼种存在的否定。

一边感动，一边反思，这才是一个完整的人。有人拼命努力实现了自己的梦想，有人没有赶上列车，有人在用力赶路，有人被列车甩下，这些都是真实社会所发生的。一篇致谢，只是一个人的致谢，不要让它背负一个时代的重力。

(《中国青年报》2021年4月23日)

从"北大附中 vlog"想到高考状元熊轩昂

这几天，一个记录北大附中校园生活的 vlog 引起网友热议，"在北大附中上学有多幸福"这一话题也登上热搜。vlog 展示了北大附中学生宽松自由的校园生活，以及丰富多彩的各种课余活动，10 时击剑课，18 时看戏剧社表演，语文课是用线装本手抄《论语》，午休有专门的午休室。从评论区多元的感慨，能看到视角的差别，有人感叹"这应该就是教育该有的样子""比我的大学都好"，有人叹息"看到了世界的参差"，有人看到的是城乡教育资源的巨大差别，批评称"你们吃肉的能不能别吧唧嘴"，别刺激那些寒门苦读的人。

其实这不是学校的宣传片，而是已毕业的校友在校园开放日回母校时剪辑的片段。一种校园怀旧方式，无意中火了，也在无意中引起一些争议。从"美好"到"争议"，一边是眼前的苟且，一边是诗和远方，照见的是当下舆论对教育公平的渴求。

从这个展现教育"理想模样"的 vlog，想到几年前北京高考文科状元熊轩昂，他的一段话引起舆论盛赞。他出身于外交官家庭，在接受媒体采访被问到"是否相信知识可以改变命运"时，他说了一段让人充满敬意的话："农村地区越来越难考出来，一个生在北京的中等收入家庭的孩子，在北京这种大城市能享受到的教育资源，决定了他在学习时可以走一些捷径，能看到现在很多状元都是家里厉害又有能力的人，所以有知识不一定改变命运，但是没有知识一定改变不了命运。"

我当时在评论中也盛赞过熊轩昂："他是高考的受益者，却在反思着高考的公平性；他处于优越位置，却没有觉得自己享受优势资源是天经地义的事,而考虑到身处劣势者的境地;他生在中等收入家庭,却没有陷入这个阶层的鄙视链。有一句话叫'屁股决定脑袋',说的是所处的身份、阶层和利益决定立场,而从这个高考状元身上,人们看到了令人尊敬的'用脑袋质疑屁股'。"身处优越位置,作为受益者,却去正视和反思让他受益的环境和机制所隐含的问题,去理解那些身处不利境地的人。这种跨越阶层的同情理解,尤其是强者对弱者的理解,对于打破阶层固化和弥合社会撕裂非常重要。

从"北大附中vlog"想到高考状元熊轩昂,是为了批评"北大附中vlog"吗?不是!不要把两者对立起来形成拉踩,熊轩昂同学反身性思考的善意,很让人敬佩,不过我一样能接受"北大附中vlog"所展示和追求的教育理想。我不认为这是身处教育优越位置的人"不食人间烟火"的夸耀,而把这当成一种对教育理想模样的追求。公平是一种理想,素质教育的追求,同样是一种理想,两者并不排斥,不能用"公平"去泯灭素质教育的内涵。

其实,vlog展示的可能只是一个侧面,越是在像"北上广"这样的地方,教育竞争越激烈,家长越有焦虑和内卷倾向,"你不送孩子来我这培训,我培训你孩子的竞争对手"的焦虑营销越能刺痛家长。高考竞争下,哪里有什么"躺赢"?怎么办?一起轰油门渲染焦虑吗?一起展示让人觉得苦哈哈、过度竞争的拼命模样吗?这不是教育的方向,我们的教育改革和追求,应该向素质教育迈进,舒缓焦虑和内卷,让人们能慢下来去仰望知识的星空,给快乐和好奇心留一席之地。

我特别能理解很多人看到"北大附中vlog"时的不舒服,从小县城乡村走出来的我,看到的也是"世界的参差",是艳羡和心酸。但我觉得这样的教育应该是追求的目标,教育资源不均衡是个大问题,教育不公需要解决,但这些问题不是"素质教育"或"快乐教育"带来的,美好的教育没有原罪。我们没有理由让学校保持沉默,不去展示素质教育的成果,不去表达对教育理想的追求,不去尝试仰望星空。我们应该去努力让更多的中学拥有这些资源,靠近素质教育,而不是尝试让他们闭嘴,或者用平均主义的思维去看待。

高考状元熊轩昂式的反身思考,特别可贵,北大附中式的教育尝试,一样可贵。

(《中国青年报》2021年5月21日)

中年何苦为难中年，"35 岁门槛"与年龄碾压

最近，"35 岁门槛"这个话题讨论比较火爆，人大代表蒋胜男的建议把这个已成为职场招聘明规则的要求，摆到议政平台接受公平审视。她认为"35 岁门槛"容易导致从业者在 35 岁以前过度内卷，走入婚姻家庭的从业者，一旦面临失业或边缘化风险，职业压力和生活焦虑将大大加剧。她建议取消国家公务员报考年龄限制，向社会传递积极信号，有助于盘活 35—50 岁劳动力人口的工作积极性。

我也支持取消这个门槛。什么岗位需要什么样的人才，有的需要经验，有的需要身体棒，有的需要外语好，具体门槛应由岗位本身的要求去限定，而不是人为设置某种门槛。"35 岁门槛"，实际上会造成一个社会的年龄内耗和互相碾压，貌似"保护"了年轻人，但年轻人也会走向中年，每个年轻人都可能面临二次择业、三次择业。这个门槛伤害着每个年龄段的人，让人在 35 岁前过度焦虑、拼命厮杀，担心 35 岁后没有就业选择；同时也伤害着 35 岁以上的人，职业再选择时遇到了天花板；还破坏着人尽其才的人才流动机制，让岗位与最适合的人失之交臂。

职场招聘的"35 岁门槛"有科学依据吗？没看到过什么有科学调查支撑的依据，也不是什么国际惯例。这个门槛可能预设着一个流行的前提，即认为一个人如果到了 35 岁还在找工作，还没有一个稳定的职位，没有"定型"，还竞争某个岗位，肯定"不太行"。这个前提是错误的，且不说现代人职业生命周期越来越长，像过去那样一生只待一个单位、只在一个岗位流动的人越来越少了，人们在跳槽、流动、再就业上越来越开放。35 岁

正当盛年,对自己适合干什么、不适合干什么、真正的兴趣是什么,在经过试错和积累之后,最为清楚。一个人行不行,应该平等地用能力和简历说话,让岗位去要求,而不是年龄。

可能有人会觉得,这个年龄是对年轻人工作机会的"保护",现在就业这么难,不设置一定的年龄保护和岗位限制,刚毕业的年轻人没法跟35岁以上有经验的人平等竞争。有经验的人可以"降维""下沉"去竞争比其资历低一层的岗位,而年轻人却无法"升级"去竞争需要经验的、35岁以上才适合的岗位。这个理由也站不住脚,纯粹是静态、机械的职业观。工作岗位是流动的,35岁以上的人不流动,怎么能为35岁以下的人腾出新机会?年龄更是流动的,年轻人也会面临35岁以后的选择,这个门槛堵了每个人的路。一个开放社会的职业与人才的匹配,应该以"岗位需求为导向",以岗位匹配人才,在岗位上人尽其才,形成代际间的工作机会动态平衡,而不是人为计划式的年龄分层。

中年人何苦为难中年人?可以看到,"35岁门槛"这样的职场招聘规定,看似有利于35岁以下的人,实际上并不是由35岁以下的人制定出来的,而是35岁以上的人制定出来的。毕竟,一般到了这个年龄才有决策权,才能订立招聘规则和设置门槛。那么,为什么中年人会为难中年人?一群"35岁后"会为难"另一群35岁后"呢?

这里面可能包含着一种残酷的社会达尔文主义,即弱肉强食,这是年龄上的丛林法则、竞争中的强者法则。"35岁门槛"的背后有着一个隐形的视角,就是35岁成功者的权力视角——那些已经过了35岁的人,成功了,工作稳定了,不会流动了,在自己的行业和岗位上坐到了"别人不能撼动"的位置,掌握着制定规则的权力。从这种视角看,反正自己不需要再找工作,无须流动,"屁股决定脑袋",于是"35岁门槛"应运而生,在职场中成为一种固化的规则。

这个由35岁后的成功者、过来人、既得利益者所主导并固化的招聘规则，很可能形成一个社会的内卷和僵化。35岁后成功了，自己不流动了，认为别人也不会流动，不会离开单位去再就业，缺乏"35岁后职业流动和再就业再创业"的想象力，会使社会向保守与僵化的方向内卷。站在这种35岁后的既得利益的视角，无法想象两种可能：一种是"下沉"的可能——企业减员裁员，35岁失业，重新找工作，遇到了"35岁门槛"；一种是"上升"的可能，35岁想明白了，重新创业，开启另一种人生可能，也遇到了"35岁门槛"。于是，由安稳、保守的中年人订立的规则，为难了这些35岁后不稳定、不安分的中年人。我们的社会不能发展为社会达尔文主义，已经成功的"35岁后"人，要体贴那些正在奋斗的"35岁后"人。

我一直觉得，一个社会中，掌握着主导权的上一代对下一代"跟自己不一样的地方"，要能保持足够的宽容和开放，社会才能进步；工作稳定、无忧的决策者，能考虑那些不太稳定的、跟自己不一样的人，社会才有公平；人尽其才，每个人不受年龄、性别、出身的限制，在自己热爱的岗位上舒展自由的自我，这样的社会才会繁荣。"35岁"这个有形无形的门槛，必须废除了。

（微信公众号"吐槽青年博士"2021年3月9日）

面对矿难慎说"奇迹"是应有的报道文明

山东笏山金矿事故已经过去很多天,数字似乎停留在2021年1月25日的新闻而一直没有更新:11人获救升井,10人确认遇难,1人仍处于失联状态。对这起重大安全事故的问责,史无前例地严厉,栖霞市委书记和市长不仅双双在第一时间被火线免职,还因迟报瞒报被立案侦查,45名相关责任人被追责问责。迟报让人愤怒,问责罕见严厉,我想说说这次事故的报道,一个细节体现着媒体灾难报道的文明。

11人获救升井,救援有突破,让等待的人很振奋。我注意到一个现象,多数媒体同行竭力克制着,在救援报道中不用"奇迹"这个词,而在过去类似场景下常用。这是对此次事故有基本判断的媒体人的一种默契——事故暴露出当地的很多问题,无论如何都要克制高调和赞美,保持对问题的追问,对付出巨大代价的痛感,对幸存者遭遇的悲悯,对遇难者的痛心,对麻木不仁者的愤怒。

即使救援很不容易,在这种情况下营救出11名矿工很了不起,但真说不出"奇迹"二字。一位在现场已连续参与救援8天的救援人员,对事故迟报30小时非常愤慨,他对记者说:"整整30小时啊!如果早30小时开展正式救援行动,井下受困人员的身体状况肯定比现在好得多。"对事故迟报和让矿工承受如此大的灾难,应充满歉疚和惭愧,不要说什么奇迹。

监管部门也没有对营救称赞的心情。1月27日,为深刻吸取事故教训,强化责任措施,国务院安全生产委员会办公室约谈了山东省人民政府。事故调查组措辞严厉地称,绝对不会让任何一个细节漏掉、不会让任何一个责任人漏掉。一边不惜代价地救援，一边毫不留情地问责，表明了不会因救援而弱化、淹没问责的鲜明态度。永远不能指望出现什么奇迹，不能寄望"人祸"后的奇迹，唯有经营者、管理者、监管者把安全和生命置于一切之上，才能让人安心。矿工的命要靠安全制度去保障，而不是什么奇迹。

我们的诸多媒体同行，都对类似"人祸"之后的救援场景中的"奇迹"字眼很是反感。救援再成功、再辛苦，也都只是对惨痛事故的无奈补救；即使是"成功的救援""胜利的救援"，也是含泪带血的惨胜。想到那10人确认遇难、1人仍处于失联，因为迟报，井下受困人员承受了更长的等待和煎熬，那么多家庭生离死别，真说不出"奇迹"这两个字。记得多年前某次矿难救援后，当外围的媒体欢呼"救援奇迹"时，在现场跟救援者一直守了几个通宵的记者说，目睹了死亡、痛苦、黑色的恐惧和家属的绝望，我们现场的人没一个会说"奇迹"。

面对沉重的矿难、艰难的救援、惨重的死亡、重大安全事故中令人愤怒的失职渎职，欢呼"奇迹"是极不合时宜的表情。没有奇迹，没有可喜，没有功劳感，所有的努力都只是救赎。让人稍心安的是，面对幸存者，越来越多的媒体同行硬憋着不说"奇迹"，克制着对重大事故后救援的赞美，拒绝庆功。这是新闻人的默契和共识，是灾难和事故报道应有的叙事自觉和框架定力，警惕"奇迹"这样的自我感动叙述淹没反思和问责主题。

人祸之下，"奇迹"这样的字眼包含着一种轻浮，它可能隐含着对教训的无感，有意无意会滑入一种"庆功""赞美""热泪盈眶"的健忘框架，忘记前因后果，忘记背后的惨痛教训。什么叫奇迹？那是万分之一的侥幸，将人命置于"寄望出现奇迹"的危险境地，很可怕。我们不能陷入"救援大片"的围观幻象和"奇迹审美"，而忘记是什么把问题推到如此境地。"奇迹"的另一面其实是"绝望"，能想象出井下那突然眼前一黑的绝望、无奈等待的绝望，以及井上家属与亲人失联的绝望。

"奇迹"这一字眼，包含着一种对幸存者、死难者、牵挂者的不敬。其实哪有什么奇迹啊，是拼命，是熬，是井下人在黑暗中绝不放弃的求生欲，还有井上人争分夺秒的努力。此外，它还包含着一种脱离灾难主体的自我感动，喊"奇迹"的人，应该问问那些在井下死亡边缘走了一遭的人，问问那些心里已经死过一次的人，会不会说"奇迹"？

但愿媒体人的这种默契能成为一种社会共识，人祸之下，再成功的救援，也少说、慎说、不说"奇迹"。多追教训，多问责任，才能避免悲剧重演。

动辄"对不起，占用了公共资源"是一种什么病

近来明星狗血八卦井喷，吃瓜群众都撑恶心了。一边是通化百姓"求个热搜"，一边是明星不断占据热搜，想起明星道歉时常用的一句话：对不起，占用了公共资源。

暨南大学新闻学院刘涛教授在微博就此发了一段评论，观点我很认同，他说："不知道从啥时候开始，明星遇到点麻烦，声明的第一句话总喜欢说：对不起，占用了公共资源。几乎成了套路，这都说的什么话啊。平时也没少占用公共资源啊，啥时候消停过，你拍广告演电影上综艺直播带货的时候就没占用公共资源了？为啥一出事就觉得占用公共资源不好了，脑子里都装的什么意识啊。"

确实是这个理。平常的时候，一个个都迫不及待地往"公共资源"上扑，没话题制造话题也要上，为抢上头条不择手段，连走红毯都走得那么有心机，一点点破事儿都要刷个存在感，流量吃相极为难看，那时候没人反思"占用公共资源"。噢，一出坏事，引发舆情，狼狈不堪，不得不道歉时，就说"对不起，占用了公共资源"。看得出来，明星说这话时，并不是真对公共资源有什么敬畏之心，更不是对"占用公共资源"有什么愧疚，公关修辞术的言外之意是：散了吧散了吧，别讨论了，这事儿不值得大家如此关注，不适合占用公共资源；而潜台词则是：公众讨论这事儿是占用了公共资源。

那么，什么适合"占用"公共资源呢？你们平时拍广告演电影上综艺走红毯秀恩爱，就适合"占用"了？就可以心安理得地占据热搜了？实际上，平时那些才真是占用了公共资源，浪

费了"公共眼球",挤占了对其他重要公共事务的关注。恰恰是明星出事,有了丑闻,想逃避舆论关注时,公众的关注和讨论,是该有的,是公共资源的正当使用,不是占用公共资源。也就是说,明星平常争相抢夺舆论关注时,那真是在占用公共资源,而明星出了丑闻,或是有违法行为,或是道德上的不诚实,或是伦理上应受谴责,这时作为公共示范反而最有讨论价值。在最应该"占用"公共资源时却想逃避关注,那是不负责任的,是对公共资源的愚弄。

除非涉及隐私,明星其他的事,越是不好的、不想面对的事,越需要舆论去关注和讨论。比如郑爽这件事儿,涉及代孕,不是私事,是涉法的公共事务。话题铺天盖地,媒体评论无数,占用公共资源了吗?没有,经过这次讨论,舆论起码确证了这些基本的共识:代孕是违法的,代孕存在很多伦理问题。再比如华晨宇与张碧晨这件事儿,华晨宇只说了一句"是的,我们是有一个孩子",没有说"对不起,占用了公共资源"。占用公共资源了吗?也没有,以名人话题为由头,讨论父母如何负责任地对待孩子,怎样让孩子的成长有一个好的家庭环境,双方对生孩子的知情权与抚养责任,等等,仁者见仁,关注和讨论自有其价值。

"对不起,占用了公共资源"这样的公关修辞和道歉套路,表达的不是歉意,而是骨子里那种"操纵和玩弄公共资源"的意识,试图逃离舆论关注,消解公共关注和讨论的正当性。公众讨论和关注什么话题,不是由明星决定的。一边抢夺关注,一边嫌"出事时被围观"麻烦碍事,哪有这么便宜的事儿?享受了平常的舆论风光,就要接受出事时的舆论围观。不是你"想不想占用公共资源"的问题,而是舆论想"占用你的这种负面案例"去凝聚道德共识和法律常识。

倒是想看到哪个明星享受着德不配位的热搜曝光度时,会谦卑地说一句"对不起,占用了公共资源",那是真诚;更想看到哪个明星的电影上映的宣传,淹没了像洪灾这样的公共议题,会大声地说一句"对不起,别炒作我了,别占用了公共资源",那是担当。麻烦缠身时才说"不想占用公共资源",想甩掉公众关注和公共资源,这是对人民群众智商的不尊重。

(《羊城晚报》2021年2月14日)

别迷信学霸秘籍，学霸教训是更宝贵的财富

高考出分后，媒体上充斥着学霸的神话故事、鲜花掌声后各种成功经验的分享。高分代表着成功，成功代表着"输出成功经验"的资本，学霸的每一种习惯和品质，似乎都与成功有了某种因果关联，在"高分压倒一切"的迷信中被应试信徒们过度阐释，顶礼膜拜。众多神话中，一个反神话的故事引起了我的注意。

湖北襄阳一个外卖小哥，因为"外卖打工还能考出623分好成绩"的事迹，被媒体视为励志典范。查分后继续去送外卖的身影，更增添了很多神话色彩，为"读书改变命运"增添了一则佳话。就在人们眼巴巴地等着这个小哥分享一点"学霸经验""学习秘籍"时，小哥的"实话"似乎让围观者有点失望，他说自己是一个"反面教材"，多年前考入中国农业大学，因为迷茫、懒惰、颓废，荒废了学业，挂科太多而被退学。这两天频繁上媒体报道，在他看来只是一时，他说自己是一个普通人，身上有一堆臭毛病，之后只想将精力集中到学业上。

这一诚实的袒露和分享，跳出了所谓的成功光环，站在失败者的角度对种种教训的反思，让人觉得比那些铺天盖地的学霸"成功经验"更有价值。告诉别人哪些路不能走，哪些路是误导，哪些路绝不能碰，哪些捷径其实是陷阱，以付出过代价的亲历者视角来分享，更有价值。成功可能包含着很多随机的、运气的、多元的非直接原因，后见视角和成功迷信，常常容易夸大一些因素，相比之下，失败教训要清晰多了。见惯了侃侃而谈、高谈阔论的成功者，迎合大众的造神期待，随意并笃定地在某种品质

与成功之间构建直接因果关系,却很少看到在成功时能诚恳谈论失败教训的。

纳西姆·尼古拉斯·塔勒布在《反脆弱:从不确定性中获益》这本书中,也谈到过这个道理,"在一般情况下,失败比成功和证实能带来更多信息,这就是为什么我说反向知识更强韧,我们通过减法获得的知识远远比通过加法获得的知识多"。他对骗子深恶痛绝,提供给了人们一个很有启发性的信息区分法:骗子是可以识别出来的,他们都会给你正向的意见,而且只有正向的建议,利用我们对所有秘籍的轻信和热衷。听他们一说,我们顿时会觉得某件事再明白不过了。看看那些教你"如何做"的书吧,这些书常常以"×××的十大秘籍"为题。是啊,那些所谓的"学霸秘籍""成功学鸡汤",不都是如此吗?

成功学的经验往往很简单,因为"粗暴的简单"才能向大众灌输一种不假思索的盲从,如果太复杂怎能让普通人狂热地跟随呢?——"你只要这么做就行了""像我一样,做什么就可以了""你只要记住一句话"——机场书店和短视频里的那些成功学知识,充斥着让人热血沸腾的断言。在塔勒布看来,反向知识更有"反脆弱性",所以比起如何获得成功,他更关注如何避免失败。就像他喜欢的查理·芒格所言,"如果你想在某件事情上成功,那么先考虑哪些东西会让你所做的这件事情失败,然后想办法避免这些因素发生"。

所以,相比看那些学霸的成功经验,我喜欢看那些站在失败者角度的分析,更有深度和借鉴价值,这些"反向知识"才是一个追求成功的人更应掌握的。正好看到一个"985"学霸的反思,他也是从失败者角度来反身思考的:"报专业时什么也不懂就填了某专业,后来意识到真应该早点弄清楚自己喜欢什么、想学什么,而不是沉浸在'只要努力学什么都行'的错觉中。选修了一门金融课,明明课听不懂却盲目乐观地相信'努力就能成功',结果这门课拿了很低的分。"这让我想到一位学者的一句话,"失败其实是一个信号机制,提醒我们该拐弯的时候拐弯,而不是一路走到黑,但我们的成功学教育似乎鄙视放弃、鄙视失败,还发明了很多褒义词鼓励这种极其痛苦的、方向错了的坚持"。这也正是我所说的,学霸教训也许是更宝贵的财富。

"学霸崇拜"跟"名人崇拜"一样,包含着一种"成功就说明一切"的迷信,考高分了,成功了,于是身上的一切都值得学习。成功成为一面美颜滤镜,美化名人过去的每一个经历,用庸俗的苦难辩证法过度阐释名人经历的失败、奋斗和努力,把失败、贫穷、不堪、茫然,看作成功的铺垫,以"努力就能成功"的简单且虚假的因果,遮蔽对个体成功起决定因素的偶然、特殊、运气、阴差阳错和贵人相助。

劝君少看"学霸秘籍",少喝"成功学鸡汤",跳出"学霸迷思",总结成功者的那些失败教训,看到失败者提供的那些反向知识,也许更有助益。

(微信公众号"吐槽青年博士"2021年6月30日)

为什么越禁止说高考状元越刺激传播

让主管部门哭笑不得的事出现了,越禁止炒作高考状元,越刺激着舆论对状元和分数的好奇心,出现了很多对禁令"露骨"的挑逗,以各种方式打擦边球。

比如某地在喜报中用"考得比较好的两个人"来替代禁止的状元称呼;另外一个地方用的是类似"取得较好成绩的学生",挤眉弄眼,疯狂暗示。在网传的截图中,某地一学校采取的是反向传播法:"请全体老师严守本地高考宣传发布工作'十严禁',不允许宣传本校的状元,更不能暴露文科裸分和总分状元都在本校,违反纪律者,学校将按相关规定严肃处理。""明目张胆"地将"此地无银三百两"用到极致——你说,我违反什么规定了?

这种抑制不住欣喜的各抖小机灵的传播策略,让我想起鲍德里亚提到的一个隐喻:小男孩遇到仙女,求仙女给他想要的东西。仙女答应了,但提出一个看起来很容易做到的、没什么意义的条件,就是"永远不要想到狐狸尾巴的红颜色"。这有什么问题呢?小男孩立刻答应了,高高兴兴地回家等着仙女的礼物。后来小男孩才发现,自己错了,越想忘记,越是在脑海里无法摆脱。越是暗示自己不要想到那个狐狸尾巴,那红色的尾巴越是到处出现,在走路时,在睡梦中,在吃饭时。这个"不要想到"的要求,像巫师施的魔法那样,如影随形地跟着他。

不许炒作高考状元,很像鲍德里亚说的这个隐喻。越禁止,似乎越刺激着一种反向的暗示,撩拨着人们对信息的好奇。失眠也是这么形成的,睡眠本来是本能和自然的事,累了就睡,饿了就吃，越强迫自己睡觉，强迫自己不要想"那些事儿"，但你的身体本身比"想法"更诚实，便形成了一种别扭。

纳西姆·尼古拉斯·塔勒布在谈到信息的"反脆弱性"时强调过，湮灭信息的努力比宣传信息的努力，更能增强信息的力量。如果别人和你说一个秘密，并恳请"千万不要告诉任何人"，那么越是强调这是一个秘密，它传播得就越快。前面提到的那所学校真是深得这一规律的神韵，强调"我们学校出状元了，大家要保密，绝不准向媒体透露"，刺激起最有传播力的透露方式。

塔勒布还谈道："大企业和政府似乎并不明白信息的反作用力，事实上，信息有能力控制那些试图控制它的人。当你听到一家公司或一个负债累累的地方表示要'重新注入信心'，那么你就应该知道它们是脆弱的，肯定有严重问题。信息是无情的，越是召开新闻发布会来'安抚'投资者，越是会吓跑投资者，导致死亡螺旋或银行挤兑。"从这个角度来看"禁止炒作高考状元"，这种"禁止炒作"的信息本身，实际上控制了试图控制它的人，形成反作用力和"套娃效应"。民间在传播高考状元上的创造性方式，不正是如此吗？这也是当下营销号和标题党常用的伎俩，以隐藏信息的方式来刺激传播，或者用"秘密""惊曝""阅后即删""秘闻"等方式，制造一种"有人不让传播"的神秘感，形成炒作效果。

很多人对"反作用力"缺乏认知。不了解舆论传播规律的人，会通过"制造好评"的方式来为一个东西做宣传，但"制造好评"本身所包含的信息，反而对传播形成了抑制。哲学家安·兰德的著作《阿特拉斯耸耸肩》被数百万人阅读，很大程度上归功于那些抹黑她的评论。因此，钟情于"反脆弱"概念的塔勒布真诚地建议："如果你真的希望人们读一本书，就告诉他们这本书被'高估了'，同时别忘了带上一些气愤的语调。"他谈到了自己家族的故事，曾外祖父是一个老谋深算的政治家，临终前把他从政的儿子（也就是塔勒布的外祖父）叫到面前说："我对你很失望，我从未听到外界对你的指责，你已经证明了自己根本无法激发别人对你的嫉妒。"

　　理解相关部门在"禁止炒作状元"上的善意初衷，但如果熟悉信息传播的规律，了解"状元崇拜"的发生机制，就不会轻易认为"一纸禁令"能起到某种预期效果。高考拼的就是分数，状元就是绝对胜者，进北大清华拼的是分数，优秀的标准是分数，好学校的声誉系于升学率和优秀率，整个机制都是以分数为评判中心的，仅仅在末端强调"不得炒作状元"，这种努力可能是徒劳的。高考状元是媒体"炒"出来的吗？是学校"宣传"出来的吗？不是，是考出来的，是既有考试机制天然的结果。不溯因，不了解信息传播机制，发个禁令，反而是反向强化了。

（微信公众号"吐槽青年博士"2021年6月26日）

新闻专业本科毕业不能失去就业欲望

当下新闻教育有很多问题,缺乏能让学生有专业自信的核心知识,学界与业界疏离,教学脱离实践,这导致新闻学院培养出来的学生离新闻业越来越远。新闻专业是一个实务操作性很强的专业,"在做中学"是其专业基因,本科毕业后应该更多地在实践中去接续新闻教育,完成学院教育缺失的部分。但我的总体感觉是,新闻专业本科生的就业欲望似乎越来越低,多数在进入大学后就把读研当成目标,很少在本科毕业时就准备就业的,也很少听到本科生成功就业的消息。

这种氛围下,偶尔看到一个本科生就业的案例,我就会很兴奋。前几天,看到一所大学的新闻学院推送了一个毕业生的自述,这个学生本科毕业选择了直接工作。她说,追求更高的学历并不是必须去完成的事情,选择毕业后工作是因为这是当下最符合她状态的生活。而且在实务中学习,真正明白自己想深造什么,将来也会更有方向。她在大学期间在媒体做过两份实习,为就业而准备的丰富实践让她意识到,新闻是实际的,是贴近社会的,在实践中才可以更好地"把自己作为方法"。

本科毕业后就业本应是主流,如今似乎却成了边缘,成了需要"有勇气"才能做出的决定,在身边的同学多选择保研和考研的氛围中,在应聘简历上多有研究生学历的竞争中,选择本科毕业就业确实需要突破很多障碍。我非常欣赏这个学生"不与流行为伍"的勇气,以及大学期间为了就业所做的种种知识和实践准备。

我去年写过一篇题为《好像本科毕业已经不配找工作》的评

论，批评一些媒体"学霸寝室""考研寝室"之类的典型塑造报道，是对本科生就业欲望的潜在压抑，暗示学生考研才是正道。很少看到把"本科毕业找到一份好工作"当优秀典型的，这进一步加剧了考研保研的内卷。我所教评论班的一个学生，很认同我的观点，但现实又让她很迟疑，在就业与考研间难以抉择。我们微信聊了很长一大段，她说了很多当下本科生就业的难度，我坚持认为做新闻应该就业优先，本科生要有强烈的就业欲望、就业野心，以及有配得上这个就业欲望的知识积累和就业准备。

很高兴，她有强烈的就业欲望，坚持为工作做准备。她不是新闻系的学生，但有实践经历和作品，最后找到了一家大报评论员岗位的工作。我约她写篇评论，她正快乐地毕业旅行，说玩够了再写。我鼓励她一定要写出来，这样能带给学弟学妹一些就业欲望，扭转一下固化的路径依赖，避免考研成为一种盲目的、无意识的、唯一的、他者导向的选择。现在媒体上的"成功故事"，都是以保研考研为中心，把考研当"学霸"，把"高绩点保研"当成优秀典范，严重缺少考研之外的优秀叙述、保研之外的成功故事。到媒体去，也是学习，能在本科四年的专业学习后找到一份心仪的工作，这不也是学霸吗？这不也是另外一种优秀吗？新闻专业实操性很强，本科毕业生奔向媒体和实践，到火热的新闻实践中去学习，是一种更应鼓励的优秀。

看到很多学生为保研考研"卷"得疲惫不堪的样子，真觉得很痛心。这些学生逼自己在每门课上必须"优秀"，逼自己每门课的绩点都要达到保研门槛。今天不同于以往，学生真拼，真刻苦，刷夜，一宿一宿不睡觉，大学四年或七年如果完全在这样的节奏里，我们能培养出为了一项事业保持长久的兴趣，并献其终身的学生吗？为什么如此之"卷"？因为选择的路太窄，对于优秀的定义太单一，把考研保研、获取更高的学历当作唯一的成功路径，导致这条路拥挤不堪。

我的师弟，新华社记者周科，今年"春运"写出《春运母亲》这篇触动人心的出圈爆款文章，成就了职业代表作，他是本科毕业就进了新华社。我经常问一些学生,你为本科就业做过充分的准备吗?你在本科阶段的实践中有几篇拿得出手的、有自信能敲开向往的媒体大门的代表作?如果你拿不出代表作,拿不出优秀作品,证明不了自己的就业实力,本科阶段根本没有为就业做充分准备,那么,人家只好看你的学历了。

确实,现在进好的媒体比较难,尤其是以本科学历去应聘。但不能放弃这样的努力,我认识好几个学生,为了进入心仪的媒体做新闻,大二就开始为此做准备(而没有把考研保研当第一选项),了解那家媒体的文化和对员工的要求,研究其报道风格,有针对性地做充分的知识和实践准备。用校园实践作品争取到实习的机会,非实习期间也保持着写作供稿的联系,毕业时顺理成章地进入那家媒体。好的单位,不会拒绝这样的优秀人才,学历可能只是在信息不对称的情况下对普通人设置的一种筛选机制。

学新闻的学生不能失去就业的欲望,就业应该是第一欲望、第一本能,不要未经努力就接受"本科毕业找不到好工作""进不了好媒体"的迷思。不是基于理性思考,而是基于逃避和从众,把保研考研当成天经地义的第一选项,把惰性、惯性当作天然性、必然性,以"保研考研比工作优秀""大家都在考研"掩盖对另一种努力的恐惧和回避。

(《青年记者》2021年第13期)

我反对这样的"躺平"

"好吃不如饺子,舒服不如倒着",民间俗语中有生活智慧,说的不就是"躺平"吗?累了就躺,困了就睡,人之本能。奋斗时奋斗,躺下时躺下,这是正常的生命状态。一站就困,一躺就醒,那是折磨。"躺平"为什么引发如此大的争议,甚至形成代际、阶层、城乡间的分裂,一边义愤填膺,坚定地要"躺平",一边痛心疾首,要把"躺平"的人拉起来,到底争的是什么?

中间的分野可能在于,存在两种"躺平":一种是作为个人理性的"躺平";一种是作为集体非理性的"躺平"。年轻人捍卫的是前者,而反对者指向的是后者,两者其实并不对立。

我支持作为个人理性的"躺平",这是个人不可剥夺的权利,也是放眼长远的生存理性。什么时候奋斗,什么时候躺下,追求怎样的生活状态,有谁比自己更了解自己呢?每个成年人是自身利益最好的裁判者和决断者。每个人都是独一无二的存在,如马克斯·韦伯所言,"人是活在自己编织的意义之网上的动物",知道自己在某个阶段最需要什么,知道自己的身体状况、心理状态、生命需求、终极关怀等,能做出符合自己利益的最优选择,也能够为这种选择承担责任。很多年轻人主动选择"躺平",这是他们的理性和智慧:有的是焦虑和压力下的自我调整,有的是认清现实后降低目标和收敛欲望,有的是给自己营造一个免于焦虑干扰的舒适世界,有的是为下一步冲刺积蓄能量。

人的生命周期中不可能永远处于一种亢奋的状态,有时激情澎湃、踌躇满志,有时低落惆怅、怀疑人生,起伏是常态。

得意时信"成功学",失意时接受"平凡学""躺平学",挺不错的选择啊,何必把自己逼到死胡同中?"鸡汤",也不都是坏东西,在某种特定情境下,"鸡汤"能够让我们对自己温柔一点,留一半清醒留一半醉。学者许纪霖的一段话,很有启发性,他说:"你的'三观'也不能太单一,太单一的话很容易崩盘。最好有一种对冲,两种相反的气质你都兼有,这样的话你可以相对比较从容地面对人生不同的境遇。顺畅的时候可以成为一个儒家,知其不可为而为之。但是到过不去的时刻,你也不要和自己过不去,退一步海阔天空,这时候庄子会给你一些智慧。"

成功和平凡就是可以让我们应对不同境遇的两种"对冲气质",不把自己逼上绝路,不让自己崩盘。年轻气盛,很容易在一条道上有执念,当然,卓越也是这种"执"造就的,但问题也是"执"带来的。压力太大,承受不了卓越带来的焦虑,就适时选择"躺平",这是应有的个人理性。我们不必痛心疾首,大加指责,要相信年轻人的自我调适能力,相信他们的生存理性。

我反对的是作为集体非理性的"躺平"。也就是,让别人"躺平"、对抗式"躺平"、撒娇式"躺平"、逃避未来式"躺平"、犬儒式"躺平",以及想象出一个邪恶的他者,报复式"躺平"——我"躺平"了,你就赚不到我的钱了;我"躺平"了,你就割不到我的韭菜了。我尤其反感的是自己在努力,却"让别人躺平"的态度,让在这个阶段应该努力去闯、去试、去拼搏的其他人去"躺平"。其实,"躺平"本身也是需要"资格"的,不是消极无为、醉生梦死,而是努力后的停顿、过载后的调整、奋斗中的奖励、带着汗水的休憩。没有尝试过努力,没有品尝过奋斗的果实,没有咬过牙的坚持,就接受"躺平",这叫自暴自弃。

我们主要是在为自己努力,而不是为别人。那种"我不努力了,很多人的阴谋就别想得逞""只要我不努力,老板就过不上他想要的生活"的想象,并不健康。是的,这个社会有很多不公,怎么面对这种不公?我欣赏一种用积极行动推动改变的态度，而不是自毁式"躺平"。有一句话说得好，你过得不好，不是那些过得比你好的人害的。用"躺平"这种非理性的方式去想象出一个"我不想好了，你也别想过好"的报复性后果，幼稚且无用。社会进步，公平正义，不是一群人"不合作"躺出来的，是一起用行动推动的。

可以低欲望，可以"躺平"，但不要失去向上的追求。特别浮躁和迷茫时，就做好手中的事，理性地"躺平"后，更要骄傲地奋斗，不能在种种"宣言"的蛊惑中失去自我。

(《时代邮刊》2021年第8期)

面对郭刚堂,不苛求不加戏是一种美德

二十四年后,失孤的郭刚堂终于找到了自己的孩子,这条新闻感动和治愈了很多人。迟到的正义虽然充满遗憾,二十四年的寻子之路虽然充满艰辛和绝望,但起码找到了,让一起牵挂这事的人们稍稍心安了一些,也鼓励了那些仍在寻子的绝望父母。这是一道光,是活下去、找下去的寄托。

寻亲见面的场景让人动容,相聚的那一刻,头发已白的郭刚堂失声痛哭。郭新振安慰着父亲,不要哭了,并对父亲表达了敬意,这么多年来,他帮着不少人找到了孩子,而自己的孩子没有找到,心情更沉重,他是一个伟大的父亲,自己为他自豪。郭新振还说,养父母年纪比较大了,对自己有养育之恩,也需要人照顾,自己假期多,会经常回去看看亲生父母。郭刚堂夫妻表示,一切按孩子的意愿,他愿在哪边就在哪边,不让他受第二次伤害,只要孩子心里舒服。

孩子懂事,没有因为二十四年的离别而表现出冷漠;老郭宽容,以尊重孩子选择的方式来表达对孩子的爱。拐卖孩子的嫌犯受到了惩罚,正义虽然迟到,二十四年才团聚充满遗憾,结局却让人感到些许欣慰。正义没有辜负老郭的坚持,这应该是一场毁灭、破碎的悲剧之后,遗憾和伤害最少的修复了。不过,一些人觉得不满,甚至觉得失望,是非、善恶、恩怨未得到了断——孩子没有回到老郭身边,而声称"要照顾有养育之恩的养父母";老郭没有"得到孩子",二十四年前失去一次,如今又失去了一次。没有买卖就没有伤害,"买孩子"的养父母没受到严惩,甚至还被孩子感念"养育之恩"。而老郭竟然没去"争取"

孩子，没有追究夺走孩子的养父母之责。

特别能够理解舆论和公众这种"彻底清算"的殷切期待，理解"恨受害者不穷追""恨买卖者不受惩罚"的心结。有多痛恨儿童拐卖，有多理解一个家庭的失孤之痛，就有多希望能"彻底清算"，一个都不宽恕，一个都不放过，除恶务尽，痛打买卖。但我觉得舆论应该以"最大受害者的最大利益"为原则，尊重受害者对自己有利、不制造新伤害的选择，跳出那种抽离具体情感的抽象正义感、旁观者正义感，不苛求，不加戏，不打扰，不把旁观正义凌驾于具体正义之上。

我当然也支持"买卖者应该依法受到惩罚"，这样才能在另一端切断拐卖儿童的交易，但不要苛求作为受害者的小郭去惩罚，去大义灭"养亲"，去扮演"清算者"的终结角色。二十四年的时间，残忍地让这个看似简单的原则变得复杂。二十四年前，孩子刚丢的时候，如果迅速能够找到，毫无疑问，拐卖儿童的、买儿童的，都应该立刻受到惩罚。时间是一个复杂的变量，尤其涉及人的情感，二十四年前，最大的正义是找到、得到、回归、严惩，但二十四年后，有些事情已经发生了变化，时间不能改变财产权的归属，是谁的就是谁的，这是对"物"而言，一旦换成"人"，有些事就比较复杂了。所以，这时候要在法律框架之下尊重受害者的选择。

倒不是说时间使"买别人家的子女"有了合法性，或者说抚养的投入能够洗白"买卖之罪"，这是洗白不了的，也无法合法化、正当化。我说的不是尊重"买家"，而是尊重那个孩子，他在这个过程中的身份进行了复杂的转换：从被拐卖者、失去亲人的可怜孩子，到后来在"不知情"中长大、接受既成事实，成为另一对父母的孩子，再到如今知情后的情感撕裂。孩子的身份在事实上变得"复杂"，不能苛求他做出某种简单的、让旁观者痛快的选择。二十四年前，痛苦的中心可能是老郭及家人；二十四年后，不得不考虑孩子的痛苦，尊重他作为"关键选择者"的中心角色。老郭是一个好父亲，他充分尊重孩子的选择。

是的,"买家"没得到"惩罚",孩子没有回到老郭身边,让人充满遗憾,甚至怀疑老郭这二十四年的寻找真正值得吗?我觉得,这还是抽离当事人的旁观者正义视角。旁观者需要一个完美的、圆满的、通过报偿回到原点的结局,但这是不可能的,如果被拐后迅速找到,伤害会降到最小,时间越长,可能造成的遗憾就越多。孩子被拐,本来就带来了残缺和伤害,很多东西是无法弥补的。因此,面对遗憾,无法寄望于一个罪罚分明的"完美清算"结果,能做到的是避免制造新的伤害,尤其是对小郭的伤害。

迟到的正义,本就有很多局限,时间已经无法还原到二十四年前,无法以二十四年前的视角看今天。是的,"没有买卖就没有伤害"很有道理,但这时候,不要让这个原则凌驾于受害者自身的选择之上。没有人愿意同情和纵容"买家",孩子本来就不属于"买家",他们"失去"孩子,不值得同情,反而需要为当初的"买卖"担责。然而,正义要考虑的是具体受害者的具体情感和利益。让正义在个案中实现,正义不是抽象的,这时候,对老郭和小郭这两个受害者而言,最友好、最不坏的正义,是最好的正义,旁观者的抽象正义要让位于这种正义。让受害者在免于舆论围观下慢慢去化解和处理二十四年的那些缺失、遗憾和伤害,比"迅速以看得见的方式来清算"对他们更好。

(微信公众号"吐槽青年博士"2021年7月15日)

安全区域的闲人愤怒，少点貌似忠厚的恶毒

你想象过这种情形吗？当看到一个小女孩身临险境，紧急之下，你冒着种种风险救了这个孩子。救人视频被传到网上，有人不仅没给你点赞，还阴阳怪气地骂你救人的姿势不对，手不能那么放，手放在那个部位，是不是想揩别人油啊？面对这种质疑，你会怎么想？应该不会后悔救人，相比孩子的生命，这种委屈没什么，下一次可能还会救人。

安徽淮南的高先生就遇到了这种质疑。近日，一名女童不慎头部卡入小区铁门空隙中，进退不得，路过的高先生询问情况后，托起女童的一条腿，将她以平躺的姿势穿过铁门，助其脱困。他担心别人误解，还让旁边的孩子拍下这个过程。这段视频被发到网上后，却引发争议，有人批评他救人时的动作不妥当，手部靠近女童的隐私部位。"救人是好事，手确实应该把双腿抱起或者放下来一点，否则真的容易引起误会。"高先生很委屈，他说自己也有儿女，救人时哪会想那么多。

很反感这种争议和评论，不仅反感其角度的阴暗，更担心对人心的败坏。内心自私冷漠、不明是非到何种程度，才会这样苛求一个救人者，以上帝审片的心态来看待紧急救人。当好人的善行受到这种恶评时，人们之所以愤愤不平，主要是一种对好人的亏欠感，对不起，竟让做好事的人受委屈了。不怕这种阴暗和冷漠，毕竟只是极少数，人们害怕的是，这种冷漠刺痛人心所带来的委屈感，好人反遭恶评，会让更多的人心安理得地冷漠。让受委屈的好人心理强大一些，不必介意那些恶评——这种安慰的话是那么的无力，为什么总要让好人去承担更多的责任，

让他们流汗流血之外还要流泪呢？

　　让人掂量救人风险，以什么样的姿态救人，救不救人，救人会有什么样的后果，这个掂量的过程，就是一个让人心变得麻木和冷漠的过程啊。人们担心，当自己遇到危险需要求助时，路人会因有种种顾虑而不敢出手；当自家老人和孩子遇到危险时，身边都是冷漠的目光。这就是人们痛恨那些恶评的原因，纷纷谴责那些冷漠的言论。有的说："心里是脏的，看什么都是脏的。"有的说："紧急情况下，任何姿势都是正确的。"有的说："这是在救人，又不是在玩游戏。"

　　不为好人撑腰，就配不上拥有好人的善行。好人，只要负责做好事就行了，其他的留给舆论，营造一种让好人无后顾之忧、让好人不受委屈的友好环境。这位救孩子的高先生，救人时之所以让旁边的孩子拍下过程，可能就是有某种担心，因为曾看过那些"救人反遭诬陷"的寒心新闻。没想到，拍了视频，自己还是被质疑了。不能让这种本就小心翼翼的善意，变得战战兢兢。

　　别小看这种恶评，虽然是极少数，却有强大的议题设置力、情绪干扰力和人心败坏力，让人心无法释怀。钱锺书在《围城》里有一段妙喻，他说："忠厚老实人的恶毒，像饭里的沙砾或者出骨鱼片里未净的刺，会给人一种不期待的伤痛。"同样，像这种好人善事新闻后一两句阴阳怪气的评论，伪装忠厚的恶毒，也有着同样的刺痛感，你越善良，越容易被这样的刺给伤着。

　　再多说几句。当下的舆论场有很多情绪，感动的、震惊的、愤怒的，往往都是正气凛然。要特别警惕那种站在安全区域的闲人愤怒，这种愤怒非常廉价，但又特别败坏人心。一个人如果当时在救人现场，身临其境，是断不会发出这种质疑的，救人要紧，哪有心思想其他。倒是身在安全区域的闲人，因为闲嘛，会从不同的角度去打量，找那些可以体现自身智商优越感、碾压别人的"喷点"。因为在安全区域，"喷"了不会有后果，可以随便"喷"，便口无遮拦、毫无顾忌，把恶评当成毁人面容的硫酸。这些人啊，只敢在安全的地方表演愤怒，稍有点风险需要他们挺身而出的时候，别指望看到他们。鉴别某种愤怒感或正义感的真诚度，很简单，看需不需要承受什么风险或付出代价。

　　真的良善，应该像那位高先生那样，有勇气冒着风险去做好事。假的愤怒，就是在键盘后的那些"喷子"，在自己的安全区域里敲几行字，表演着"迷人"的愤怒。

（微信公众号"吐槽青年博士"2021年8月25日）

一篇文章打掉企业多少股价绝不值得夸耀

常听人说，某某媒体、某某记者的一篇文章，一下子打掉了某某企业几千亿的股价，这是记者可以吹一辈子的牛！每每听到这种声音，总觉得不安，不要把一种不正常的现象当成羡慕和吹嘘资本，笔下有人命关天，笔下有毁誉忠奸，笔下有财产万千，应该对媒介可能带来的毁灭权力有敬畏感，对这种"毁灭影响"感到不安，而不是狰狞嗜血。

一篇报道打掉哪个犯罪团伙，一篇独家新闻揭露了问题，一篇舆论监督让哪个贪官落马，一篇评论推动了某个问题的解决，一篇文章提起舆论对某个问题的关注——暴露企业丑闻，带来官场地震，推动某项立法，影响时事进程，这些都体现了媒体新闻的力量，值得夸耀。那么，为何一篇文章打掉企业多少股价，就不值得夸耀呢？

因为这种"打掉企业多少股价"，可能包含着媒介权力对市场和企业施加的"直接"影响权力，这种情绪传导性、爆炸性的直接影响，是一种不正常、不健康的现象。媒体之为媒体，是社会的一个中介化、桥梁式的机构，媒介对社会的影响，不能是直接的，需有中介化过程。比如，一篇报道打掉哪个犯罪团伙，不是媒体和报道直接打掉哪个犯罪团伙，而是媒体提供事实与线索，执法部门去打掉这个犯罪团伙。比如，媒体的舆论监督曝光了某个地方的环保问题，环保和纪委监察部门调查证实，在地方引发官场地震。媒体不是纪委，不是审计署，不是法院，他们作为媒介只提供"事实"，须依赖其他执法者的"间接权力"，媒体并没有舆论审判的"直接权力"。报道影响决策，推动社会治理；舆论影响有一个理性的中介过渡地带，这才是健康的常态。

法治社会之为法治社会，即终结决断的影响在于法律，其他的因素须经由法律这个决定性中介产生决定性影响。笔下有财产万千，提醒的就是记者要慎用那种"直接权力"。一篇报道打掉企业多少股价，这种"直接性"是让人恐惧的。报道只是报道，提供了多少确证的事实？有多少主观判断？报道中的数据是否有权威来源？耸人听闻的标题代表的是个人还是机构判断？假如错了呢？媒体在"直接权力"的使用上要审慎克制，一是要充分核实，用事实和数据说话，将新闻和评论分开；二是保持平衡，给每一方说话的机会，避免舆论审判，避免做道德和法律判官的冲动。

"直接性"确实能给人带来一种权力快感，绕过其他中介，绕过法律判决，直接判断，直接带来影响，股价应声而落。可是，这样真的好吗？股价背后不仅是一个企业，还是无数普通的投资者，资产瞬间灰飞烟灭，欲哭无泪；同时也对市场正常秩序形成干扰，引起大起大落——因一篇文章大涨，因一篇文章大跌，让人缺乏稳定预期。

千万别将这种不正常的影响当成夸耀的资本，而应该感到不安。很多时候，一篇文章所带来的这种巨大影响，往往不是文章本身的影响，而是文章背后的机构和平台引发人们猜测，为什么该平台在这种时候发这样的文章？传递了什么样的政策意图呢？当猜测不断强化，并形成某种情绪时，会制造市场踩踏，于是股价大跌。尤其要考虑到在某种政策变化的敏感期，市场本就非常脆弱，对信号异常敏感，报道的直接影响，会带来一系列的信息传导，引起多米诺骨牌效应，成百上千亿瞬间蒸发。这时候，一篇报道的影响，绝不是报道本身的专业冲击力，而是政策变动的敏感环境催化的种种情绪所带来的市场踩踏。

一篇文章打掉企业多少股价，这不是媒体的本事，需要克制这种冲动和自负。野性之下"打来打去",既打掉了企业的股价,在舆论反噬中,也打掉了媒体的公信力。

(微信公众号"吐槽青年博士"2021年8月4日)

保研完全没你想的那么重要

这两天各校保研成绩出炉，在朋友圈看到了很多学生晒的"待录取通知"，憋了三年的低调，学霸们终于可以肆意地狂欢一下。很为他们高兴，三年的努力，提前拿到理想专业的入场券，获得了一份阶段性的确定性，赢得大半年的轻松时间。我给好几个学生写了推荐信，挺不错，都成功了。我对一个成功保送到某名校新闻学院的学生说，拼到了保送名额，然后呢？接下来该好好读几本书了！成功保研带给你的喜悦感、轻松感、确定性不会持续太长时间，为了这个绩点你牺牲了很多，大四千万不能报复性地浪下去，把错过的那些人文经典多啃几本。

绩点与保研捆绑在一起，在某种程度上，拼绩点就是拼那么几个保研名额。有人欢喜有人愁，有人晒通知，有人心态崩了，说三年的努力白费了。目睹了这种绩点血拼的下一届学生，情绪陡然紧张起来。一个平常写了很多评论、实习表现非常不错的学生，开学第一次班会后非常焦虑，本来她是第一名，可没想到，最新绩点统计显示，她以 0.01 分之差落到了后面，科研加分还可能让这个差距加大。一向淡定的她，也非常不淡定了。

我跟她分享了几个经验，当在生活和学习中受到某种挫折，觉得困在某个"系统"中无法自拔时，可以尝试做这两件事：第一，去爬山，登到高处看看地面，心胸会开阔很多，大地不过是天空的一部分，是浩瀚星空下的一条线，你生活的那个地方只是非常小的一个点，世界太大了。第二，尝试站到五年、十年、二十年之后看看今天的自己，才能看得更通透，才会知道什么是对自己最重要的东西。眼前让自己焦虑不堪之物，五年后再看，实在微不足道。这种空间与时间的陌生化，能让自己跳出眼前所困，不被困在"内卷系统"中。

对于很多学生来说，保研是支配大学前三年生命世界的最重要目标，这个单一的目标驱使着自己一分一分地拼。其实，保研完全没你想的那么重要。将其当作唯一的目标时，可能会看不清，回头看时可能看得更清楚，没保研成功，可以考；考不上，可以工作；工作几年后，还可以考研。保研带来的优越感，维持不了多久，进入研究生学习后，没人关心你是考上的还是保研的，找工作时没人会问你当初是保研还是考研。保研只是让你能免试继续读几年书，获得一个阶段性的确定性，但它并没有"赢在起跑线"的意义，一年短暂的轻松后又是新的起跑线，无法抢跑，优势清除，从零开始。

我很佩服一个学生，她拥有名校的保研资格，别人为这个名额争破了头，但她最终放弃了这个资格。她在前三年的学习中发现，自己可能并不喜欢这个专业，想考另一所学校自己喜欢的专业。我祝贺她，做出这种放弃是非常了不起的，不委屈自己的兴趣，不去拼抢那种在别人看来很珍贵、自己却不喜欢的东西。我跟她说，比获得"别人看来很珍贵的东西"更重要的是，想清楚自己真正所热爱的，然后为之付出不懈的努力。内卷可怕之处在于，追求别人所追求的，得到又如何呢？结果可能是"虚无"。

保研，是很好的事，如果能得到这个机会，蛮不错啊。但保研没你想的那么重要，不值得把四年的时间都花在上面，不值得为绩点"卷"空自己。如果心态崩于保研没有成功，觉得自己前三年的努力白费了，那么，这书真白读了，这样的大学教育是失败的。为了这个单一目标的努力即使"成功"了，也是失败的。社会学家齐美尔曾说："什么是价值啊？所有的价值，说它们是有价值的，这是在'只有通过抛弃其他的价值'而获得这些价值的意义上而言的，正是'获得某些东西的迂回曲折'，才是人们把它们'看成是有价值的原因'。"为了某个暂时的"确定性",而放弃那些更有价值的事情,如兴趣、读书、爱情、看世界、专业实践,太不值得了。

保研与读书并不对立,但其容易使读书功利化、工具化,成为精致的绩点算计。我们害怕不确定,害怕未知,所以总在某个阶段追求某种"暂时的确定性"来抚慰自己,让自己暂时安心,却不知这种"暂时的确定"让自己放弃了很多在不确定中挑战自我、塑造自我、饱满自我的机会。我总觉得,真正的优秀不是被模子刻出来的,不是追求一个阶段别人艳羡的、确定的"成就",而是总能为下一个阶段的更大的成就做着准备。不是拼那些"临时的荣耀",而是在意那些能让自己恒久获得滋养的深沉价值。

这些可以安身立命的深沉价值,也许才让自己免于焦虑。学新闻的学生似乎比其他专业的学生更容易焦虑、内卷,总被最新事物所"卷",一出现新技术、新概念,就争先恐后地涌上去。常有人问我,你会智能算法吗?我说,不会。那你为什么不学?我说,你以为你可以学会算法吗?社会有分工,我做新闻的,无须去了解技术黑箱中的事物。你会短视频剪辑吗?我说,不会。你会无人机操纵吗?我说,也不会。那你不焦虑吗?为什么不去学?我说,我坚持写了二十多年的评论,就是为了让自己有资本不去学那些"新东西",而让"新东西"追着我,把我的评论转化成视频、语音,全媒体呈现。

比保研、考研、读博重要得多的是,找到自己安身立命的所爱,这是最根本的"确定性"。一辈子做好一件事,掌握核心知识,打深井,同时避免成为"井底之蛙"。

(微信公众号"吐槽青年博士"2021年9月30日)

鲁迅的孙子都不会写作文，然后呢？

国民作家鲁迅从来不缺"火"的方式，这个名字自带"火星"——金句、名作、选入教材让学生背的文章……火得千姿百态。然而，没想到这次会以这种话题"火"上热搜：鲁迅的孙子，不会写作文！

太有喜感了，鲁迅孙子周令飞说："我不会写作文，他们不信。"这段他受访时的话火爆网络："中学毕业，我去参军，因为想逃开一个大家都认识我的环境，当兵就没人认识我了嘛，当时就是这么天真。第一天新兵连训练，连长就点名'周令飞，鲁迅的孙子'，那一刹那我发现，还是逃不掉。新兵连结束后分配工作，我居然被分配到卫生所。我问为什么，他们说鲁迅原本学医，后来弃医从文，你要完成祖父未完成的事业。""要我写通讯报道，我最不会写的就是作文，他们不信，就得写，因为我是鲁迅的孙子。没辙，写吧，起了一个头，写不下去，已经半夜两三点钟，太困了，排长拿根烟给我抽，我说不会，他说怎么可能，鲁迅抽烟……"

做名人难，做名人的孙子更难！玩笑归玩笑，其中反映出的刻板化、标签化的认知，由此可见一斑。有时你越想逃离，越被支配。到最后，周令飞还是未能"逃离"，无论是"鲁迅长孙、鲁迅文化基金会会长"的身份，还是和教科书上鲁迅形象完全一致的"一字胡"，以及人们的凝视目光、上热搜的方式，他无可逃避地被塑造着。我立刻想到的是，如果鲁迅在世，看到此情此景，他会写怎样一篇杂文或评论？写过《推》《踢》《冲》《爬和撞》等名篇，从这些日常动作中看到社会世态百相的他，可能会写一篇《蹭》吧。

我是教评论写作的,对"不会写作文"很敏感,舆论爆点也在这几个字上——鲁迅的孙子竟然也不会写作文?——怎么理解这句话?这让我想到上半年火爆的另一篇文章,一名北大教授吐槽说,自己6岁就能背下整本《新华字典》,本科就读于北大,后到美国哥伦比亚大学深造,获得了教育学博士学位。他的妻子,也是北大毕业的高才生。然而,他却发现自己的女儿几乎完美地避开了父母的学霸基因,在"学渣"的道路上越跑越远。"我想让孩子逆天改命,孩子却让我认命。"这可能是一个挺普遍的现象。

鲁迅的孙子竟然也不会写作文?这话题之所以火起来,不仅在于反差带来的冲突,更在于那个"也"字。一个"也"字,把很多人从小到大被作文写作支配的感觉都释放出来了。很多人如释重负,你看看,连鲁迅的孙子都不会写作文,何况我们乎?我们如释重负啊,我们可以心安理得地不必在乎作文写得如何了。这可能是一种错误的归因、消极的结论。从"鲁迅的孙子竟然也不会写作文",应该得出什么正确的、理性的、积极的结论呢?我梳理了一下,起码有以下几方面:第一,这是正常的现象,所谓"科学家的孩子仍当科学家,音乐家的后代还是音乐家,作家的后代当作家,北大教授的孩子也是天才",那才是反常的。别想当然地把个案当普遍,别夸大"家传"的力量,尤其是在尊重个性和个人自由发展的当下社会。活在祖辈光环下,只是祖辈一厢情愿的想法,要尊重个性和自由。第二,不应该用"也",而应该用"连"。"连鲁迅的孙子都不会写作文",你不是鲁迅的孙子,没有家传、家学、家熏,因此你更要努力学习写作文。第三,写作不是遗传的,不是先天的,并不存在"我的文字表达能力天生不行",作文写作是后天努力训练的结果,需要有意识、有系统、有方法的思维训练。

看到"鲁迅的孙子竟然也不会写作文",如释重负,坦然放弃作文,那是自暴自弃的"学渣"思维。像这样认识到"作文写作能力的非先天性",是后天努力的结果,从而在写作训练上更积极,这才是应有的心态。鲁迅强大的杂文时评写作能力,是他博览群书和刻苦训练的结果,他在读书写作中找到了一种最适合自己、最适合他和时代关系的文体。这种写作是他与他所处的时代的政治、社会、思想和文化发生有机联系的方式。就像钱理群教授所说的,"鲁迅正是通过这种文体,自由地出入于现代中国的各种领域,最迅速地吸纳瞬息万变的时代信息"。

写作是鲁迅的生活方式,他作为大文豪的写作能力,是训练出来的,所以,无法自然地带出一个"天生会写作文的孙子"。幸亏能够成就一个人的那些关键素养,都是"努力可后致"的结果,而不是天生天赋的,这个世界才是公平的,也给了人们努力向上的希望。爷爷不是鲁迅,父亲不是作家,生活在一个缺乏经典熏陶的下沉环境里,不善表达和言词,但通过后天的思维训练,保持写作习惯,也一样能提高写作和表达能力。不仅是高考得高分,更重要的是能找到一种与世界、与他者发生联系的方式,高效率地表达自己,让别人听到自己的声音。

作家叶开的一句话说得很好:"为什么我们需要写作?它是打破人生瓶颈的最好工具,是人生的通用能力。"他举了余秀华的案例,写作让她突破了人生中的很多瓶颈。一个教授甚至"偏执"地认为,学生不应该没有交流能力就走进生活,因为你的人生的成功,在很大程度上取决于你说话的能力、写作的能力和思想的质量。

提高作文写作能力,写好评论,不只是为了应试或成为作家、评论家,更重要的是,它能帮你打开一个跟外在世界连接的有机渠道,就像鲁迅那样"自由地出入于现代中国的各种领域"。"鲁迅的孙子竟然也不会写作文",那是自黑自谦,不要因此而如释重负或将作文写作虚无化。

别拿"媛"字造新闻,别人为地制造"媛罪"

很反感一些媒体拿"媛"字造新闻,在"某媛"形成传播的爆款新闻效应后,便扎堆地搭便车,硬凑"媛新闻",既毁掉了"媛"字,更对女性形成刻板化的歧视,形成大众传播中无法洗脱的性别标签,人为制造了一种可怕的"媛罪"。

看看媒体已经生产了多少"媛新闻"。继"雪媛""佛媛""支教媛""病媛""幼儿媛"后,新近又出现了"二手车推销媛","为了吸引关注,女主播们往往都衣着暴露、搔首弄姿,用各种性感撩人的姿势和具有挑逗性的言语,大打色情擦边球"。曝光和批评这种打法律擦边球的低俗色情行为,是应该的,可为什么要跟"媛"字挂钩呢?是这些主播在"节目人设"中自诩为"媛"了,还是她们的行为有某种根深蒂固的"媛属性"?如果是为了监督和治理软色情,那就监督吧,为何拉"媛"字来垫背和做新闻佐料,毁"媛"不倦呢?

这些"媛新闻",都是给"媛"字加了一个负面的前缀,"媛"本是一个美好的字,通过负面与美好的强烈反差来制造新闻效果。在这种新闻热词的生产中,有些是生拉硬凑,有些是胡编乱造,比如媒体生产的"病媛",就是无视新闻事实、坐在电脑前拼凑出来的。后续报道证明,所谓"谎称住院""违规化妆""引流带货"并非事实,她们确实生病了,需要治疗,产品分享也只是她们生活的常态。虽然事实已澄清,但对"病媛"的符号欺凌和讽刺仍在继续,缺乏事实支撑的"病媛"仍被媒体列在"媛系列"中进行排比吊打。

这些"媛新闻",大多也不过是把一些老旧的问题,找了一个有"传播价值"的"新标签"套了进去，形成对旧问题的新闻再消费。比如衣着暴露、搔首弄姿之类，这种直播中的软色情是新现象吗？不是，可贴上一个"二手车推销媛"的标签，新概念装旧问题，立刻就有了刷屏的概念钩子，吸引着人们的眼球。

这些"媛新闻"，更多的是在消费女性，带着强烈的男性性别优越感，是性别霸权下的伪概念生产。就拿这些软色情来说，为什么以"媛"字去定义呢？好像是女性的原罪，在那些小视频中，难道只有"女色"而没有"男色"？另外，这些账号和软色情的生产传播，背后到底是谁在操纵？是什么人将这些女性物化，是怎样一种力量在营销和贩卖着这种软色情？不对产业链、深层问题、背后有形操纵之手进行深挖，而肤浅地盯着"媛"穷追猛打，仿佛与"媛"相关的女性成了万恶之源，这是深入骨髓的性别傲慢。

就拿直播乱象来说，背后的问题是流量对舆论生态的扭曲，而与性别无关，跟"媛"八竿子打不到一块。这两天看到一条新闻，真的很恶劣，一男子为博眼球，拍虚假视频，故意弄脏孩子的脸来"卖惨"。视频中，小孩站立在破旧的房屋前，说自己无父无母，只能帮邻居干活并照顾抚养妹妹弟弟。据实地走访调查，视频发布者进村找到小孩吉克尔布，让小孩站在一处破旧的闲置房前，弄脏小孩的脸，让他诉说悲惨可怜的生活，并给他发放鞋子、衣服、学习用品。拍摄视频后发布到社交平台上，赚取流量。——这属于什么"猿"？有多少人在直播中干着这种缺德事，我们该给这类男性起个什么样的名字，才能跟"媛"字形成对应？

舆论空间很多骂人的词，都带着强烈的性别标签，将女性物化，用与女性相关的特征去标签负面事物，贬低女性的性器官，贬低女性的特质。对"媛"字的征用与造新闻，使其与负面形象关联，既是把"媛"字推到负面话语中，也是在潜移默化地贬低女性的社交媒介形象。

一个媒体人在《一个记者对一个亡者的交代》中写过这样一

段话，值得同行深思："刚做记者时，老板给我们传授经验，贴标签是一个能事半功倍的技巧。你说一个人虚伪，你也可以说他是岳不群，后者的感染力和传播力是前者的十倍。'虚伪'只是一个形容词，'岳不群'是一个标签。很多年后，我给年轻记者上课，也说高手就是善于给人贴标签，让他怎么也撕不下来，永远贴在脸上。今天我想说的是，贴标签可能是媒体最恶劣的手法之一。"是的，"媛新闻"让人很不适，尤其让女性不适。不要为了蹭热点蹭流量，而生硬地将坏事与性别相连，制造"媛罪"，在性别偏见上推波助澜。

笔下有人命关天，笔下有毁誉忠奸，笔下有财产万千，做新闻太需要有基于事实的审慎判断了，基于客观、准确和善意去使用概念，而不是基于流量、欲望和污名他者。你做对了，没人会记住，你做错了，没人会忘记。你做的建设性报道，对推动社会进步所产生的影响可能微乎其微；而你写的那些所谓"监督性报道"，下的判断、贴的标签，却会像大山一样压倒一个具体的人、一个具体的群体，可能永远都撕不掉。眼睛是心灵的窗户，媒介是人们的眼睛，不要掩人耳目，也不要污人耳目。

"媛"是一个好字，能唤起人们对美好的想象，它没有原罪，不要毁了它。网络直播中的种种乱象，要基于具体问题去监督：欺骗就是欺骗，色情就是色情，卖惨就是卖惨，虚荣就是虚荣，不要跟性别挂钩。收起那种性别偏见和流量欲望下的"标签偏好"吧，回到事实本身。

（微信公众号"吐槽青年博士"2021年10月26日）

大学有一流二流之分，为何第一学历却不正当

近日，一名自称达到保研标准的大四学生发帖称"无法相信北大会有这么差的师资"。其列出的一名北大数学学院博导硕士毕业于地方院校，这名学生据此称"招的老师水平不如深圳中学""希望北大能整顿下师资"等。这也让围绕着"第一学历"的激辩再次在舆论场上发酵，教育部发布的"没有第一学历这个概念"的回应，并没有平息舆论讨论。

在公共讨论中，多数人似乎都对"第一学历"持反对态度。不过，网民在评论区的一个充满悖论的观点，很难回避——"既然大学分了三六九等，过去有'211''985'，现在有'双一流'，也就是说学历含金量不一样，为何第一学历却不正当呢？既然大家都拼命往一流大学挤，为何出身一流大学的学历身份不能堂堂正正地成为一种竞争优势？如果说'第一学历'是一种歧视，那么对大学进行重点与非重点的区分是不是一种歧视？"

怎么面对这个问题？我是这样看的，不能把"大学质量评估"与"第一学历审视"这两个问题等同起来。"大学质量评估"是以平等的标准进行评估，对科研成果、教学质量、毕业生就业质量、教师水平、国际化程度等，有一个平等的客观标准，每所大学在这个公开透明的标准面前是平等的。比如，在某次国际排名中，曲阜师范大学的数学专业排到了中国第一、亚洲第一，超过了北大，这个排名虽然让舆论哗然，可在数据上是站得住脚的，这就是平等的标准。如果评估时看学校的"出身"，你不是"211"，不是"双一流"，就不能参加这个评估，那就涉嫌身份歧视了。

"第一学历审视"就属于这种歧视,缺乏平等、公正和透明的规则,用"出身"否定一个人当下的能力,否定一个人靠努力获得的当下身份。之所以称为"第一学历",说明它考量的不是当下的学历身份,而是之前的"身份"。考量每个人当下的、最后的、最高的学历身份,相对来说是平等的。之前的学历身份,只是之前努力的证明,若以"第一学历"看待,这是一种身份固化。人们在不同的阶段有不同的努力程度,不是一考定终身,"竞争起跑线"应该是可以不断更新换频的。在新的层次有新的起跑线,一个社会才会有阶层流动的公平,后努力的人才能追上早努力的人,后发的人才能有机会跟上先发的人,获得平等的机会。

平等的竞争,包含一种"不问出身"的新起点平等。也就是说,起点不是固化的,人生不是只有一个起点,而在更高层次上有很多新起点。人生如果只有一个起点,那个起点决定了一生,这样的社会多可怕啊。高考这个关键节点没有发挥好,进入了一所普通大学,一样能通过努力在读研时考到知名大学,这就是"新起点平等",而不是"名牌大学第一学历"决定终身,这是一种变相的"学历血统论"。有人可能会说,这样的话,那考上名牌大学还有多大优势呢?当然有优势,得到名教授教导,与优秀人士为伴,受到名牌大学文化熏陶,就业时有更多的机会。进入研究生这个跑道,也因为这种积累会拥有天然优势。但新的优势需要在"新的平等起点"上去重新拼,跟研究生同学在同一起跑线上竞争,而不是"躺在第一学历上吃老本"。

为消除贫富差距,经济学上有再分配、二次分配、三次分配,同样,在教育资本的分配上,也需要再分配。本科是一个起点,研究生是二次分配,博士生是三次分配。这给了流动以平等的机会,经过努力,又站在了新的起跑线上。这样既公平,也能让社会保持竞争活力。

"第一学历"封闭了再分配机会,在学历的板结化中固化了学历身份,所以是不公平的。平等的竞争,应该是基于能力的平等竞争,"第一学历"则否定了能力考察,而交给"过去的身份",这是对能力和努力的羞辱。一名北大数学学院博导硕士毕业于地方院校,这应该是佳话啊,一方面说明这名老师足够优秀,付出了超出常人的努力,不断在"新起跑线"上拼命跑,才跑进了顶尖学府;一方面说明北大的优秀,不问出身只认水平。一则佳话,却因"第一学历"被吐槽,这样的视野实在太狭隘,配不上北大,配不上这名导师。

(微信公众号"吐槽青年博士"2021年10月14日)

为什么孩子那么反感大人谈谷爱凌

毋庸置疑，谷爱凌是近来社交媒体的人气顶流，几天过去了，朋友圈仍保持着"刷一两下必能刷到其名"的热度。铺天盖地的文章从各种角度阐释着她成功的原因——"兔妈"教育方式啊、海淀补习啊、10小时睡眠啊、如何成为人生赢家啊。不过我的一个朋友说，当他兴奋地把这些文章转给读中学的儿子看，想让孩子从偶像身上汲取学习动力时，没想到，孩子反应很冷淡，都不愿打开那些文章，甩给他一句话：要不你先努力一样，先学谷爱凌的妈妈考上北大。

孩子怼得也不是没有道理呵！为什么每一次都把"别人家孩子"的成功，当成训自家孩子的机会？孩子怼你一句，你瞧瞧"别人家爸妈"，怎么就不可以呢？

这个朋友在孩子那里受到的"挫折"，让我想到我们谈论教育时常忽略的盲区。朋友圈里那些膜拜谷爱凌、揭秘和阐释其成功的文章，没有一篇是孩子自己学习的视角，无一不是家长规训的视角，多带着浓浓的爹味和妈味。虽然诸多文章"粉丝疯狂仰视"的味道十足，但都不是谷爱凌那个年龄的年轻人的角度，无意识中代入的都是他们的爸妈，文字中洋溢着"这种教育多成功""你看人家的孩子""你要向她学习"的说教感。

这让我想到前年"后浪"演讲热血沸腾地刷屏时，人们开始真以为是"后浪"在澎湃和奔涌，后来才发现，这只是"前浪"们的自我感动，是中年父母们的自娱自乐。"前浪"对"后浪"爹味十足的训话，虚构了一种奔涌议题，并没有几个"后浪"真正买账。"谷爱凌热"，可能并不是像她这个年龄的年轻人表现出的热烈，而是她们的父辈以"家长"之名的热烈。焦虑的家长随时在舆论场发掘着"别人家的孩子"，当成"鸡"自家孩子的成功学资源。

在社交媒体上，一个孩子的吐槽很有意思："就不能好好看一场比赛吗？就不能把她当成一个优秀运动员去赞美吗？谷爱凌最后那一跳多么美，多么惊心动魄，为什么非要把她变成一个教育其他孩子的'别人家的孩子'？"

有一次跟学生交流，一个北大学生无奈地说，他很不喜欢这种感觉，自己考上北大后，就成了家族其他孩子的"噩梦"。怎么说呢？每次家族里其他父母教育孩子时，必然会把他抬出来，你看人家如何如何。不知道在铺天盖地的爹味文章中，谷爱凌会不会有这种"成为其他孩子噩梦"的不自在感，但我知道的是，起码作为孩子在听到"别人家的孩子"这种训话时，是很排斥的。

还有一次，我给学生布置了一篇评论作业，一个学生为了训练写作能力，同时也因为对几个热点都有表达欲，交了三篇评论作业。她交作业时特别附了一句话，让我千万别在课堂上表扬她超额写了三篇，她就是想"多写，多被修理一下"。我理解她，她是担心那种表扬会加剧给别人带来精神负担的"卷"，就像如果表扬了作业字数或论文长度，会带来字数之"卷"一样。优秀的孩子之所以容易在同龄人中招致敌意，很多时候并不都是妒忌，也有那种"你看别人家的孩子"的内卷示范所刺激出的反感。聪明如谷爱凌，也一定不希望自己的努力和成功，成为其他孩子的"噩梦"。

教育是什么？我记得一名著名心理学家说过，教育是让一个人成为最好版本的自己。可我们的很多家长，却热衷于寻找各种偶像，盯着各种"别人家的孩子"，努力把孩子塑造成"最好版本的他人"。这可能正是很多孩子那么反感大人谈谷爱凌的原因。

大多数人在议论谷爱凌的教育和成长，可这种议论并不是站在孩子自身成长的视角，而是父母规训的视角；并不是循着教育规律去还原一个优秀运动员的成长，而是用功利的成功学逻辑去榨取可以复制的"成功原因"。人们不关心成长，关心的只是成功，成功就是一切，成功之下一切都值得学习。成功成为一面美颜滤镜，美化名人过去的每一个经历，用庸俗的苦难辩证法过度阐释名人经历的失败、奋斗和努力，把所做的一切都看作成功的铺垫，以"努力就能成功"的简单而虚假的因果，遮蔽对个体成功起决定因素的偶然、特殊、阴差阳错和贵人相助，同时也在"幸存者偏差"中忽略了个案后的普遍规律。

我们教育的一大问题，就在于这种成功学主导的偶像饥渴症，不是以孩子本身为导向，而是"他人导向"，成为"最好版本的他人"。于是，不断寻找偶像，不断被成功所困，困在被他人所"卷"的焦虑系统中，迷失自我。让每个人成为最好版本的自己，这种教育需要去关注每个孩子的心灵，尊重每个人的个性，发掘其兴趣，陪伴孩子的成长，在他最需要鼓励的时候给他掌声，在他眼神中闪出兴趣之光时给一把推力。美好的教育场景，不是父母给孩子推送谷爱凌多优秀、是如何成长、多值得学习的文章，而是跟孩子坐在一起看比赛，听他讲自由滑雪那一跳多酷多优美，做自己热爱的事是多美好。

让谷爱凌成为她同龄人和热爱冰雪运动的大人与孩子的偶像，而不是家长热衷于给孩子树立"成为最好版本的他人"的偶像。让孩子自己去喜欢谷爱凌和自由滑雪，敢于去挑战和突破，而不是家长说"你看人家"！

（微信公众号"吐槽青年博士"2022年2月10日）

别贪图免费，除非你的时间不值钱

看到这个标题，你一定觉得有些阴阳怪气了：给你点免费空气，你要不要？不要！你指的是免费的义务教育吗？我指的不是那些天然免费的自然资源或是公共产品，而是指市场上的消费品。其实，即使是像清洁空气这样的自然资源、义务教育这样的公共产品，我们也是付了费的，治理污染和公共教育花的都是纳税人的钱。

之所以想到这个话题，是看到人们对网络影视消费的讨论：内容付费是否合理，平台会员涨价是否正当？近几年，网络视听平台一直在积极参与各类优秀作品的创作，生产出如《觉醒年代》《山海情》《人世间》《长安十二时辰》《重生之门》《开端》《隐秘的角落》等出圈的影视精品。人人都爱好作品，都爱看好片，但并不是人人都愿意为好片付费。商业运营的逻辑，让这些平台也遇到了诸多吐槽，"超前点播""会员涨价""加更"等热点话题所形成的舆论压力，使付费逻辑和市场运营受到一定挑战。我们的互联网内容消费是从免费开始的，习惯了"免费午餐"的人们，还是对内容付费逻辑充满敌意。

很理解创作者和运营者面对这种"敌意"的无奈，我也常有这种无奈，发公众号文章，文后附上卖书的广告，有时也会被人吐槽，说影响了阅读体验。说实话，我是内容消费者，也是内容生产者，是受市场经济逻辑熏陶的一代，始终不理解那种"反对付费阅读"的逻辑。内容生产是有成本的，越优质的内容，需要越高的成本，没有收益的话，别人怎么有驱动去生产优质内容？没有市场利润和商业利益的滋养，创新的动力又从哪里来？千万不要一边骂"没有好作品"，一边又不愿为好作品支付成本，把免费当道义，把市场当敌人。

大流量澎湃正能量，这种"澎湃"离不开市场力量的驱动，正是市场能量的激励，使大流量与正能量交相辉映。就拿影视剧的生产和消费来说，网络视听在主流价值的传播中扮演着越来越重要的角色。去年由北京广播电视局、中国传媒大学主办的"从'主旋律'到'新主流'网络视听主流价值传播"研讨会发布的报告显示：截至 2021 年 9 月，优酷主旋律作品总播放量超 78 亿，月均播放量近 9 亿，相较 2019 年提升了 5.4 倍。网络平台已成为青年用户视听消费的"主要场景"和"主流媒体"，网络视听节目也成为新主流传播的重要载体。

很多人喜欢免费，可谁来为这些"新主流传播"买单呢？大流量怎么才能澎湃出正能量？无法想象，如果没有市场力量的滋养，没有"我愿为好作品买单"的市场善意，那些既叫好又叫座的新主流作品如何能生产出来。

看过一篇叫《免费的其实是最贵的》的文章，说得挺有道理。市场上每样东西其实早标好了价格，你热衷的免费，其实终会为之支付成本的，潜在成本更贵。文章也举了网络追剧的例子，分析了为什么免费反而会付出更贵的价格，关键是时间成本。文章写道："有位'免费主义'的推崇者说：'不花钱就能看的东西，为什么要充值呢？我不上当。'持这种心态的人不在少数。看电视剧一定要看免费的，听音乐也一定是下载免费资源，从不舍得支付一分钱。这好像已经成为一种流行文化，可结果未必是划算的。花 40 元买了会员的人，在更新后用了一集的时间就看完了这集电视剧，然后做其他重要的事情。而寻找免费资源的人却用了几个小时才看到一个不清晰或者无字幕的剧集。这就意味着，在整部剧播放的时间内，免费主义者没有办法做太多有意义的事情。如果每天花 2 个小时寻找资源，一部 50 集的电视剧将浪费掉整整 100 个小时，也就是 4 天的时间，是不是很贵呢？"

文章还谈到了"免费是第一笔贪婪税","享受了免费却在别处付出更多","既然免费就不会给你最好的","真正需要的,通常都不免费","当你的时间值钱时,才会发现免费很贵"。确实挺有道理,别贪图免费,除非你觉得自己的时间不值钱,可以随便浪费,随便被人"免费消费"。

"被消费"是当下很多人常挂在嘴上的一个词,常常在看到某个真相后恍然大悟,抱怨自己的正义感被消费了、眼球被消费了、隐私被消费了、时间被消费了。消费别人情感、眼球和时间的人,当然可恨,但仔细反省一下,自己为何轻易"被人消费"呢?一个重要的原因可能在于贪图免费,市场是平衡的,消费而不付费,难免会被消费。

还好,意识到这一点的年轻人越来越多。近年来,随着知识产权及用户付费意识的增加,付费内容逐渐被年轻网民接受,主流视频网站的付费用户数迅速增加。《2021中国网络视听发展研究报告》显示,我国网络视频用户中,45.5%的人在过去半年内购买过会员或使用过单片付费,其中29岁及以下用户的付费比例接近60%。尊重市场逻辑和商业规律,让优质内容得到市场回报,是对内容的致敬,也是对自己宝贵时间的珍惜。

(《羊城晚报》2022年5月29日)

正视"努力不一定有回报"这个真丧命题

想到这个命题,是受日本著名花滑运动员羽生结弦经历的触动。挑战花滑最高难度的 4A(阿克塞尔四周跳)是他的职业梦想,为此他付出了很多超常的努力,他已经获得索契、平昌两届冬奥会花滑男单金牌,寄望能在北京冬奥会上圆梦 4A。可这个挑战最终还是失败了,落地时未能控制住重心而摔倒,只获得第四名。赛后受访时,他没忍住泪水:"真的很不甘心,为什么努力得不到回报?我真的已经很努力了。"

对于在"努力就会有回报"上保持着宗教般热忱与信仰的人们来说,这确实是一个很戳心的丧问题,仿佛世界观坍塌了。为什么努力却得不到回报?芸芸众生熙来攘往,看起来都很努力,在我看来,这可能只是一种"没有选择而只能向前走向上走"的生存本能,不努力就没有饭吃啊。一个人不可能永远像打了鸡血一样,以"努力必有回报"的迷思来支撑挫折对意志的消磨,总会在遭遇某次"社会毒打"后对努力的意义产生怀疑。"努力必有回报"不是"傻白甜"式的自信,人的成熟可能源于某种思想蜕变,在正视"努力不一定有回报"这个丧命题后,仍保持努力向上的姿态。

努力一定会有回报吗?当然不会。某次招聘如果是"萝卜招聘",人选已经量身打造地内定了,你再努力也没有什么用。当经济进入某种下行的周期时,企业裁人是必然的,你失业是因为不够努力吗?不是。在教育资源的配置不平等之下,你拼命学习却没有考上理想的大学,或者考上了大学却感觉在"素质教育"上差人家一大截,是你不够努力吗?也不是。奋斗了很多年却在大城市买不起一套房，只能住在远郊，每天耗费很长的通勤时间，也不是因为你不够努力。很多的问题，看起来是个人的，决定性因素却是结构性的，你的努力终会碰到"结构性"这个天花板，运气、时势、家庭、地域、制度、规则等在背后起着支配作用。

更多时候，"努力必有回报"并不是事实，而只是一个希望，对于没有背景和特权的普通人，我们热切地希望"努力必有回报"，毕竟，"努力"是我们最大的资本，也是看起来最公平的。"努力"能让人跳出过去与当下的困顿，而着眼于未来。这是一种"优绩主义的意识形态"，迈克尔·桑德尔在《精英的傲慢：好的社会该如何定义成功？》中，剖析过这种包装着"政治修辞"和"鸡汤迷药"的脆弱信仰，他说："以教育领域为例，由于忽视了性别、种族、出生地域、家庭乃至运气等与个人努力无关因素的影响，优绩制文化所许诺的公平几乎是镜花水月。精英大学录取来自精英富裕家庭的学生比例依然居高不下。而更为关键的是，正是因为它将成就完全归结于个人努力，无法获得精英大学的文凭成为个人'实力不济'的象征，失败者会承担来自他人的羞辱。"

是啊，"努力必有回报"的信仰会让人在挫折和失败时产生强烈羞辱感：是我还不够努力吗？我努力有错吗？对此，桑德尔也谈道："如果我们过于奉行强调个人努力的优绩主义文化，这不仅会伤害'没那么成功'的人。对于成功者，他们一刻也不能松懈，正是因为他们笃信个体能决定很多事情，所以他们不敢失败，背负着巨大的压力，这些都对年轻人的心理健康造成了巨大的伤害。"是的，越是相信和依赖"努力必有回报"，越会在失败时产生巨大的幻灭感，产生无法消解的"自我攻击"，年轻人的心理问题多源于此。

意识到"努力不一定会有回报"，看到这是希望而非事实，会消解努力的价值并心安理得地"躺平"吗？并不会。正视了这个问题，然后继续努力。这种正视包含着以下的认知：第一，努力不一定会有回报，但不努力肯定不会有回报。第二，选择努力，很多时候倒不是"非要回报"，而是为了让自己不自责不后悔，不至于总是在遇挫时自责"当初为什么不努力"。第三，以"回报"定义"努力"，很容易在功利权衡中陷入摇摆、幻灭和虚无，"努力"本身拥有着不依赖于其他目标、让人内心充实、不辜负时光的存在价值。第四，选择努力，才能在这个过程中学会区分，哪些事是个人努力能办到的，哪些事是努力却办不到的，从而调适自己努力的方向。第五，渐渐意识到很多问题不能只靠"个人努力"，不是"个人问题"，而必须依靠共同体的力量去推进，在推动社会进步中去解决。

"努力必有回报"包含着浓厚的原子式的个人主义——我获得的一切是我努力的成果，那失败呢？这也是作为社群主义者的桑德尔就"努力不一定会有回报"所开出的药方：过分强调"个人应得"的观念，容易让他们忘记自己对家庭、社区、国家、共同体所肩负的责任。需要找回对社群、共同体的责任感、谦卑和感恩，因此，他呼吁一种新的"贡献正义"，即不再过于重视用市场回报来界定一个人是否成功，而是让对优绩的判定更多地基于一个人所做贡献的道德重要性。也就是说，个人努力到一定程度就会遇到"公平天花板"，这个天花板是整体的、结构性的问题，这时候就不能只是"个人埋头努力"，而要跳出"咀嚼个人悲欢"，去关心社会，关心"附近"，关心远方，关心每个人的公平正义。有了整体公正的进步，才会有个人更大的公正。

2022年7月19日下午，羽生结弦宣布正式退役，未来将不再参加花滑竞技体育赛事，而是转向职业表演滑，并将独自创立花滑表演品牌。挺好，曾哀叹"为什么努力得不到回报"的他，走向了另一种努力。

"我心善,眼里见不得穷人"砸了轿夫的饭碗

近日,一名旅游博主在网络发视频称,自己在重庆武隆天坑游玩时,选择了坐轿子(当地叫滑竿)上山,遭遇"网暴"。有"键盘侠"指责说:"大家都生而为人,你凭什么花钱践踏他的尊严。"抬轿子的师傅说:"我们就是靠这个养家糊口,这是我们的生计。"这些师傅估计也知道网络汹涌,还好,多数网友都很理性——每个职业都应该受到尊重,你不坐,我不坐,他们拿什么养家糊口?凭本事赚钱,劳动最光荣,扛不起家庭的男人才丢人。

是啊,怎么就上升到"践踏尊严"呢?这实际上是一种双重道德指控,在指责坐轿者"花钱践踏别人尊严"的同时,还隐含着对轿夫的指责:你是为了钱而出卖自己的尊严。面对这些"键盘指控",轿夫们也努力进行着心理建设:不要怕难为情,这是我们的生计。可想而知,这种以捍卫轿夫尊严的"键盘言论",实际上带来了羞辱效果——游客不敢坐轿子了,轿夫也受到了"抬轿很没有尊严"的心理攻击和耻感暗示,养家糊口的生计大受影响。

这些自认为无比善良、充满道德优越感的人,实际上用满嘴的仁义道德砸掉了别人的饭碗。想起郭德纲讲过的一段相声,说于谦的父亲王老爷子是心地善良的富人,经常说"我心善,眼里见不得穷人",并放出话:"别的地方我管不了,我方圆十里内不能有穷人。"然后呢?然后,他把附近的穷人都赶走了。"键盘侠"那种"你凭什么花钱践踏他的尊严"式的善良,活脱脱的不正是王老爷子式的"眼里见不得穷人"?是的,人们终于可以不

必看到辛苦卖力的轿夫了,他们的饭碗被"网暴"砸了。

道德的尊贵不在于标榜,而在于内向的反省,看到自己灵魂中的幽暗、自私和偏狭。多年前曾看过一位作家的反省,也有关对待苦力的态度,他是这样写的:"外甥女坐在沙发上看电视,保姆跪在地板上卖力地擦地板,又擦书柜,还问中午想吃点什么?外甥女送我下楼时,我教训她说,我一个一级作家,这么大岁数了,还能天天擦地板,你一个年轻人就不能自己擦地板?你自己有手,吃饭还要人家伺候,不能自己动手?外甥女申辩说,这是她的工作,我付了工钱。我说,那也不行,辞了!几天后,我打电话问,辞了没有?外甥女说,辞了,可是……可是她哭了。"这时,这位作家心里咯噔一声,愣住了。他想起了那个保姆跪在地板上勤勤恳恳擦地板的样子,她也许正等着这个月的工钱给孩子交学费,也许正等着这笔钱给病重的母亲买药……这不一下子砸了她的饭碗吗?许多天过去了,那个中年妇女擦地板的背影一直在他的眼前晃动。

这种进入他人语境的反躬自省,才是道德。不知道这些满嘴"你凭什么花钱践踏他的尊严"的人,会不会有这样叩问自己灵魂的内向思考?我猜不会,"键盘侠"没有灵魂,他们从来不会对一件事有贯穿始终的恒定关注,而是用那种迷人的道德优越感在热点中不断流窜,闯入这件事中骂几句,当别人剖开肚子自证"只有一碗粉"并请求正义时,他们已在狞笑中闯入下一个热点。因为那些"网暴"恶评,人们不敢坐轿,轿夫失去养家糊口的工作,"键盘侠"们早已一哄而散,不见踪影。

道德是什么?道德的认知主语应该是"我",而不是"你"和"他"。面对轿夫的辛苦,正义的道德语法应该是:轿夫是怎么看自己的工作?这份职业对轿夫意味着什么?如果身处轿夫的生活处境,我会去做这份工作吗?或者,如果身临其境,我会去坐这个轿子吗?我这样说,会不会让别人难堪? ——道德思考需要这种自我叩问的诚恳和诚实。空调房里键盘上的仁义道德,没有汗水的浸泡,没有风雨的吹打,没有人间烟火的熏陶,而是指着"你"的鼻子说"他",就是没有"我"。没有"我"的道德语法,往往充满着虚伪、自私。是的,"键盘侠"的思考从来不会代入"我",而永远指着别人,苛求别人。

说实话,我是能够理解那种"看着有人费力地抬着轿子、有人安逸地坐着轿子"所产生的不舒服感。感觉看着很不舒服,然后呢?应该去思考,到底是什么让自己不舒服?一番深思可能才能跳出那种优越感——可能自己反感的不是这种人格平等的市场服务,而是那种封建化官本位下的人格不平等,这两者有质的区别,应该尊重每一个劳动者。另外,还有很多人需要如此卖力地劳动才能养家糊口,说明我们的发展还很不平衡,需要努力发展,让他们不必这么辛苦。

道德思考需要这种"然后呢"的反躬自省,人与人价值观的差别就存在于,"然后"的不同。想起一个故事,父亲和孩子逛街,路上遇到乞丐,然后呢?父亲可能会用两种方式来教育孩子,一种是:你要好好学习,否则就跟他们一样当乞丐;另一种是:你要好好学习,未来让他们不必当乞丐。在日常生活世界里,人们可能见惯了前一种,而对后一种很陌生,这就是"大家都生而为人,你凭什么花钱践踏他的尊严"之类的道德暴力泛滥成灾的原因——"我心善,眼里见不得穷人",然后,穷人的饭碗就被他们砸了。

(微信公众号"吐槽青年博士"2022年8月23日)

五 媒介素养

学者刘擎曾说:"年轻人一面喜欢独处,一面又热衷于获取信息,担心自己out了,这是存在性焦虑的一个征兆。信息茧房给在困惑时代的人提供了一种虚假的解决。这是算法造成的,它把你喜欢的同类的东西喂送给你,让人有一定的稳定性,但这是以世界的部落化为代价的。"是的,必须做减法,从同质信息的迷恋和娱乐围猎中跳出来,我们才能获得新知,如桑塔格所言,一切真正的理解,起源于我们不接受这个世界表面所呈现出的东西。与好媒介为伴,避免被坏媒介"截肢",这也是媒介素养训练的核心。

时评这样写

在缺席和盲区中
找到新角度

  我的角度之界限，就是我的思维之界限，写作是对思维的精练。怎么找角度呢？一个重要的方面是要善于发现"新闻中虽然没有出现"，却在新闻中扮演着非常重要的角色的那个主体。比如，我们来讨论当下的一种现象，叫"英雄枯骨无人问，戏子家事天下知"。一些网友最喜欢用这句话调侃娱乐圈的"小鲜肉"了，拿"小鲜肉"跟科学家比——你们这些"小鲜肉"哪有什么贡献啊，却每天都上头条，而科学家做了那么大的贡献，大多默默无闻。然后进行各种煽情，站在道德高地把明星批判一番，显得很看重科学和科学家。

  我们来看看，在这种讨论中，出现了哪几个角色呢？媒体、网友、娱乐明星、公共舆论——这些是明角度。跟着这些明角度走，你或者和网友一起骂娱乐明星，或者为明星辩护几句。而一个缺席的、隐藏的角度是科学家，科学家会怎么看这个问题呢？他们会跟娱乐明星比这个热度吗？他们会忌妒娱乐明星的热度吗？他们会鸣不平吗？在这种新闻话题里，科学家是缺席的，我们看到的"英雄枯骨无人问",看到的对娱乐明星的"吊打",都是围观者的态度,根本没有站在科学家角度想一想他们到底需要什么。

当我们找到了这个缺席的、沉默的角度,论点自然就出来了。我后来写的评论题目叫《对不起,科学家不需要你说的那种垃圾热度》,论点是:"对科学家最好的关注就是让他们免于热度的干扰。"我在评论中说:"从来没有一个真正的科学家抱怨过媒体和舆论,批评舆论太关注明星,而不关注科学家,埋怨对科学家的关注热度远远不够。类似的话题讨论中,科学家都是缺席的,他们只不过是在'被表达'。这是科学家需要的热度吗?不,这是媒体、舆论、营销号需要的热度。这不是对科学和科学家的致敬,而是一种身份消费,一种搭便车蹭热度。"

后来好几个做科学研究的朋友都跟我说,他们很认同我的观点,因为这是真正站在科学家的角度的评论:"被舆论和媒体当成宝贝的热度,在真正的科学家看来,也许就是垃圾。科学天然带来一种反热度的高冷气质,天然是小众的、孤独的,不需要不懂的人装得很懂的样子,不需要不三不四的人去凑热闹,不需要上头条成为热点。他们追求的是自己的研究得到圈内认同,获得行业内热度,而不是"脑残粉"式的大众热度。不要把自己热衷的东西强加给科学家,网络热度这东西,对名利场中的人是宝贝,对科学家却是干扰科研的垃圾。"

如果你有意识地去看,在很多新闻中都会看到一些潜在的角度,看到沉默的群体。比如,在医患冲突的话题中,医生和患者的真正态度往往是缺席的,喧嚣的都是旁观者的角度。患者到底为什么吵闹,医生为什么有那样的态度,很少有人站在他们的角度去深入思考,而是停留于表面去骂医生或者"吊打"患者,一边倒地跟风。关于前两年北大医院医生被打的事件,我的一个学生的评论就特别好:"北大医生被打,我很想听听患者一方的声音。倒不是说非得标新立异,非得站到另一方,而是当看得见的一方被过度关注时,更能凸显缺席一方、潜在一方角度的评论价值。"

这里需要挑战的是某种固化思维，我们的思维能不能在新闻涉及的各方中由此及彼，灵活地跳动，而不是僵化在某一点，被新闻中一个固化的、固定的搭配所锚定。看到"熊孩子"这个词，如果被锚定，就跳不出来了，灵动的思维会想到"熊家长"，想到"熊网友"，想到"熊规则"，以及纵容"熊孩子"的"熊文化""熊习俗"，能够在孩子、大人、网友、家庭、文化之间游刃有余，进而发掘新的角度、新的论点，找到写作的自信。

再说一个发掘角度的方法，就是多问一句"为什么"。不要小看这个"为什么"，它能够让你的思维在别人停止的地方再进一步思考，而不是满足于某个肤浅平庸的结论。比如，前几年重庆公交车坠江事故中，一开始谣言称是女司机逆行导致的，女司机再次成为被攻击的标签。普通的角度，很容易被想到，就是谴责自媒体的不负责任，批判那种"聋子听哑巴说瞎子看到鬼了"的媒体生态，批评"评论跑在事实的前面"。类似的谴责，人人都能站出来侃几句，但当多问一句"为什么"，就能突破那种肤浅的道德表态，跳出泛道德化的思维。

为什么会出现指向女司机的这种谣言呢？好好想想，让思维进入深层次。比如，第一，"锤子思维"，即一个手拿锤子的人看什么都像钉子——社会习惯性地歧视女司机，网民平常受到媒体报道的影响，已经把女司机这个符号妖魔化了，在事实不清楚的情况下，形成了一种集体的"舆论幻听"，习惯性地觉得是女司机的问题。第二，同样是在事实不清楚的情况下，舆论急于归因，急于需要找一个矛头，但事实还在调查中，在这种"原因的渴求"下，很多谣言就出现了。这其实也是一种"舆论幻听"，或者是原因强迫症，急于找一个解释，可调查赶不上人们"求解释"的速度。第三，官方信息发布的混乱，重庆应急办一个语焉不详的回应，可能是谣言的开始，"官方谣言"有时比"民间谣言"的危害严重多了。信息不充分与不对称，这正是适合谣言和阴谋论产生的土壤。

如果我们不急于去批判谣言，而是多问一句"为什么"，看问题就会深刻多了。把自己的思维往前推，逼着自己去想，逼着去理解"反常中的正常"，或者"正常里的反常"。我写《马航终结篇将成不死的谣言，过不去的是心理的坎儿》这篇文章的时候，便使用了这种思维方法——每每过一段时间，关于马航失联就会有新的谣言出来，原因在于这事一直没有结论，人们心中肯定会有一个坎儿，没有一个解释，人们就无法释怀。评论，很多时候写的是人心，是人性，要尝试去理解人心和人性，而不是总想站在道德高地去俯视人心和人性。

为什么公平正义需要不可爱的新闻界

近日,一则视频在传媒圈火爆传播。某专家以一车橘子翻车后遭农民哄抢一事被媒体报道为例,批评相关媒体放着那么多好事不报,"专捡"这负面新闻报道,称其"故意侮辱我们国家",还质问记者"居心何在"。专家的这段话不算长,在此摘抄出来:

"我有一次跟一个媒体人交流啊,这个媒体做了什么报道呢?说广西有一卡车橘子,拉到北京去,结果在河南或者什么地方,那个车翻了,橘子撒了一地。当地的农民拿着筐子把橘子给捡走了。一报道,下面一帮年轻人、大学生,就开始骂了,说中国人素质低。后来开会的时候,我就问媒体的朋友,你为什么报道这种事情。中华民族14亿人,那么多人忘我地奉献,那么多人肝脑涂地,给国家打拼,那么多人拾金不昧,那么多人见义勇为,你为什么不报道?为什么专捡这事报道?你的理由是什么?"

"你要说这个社会风气有点问题,哪个国家都有肮脏的地方。美国到处都是枪击,西方国家的刑事案件到处都有,哪个国家都有问题,你为什么非得找这种事?你为什么非得引导我们的年轻人,觉得我们国家不好,觉得老百姓的素质低,你告诉我你居心何在?你给我说清楚。你故意地侮辱我们国家。你知道媒体的责任有多大吗?你多报道那些乐善好施的人、见义勇为的人,让老百姓看到光亮,让人民看到希望,让我们的人民对国家越来越有信心,这是媒体不可推卸的责任。"

很多媒体人对这位专家咄咄逼人的"审问"非常不满,各种口诛笔伐。我倒觉得对一个外行人的评判不必那么生气，这种误解，更凸显了媒介素养教育的必要性，堂堂正正地回答"你的理由是什么"这个挑战性的问题，是普及新闻传播专业常识的一个机会。这位专家对媒体功能的无知，并非个案，在一些圈子中很有代表性。多年前某地一位政法委领导曾公开说："虽然本地资讯和媒体业为经济社会发展起到了重大的作用，但也造成一些治安问题被迅速扩大化，影响到群众的安全感。"媒体舆论监督类的报道，常常被人扣上"影响社会稳定"的帽子。

那么多人拾金不昧不报道，就这么一起"哄抢事件"，你报道的理由是什么呢？好，我来告诉你理由，告诉你公平、正义和民主为什么需要不可爱的新闻界，为什么需要不可爱的报道和不可爱的新闻人。

首先，你也知道"那么多人拾金不昧""那么多人见义勇为""那么多人忘我奉献"，你是怎么知道的呢？不也是通过媒体报道而知晓的。其次，新闻首要的价值是"真实"，而不是其他，哄抢事件是不是真实发生了？既然真发生了，媒体当然应该报道，由报道而带来的舆论监督效应，才能帮那个被哄抢的司机解决问题，才会迫使那些哄抢的人把物品送回来，才会凝聚一种"哄抢是很丢人的""被报道了，伤害了地方形象"的价值观，围观感带来了耻感，从而提升道德感。再者，社会风气、社会道德感的变好，不只是"需要报道的对象"，本身与舆论监督是分不开的，对丑恶进行鞭挞，对负面给予曝光，从而产生"成风化人"的效应。是的，每个社会都有丑恶和肮脏，然后下一句呢？不是"就可无视这些丑恶和肮脏"，反正都一样，大家差不多，而应该"在坦然面对、坦然正视中去解决它"，别把报道当成对社会的抹黑。

取得那么多的成绩，就出现一起问题，为什么非得盯着问题？老话说得好，"成绩不说不会跑，问题不说不得了"。疫情之下，几百个孕妇都能正常就医，就一个孕妇被隔在医院外导致悲剧，我们无法以统计学的概念进行报道，将悲剧当成偶然的、可以忽略的意外。在你看来，只是众多正常就医中的意外，但对一个家庭来说，就是天塌下来了，媒体必须关注这样"对一个家庭来说是天塌下来"的意外，从而避免更多这种意外的出现。

媒体报道是一个社会的预警机制，它们常常关注反常、越轨、失序，通过报道引起"疗救"的注意，从而将意外纳入正常秩序中。传播学鼻祖哈罗德·拉斯韦尔曾说："社会犹如一个生物有机体，必须时刻监视周围的环境以保证其种族的生存需要。"媒体扮演着为社会有机体"监视环境"的关键角色，在众人沉醉于"岁月静好""大家多见义勇为"的美好感觉时，从"意外"中敏锐地发现问题。社会有分工，新闻的一个核心功能就是"监测异常"，所以专业人士会强调"新闻的直觉是由正在发生的坏事所触发的"，麦克卢汉甚至极端地认为，广告是报纸中唯一的"正面新闻"。

那么多游船都是安全的，就泰坦尼克号触礁沉没了，那就不报道了？事实上，如果泰坦尼克号没有遭遇那次众所周知的致命事故，没有媒体报道相关问题，这个行业将会不断地建造越来越大的远洋客轮，而下一次的灾难将是更大的悲剧。"监测意外""提醒风险"的人，往往很不可爱，但一个健康的社会需要不可爱的新闻界！纳西姆·尼古拉斯·塔勒布在《反脆弱》中说："鼓吹'瞧，我为你做了什么'，比'瞧，我帮你避免了什么'容易得多。"岁月静好的正能量报道很讨巧，但舆论监督报道以不招人喜欢的方式，帮一个社会避免了很多暗礁。

这位专家提到网友在报道下面发表的"中国人素质低"之类的负面留言，怒问："为什么非得引导我们的年轻人，觉得我们国家不好，觉得老百姓的素质低，你告诉我你居心何在？"这也是缺乏基本媒体素养。这些网民或"喷子"这么跟帖，恰恰说明他们缺乏媒介素养，一个基本常识是：如果是新闻里发生的事情，就不必过于担心。什么是新闻啊？狗咬人不是新闻，人咬狗才是新闻，新闻里的事都是很少发生的事，不要被新闻营造的负面拟态环境给吓死。北京每天有2000多万人过着各自的生活，他们的经历完全不同于《新京报》《北京日报》的新闻，新闻并不呈现日常，而是监测反常。媒介素养的一个重要方面，就是了解新闻报道的规律，意识到新闻与现实的距离，而不被新闻所惑，保持对拟态环境的理性判断。正常的事不是新闻，反常才能吸引眼球，所以新闻常常选择报道那些概念较低的事件，如自拍致死啊，被雷电击中啊，走着走着人掉进下水道啊，被楼上抛下的菜刀砍中啊，喝凉水时呛死啊……媒体的社会新闻版越是报道这种事情，你越应该知道其"意外性"。相反，不被报道的那些正常的危险，如电梯故障，出门没锁门，开车不集中注意力，走路看手机，才是你的盲区，才是你最应该关注和防范的。

面对网民在媒体报道下的"乱喷"，应该去引导网民提升媒介素养，批评"以偏概全"，怎么能去归咎于报道事实的媒体呢？岂能用那些"明显的混账话""荒唐的逻辑"反过来证明"媒体不应该报道"？新闻下面"喷子"的评论，不是媒体报道召唤出来的，而是教育缺失带来的问题。媒体报道了"摔倒老人讹诈小伙子"之类的事件，就要为"人们不敢做好人"负责吗？实在高估了媒体的影响，媒介素养就是一门如何看新闻、如何从新闻中理解世界、如何在信息分析中得到正确判断的学问。这位专家对媒体功能和媒介镜鉴的无知，说明媒介素养的普及是多么重要啊。

只想看正面报道和岁月静好，觉得负面报道"碍眼"，无法面对这种"不适"，拒绝面对残酷的真相，只能说他在道德和心理上尚不是成年人。想起苏珊·桑塔格在《旁观他人之痛苦》中的一段话："有一个地狱，当然并不就是要告诉我们如何把人们救出地狱，如何减弱地狱的火焰。但是，让人们扩大意识，知道我们与别人共享的世界上存在着邪恶造成的无穷苦难，这本身似乎就是一种善。"桑塔格批评了那种"总觉得真相让自己不适的人":"在达到一定的年龄之后,谁也没有权利享受这种天真、这种肤浅,享受这种程度的无知或记忆缺失。"

跟着张文宏学写作技巧和媒介素养

一直有个想法,对张文宏的语言特点和表达特质做一次系统的分析,让张文宏"可学习",让更多人具备他的表达技巧和媒介情商。张文宏如此受舆论和公众欢迎的原因在于,他身上的那种人格特质。这种特质首先呈现在语言表达中,人们对张文宏的喜爱,首先也是喜欢听他讲话,喜欢他的语言。语言不只是语言,背后反映了一个人的思维。就像评论写作和公共表达,绝不是文字和语言驱动的,而是思维驱动的。我在新闻评论课上专门分析过张文宏"说理词"的特点,主要讲的也是"说理词"背后的深层思维。

一、对舆论水温的精准把握,总能触及人心

听张文宏的表达,首先被触动的往往不是他讲的"道理",而是表达里的"温度",让人觉得他不"端"不"装",不是与"位高者"共情,而是选择与作为"最大多数"的常人常情共情。他的表达既不会温温吞吞,也不会用力过猛,而是贴合着舆论水温,将将好。

比如他说:"不能欺负听话的老实人。"不要小看这几个字,说明他对人心温度很了解。听话,不说话,不代表没态度,公道自在老实人心中,这个社会中的绝大多数人都属于"听话的老实人",他们不争不抢,老实做事,本分做人。然而,这种"听话"和"老实"常被人利用,甚至被欺负。作为从底层奋斗出来的老实人,张文宏走到现在这个位置,他保持着对"听话的老实人"的尊重,不是摇身一变、变本加厉地欺负老实人,而是站在老实人一边，把老实人护在自己的身后。

比如年初全民就地过年时，他说："对于就地过年的同志，我表示非常敬佩。没有谁认为这些做法是理所当然的，可以看作是为全中国人民所做的一次贡献和慈善，祝大家春节开心，家人平安。"这句贴心的话瞬间刷遍全网，对于看到这句话的人来说，是遗憾后的治愈、释怀、放下，也是一种被理解所带来的共鸣感。人同此心，原来不只我一个人这样想，原来就地过年并非理所当然，原来"想回家过年"很正常，原来这可以看作一种贡献。回不了家，这是常人会有的遗憾和不甘，不是站在专业高地去俯视和说教，而是站在常人的一边去共情，与多数人的情感所形成的舆论水温保持可贵的同温。

比如他说："人人都是战士，宅在家里不是隔离，也是在战斗。你觉得很闷，病毒也给你闷死了。"既俏皮，也是对常人"郁闷隔离感"的感同身受。在舆论水温中，他感受到了公众在较长时间的居家隔离、社交隔离中，已经产生了不少疏离、不耐烦、郁闷的情绪，他用"战斗"和"战士"的修辞，赋予"居家隔离"以像医护一样的价值，"常人隔离的付出"被看见、被尊重了；同时还以"病毒也给你闷死了"，让公众跳出个体社交隔离的郁闷感，看到集体社交隔离带来的效应。

我在《时评中国3：用温和的坚定对抗冷漠》中也谈到了"贴合舆论水温"对写作和表达的重要，只有知百姓疾苦，知民间冷暖，了解这个社会多数常人的期待和需求，保持与常人情感的对话意识，对他们的声音做出反馈，你的表达才会赢得他们的积极反馈。我还记得年初河北疫情时，一家融媒体推送的那篇题为《可恨！26岁石家庄女子确诊前连续六天下班兼职》的文章，引发众怒，这就是典型的不识常人疾苦。与常人常情有着深深的"隔阂"，不知舆论水温凉热，必然会被"烫"着。作为专业人士的张文宏，应该属于这个社会中产阶层偏上的"精英"，但他的表达中没有那种"俯视平民"的精英味儿，不失老实人、常人本色的同温感，这便是他招人喜欢的密码。

我想，张文宏肯定经常上网，并经常看评论区，所以才不会被网民当作"网络外来人口""假装外宾"，而有一种"自己人"的亲切感。我一直强调在评论构思时，要去看评论区，要有"评论区想象力"，要与常人常情对话，要去寻找观点的基准线（即常人会怎么看），要去感知舆论水温和人心温度。舆论水温在哪里，就在评论区和基准线中。

二、实话直说的专业人格、专业底色塑造着权威

研究张文宏的语言，会发现一个特质，就是作为医生的他，对常人很温柔，尽力与常人保持同温共情，反而对手中拥有某种"权力"的人，说话却不那么客气，常常"怼"记者，常常向"领导"喊话，对"领导"提出要求。不苛求常人，而对强者提要求，这是一种非常了不起的品质。

不能欺负听话的人，这是对手中握有权力的人的要求。"企业家不用捐款，让那些返工的员工隔离，给他们开工资，就是最好的贡献了。"这是在向企业家喊话，为员工争取权益。"医务工作者，现在最缺乏的不是宣传，而是关心。我明确和大家讲，第一关心是防护，第二关心是疲劳，第三关心是工作环境，我觉得一定要跟上。如果跟不上，就说明没有把医务人员当人。"这是对医院领导提出的要求，要保护医护人员。

相比那些在常人、普通人、无权者面前显得很傲慢，喜欢大声呵斥常人，而在稍有点权力的人面前显得非常恭顺的人，张文宏的这种品质非常可贵。倒不是说常人没问题，常人应该去"迎合"，而是说，拥有权力、掌握资源的人，应该负有更大的责任，比如企业对员工的责任、医院领导对普通医护的责任。

特别有意思的是，张文宏好几次"怼"记者，常被舆论津津乐道。比如，当一个记者采访他时，他手机响起来了，来电显示是他母亲的电话。记者便在一边等着，看他怎么跟母亲聊天。他说，我偏不接，这属于私事。记者问他这么久待在病房工作想不想念母亲，他说，我问你，哪个孩子不想念自己的母

亲呢？比如，与记者谈到哪种药有效时，张文宏不顾面子批评起了媒体报道的误导。他说："全国各地派去的都是最精英的部队，我认为他们可以解决这个问题，不需要媒体来帮着解决这个问题，我也希望你们媒体不要老是做这个事，把一种不靠谱的治疗方案，片面地传播，而一些靠谱的治疗方案，因为你们的传播也变成是错误的。"

我不觉得这是"怼"，记者是掌握着一定"媒介权力"的人，寄望媒体关注公共事务，尊重科学和专业，这是负责任的表现。有一分证据说一分话，有三分证据说三分话，说真话说实话。

这种表达是源于专业自信，毕竟，很多时候公众最依赖的是专业，权威是由专业所塑造的。医生接受记者采访，责任是传递专业的信息，而不是让谁高兴。一种专业人格的底气便在于，我不是为了让你高兴的，我是为专业服务的，事实会证明我说的是对的。

评论写作和表达，也要学习这种专业的底色。"真话实话"，最重要的是"专业的话"，经得起事实和逻辑考验，才更有勇气和自信，也是公众最看重的。写文章如果能有某方面的专长，才能有跟他者对话的"本钱"。历史学家蒙文通曾认为，"做学问必选一典籍为基础而精熟之，然后再及其他……无此精熟之典籍作基础，读书有如做工者以劳力赚钱，其所得者究有限。有此精熟之典籍作基础，则如为商者之有资本，乃以钱赚钱，其所得将无限也"。写作和表达也是如此，以专业或擅长作为"本钱"，形成一种独立的专业人格。

三、了解传播规律，善用比喻让观点更有传播力

记者喜欢采访张文宏，不仅源于其专业，懂医学，还源于其懂传媒、懂传播、懂公众，说出来的话形象生动，自带标题光环，把专业和传播很好地结合起来。他的话常常可以直接当新闻标题，不是因为迎合媒体，而是骨子里内化了那种与公众对话的媒介素养。

比如复工后呼吁继续保持社交距离，他说："防火防盗防同事。"让人会心一笑，意识到了工作时仍要做好防护。当自媒体盛传血浆疗法时，他说："注射血浆患者立刻康复？那是电影！"既否定了那些谣言，又让这种辟谣自带传播力。"有人说这届年轻人不行？完全是瞎掰。我对'90后'充满希望和敬畏。"表现了他在与年轻人真诚地对话。"德尔塔跑得再快，它仍然是冠状病毒。""它变得更加狡猾，但仍然在猎人枪口下。""让老鼠跑进一个个迷宫，一个个迷宫就好比是那些打过疫苗的人。""打了疫苗，就好比给老鼠吃老鼠药。"善用形象的比喻，用人们熟悉的事物去解释陌生的事物，降低表达的维度，将抽象概念打成日常生活的碎片。

（微信公众号"吐槽青年博士"2021年7月12日）

我们是信息巨人，却可能变成知识侏儒

跟几个朋友聊"信息超载"这个话题，聊着聊着，都被自己身上平常浑然不觉却极易谋杀时间的习惯吓着了：收藏了很多长文章，却很少阅读；本来读某文，却很容易随链接跳到其他信息；拿起手机做某事，很快被信息吸引，最后忘记要做啥；睡前刷视频，刷着刷着一两小时就过去了；对某件事本有判断，但信息看多了就没主见了。远超我们大脑能处理的信息，让我们不断在焦点中转移，寻找多样性和刺激性信息，严重损害了我们的思考能力，夺走了支撑我们耐心和长时关注的"深度注意力"。我们是信息巨人，却可能变成知识侏儒！

学者刘擎在一个访谈中提到的"喜欢独处又迷恋信息，是年轻人的存在性焦虑"，戳中了当下很多年轻人的焦虑痛点，他说："年轻人一面喜欢独处，一面又热衷于获取信息，担心自己out了，这是存在性焦虑的一个征兆。信息茧房给在困惑时代的人提供了一种虚假的解决。这是算法造成的，它把你喜欢的同类的东西喂送给你，让人有一定的稳定性，但这是以世界的部落化为代价的。"是的，必须做减法，从同质信息的迷恋和娱乐围猎中跳出来，我们才能获得新知。

我们的注意力正被泛滥的信息所吞噬，戴维·温伯格在《知识的边界》中提到一组可怕的数字：仅 2008 年一年，美国人消费的信息就达到了 3.6 泽字节。泽字节是多少？它等于一个千的七次方字节。千的七次方是多少？即 10 的 21 次方字节，也就是 10 亿千兆字节乘以 1000。一部电子版《战争与和平》在 Kindle 上所占的空间大小是 2MB，1 泽字节相当于 5 乘以"10 的

14次方"部《战争与和平》。这还是2008年的情况，在信息技术高度发达和自媒体高度活跃的当下中国，这个数字可能更加不可思议。读懂了"泽字节"，算一算平均分配到每人每天所消费的信息，就知道我们宝贵的时间都去哪儿了。

这哪是你在消费信息？分明是信息在消费你，吸引你的注意力，谋杀你的时间，占据你的内存，损害你的思考能力。信息与知识最大的区别在于，知识是滋养你的东西，让你越来越厚重，而信息是对你的消耗，你的时间和注意力，最后都折算成别人所收割的流量。娱乐似乎成为无聊的避难所，但用非常简单的娱乐来打发无聊，之后更加无聊。知识的习得，能开阔你的视野并支撑你的输出，而高度同质化、碎片化的信息方式，则让人失去独立判断的能力。什么是知识？知识本身即是对信息的萃取、筛选和过滤，通过对信息做减法从而获取知识，让我们免于被无用信息占据内存。

1934年，诗人艾略特在一首名为《岩石》的诗中发出灵魂三问：我们在生存中失掉的生活在哪里？我们在知识中失掉的智慧在哪里？我们在信息中失掉的知识在哪里？——尤其是最后一问，直击困于信息过载茧房中现代人的软肋。怎样才能从信息海洋、信息垃圾、分析瘫痪中跳出来？有必要养成以下三个习惯：

第一，需要我们主动去搜索，而不是习惯被推送、被喂养、被收割。有一次我做讲座，在交流环节中有学生提了这样一个问题：当下很多社交平台过于娱乐化，满眼明星八卦，这个遛狗，那个牵手，这个出轨，那个恋爱，面对这种信息环境，我们该怎么办？我反问她，为什么我的社交媒体首页很少看到这类信息？其实网络信息很多元，有很多严肃的新闻和专业内容，需要你自己尝试主动去获取，而非等着被喂养。另外，你不仅是信息消费者，还应是内容生产者，想想你自己为改变你所批判的不良信息环境做过什么努力，写过几篇严肃的评论？

第二，需要我们摆脱对娱乐装置的依赖，提高枯燥耐受能力,才能获得新知。生活在消费主义和娱乐化环境中的一代人,被"精彩"惯坏了,越来越失去忍耐枯燥、在枯燥中学习的能力。人们热爱"爆梗""段子""金句""包袱"等的感官刺激,习惯被消耗自己时间的娱乐信息所喂养,学习感官已经钝化,进入不了越过枯燥门槛而深度学习的境界。

  娱乐是娱乐,知识是知识,不要期待"寓教于乐"。麦克卢汉曾预言,工具延伸了人类哪一方面的能力,人类的其他方面的能力就必然会被弱化。——这是一个让人尴尬的现实,媒介延伸着人的肢体,但也是一种"截肢"。据说,对于伦敦出租车是否应该配备车载 GPS 定位系统存在争议,后来做了一个实验,结果发现,配有定位系统的司机对伦敦的空间记忆力急剧下降。学习和求知也是如此,如果迷恋于娱乐信息的装置,求知器官会逐渐退化。

  第三,与优质的专业内容生产者和知识生态保持连接。在如今信息泛滥的媒介环境中,优质内容依然是稀缺品,被何种内容"熏陶",读什么样的书,获得几流的知识,决定了我们有几流的视野。信息构建的茧房,只有知识带来的眼界扩展才能打破。

(《羊城晚报》2021 年 11 月 14 日)

意识到大多是"小作文大赛",你就会冷静很多

"阿里女员工被侵害"事件真是一波三折。当事人周某的食堂维权和"劲爆"自述,曾让公众义愤填膺,也让阿里成众矢之的。事件的发展并没有顺着周某的叙述方向,济南检方最新的通告称,犯罪嫌疑人王某文不构成犯罪,不批准逮捕。警方依法对王某文终止侦查,并依法治安拘留十五日。媒体的复盘调查《性、谎言与避孕套》随之刷屏,记者采访了王某文的妻子和其他相关方,给出了一个翻转周某叙述的版本。估计媒体早有了调查报道,就等着官方的调查结果。媒体也谨慎多了,如果"抢"在官方结论前发布,媒体的"翻转性报道"会承受暴风骤雨般的舆论压力。

有人说事件"反转"了,我倒不觉得是完全"反转",至多是"翻转"。毕竟,从警方调查来看,她确实是被人侵犯了,只不过她在一些问题上并不诚实,不少事实并非如她所言,她的自述中对王某文的描述多处与事实不符,多处细节不实,一些操作让人迷惑。官方与媒体互文的最新调查结果,让此前震惊并愤慨的舆论冷静下来,我看到不少人在朋友圈反思:此前被周某的单方叙述带节奏了,在阶层矛盾和性别对立的情绪下,不分青红皂白地指责阿里和所谓"高管",为此感到羞愧。

估计很多一开始义愤填膺的人,都有这种错愕和羞愧感,"复杂的事实"毒打了"单纯的想象",人性远比想象要复杂,再一次看到"让子弹飞一会儿"的重要。我知道,这种记性是很短暂的,不久后再有这样的爆料,很多人还是会轻易愤怒或感动,改不了"易燃易爆"体质。怎么办?有一种方法也许能够让我们

保持冷静，大家都知道"小作文"和"文案"，就是为吸引你眼球而量身定做的文本。如果意识到你看到的信息多是"小作文"，扑面而来的文章不过是"小作文大赛"和"文案竞争"，你就会冷静很多。以"判小作文"的心态来看待那些热文，先问真假再说是非，拧干文本中的修辞，就不会入戏太深地被"押韵"牵着鼻子走。

"小作文"是什么？是迎合公众情绪而精心生产出来的、用话术引人注意、让公众站在自己这一边的文案。"小作文"之为"小"，它纯粹是个人化和主观化的；"小作文"之为"作文"，它有自身的命题意图并包括某种精心的构思，通过修辞与话术来塑造一个对自己有利的舆论。文章与文案的差别在于，文章包含着一种真实和真诚，文案则为了吸引公众而努力生产某种"真实"和"真诚"。文章是直抒胸臆、有话直说，而文案则是研究人性之后的精准喂养：你同情弱者，我就制造出弱者形象；你痛恨"大厂"和精英，我就写个"反大厂"的段子；你很容易被性别对立激怒，我就制造一个二元对立的故事。文章是写出来的，文案是精心设计出来的。文章让你消费信息，而文案则消费着你。

消费社会的一个公共景观就在于，真实和真诚成为稀缺品，异化为情趣产品，人们的身边充斥着各种文案：脱口秀不是脱口而出，而是迎合你的笑点而写出的文案；让你愤怒的维权故事，不少是研究舆论燃点后设计出的"愤怒"；刷屏的传播和标题中的引人噱头，很多不过是精心安排的押韵文案。名人八卦、明星道歉、企业公关、离婚宣言、热搜热文、震惊爆料，我们被各种算计着你的同情心、愤怒感、猎奇心、窥私欲、不平情绪、吃瓜期待、从众心理的"小作文"和文案包围着，你在安全地带的愤怒中体验着廉价的正义感，你想要消费信息，却被文案喂养、消费和收割着。

区分文章和文案、媒体报道和"小作文"，是一件非常重要的事。这个区分的过程，使我们与被喂养的情绪形成了一种隔断，与文案精心设计的故事情感产生了距离，并成功地从"小作文"中"抽离"。抽离是一种非常重要的媒介素养，它意味着我们保持着不惑不乱的理性人格——噢，那不过是精心制造出来的文案，是想对我"洗脑"的"小作文"，而不是事实。意识到那是"小作文大赛"，就会冷静下来。把自己想象成给"小作文"判分的老师，自然就很冷静啊：文本里用了太多的修辞技巧，这里是比喻，这里是夸张，这里是想象，这里是滑坡谬误，这里是偷换命题，这里的论点超过了论据所允许的限度，这里是贴标签的做法，这里是蹭热点，这里是想煽动阶层对立的情绪。最后得出差评。

明白那些是"小作文"，就会把被作者刻意省略的"要素"补上，而不是被带节奏地脑补。"小作文"的一个特点在于，明明是主观描述，却通过一些修辞来营造某种客观幻觉，诱导对自己有利的脑补。我们要学会补上那些省略的主语，在每句话前加上——我觉得，我感觉，我认为，我感到，我猜测，我推断——补全了这些刻意省略的主观逻辑话语，将看起来像事实的判断还原为"未经核实的单方判断"，多问问来源是什么，依据是什么，"小作文"的可信度就会大打折扣。

还有一种"批改小作文"的方法，就是拧干文字中的形容词和副词，只留下名词和动词，你也会冷静很多。什么叫客观？从词性角度来看，名词和动词是比较客观的，因为行为和名称是可以核实的，而形容词和副词则带着强烈的感情色彩，节奏往往是形容词带起来的。尝试把"小作文"中的这些主观词拧干，将排比、押韵、反问、惊叹号都给删掉，剩下那些"干巴巴"的信息，就容易判断了。

以"批改小作文"的心态去看待舆论事件，并不会带来正义情感的抽离。入戏感太强，才是对正义的伤害。事实胜于"小作文"的雄辩，正义存在于对"正义感"的克制中，拧干了节奏和情绪，事实和正义才会浮出水面。

(《羊城晚报》2021年9月26日)

别怪他们嘲笑博士了，认识到自己无知需要相当程度的知识

看到网上那个关于"中南财经政法大学一博士被骗"的"警情通报"截图后，我当时咯噔了一下：那个博士要被某些人群嘲了，某些人肯定会通过踩踏博士来找智商平衡感的。果不其然，新闻确证后，很多跟评笑博士不笑骗子，欢乐地嘲讽着受骗者。

落款为武汉市公安局铁箕山派出所的"警情通报"显示，中南财经政法大学一博士生接到自称是银保监会工作人员的电话后，于3月8日13时至15时之间将贷款金额共计10万余元分多次转入对方提供的账户，意识到被骗后，随即报警。通报写上"博士"身份，也许是想形成一种警示：连博士都上当了，可见骗术多么有欺骗性、蒙蔽性，大家更该小心防范。没想到并没有引起警惕感，反而激起某种优越感和"博士羞辱"，这些评论充满了对受骗博士的恶意——博士也被骗？是法学博士吗？财经政法大学学了些什么呀？博士还不知道电信诈骗？

每每有博士、教授、名人、明星被骗，这些人好像都特别兴奋，似乎找到了一种智商平衡感和心理补偿——高学历不过如此，都不如我一个高中都没毕业的人，读书有什么用啊？他们的思维不会去正向反馈——骗子太可怕了，骗术太防不胜防了，连这些人都上当受骗，我平常更该小心。他们不明白，骗子不挑人，很多时候，上当受骗跟高学历无关，人在某种情境下特别容易陷入盲区，从而半短路。骗子深谙此道，有一套把握盲区的心理操纵术。这种对人的心理操纵，甚至连多年做"反诈骗"法制节目的主持人，刚接到这种电话时都会有点迷惑。

他们不知道"个案统计"的逻辑谬误和新闻传播规律，博士或教授被骗，因为太罕见，所以成为新闻。而那些缺乏教育、信息和知识的人，被骗得太多了，是最大的上当受骗群体，多到连新闻都不愿去关注了。新闻中发生的事，都不必过于担心，正常的事不是新闻，反常才能吸引眼球，所以新闻常常选择报道那些概念极低的事件。那些常发生而没有了新闻价值、不被报道的事，也许才应更多地关心，因为"经常发生"，所以与你密切相关。

他们更不知道有一种统计规律叫"幸存者偏差"，人们只看到经过某种筛选而产生的结果，而没有意识到筛选的过程，因此忽略了被筛选掉的关键信息。古希腊名人西塞罗是无神论者，他的朋友劝他去"拜拜神"，理由是"在海难中，活下来的都是拜神的人"。西塞罗说："那些拜神被淹死的人，已经无法再张口说话，但是那些拜神没被淹死的，回来后就能告诉你：我是由于拜神才活下来的。"一个缺乏判断的人看到"博士被骗""教授被骗"之类的新闻时，同样容易陷入这种"幸存者偏差"。

别怪这些人嘲笑博士了，读书太少，知识贫乏，认知水平低，使他们没法做出正确的判断。想起托马斯·索维尔一句著名的话："认识到自己的无知，需要有相当程度的知识。"一个受过较高教育的人，才有知识看到自己的"无知"。比如，这个被骗的博士，会通过这次的经历意识到，自己在专业知识学习上可能是合格的，但在生活常识和警惕性上，可能存在无知。而一个无知者，无法看到自己的无知，只会看到别人的无知，用别人的失误来掩饰和平衡自己的无知。

伊莱·帕里泽在《过滤泡：互联网对我们的隐秘操纵》中说得很深刻："伤害我们的不是我们不知道的东西，而是我们不知道'我们不知道'。它们经常删除其空白点，把已知的未知变成未知的未知。"是的，把自己关在"过滤泡"中的人，无知地沾沾自喜，不断删除着那些空白点，而不是用求知去填补空白。智者吃一堑，长一智，愚者呢？看别人吃一堑，在嘲笑别人后长一蠢，下一次吃更大的堑。可以肯定，越是不读书、受教育程度不高的人，越喜欢在"博士被骗"的新闻情境中去嘲讽高学历，正如喊"读书无用论"的，大多是那些没读书的人，没有从读书中汲取到价值，无知让其看不到知识和读书的意义。

别怪他们嘲笑博士？不怪是假的，毕竟这种"三观"扭曲的嘲讽会败坏社会风气。受骗的人勇敢地说出来，对社会是大益，现身说法，尤其是博士、名人、明星的现身说法，在新闻效应下可以让其他人提高警惕。而这种带着群嘲意味的"身份羞辱"和"博士羞辱"，则会给这种"勇于公开"设置了障碍，让下一个被骗的人再公开时会掂量再三——别人怎么看？会不会被"喷子"攻击？别人会不会嘲笑我？这种对受害者的羞辱，会让人觉得"上当了活该""憋着别说"，某种程度上是骗子的帮凶。你看，无知在另一个层面上还扮演着骗子的帮凶，意识到这个问题，也是需要知识的。

(微信公众号"吐槽青年博士"2021年3月10日)

当你做错了，没人会忘记，那当你做对了呢？

在我们新闻业，有一句让从业者很戳心的话："当你做对了，没人会记得；当你做错了，没人会忘记。"写了很多稿子，没有让人留下印象，如果哪天标题错了一个字，可能会成为全网笑话。自己也常听从事服务行业的朋友有类似吐槽：消费者从企业享受到好的服务，不会去说，但如果受到差的对待，肯定会到处说，必然会投诉。真的是这样吗？消费者真如此苛求吗？好像并非如此。

前几天看到一条新闻，就是表扬"胖东来"的。报道说，有"商业教科书"之称的"胖东来"，对部分产品价签进行了调整：大众服饰区的产品价签标上了"进货价"。此举让更多老百姓买东西时心里更有底，买卖更透明，童叟无欺，被消费者点赞。这不，当你做对了，消费者不会吝啬赞美。

对堪称"新零售标杆"的"盒马"，消费者也没有吝啬过赞誉。比如"盒马"死磕"秤上透明度"，就广受好评。因为线上买的东西重量不足，"盒马"六个月内主动退回3500万元"买菜钱"。挺有意思呵，买个菜也就块儿八毛的事情，消费者可能都不会较真，企业能站在买家角度替消费者较真，挺好。

还看到过一个报道，被传为零售佳话。上海顾客曾投诉"盒马"螃蟹绳太重，这引起"盒马"总裁的注意，查明原因后，公开出来道歉。之后在短短的一年里，有了"剪袋沥水""氧气包""宰杀损失""缺重返现"等盒马式服务。剪袋沥水，指的是帮买海鲜的消费者剪袋角沥水后再称重，避免暗中花冤枉钱。宰杀损失是啥？就是预先告知消费者鲜活鱼类宰杀损失数据，让消费者买得明白。这些凝聚着细节、细心、细抠、细算的"零售成语",不仅成为流行网语,更成为行业标准。

不要小看这些细节,商业文明的观念水位,不就是在这些细琐的点滴行为中不断提升的?零售的境界,不只在平常一笔笔销售中做到货真价实、童叟无欺,还能在确立标准上做一些创造性工作。细节不可低估,商业文明经过千百年的沉淀,结构上已经很成熟了,一个小细节的完善,就很不错了。

你看,不要低估消费者对"细节努力"的感知。做得好,真正为消费者考虑,再细小,消费者都会注意到。即使当时没有注意到,没有做出反馈,但商家要有坚持的耐心。还是拿我熟悉的媒体行业做比较,常有人说,你写评论写了那么多年,有些问题一直没有得到解决,你写了有什么用呢?我很喜欢这么一句话,"我们坚持做一件事,并不是因为这样做了会有什么效果,而是这样做是对的"。做人,做生意,都需要这种自信。做,首先不是为了让人看,而是这样做是对的;然后,你做了,终会得到善的反馈。

是的,对于善的反馈,要有长时段的耐心,有延迟满足的意识,而不是短期行为。就拿"盒马"来说,也不是一开始就受到好评,也不是一开始就能确立很多行业标准的,而是有一个耐心积累口碑的过程。什么是口碑形成的过程?我常用一个比喻来形容,将一张纸对折两次、三次、五次,你可能感受不到积累,但如果对折五十次,你知道会有多厚吗?差不多是地球到太阳的距离。如果形成了口碑,将会一传十,十传百,百传万,品牌美誉度不就是这么形成的吗?哪有那种不在细节上日积月累,靠拿个标王、投放天价广告就能拥有品牌美誉度的?

好评、好口碑,是在细节上日积月累形成的。差评、坏口碑,也是如此。我们身居舆论场,常见到某个品牌遭遇塌方式舆情,一次危机事件,就把某个商家打个稀里哗啦,一夜之间"人人喊打"。商家真的是被"一次危机事件"打倒的吗?不是这样的,是长期累积的负面,遇到了那根稻草。这世界上,没有多少事是突然发生的,只不过是你突然知道了而已。

常说"魔鬼藏在细节中",服务尤其如此。有人可能会觉得"胖东来""盒马"这么做不值,几毛钱的事,消费者自己都没在意,你干吗那么上心。千万不能这么想。首先,消费者最容易忽略的、被坑的就是细节,当哪一天突然注意到这个细节,意识到被坑了,他就会对你失去信任感,觉得在整个商品上被坑了。其次,消费者不去注意细节,如果你替他注意鲜牛奶的有效期、宰杀损失、进货价等这些细节,能够培养双方的亲密信任关系。

商品和服务是零售业的命脉,消费者如果相信一个品牌,常常会不怎么看细节,从货架上拿起就走。要对得起消费者的这种信赖,而不是利用、透支这种信赖。

(微信公众号"吐槽青年博士"2021年3月31日)

健身卡冷静期不需 7 天，也许 1 小时就行

提到冷静期，似乎舆论多持复杂态度，"屁股决定脑袋"，害怕"冷静"破坏了自己这一生放荡不羁所爱的自由。不过，这两天一个"冷静期"提议，受到了公众的普遍欢迎，尤其是那些深受"冲动消费"之害的人，就是健身卡冷静期。很多人感慨，这个提议太人性化了，在广告铺天盖地轮番轰炸制造诱惑、冲动、欲望的钱包围猎氛围下，在各种免密支付让人"智熄"的时候，为躁动输送了一种静能量，避免沦为待割之韭菜。

是这么回事的，近日，由北京市体育局与北京市市场监督管理局共同修订完成的《北京市休闲健身行业预付费服务交易合同》向社会公开征求意见，办理健身卡拟设 7 天冷静期，包括健身房、各类体育健身场（馆）等体育运动项目。冷静期内，在未开卡使用健身服务的情况下，有权无条件解除本合同，15 个工作日内一次性返还全部预付费用。除此之外，在本合同履行期限内不得单方提高承诺的服务价格或增加服务限制条件。

从公众的反馈看，真是苦健身卡久矣！办卡时踌躇满志，办卡后醉生梦死！有的说："健身本来就是贩卖一瞬间的梦想，我办了 3 年卡，最后去洗了几次澡。"有的谈到了公平："确实应该如此，毕竟你想要转卡给别人，健身房还会要求你有 3 个月的等待期，那么我办卡有 7 天冷静期，完全没毛病啊？"有的激动地说："不用 7 天，给我 1 小时，我就能自己劝退自己。"理发卡、瑜伽卡、美容卡……这些卡都需要冷静期。

我支持健身卡冷静期，这是应有的人性化之举。什么叫人性化？就是考虑到人之为人的弱点、缺点和盲点，在制度设计

时不是苛求人在道德理性上去超越自身弱点，而是把人的局限性作为接受的现实，在制度上进行规避。人不是巨婴，一般都要为自己的选择负责，自由的另一面就是承担后果，自己的选择，含泪也得担着。但健身卡这事儿，很多时候是被忽悠的，有些人在把人性当韭菜，利用消费者的弱点，并且不是个案，当成为一种普遍现象时，法律有必要通过让人冷静的方式捍卫市场交易公平。防范人性弱点被利用，此谓人性化。

　　冷静期听起来好像是新东西，属于创新，其实不是，只是"后悔权"换了个说法。在网购和很多商品交易中，早就规定了"7天无理由退货"，什么叫无理由退货？其实就是冷静期，当时觉得没问题，冷静下来后认为不需要，那就可以退。很多普通商品和交易场景都可以"无理由退货"，对于健身卡、美容卡之类易冲动的长期消费，更应该普及"冷静期文明"。

　　人确实应该为自己的选择负责，但在很多消费场景中，消费者与企业往往处于严重的信息不对称。促销者有一套强大的促销洗脑术——隐瞒、夸大、渲染、画饼、轰炸、诱惑、数字游戏，对于某个产品，对于自己的需求，对这家健身房能生存多长时间，消费者很容易在促销所营造的消费场景中形成误判。信息对称有一个过程，应该留出时间让消费者冷静冷静。

　　另一个原因是，现在的支付方式越来越快捷和无感，免密、迅捷支付、绑定支付、各种"好像花的是别人钱"的忽悠贷，手机一扫码钱就过去了，思考空间完全被商家主导的消费主义所挤压。支付场景哄抬着一种"让人不假思索"的迅捷，以"迅雷不及掩耳盗铃之势"，让你"智熄"，让你掏钱。当没有了过去那种掏现金、刷信用卡、输密码、还信用卡时的底线冷静，更需要"法定"的冷静期。

　　健身卡冷静期，其实不仅是让消费者、办卡者理性，也是让那些健身房冷静：能不能靠口碑吸引用户，能不能靠真正的公众健身需求把企业办下去，而不是暂时的忽悠，不是利用人的弱点。一些健身房为什么营业一段时间就跑路啊？门槛太低，不是花心思去提高质量和提升环境,而是找几个促销员发传单,忽悠办卡。透支未来,捞一笔钱,很快就会撑不下去了。不靠"煽动"别人的三分钟热度,而是有真正长久的、让人冷静下来仍需要的好产品,企业才能生存下去。冷静期不是破坏交易自由,而是致力于培养一种更负责任的市场信任。

(微信公众号"吐槽青年博士"2021年3月19日)

该严惩，但别在标题中强化"女干部"标签

近日，网传大连市金普新区一街道干部进小区拒不配合志愿者登记并给社区卢书记打电话要求放行的视频，当地有关部门迅速调查并公布了处理情况，耍特权的当事干部受到严重警告处分，开绿灯的卢书记也受警告处分。该处分让公众极度舒适。平权时代，不平则鸣，没什么比耍特权更能激起公众愤慨，也没什么比让特权低头、让规则抬头、让权力被驯服更令人拍手称快。

然而，在极度舒适中，有一点让人挺不舒服，就是媒体在报道这一事件时，标题里铺天盖地用的都是"女干部"标签——《女干部不配合防疫找"卢书记"放行，两人均被处分》《大连女干部闯卡打电话找"卢书记"放行，被免职！》《"一个电话，两个处分"，大连女干部与卢书记均被处理》……作为男性，看着标题中的这一个个"女干部"都觉得很刺眼，估计女性更觉得不舒服了。我在朋友圈写了一段话，引起朋友们的共鸣："还是不要在标题里强调'女干部'，就像习惯不用'男干部'一样。你见过几个标题里有'男干部'的？这种习惯的标签传播，塑造着女性泼辣、不讲理、无理取闹的刻板形象。虽然'女干部'是个事实，但用在标题中很容易标签化，将一个'具体身体'变成一个抽象的集合概念。标题中的性别元素，应遵循克制和必要性原则，只有在'不使用就会影响关键信息传播''属于决定性新闻要素'的情况下，才能最小限度地使用。'央视新闻'挺好，标题是《不配合防疫找卢书记放行，两人被处分》，有意回避了'女干部'字眼，一股传播清流。"

我理解，媒体在新闻标题中用"女干部"时，并无恶意和故意，只是习惯性地强调一个"新闻事实"。但问题可能就出在这个"习惯"，即潜意识中根深蒂固的性别偏见和话语权力。为什么当负面新闻的主角是男干部时，不会在标题中用"男干部""男局长""男处长"，而当是女干部时，会加上性别呢？就像新闻标题中那些自然化的"女大学生""女司机""女公务员""女教师""女白领"一样，这种标签强化，有时是一种性别符号消费（加上"女"更有流量），有时是刻意传递一种诱导和暗示。一个标题有时是一片"雪花"，长此以往，性别与负面事件形成惯性勾连，会制造性别负面形象的"雪崩"。

"雪花雪崩论"的滑坡谬误常被逻辑学家诟病，但用在性别形象的标题固化上，却恰如其分。提到女干部，人们脑海里跃然纸上的那些形象，与这些新闻标题塑造的想象不无关联，传播既塑造着拟态环境，也塑造着群体形象。

这可能是一种无意识，但媒介文明、传播文明就体现在，克制这种无意识，看到无意识中所潜藏的污名、暗示、诱导和涵化的歧视，看到张口就来的熟悉表达所包含的问题。观念水位的提升，就是把以前人们熟视无睹的日常当成问题。文明，就是这样不断在批判性、反身性思考中透析出盲区。特别是那些我们习以为常的话语，常常隐藏着腐败、利益和优势感，沉淀和晶化着一个人、一个社群、一个社会的偏见。社会群体所使用的语言，通常是被设计用来确保他们特殊的和优越的地位，让你觉得习焉不察。文明的社会，能反思那种"自然化的问题"，而社会达尔文主义则不然，将弱肉强食的动物性树为成功榜样。

符号和标签是人们的日常表达习惯，张口说话，必然涉及概念和标签，就像我写这篇批判标签化的文章，也不得不使用很多标签。标签不可避免，但标签化却要尽可能去规避，尤其是容易在标题中形成负面强化的标签化。就像这条新闻，用"某社区干部"完全不影响新闻报道的信息传播，也没有弱化报道指向，"女干部"用得毫无必要。标题用什么词，不仅是话语习惯，更关涉社会的价值观和媒介文明。身负公共性期待的媒体，有责任营造一个无歧视的大众传播环境，尽可能不在新闻标题中强化与核心新闻要素无关的身份元素。

（微信公众号"吐槽青年博士"2021年1月15日）

能好好用文字表达的就别生产视频垃圾

对于时下流行的短视频和媒体长图融创产品，我在朋友圈写了一段话，引起不少同行的共鸣，摘出来供讨论："你真喜欢那种又臭又长的全是漫画、截图、表情包式的阅读吗？我是很不喜欢的，明明可以用文字写清楚、说清楚的，为什么非要用又臭又长的漫画和截图？评论也是这样，如果可以用文字表达，尽可能用文字表达，不要用短视频，短视频只会损耗效率。就像我特别反感微信交流时，突然甩过来几大段语音。文字是新闻与评论最清晰、有效、直接的方式，如果图频不是特别精彩，不是现场突发，不具有'文字不可还原性'，对方文化水平不是特别低，就不要用图频和视觉呈现。媒体融合与转型，是优质内容与用户的连接，不是折腾自己玩那些不擅长的东西，既生产图频垃圾，也浪费用户时间。"

之所以写这段话，是因为对那些没有新闻信息含量、既费眼睛又费流量的视觉图频垃圾忍够了。你如果不直接拒绝，他们真以为所谓媒体融合就是把能用文字表达的都转化成视觉，真把那些又臭又长的漫画、截图当转型成果了，真以为读者爱看那种"一张图"了。一到节气转换，朋友圈一水儿全是那种节气海报。如果没有模板生成，做这玩意儿还挺辛苦的，但，说实话，真没人看啊！何苦用这样的"一张图"去拼存在感呢？

前几天，做评论的朋友老徐发了一条朋友圈，观点我也很认同。他说："当下短视频挺火，昔日文笔犀利的朋友里，有的也开始玩起视频了。中国文字的穿透力和感染力，是无与伦比的。所以我一直以为，能写字的，还是不要去录音频；能录音频的，就不要去录视频。好多熟悉的大咖，看他们的视频好尴尬，不忍直视。"

确实如此，文字多好啊，与新闻和评论所需要的"简单、清楚、直接抵达"是最贴合的。柯勒律治曾说，诗歌是"最好的字按照最好的次序排列而成"。那么，新闻和评论应该是，最少的字按照最恰当的次序排列而成。在西方哲学传统里，语言就是逻各斯，即理性。从受众角度看，文字默读的孤独性和理性思考，有助于读者和受众建构"理性而自主的自我"；从表达角度看，印刷文字的沉浸性和线性逻辑，有助于清晰、合逻辑和有效率的表达。想不清楚的，肯定写不清楚；写不清楚的，肯定说不清楚。打个比方，"写"是固体，"说"是液体，"想"是气体。写文字，还是最靠谱的。

当然，视频和图像表达也有不可替代的优势，但从清晰、有效性来看，文字表达应该有优先性，新闻类文体需克制视频与融合的使用。从表达和接受层面来看，视频表达应该最小限度地使用，我前面提到了"文字不可还原性"，这一点很重要，当文字不适合表达、无法表达、无法呈现那种视觉微妙性时，那时才是最适合用视频、图像和漫画来表达。在突发事件现场拍下的视频、让人震惊的瞬间、关键当事人的在场表达等，这些都是文字不可还原的，那就用短视频。然而，现在短视频和"一张图"真被用滥了，视觉也被无节制地使用，对读者的理解构成极大的负担。海报、漫画、一张图、视频、语音，不仅没有增加表达和传播的简单性、清晰性、透明性，反而构成巨大的阅读障碍，在媒体与受众间横起一堵墙。

视频、长图和全媒体形式，应该是产品与受众之间的一座桥，有利于增加理解，有利于观点和信息的透明。而不是相反，成为面目可憎的阅读障碍。文字能帮受众节省时间和理解力，如果看文字就能了解，谁愿意去看视频？

文字表达在传播中应有优先性和基础性，文字功夫是基本功，先把文字理顺弄通了，再追求其他媒介形式的表达。因此，我讲新闻评论，一般着重讲文字评论和表达，这是起点和高点。文字评论写作应是评论从业的开始，即使以后往电视台主播、网络主播、短视频评论方向发展，也得先从文字评论做起，第一份工作最好先去纸媒。如果没有文字评论的充分训练，直接做视频评论，马步不稳，很难脱颖而出。印刷文字对思想、逻辑、文字表达的要求是最高的，如果能驾驭文字，转型就比较从容。

当下媒体转型遇到的最大问题在哪里？是文字没人看吗？是读者嫌弃文字、不愿看文字吗？当然不是，是不愿意看"垃圾文字"而已。不反思垃圾文字，不反思文章"谁写谁看、写谁谁看"这个与受众失联的大问题，而用一堆垃圾视频、漫画、截图、长图取代垃圾文字，以为视频能点石成金，这是转型与融合的误区。我们应该有"精品内容"恐慌，而不是技术恐慌、形式恐慌、视频恐慌。应该用精品文字取代垃圾文字，有独家新闻，有优质特稿，有独到观点的评论，读者自然买账。缺乏优质文字内容这个基本面，搞一堆乱七八糟、又臭又长的东西，只会生产新式垃圾。文字是媒体表达安身立命的根本，也是读者获得信息的主要方式，别转型转晕了头，在短视频上折腾自己，也折腾读者。

转型需要化繁为简，而不是化简为繁。把明明用文字可以写清楚的，去熬夜进行视频化，把明明用一个标题可以说清楚的，拉拉杂杂搞成长图；把明明300字可以说清楚的，"水"成由无数表情包拼成的融媒垃圾，这是乱折腾。转型，是用技术给内容生产减负，让精品出位，让新闻上位，让垃圾走开，而不是困在技术系统中，给新闻生产者增负，熬夜头秃伤身地生产那些费钱费力又没人看的产品。

（微信公众号"吐槽青年博士"2021年1月7日）

泛滥的悬念标题党，你们是阻碍透明传播的公害

"就不能正正经经写清楚冬季洗澡、取暖，谨防一氧化碳中毒吗？事关生命的事，还存着赚取流量的心？"——这是一个朋友针对南京某媒体公众号一篇名为《警惕！一家4口死亡，现在正是高发期》的文章所作的批评。特别理解这个朋友的不满，这类故弄玄虚的悬念标题党，确实挺让人烦。平常卖个关子、玩个悬念就忍了，但"洗澡、取暖一氧化碳中毒"事关人命，是应该充分普及和高效抵达的公共信息。这类新闻的关键信息，实际上标题就能说清——冬季洗澡、取暖一氧化碳中毒，一家4口死亡，必须警惕！——公共信息就该像这样无障碍、无流量功利地畅通抵达受众，不必非点开你的文章才能知晓。

这种悬念标题实际上制造了一堵墙，为了让人点开文章，绕了一道弯，增加了一般人对于公共信息、预警信息、事关生命之信息的获得成本，制造了公共信息的抵达障碍。对于日常的普通新闻，标题党做得吸引人一点，机灵抖得精彩一点，只要不造假、不失实、不刻意致人误解，没有致命的断章取义，就没啥问题，但涉及公共信息的抵达和关系重大利益的信息预警时，就应该让标题诚实、有效、无障碍地传播关键信息，最大限度地减少信息获得成本。

比如，作为编辑，如果我看到小编起了《快讯：这里暂停市区内公交车、出租车运营》这种标题，我一定会让他加上刻意悬念化的具体地名，把"这里"改为具体地名"黑龙江黑河"。首先，让信息能清晰、精准地到达受众，让当地人知道公交车停运了，让外地人知道该地的疫情状态，无须点开文章就能清楚

掌握。公共传播是精准地让想知道的人了解信息，而不是无效的流量和只对媒体有用的阅读数。其次，写上具体的地名，能避免标题中的情绪渲染让无关者产生焦虑和恐慌。

标题体现着一家媒体的"三观"，尤其是在流量诱惑和阅读数荷尔蒙主导下的新媒体标题。我想，受过专业训练、有传统基因、有公共社会责任的编辑都会这么做标题。公共信息传播，应该克制那种面目狰狞的流量欲望。比如标题《热点：新增一例护士感染！多地紧急回应这些传闻》，负责任的编辑一定会让小编在标题里加上"沈阳新增"这样醒目的字眼，这就是新闻操守和公共传播的责任。

关于标题信息容量和公共传播，我曾与一位新闻学教授有过讨论。她特别害怕学生被当下那些娇艳的标题党带偏，被流量附体，失去公共传播的专业信仰。她以企业收购"摩拜"这件事来说，专业媒体做的标题是《美团收购摩拜，37亿美元卖给美团》，而自媒体用的标题则多是《美团收购摩拜，你所不知道的三大真相》《摩拜被美团收购背后24小时的挣扎其实全是无奈》等。她说，从标题传播效果和流量拉动来说，肯定是自媒体的标题更吸引人，更能带来流量，但她在教学中还是会教学生做那种"一下子就能让读者获得关键新闻信息"的专业标题，无须逼读者非点开文章。

为什么呢？新闻媒体报道的目的是让公众知情，而不是给媒体带来流量，既然"短平快"的标题能让读者明白基本事实，为什么要让读者再点开看长文？现在很多人都有一种误解，觉得媒体的功能是传播信息，标题党悬念效果所带来的巨大流量，不是有助于信息传播吗？错！在信息过载、有效信息被垃圾信息和无效信息淹没的语境下，媒体的核心功能是替用户节约时间、筛选信息，以高效的方式让关键有用的信息抵达需要的人那里。用户的时间太宝贵了，太多的信息竞争着眼球，消费着眼球，如果只看标题就能了解关键信息，那对于读者来说是再好不过的事。注意力和时间是最稀缺的，那种悬念标题党，谋杀了读者的时间，浪费了公共传播，流量多是无效抵达。有效的标题传播应该是，普通人看标题就掌握了关键信息，无须再点开文章，留着时间做更重要的事；如果想了解更多信息，会点开细看；专业的人会再通过超链接去了解更深入的信息。

媒体的核心资产不是"一篇文章的流量"，而是公信力。悬念标题党也许能拉动一两篇文章的流量，却在消费读者的眼球，浪费读者的时间，在制造抵达障碍中透支了自身公信力，"狼来了"式地反噬自身公信力。清晰的标题，传递着关键信息，诚实的媒体，是有公信的媒体，未必有多高流量，却让读者依赖。替用户节省了时间，用户会觉得值得为这样的媒体花钱，有眼光的广告商看重的也是这种公信力。

新闻业应有的思维特质是什么？应该是一套以客观性追求、真实性信仰、公共性取向、新闻信息透明传播为目标的专业精神和思维方式，以及对事实概念和时间结构的敏感，对新近发生事实的问题意识，对信息透明的理想追求。在事实之外，"信息透明传播"也是专业之本，这里所说的"透明"包含着标题的透明度。泛滥的悬念标题党，制造着含糊和误导，制造着透明传播的障碍。

有人可能会辩解说，悬念可以拉动传播啊，标题党的高流量，不正说明扩展了信息的传播吗？这种理解是错误的，那种所谓的高流量，多是无效传播，是"骗"来的流量，加大了信息获得的成本。应该知道的没有知道，应该看标题就知道的却要让人点开文章，标题党制造的故弄玄虚和流量劫持，会让人们下一次对真正重要的信息丧失敏感。

不管是新媒体、自媒体，还是传统媒体，标题应该遵循这两个原则：透明和诚实。标题可以花，可以娇艳，但不能失去透明和诚实的新闻传播本分。标题不要超过内容实力，不要超过内容本身的限度，毕竟，标题最原始的功能，就是通过把关人对信息的提炼，为读者有效掌握信息而节约时间。把关人不能成为信息透明的劫持人，不能在标题上为透明交流和透明传播设置障碍，不能成为信息传播的公害。传统媒体的新媒体公众号尤其应该保持专业操守，不要被流量价值观倒灌。

（微信公众号"吐槽青年博士"2021年1月8日）

卖卸妆湿巾的"全棉时代",先卸去脸上扭曲的公关妆

侮辱女性的广告被抵制后,自我表扬式的道歉再遭舆论狙击,"全棉时代"持续霸占热搜。从这家企业对待犯错和道歉的态度看,估计会把这种臭名昭著的"曝光度"当成品牌出圈的好事。

女孩深夜回家的路上发现被人尾随,"灵机一动"拿出包里的卸妆湿巾开始卸妆,转头时就成了一个"如花"般的丑模样,吓跑了尾随者。——别说女性,"三观"稍正的人看到这种广告,都会感到极度不适。对女性被尾随侵犯毫无痛感,用"卸妆后就安全"反讽女性,这种扭曲的创意让人怀疑,难道这家公司从创意者、拍摄者到审核者,没有一个正常思维的人?卸妆棉能卸掉用户脸上的妆,却卸不掉这家公司创意营销者心中的脏。让舆论反胃的道歉信表明,这家公司根本没意识到自己的错,"三观"扭曲是根深蒂固的。

空话、套话、几句道歉之后,通篇全是企业宣传,宣称自己做过多少公益,怎么为用户着想,全是品牌的成长史、光荣史。有评论说,"全棉时代"的道歉是"自我表扬",是一封给自己的表扬信。我更想说这是一种"投机式道歉":耍个滑头,借道歉把"坏事变成好事",顺便走一波营销,糊弄糊弄就过去了,让人们很快遗忘。投的什么机?投的是,以歉遮丑,以歉洗白,操纵议题,反负为正,借机营销,利用舆论场的多元、包容和健忘来金蝉脱壳——我不是认错了吗?还要怎么样?

可惜这次公众不买账,广告犯了众怒,这种毫无诚意的道

歉，只会加剧公众愤怒。

还真别说，这种投机式、抖机灵式的道歉，在公关界挺流行，甚至被当成了公关范本。不是真心诚意地面对批评，用行动赢得谅解，而是耍嘴皮子，油嘴滑舌，玩辞令技巧，把道歉当成公关表演，把认错姿态当成营销策略。嘴上认个错，修辞上玩个花样，趁机营销一把。当舆论讨论"道歉信本身的修辞态度"时，焦点问题可能就被虚化了，所犯的错就被道歉营销遮盖了，眼花缭乱的人们很快被下一个热点吸引，舆情迅速翻篇。在这种投机式的道歉里，犯错者对所犯错误毫无耻感和纠错行动，措辞中满满都是互相抄袭、敷衍了事的营销套路。

过去这招可能屡试不爽，但这一次道歉信的投机取向和营销味道太重了，"全棉时代"便翻了车，成为"人人喊打的过街之鼠"。

什么是应有的道歉态度？在有些人、有些企业那里，如今的道歉像油腻无耻的渣男那样，好像油嘴滑舌地说一句"我错了"，就可以让万事翻篇。真正的道歉，应该是承认错误并拿出纠错行动，以恳求受害者和公众的原谅。也就是说，道歉是你的义务，你要做的是承认错误并纠错，至于别人是否原谅，那是别人的事。现在的很多道歉，尤其是企业的道歉，根本不是这回事儿，舆论和公众还没表达态度，他们就在道歉信中迫不及待地原谅了自己，甚至对自己竟然低头道歉充满自我感动。

道歉是犯错者的事，原谅是公众的事。道歉的最朴素的意思是：我错了，我改错，请原谅。应该怀有谦卑，应该有担心"别人不接受道歉"的诚惶诚恐，应该有犯错的羞耻感，而不是像一些企业那样——"我都认错了，你还要怎么样"，"我都认错了，差不多就行了"，"散了散了，我都认错了"，"我是错了，你要继续支持我噢"，"我是错了，但我总体是个好同志嘛"，"既然你说我错了，我就低头认个错吧"，"我都认错了，这事儿就算过去了"，"我错了，我是不是其实一向都不错"，"我错了，亲们请继续支持我噢，最近有个活动"。这些所谓的道歉，都是在玩公关修辞和道歉营销,而不是诚意纠错。

　　回归道歉的原初含义吧,别将其当成恶心的营销和无耻的套路了。生产卸妆棉、卸妆湿巾的,先把自己那"三观"扭曲的创意妆、公关妆给卸了,洗掉心中的丑陋和猥琐再做产品,尊重自己的用户,尊重每个人。

(微信公众号"吐槽青年博士"2021年1月11日)

世界充满了文案味儿

以前写过一篇评论,题为《我不是小编,我写的不是文案》,批评社交媒体对新闻专业价值的谋杀,生产者"小编化",新闻内容"文案化"。一篇文章后,常常看到这样的署名——"文案/某某某"。小编常常传来一段文字:"老师,你看看这段文案如何?""我来配一段文案,写一段适合传播的文案。"文案本来是商业系统的一个概念,是公司中从事文字工作的职位,文字不是主体,而是用来表现策划者已经制定的创意策略,用说辞、修辞表现广告信息内容,以推广和营销为目的。

我发现,不仅是媒体内容被文案所支配,我们的日常话语,也到处充满了文案味儿——我们生活的世界,充斥着各种精心雕琢、公关塑造、有着精准营销目标的文案。

明星离婚的告白,不是给彼此的人生寄语,多是公关团队绞尽脑汁写出来供大众凝视的文案。脱口秀演员不是展露口才,而是背诵自己或他人写好的文案,每个笑点都经过算法的精准计算。营销号煽动起大众仇恨或泪水的文章,是算计了泪点、痛点、吐槽点的文案。校长、教授们的毕业致辞,很多不是说给现场学生听的,而是便于朋友圈刷屏的文案。普通人朋友圈的日常呈现、夜读的"鸡汤"、问题企业的道歉文本、落马贪官的忏悔书、名人的访谈、网民齐刷刷的跟帖,无不带着浓浓的文案味儿。

文案是什么?广告语是文案最原始的呈现方式,比如这些经典广告的文案:"不做下一个谁,做第一个我"(某服装品牌);"力量征服一切,你征服力量"(某轿车);"最高的那座山在哪里？在你的心里"（某轿车）；"世界不过是一句话的距离"（某移动运营商）；"每一杯咖啡，都在等一个人"（某咖啡）；"整个城市就是我的咖啡馆"（某咖啡）；"世上仅此一件，今生与你结缘"（某珠宝）。偶尔看看文案，还是挺好的，可如果世界充满文案味儿，日常社会成为文案社会，那不挺可怕吗？

文案有以下几个特点：

第一，工整押韵。日常语言是粗糙的、自然随意的，以交流和对话为目的，能表情达意就行。而文案以传播和消费为目的，有着强烈的功利性。为了易于接受和便于传播，文案一般都会精雕细琢，制造某种适合分享和传播的"韵脚"迷因。大众太热爱押韵了，对押韵的迷恋远胜过事实和逻辑。"老婆孩子在天堂，我在人间娶二房，还有一亿存银行，一分不给丈母娘，直播带货我最强，还有暖暖在身旁。"——不需要眼见为实，不需要核实，押韵就是事实，几句文案就能带起一波愤怒情绪。

在公共事件的信息传播中，充斥着让事实迷雾化、煽动大众的类似文案。带节奏的艺术，成为押韵和排比文案生产的艺术，有时候制造出了某个流行语，便制造出了某种轰动性。当我们义愤填膺的时候，我们有必要多个心眼，我们转发的是文案，还是事实？文案是别人投喂给你的"说辞"，是修辞修整出的工整，而事实悬而未决，需要证据支撑，不能让押韵胜过逻辑，排比压倒理性。

第二，虚构受众。人们在正常的日常对话中，对象是明白无误的，话是跟这个人讲的，理是跟那个人讲的，清晰对应。文案往往是脱离对话语境而在"后台"生产出来的，所以受众往往也带着某种虚构性。比如，明星在社交媒体的离婚告白，是说给彼此听的吗？告白对象是对方吗？当然不是，是给公众看的文案，塑造"友好分手""担当责任"的"深情人设"。问题企业的道歉信，是向公众和用户道歉吗？多不是，只是"道歉"文案，给监管部门看。那种道歉往往充满公关套话，甩锅洗白，把道歉篡改成宣传机会，无须公众谅解便"自我原谅"。那些给年轻人打鸡血的所谓"励志演讲",致敬这个,喊话那个,往往也是在虚构受众,让广告主看到自己对于有购买力的年轻人是多么具有消费感召力。

第三,消费导向、韭菜情结。文案是从广告营销概念系统中征用的概念,因此,文案天然地带着营销基因,精雕细琢,精准投喂,始于文案,终于消费,最终都要落到"贩卖":"贩卖焦虑""贩卖悲情""贩卖愤怒""贩卖人设"。很多文案,这头是深情,那头可能是生意。

(《青年记者》2022年第1期)

吴亦凡这事锤到这程度，没人进监狱是法律之耻

这个周末"瓜大""瓜圆""瓜真多"！吴亦凡这事儿岂是"瓜"啊？如果"都美竹"所言不假，这是重大刑事案件，得有人进监狱。这哪是娱乐新闻，这是法治新闻。

吴亦凡的最新回应用了多个"没有"，否认了所有指控，没有灌酒，没有收手机，更没有描述的各种"细节"。其工作室宣称，拒绝一切诽谤言论及散布有害网络信息的行为，已启动法律追责程序并完成报案工作。

事情锤到这程度，又是"诱奸迷奸"，又是"未成年"，必须得有人进监狱了。事实只可能有一个，矛盾不可调和，肯定有一方说谎了，要么是吴亦凡进监狱，要么是指控者进监狱。舆论不是彼此拿来胁迫对方的工具，"瓜民"不是子弹和筹码，别把这事当娱乐八卦，不能在窥淫猎奇的娱乐至死中将事实虚无化。无论是对多名未成年人的性犯罪，还是攻击诽谤，这事如果没人进监狱，是法律之耻。

从目前的舆论倾向看，基本站在指控者女方这一边，全网声讨吴亦凡。这种偏向是有理由的：第一，吴亦凡过去曾被曝出类似负面新闻，此次强化了"惯犯"标签。第二，指控者出示了一些对吴亦凡很不利的"证据"，讲了很多细节，而吴亦凡方只是做了程序性的回应，否认指控却没有提供证明对方在说谎的证据。缺乏证据和信息的平衡，舆论自然倾向站在更愿向公众透露信息的那一边。第三，身份的不平等，一个大学在读的女生不惜毁了自己的形象、毁掉自己的未来，承担着"如果失实将付出沉重法律代价"的风险，指控一个有着巨大流量的当红明星。

当然，并不一定指控者就代表着弱者，但天然的身份强弱，很容易影响舆论偏向。

如何判断呢？只能说，缺乏可以判断的事实基础，只能"让子弹飞一会儿"，等待法律介入，法律该进场了！这事存在严重的不对称：交锋场所的不对称，一个打"舆论牌"，在舆论场上摆证据讲细节，争取民众支持；一个打"法律牌"，发律师函、律师声明，诉诸法律程序捍卫正义。信息的不对称，都是女方视角、女方爆料，迄今未有对称的男方叙述，采访多是带有偏向性的叙述。报道的不对称，都是自媒体的单方讲述，双方拿着自己的"媒体麦克风"向舆论披露，缺乏第三方媒体经过调查证实的专业呈现，没有媒体调查确证的事实和法律确证的事实，只有自媒体的"自述事实"，严格来说，这些都不算能够支撑做出判断的事实。

可以确定的是：第一，吴亦凡这次麻烦很大，从既有信息看，指控者似乎掌握着很多对吴不利的材料，锤死底气很足，送牢愿望很强，不把吴送出娱乐圈、送进监狱不罢休。吴要正名和逆转，难度不是一般的大，不是一纸律师函可以解决的。起码从目前的舆论反应看，企业和品牌对其缺乏信心，相继终止代言和广告合作。第二，这事逐渐会从舆论场走向法律战，舆论能把一个人搞臭，却无法搞倒，最终还是要走向法庭。第三，矛盾不可调和，得有一个人进监狱。

此外，还可以判断的是，这件事会对舆论和娱乐圈的"小鲜肉崇拜"有所遏制，对那些望子成"娱乐鲜肉"的迷狂父母有所警醒，对如吴亦凡这样的明星成长模式有所反思。虽然事实还不是太清楚，无法判断指控所言是否全真，但吴亦凡屡屡遭到类似指控，常陷入类似争议，说明他身上是有不少问题的。

"小鲜肉"这个词之所以从出现之初的正面，到后来成为一个贬义词，成为某类问题的代名词，这不是个案，背后反映了明星成长的结构性问题：小小年纪，未受到良好和完整的教育，就被捧到这样一个被粉丝宠幸、被流量惯着、充满欲望的圈子里，短时间里积累起大量财富，过上纸醉金迷的生活。在多数人的成长中，年龄、身体、教育、欲望、财富、心智是相匹配的，到什么年龄，就靠自己的奋斗获得什么样的身份、财富位置，心智能驾驭欲望，教育能控制财富，年龄能掌握身体。而"小鲜肉"的成长成名模式，打破了心智成长与财富占有的平衡，小小年纪就靠所谓"颜值流量"迅速席卷别人几辈子的财富，轻易拥有数亿数十亿，欲望、心智、身体和财富失衡，德不配富，名不副实，心智控制不了欲望，很容易走向狂妄的放纵。娱乐圈常曝出的那些事儿，光鲜"人设"背后是混乱、糜烂的私生活。

屡陷丑闻，让吴亦凡凉凉挺好。当然，如果指控属实，不只是凉凉的问题。"小鲜肉"的光鲜，完全是娱乐文化工业制造出来的，无论此次曝光是真是假，永远都别相信什么"人设"，别把"人设"当人品，别把角色当本色，别把颜值当品质。那些不是靠奋斗而是靠炒作树立起来的"人设"，那些没有作品而是靠颜值塑造出来的"人设"，离崩塌永远只有一"锤"之遥。

（微信公众号"吐槽青年博士"2021年7月20日）

应反思预警应急问题,但不要苛责河南媒体

河南极端暴雨成灾,让人揪心。有的说"千年一遇",有的说"几千年一遇"。社交媒体的现场直播、齐胸涌来的洪水、缺氧的车厢、绝望时的遗言,更让人产生身临其境、身陷孤岛的痛感。《冰点周刊》记录的被困人员口述,真是让人惊心动魄。目前公布的受灾情况是,12人死亡,5人受伤,均为地铁受困人员。情形没有好转,河南省防办称,鉴于河南省暴雨持续,郑州市城区严重内涝,铁路公路民航运输受到严重影响,郑州市二七区郭家咀水库发生溃坝,贾鲁河、伊河等发生险情,防汛形势异常严峻。

众志成城,救援力量迅速动员起来,拥向灾难中心。救援应急呼应之下,舆论和媒体也开始反思灾难应对暴露的一些问题:气象预警之下,城市管理有没有及时响应,地铁有没有及时停运,有没有让预警信息到达市民并做充分应急准备。也有人指向当地媒体,没有第一时间对灾情进行滚动报道,缺乏及时的灾情发布和记录,没有建立畅通救援的信息通道,没有根据灾情变化调整到相应的应急发布状态。

我觉得,当然应该反思预警应急问题,但不要苛责河南媒体,别把媒体当成灾难情绪的发泄口。媒体后面是媒体人,他们是人,不是神,他们也是灾难的受害者,与其他市民一样被困于洪水,困于地铁,困于路上,生命受到洪灾的威胁。暴雨冲击之下,医院被淹,火车站被淹,写字楼被淹,停电停水,交通瘫痪,成为孤岛,媒体机构不可能是例外。灾难面前,没有媒体人不想去现场抓新闻,记录灾情,用报道参与救灾。但

人真胜不了天，每个人在灾难面前是那么渺小、无力和无助。

一个记者发的朋友圈让我看到了媒体人的无力："在无信号的状态下，你就是事件中的人，也对事件的很多状况茫然无知。报平安，谢谢亲友的问候。干了二十年新闻，才体会到没信号时的无助。我走到农科路又折回，洪水没脖深，昨晚在报社度过了无水、无电、无信号的一夜，今早步行回家，已安全到家，家里有电无水。我要上线干活了，几个同事家都是无电状态。窨井盖漏电，有点恐怖。"

这种叙述不是孤例，朋友圈中好几个当地记者朋友都是这种情况，彻夜无眠，担心家人。他们是记者，但在这样的灾难面前，都跟其他人一样，被暴雨打得稀里哗啦，无比渺小。他们也应该像其他受灾市民一样，得到关心，而不是苛求他们立刻成为"英雄"，冒死进入"直播救灾"的职业状态。逆行，拼命，不顾个人安危，没有人可以要求他们这样做。一个学界朋友写的一段话很让人感动，她经历了多年前北京的那场暴雨，那时她还在媒体，她说："忆起九年前，前半夜跟记者们说，要这个要那个，去这儿去那儿。后来越看越觉得情况不对，这不是暴雨而是灾。于是又赶紧挨个说，安全第一，这个不要了，那个也不要了。"

是的，这时候安全第一，生命第一。独家报道、现场直播、信息通道，没什么报道比生命重要，没什么报道值得拿命去换。

有人批评河南媒体没有第一时间调整节目内容，没有24小时直播灾情和救援。我觉得应该身临其境去理解一个地方突然遭遇这种巨灾后的"冻结反应"。站在安全的地方冷静看救灾，一切都看得很清楚，应该这样，应该那样。但身在灾难中心和信息孤岛，很难形成迅即的反应。媒体机构自身也受灾，进水，停电，设备和办公受冲击，员工安危受影响，要首先应对这些问题。身处灾难中心，信息不畅，交通瘫痪，对本地情况缺乏外人的系统全局视角，在慌乱、恐惧、失序之下，节目可能无法及时调整，采编无法正常运作，记者生产的内容无法支撑滚动播出。所以，当地电视台没有第一时间及时调整节目，而是按原计划播出一些内容，我觉得是可以理解的。

这时候，外界的帮忙和提醒很有必要。一位新闻学教授提醒说："请当地卫视停播抗日神剧，而转为紧急状态，滚动播放救灾新闻。"当地卫视很快回复说："收到，已经在协调了，马上开始直播，感谢关注。"这是很好的互动与反馈。灾难冲击之下，需要这种内外的互动、同情的理解和守望的相助，不要把自己当成外人，不要苛责。媒体是救灾的一个信息中枢，是信息通道，也是信心通道。守望相助，需要的是"外人"身临其境的参与，而不是置身事外的苛责式指挥。

我看有人在批评传统媒体反应迟钝，人们第一时间知情靠的都是新媒体播报，这不很正常吗？这是媒体应对突发灾难的传播规律，新媒体也是媒体的一部分，不要把传统媒体和新媒体对立起来。新媒体有分散灵活、在现场的优势，第一时间把当事人的在场所见、手机拍摄记录、弥散的与真假不辨的灾难信息，碎片化地呈现在公众面前，从而打通救援的信息通道，让人们有在场感，让在场者与外界保持沟通。传统媒体运作起来后，迅速采写深度报道，发布权威信息，形成互补，这是一个不互相排斥的信道畅通过程。

加油，河南！加油，河南媒体、河南媒体人！

（微信公众号"吐槽青年博士"2021年7月21日）

珍惜那些不把你当流量韭菜收割的人

韭菜爱收割机吗？这个问题该怎么答呢？批判性思维的精髓是，别急于去回答，而要善于反问。应该反问：有几个人愿意当待割的韭菜呢？"十年树木，百年树人"，人们不都想在阳光雨露的滋养下长成参天大树吗？这个问题隐喻着当下信息环境中人们的叩问，是成为流量收割的韭菜，还是在信息滋养中成就一种睿智的公共人格。实际上，诸多媒体平台也已经意识到公众的这种"拒被快餐消费"的消费能动意识，更多地去尊重用户在信息消费中的主体性。

我们这代人20世纪90年代末开始上大学，作为最早一批门户网站，新浪网也是从那时开始崛起的，成为很多人触网的入口，用"网络新闻"这种当时的新媒体，给人们打开了一扇看世界的窗口。这二十多年正是媒介技术变革和迭代最迅猛的时期，眼见新平台层出不穷，新事物让人眼花缭乱，"一切坚固的东西都烟消云散"的现代性场景，在传媒领域表现得更淋漓尽致。在野蛮生长和残酷迭代中，像"新浪新闻"这样在如此长时段中保持活跃度和影响力的"新媒体"，并不多。长时段的持续影响，一方面是时间考验所赢得的公信与权威，以及陪伴带来的信赖和依赖；另一方面是其不断因应用户需求变化而进行的调整，在内容价值坚守中保持着"适新"的敏锐。

在我印象中，"新浪新闻"不久前刚进行过一次品牌升级，从"智能媒体平台"升级为"智能信息平台"，如今再推"逐浪计划"，用优质内容回应用户需要。不断在升级中呼应用户需求，保持与用户的深度连接，一个二十多岁的"新媒体"不断保持着"新"模样。中国传媒大学新媒体研究院今年曾在一个分析Z世代媒介信息消费习惯的研究报告中提到"新浪新闻",称其"深耕内容+服务创新,获Z世代青睐"。

用户不是待割的流量韭菜,而是需要信息的阳光雨露去滋养的大树。这些年眼见那么多平台起起落落,有的"其兴也勃焉,其亡也忽焉",我发现一个兴衰周期律:凡是把用户当韭菜的,可能会在短时段中获得爆发,变现迅速,但很快会遇到流量反噬的危机,甚至是毁灭性的危机。而凡是把用户当大树去培育和滋养的,洞悉用户需求,真正给用户提供有营养、有价值的内容,平台自身也会成长为能够抗风雨、抗冲击的大树,分担寒潮、风雷、霹雳;共享雾霭、流岚、虹霓。是的,用户与平台确实是"互为大树",背靠大树好乘凉,互相成就,共同成长。就拿"新浪新闻"来说,"逐浪新视界"提供的那些优质内容,"故事部落工作室"讲述的温暖故事,"No.Youth工作室"对反乏味年轻人的聚焦,"头条新闻工作室"对热点的第一时间发布和深度分析,让用户与世界产生连接的同时,也成就了自身的内容品牌。

在信息海量化、传播碎片化、内容同质化的传播语境中,发挥平台的协同效应和跨界合作,向用户供给精品内容,格外有必要。前段时间,"新浪移动"的丛松受访时说的一段话,对用户需求进行了区分,他说:"用户阅读资讯主要有两种需求:一是Save time,这类用户希望在更短的时间里获取更多的信息。二是Kill time,这类用户很闲,通过刷信息来打发时间。在野蛮生长阶段,信息量的爆发和信息流推荐的方式,满足了大量Kill time用户的需求,用户量和用户时长都获得急速增长。"为你节省时间,帮你打发时间,对用户需求的分类很有洞见。

用这个分类来看,我应该属于希望借助各种App节省时间的那一类,但我并不觉得Kill time的需求有什么不好。信息消费不一定非得"有用",人有娱乐、休闲、放空的需要,对比较空闲的人或者过度焦虑需要放松的人来说，信息能让人乐一下，获得某种愉悦，就是一种"价值"。在我看来，什么是好媒体、好平台呢？对需要 Save time 的用户，你的信息帮他节省了时间；对于需要 Kill time 的用户，你的资讯很好地帮他打发了时间。问题在于，一些平台缺乏这种以用户为中心的信息供给，耗费了那些需要 Save time 的用户的时间，而需要 Kill time 的用户虽然时间被消耗了，却没有因得到信息滋养而放松，反而更加空虚无聊，陷入信息茧房。

比如，一些刻意想让用户点开文章而拉升流量的标题党，就是典型的"耗费了那些需要 Save time 的用户的时间"，我在之前的一篇评论中批评过这种现象，悬念标题党成为阻碍透明传播的公害，公共信息应该无障碍、无流量功利地畅通抵达受众，不必非点开你的文章才能知晓。

在信息过载、有效信息被垃圾信息和无效信息淹没的语境下，平台的一个核心功能是替用户节约时间、筛选信息，以高效的方式让关键有用的信息抵达需要的人那里。手机中无数的软件竞争着用户的眼球，时间太宝贵了，节省时间真是一种莫大的美德。即使对于需要 Kill time 的用户，也应该帮他们在无害、有意义的信息消费中 Kill time，而不是"我只要流量，哪管你在娱乐'猪食'、娱乐成瘾、娱乐至死中陷入更大的无聊"。这也是我欣赏"逐浪新视界"的原因，"大国匠人""环球新点""热浪直播间"等优质视听内容，既可以 Save time，在需要消遣时又能 Kill time。

说到优质内容，常有人很悲观地认为，费钱，难养，叫好不叫座，很难变现。这话只说对了一半，确实"费钱，难养"，好内容需要费心思去生产，需要让优质生产者得到更多收益，当然需要付出成本。至于"叫好不叫座"，则是误解，用流量变现的短视视角看，好像确实不如情绪爆款能产生如收割机般的力量。但千万不要低估用户和品牌沉淀的效果，从平台的黏性看，优质内容更能留住用户，吸引愿意推广并付费的铁杆用户。平台与用户是共生的,把用户当韭菜,最后自己只能值"韭菜价"。

(微信公众号"吐槽青年博士"2021年12月15日)

看来俞敏洪、董宇辉已有充分的"网红"准备

看到董宇辉、俞敏洪和新东方成为"网红",在挫折后找到了新赛道,受到舆论的盛赞和流量的聚焦,很为其感到高兴!乐见其红,其一,新东方的舆论口碑一直很不错,舆论希望这个企业能挺过难关。其二,俞敏洪"砺志奋斗"的企业家形象,让普通人有深深的代入共情感,通过读书改变命运,又努力帮更多人改变命运,普通人在他身上投射了自己"努力就应得到回报"的热望。俞敏洪和新东方过得好一点,努力的人们就更安心一点。其三,他们有配得上这种流量的实力,英语好,有文化,有教育关怀,比那些空有美颜形象、完全靠营销炒作撑起来的直播带货,更让大众有获得感。乐见其火。

不过,看到董宇辉、俞敏洪这么火,成为现象级"网红",出于对舆论传播规律的了解,还是有点为他们担心。"网红效应"是立竿见影的,流量盛宴很香,流量蜜月期很甜,"下单买它"的野蛮热情很迷人。但"网红"这个身份又带着强大的流量反噬性,如果没有做好当"网红"的心理准备,对流量的幽暗面缺乏了解,很容易受到伤害。

这两天已经有一些负面新闻,比如"东方甄选"被投诉桃子霉烂长毛,爱农表白"谷贱伤农"后被问卖出一根新东方玉米农民能赚多少,包括直播是否有文案、股价起伏等。当然,这些声音都很正常,七嘴八舌才是舆论该有的模样,一直处于那种"网红蜜月期"才不正常。直播带货天然需要"网红效应"的驱动,当"网红"的心理准备就是:不仅能接受那些让自己"网络加冕"的流量,也要有强大的内心去面对流量"飞去来器"式

的可能反噬。大众在互联网上再热烈的情感，也不会超过三天，热情像潮水一样地来，也会像潮水一样地去，突然争着锦上添花，又突然争着落井下石。用稳定的心态面对不稳定的流量大众，不让宣传超过自己的实力，让实力总能配得上流量，才能泰然处之。

俞敏洪是老江湖了，新东方经历过很多事，作为"网络原住民"的董宇辉也不是"傻白甜"，肯定非常明白这些道理，在"下水"前早做好了充分的心理准备。

第一种心理准备：实力与流量的平衡匹配，不要让流量超过实力。这个实力包括两个方面，一是作为直播"网红"的实力，一是所带之货的实力。一开始支撑那种"网红"的，可能是某种"奇理斯玛效应"（Charisma），即依靠人的某种非凡的、天赋的、极富感染力的魅力打开流量之门，人们如受到磁力吸引那样，疯狂地迷恋，冲动地接近。但随着时间的流逝，人们会冷静下来，回归对实力的关注：主播是否一直具备能滋养消费者的知识实力，所带之货是否刚需，性价比是否高，是否真的更好。如果流量超过了实力，流量很容易反噬。

第二种心理准备：习惯自己成为被消费的热点和话题，习惯成为别人"蹭"的热点流量，并有负面流量的心理承受力。在互联网上，流量有一种强大的内爆吞噬力，先聚合流量，再分食流量。当一个人成功地吸引到流量、享受到流量红利之后，自身很快也有了"被消费"的流量价值，无数人会"蹭"上来分食这种流量。你在直播间享受流量之利，别人通过消费你享受衍生、次生、二级流量。舆论还有一种造神毁神机制，当通过造神获得一波流量后，造神的流量边际效应会越来越低，这时只有通过"毁神"，才能生产出更大流量。所以，"网红"从来都是毁誉参半，如果实力上有"硬伤"，很容易翻车。

第三种心理准备：冷静看待舆论对"网红"的支配欲，不被那种支配欲所绑架。流量很美味，让人欲罢不能，但流量背后是由无数个看不见的人撑起来的。这群人有一种强大的支配欲，他们觉得，你之所以"红"，是他们一个一个的点击撑起来，你成名，你维权成功，你受到关注，是他们努力的结果。所以，你的"人设"必须满足他们的期待。他们接受了你成为"网红"，是接受了你的那种或知性、或悲情、或完美受害者、或深情的"人设"形象。这种形象不能随意改变，你要一直满足公众的期待，一旦哪天这种"人设"让网民觉得变了，大众的支配欲受到挑战，就会翻脸不认人，支配欲转化成攻击欲。

依赖流量，不可避免地会被流量逻辑所支配，让渡一部分自我，这对个性极强的俞敏洪和董宇辉可能是不小的挑战。

第四种心理准备：流量光环下不要眩晕，不要离自己的专业和擅长领域太远。流量加冕带来的传播效应，会让人产生一种幻觉，自己太强大了，竟有那么多拥趸，影响力竟然那么大，说什么都有人鼓掌。这种眩晕感会让人开始膨胀，跳出自己擅长的专业领域进行"布道"，就不熟悉的、未经深思熟虑的事下断言，口无遮拦，"侵占"别人的专业领地，表现自己似乎无所不知。一个人在自己擅长的专业领域，往往能驾轻就熟，一旦超出这个领域太远，为本不属于自己的观众表演自己不擅长的方面，难免翻车爆雷，这方面的教训太多了。

人们都非常渴望出圈，影响可以出圈，但判断不要随意出圈，论断不要超过"擅长的专业领域"所允许的限度。浮华的流量效应过后，留住观众、支撑日常的，最终还是擅长的领地。期待给直播带货带来新气象的新东方，能超越"各领风骚没几天"，成为持久的"网红"，从"网红"成为"直播常青树"，拯救自我，并让直播带货成为一个有高知含量的专业领域。

（微信公众号"吐槽青年博士"2022年6月21日）

爱了哭了酸了慕了：滤镜人格与幼齿化语言

整天"爱了、醉了、酸了、慕了、哭了"，新媒体这种"有话不好好说"的嗲里嗲气，平时看着听着还好。但在水深火热的灾难之下，仍用这套幼齿化语言去叙事和娱乐，就让人极端反感了。南方持续高温，川渝地区更是面临山火、干旱、缺电等一系列困难，"川渝人民要哭了"成为微博热门词条，点进词条，许多川渝网友都留言批评"灾难娱乐化"。而与此词条相关的一些网友留言，如"火盆还是红油锅底""四川重庆与退烧无缘""夏天的心脏在川渝"等，更引发网友不满。

"要哭了"，不知道这是什么样的表情包？很像一个逗孩子的人，逗一个泪水在眼里打转的孩子，"噢，噢，要哭了，要哭了"。缺乏身在其中的烧烤痛感，而是在千里之外的空调房里围观他人痛苦、拿他人灾难蹭流量的轻浮戏谑感。

《天下无贼》里冯远征扮演的那个笨贼，一句"都严肃点，我们这打劫呢"，充满喜剧张力。笑场的打劫现场，逗得场外的观众更加捧腹大笑。这个喜剧反讽的不是观众，而是笨贼，但当真正面对严肃问题的时候呢？现实的问题是，在一片肤浅的娱乐化和油腻的幼齿化语言中，很多人失去了"严肃问题须严肃对待"的问题意识和严肃思考能力，用嗲嗲的语言消解着一切，一切都可化约为简单的童稚表情——"爱了、醉了、哭了、酸了、慕了、跪了、怒了"。

在这种娱乐化的表达中，你根本看不到"川渝人民要哭了"，跟平常那些"好吃哭了""好喝哭了""太好哭了""好听到哭""好用到哭"有什么区别，川渝民众身处热灾、旱灾、山火、电荒中的痛苦，完全被消解了。"火盆还是红油锅底"之类的调侃，映出的完全是"好玩到哭"。

我并不排斥新媒体语言，生活需要这种情绪舒展，人际需要这种情感润滑，交流也需要这种创造亲近、会心一笑的"梗"与迷因，但应该让这些表情局限在其应有的人际社交范围内，而不能泛化到严肃的公共表达中。成年人参与公共讨论，需要有成年人的理性语言和严肃姿态，使用客观、冷静、审慎的话语去讨论，面对实在的问题，体现出成年人的心智和理智。比如这一次川渝之灾，太需要严肃去对待了，无论是民生艰难、苦难悲剧，还是救灾减灾，需要在感同身受中去共情、倾听和看见，用成年人的思考和力量去分担、帮助与抚慰。

谈"成年人的思考"，丝毫没有贬低"孩子"的意思，我的意思是，一个社会在面对像热灾、旱灾这样的严肃问题时，应该有成年人那样的严肃态度，能看到灾难的无情和受灾者的无助。孩子该像孩子，成人得像成人，我们舆论场的表情不能整天像一个哭闹的孩子那样，在严肃问题上没有该有的严肃态度与思考。"爱了、醉了、哭了、酸了、慕了、跪了、怒了"，这些表情里包含的都是情绪，不应该是成人语言和成人对待问题的态度。这些语言和表情在标题中的泛滥，特别是向传统媒体的倒灌，见证着我们舆论场缺乏深沉而严肃的思考。

再严肃的问题、再大的灾难，都能看到这些幼齿化的语言。扮嫩，装嫩，操着嗲嗲的腔调撒娇，如小孩子那样过家家，做游戏，逗一逗，乐一乐，哭一哭，举高高，再严肃的问题、再可怕的灾难，都容易被消解了。而消解的背后，实际上是一种消遣和消费。翻云覆雨，喜怒无常，表面上的幼稚可亲，实质包含着一种随时可能"翻脸不认人"的网络暴力，从"爱了"到"怒了"只在一瞬间，从"哭了"到"可恨"只差评论区一个"歪楼"的表情。

表情包也是社交需要的表情，"爱了哭了酸了慕了"也都是人之常情，但我担心这些"预制菜"式的僵硬表情，掏空了生活世界和人性的丰富表达，偷换了成人世界应有的严肃思考，将一切滤化成空调房里的撒娇捧逗。这实际上是一种失语，词条上轻浮的一句"要哭了"，却听不到词条评论区里真正的"远方的哭声"。

哲学家卡尔·波普尔曾说："哪里缺乏事实，哪里就会被词语的洪流所淹没。"我想说的是，哪里缺乏对事实的严肃思考，哪里就会被幼齿化语言的洪流所淹没。我们的头脑之所以能产生某个想法，是因为在一套词汇的系统中存在这样的表意空间，我担心幼齿化语言不只是语言，而是一种美颜和滤镜人格，即长期在自欺欺人的美颜和滤镜效果中形成的人格——美白、嫩肤、浓眉大眼、嘟个嘴、修长、朦胧、清新、通透、摩登、复古、薄雾、秋日、暖阳、燃情。在美颜的世界，干涸的河床是他们航拍捕捉奇幻的景观，滔滔洪水是其抒发壮观情怀的素材，"爱了哭了醉了慕了"的表情包分享的背后，是被美颜所掩盖的丑陋灵魂。

（微信公众号"吐槽青年博士"2022年8月24日）

毕业时没 30 万字打底，很难有找工作的底气

前几天跟一群实习生聊新闻作品，我跟他们说，要拓展实习的边界，保持实习的状态，不只是在机构媒体这段时间的工作才叫"实习"。新闻业是实践性很强的专业，从选择这个专业的那一天起，就要进入一边读书、一边"实习"的状态。新媒体扩展了媒体外延，让新闻系学生有充分的实习空间去成就自己的作品，校园媒体、学院融媒体、个人自媒体、机构新媒体、在线实习，比过去有更多的机会出作品。新闻业需要熟练的文字驾驭能力，在保持输出惯性中维持这种"熟练"，毕业时起码能拿出 30 万字作品（不包括注水拼字数的课程论文），才有找工作的底气，在进入理想媒体时更有选择的主动性。

对想进媒体的新闻系毕业生来说，30 万字算多吗？不算多啊，折合一下，新闻系学生需要上的采写编评数字融合课程——5 篇特稿和人物访谈，5 万字；10 篇新闻评论，2 万字；5 篇采访和通讯，5 万字；20 篇普通新闻稿，2 万字；2 篇社会调查报告，3 万字；两三篇融媒体作品，3 万字；随笔、杂文、书评、散文、自媒体作品等，数万字。这差不多就 30 万字了，当然，不一定要平均分配写作，可以专攻某个方向，比如评论或特稿、调查。新闻系毕业生如果要在一个方向上形成写作优势，没有 30 万字打底是不行的。

"范敬宜新闻教育奖"专门设立了"新闻学子奖"，我梳理了一下那些获奖的新闻学子，他们的优秀多是靠厚重的作品撑起来的。比如，现工作于《人民日报》的周珊珊，读书期间除了发表校园媒体作品，还在《中国青年报》《长江日报》累积了十几

万字的深度报道。华中科技大学的张松超，读书期间在《光明日报》写了多篇报道，在全国各大媒体发表了 200 余篇评论。入职新华社的梁建强，毕业时能拿出 70 万字的作品，包括调查报道、人物通讯、突发新闻等，他在《人民日报》实习期间，发表了 100 余篇调查、通讯及消息稿；在《南方周末》实习期间，参加了北京暴雨、周克华案、伦敦奥运、杨达才案、禹州截访等重大选题的采写。

有了 30 万字打底，又有代表作，用作品证明了做新闻的能力，大媒体、好媒体怎么会不要这样的新闻毕业生？媒体招人，不会太看重绩点，或者参加了什么演讲比赛、辩论赛、舞蹈大赛、创新大赛、校园活动之类，主要是拿出证明自身新闻能力的作品。新闻专业的文凭，只是证明你在这所学校读过，修完了学分，但学得怎么样呢？还是要拿作品说话。

为什么强调要有 30 万字的新闻作品打底呢？因为新闻是一个实践性很强的专业，需要在"做中学"，在不断实践中去涵化理论，用实践与理论对话，用实践让理论浸润到思维中。是的，没有哪个专业像新闻这样需要多元的学科知识和通识教育作为"本钱"，新闻系学生必须多读书，多读文史哲，才能积累批判性思维的资本。但新闻系不是死读书，不是思而不作，必须要有输出和实践。思考是气体，声音是液体，文字才是固体，一边读书，一边输出，将思考固化为哪怕显得稚嫩、会被自己推翻的文字，那些读过的书才会沉淀下来，成为知识储备。写作起到了整合碎片知识、形成网状勾连、固化思想记忆的功能。而写作时的储备匮乏感，也会逼着自己去读更多的书，以输出为驱动去完善自己的知识体系，比如做经济采访，会意识到经济知识的匮乏；写法律评论，会逼着自己去读几本法学经典。

一个新闻系的学生，毕业时能拿出多少新闻作品，也体现了他与当下社会的密接程度。这个专业有着极强的公共性，与公共事务密切关联，需要从业者有与公共事务、公共利益、时事热点保持紧密连接的饱满公共人格。怎么体现这种精神连接呢？

新闻作品是最直接的体现，你对时事的热情、热点的熟悉程度、远方哭声的敏锐洞察、舆论水温的冷热感知度、民生疾苦的痛点、时代的镜像认知，都是通过文字写作的过程来完成的；读过的书、调查过的底层、对话过的人、关注过的事，也都固化在文字中。没有养成写作的习惯，拿不出作品，如何体现与社会的深度勾连？文凭不能说明什么，文字的广度和深度，才体现了一个新闻系毕业生与社会的密接程度。

毕业时拿出多少作品，也是勤奋和自律程度的体现。从事新闻工作，特别需要文字上的勤奋和时间管理上的自律，时效和截稿时间是这个行业特有的、无法回避的硬约束。克服惰性，勤奋地去实习，随时把想法记录下来，将普通人的吐槽、愤怒、纠结、郁闷变成一篇文章，将普遍存在的困惑变成一篇深度调查，将突发的好奇心变成一篇新闻稿。在困惑的时候，把那种复杂的心境写下来，将读书产生的冲动立刻变成文字，这是一个新闻人相比其他专业所特有的文字敏锐和写作勤奋。选择了这个行业，就得以写字为生，勤奋地写作是宿命，在大学就得写，不停地写，永动机般地写，让写作成为本能，即使生病了、面临危险，都要想着怎么把这个过程还原成可以分享的大稿，一切都是拿作品说话。

本科就业也罢，读研再就业也罢，最终总得拿作品说话。如果你的志业是做新闻，作品跟绩点一样重要。读研的就业缓冲期如果仍出不了作品，研究生恐怕会白读了，时间白白荒废。30万字的作品打底是个虚数，足够优秀的话，一两篇代表作足矣，但多数的优秀是靠勤奋的写作累积出来的，是一定数量的文字训练出来的。真实所指是，要有文字输出的勤奋和欲望，不停地读书，不停地写。不服？那就写一篇。

（"澎湃新闻" 2021 年 8 月 14 日）

新闻业是一个知识很容易老化的行业

同行评同行，评得更内行。看一个前媒体人评价媒体和媒体人的读书状况，虽然很刺耳，却不得不承认有一定道理，他说："我是做媒体的，给大家一个忠告：离开了学校、老师之后，你们接触最多的就是各种媒体、新媒体。但是，千万不要跟着媒体去读书，去思考。媒体推荐、谈论的书，很多都是价值很低的，甚至是垃圾。但这不是媒体的错，因为媒体不是学术杂志。我们现在的媒体里面，几乎没有几个读书人了。那些活跃在媒体上的专栏作家、学者，大多数是不学无术的。受了他们的影响，你很快就会变成一个傻瓜，而且是一个自以为会独立思考的傻瓜。"

媒体里几乎没几个读书人——这个判断虽偏激，却触及媒体和新闻业在知识上的一个巨大缺陷，也是媒体人很少愿意面对的软肋：一个身处公共信息集散节点上的文化群体，掌握很多信息，却远离知识，没有严肃阅读的习惯。他们的专业没有多少核心知识，天然缺乏知识"本钱"，习惯以"常识"为知识工具，工作上没有输入知识的压力，知识特别容易老化。新闻业，冠以"新"之名，却离"新知"很远，为信息过载所累。想到自己好几天没读书了，常惊出一身冷汗。

作为一个专业，新闻业本身没什么书可以看？人们常诟病"新闻无学"，批评这个专业没多少学问，首先表现在没几本值得看的经典，没多少必读的书。一个医学院的学生工作时，箱子里会装很多书，方便随时查阅。一个法学院的毕业生，不经常读新近文献，就会觉得离这行很远了，同行讨论时插不上话。

这些行业都有公认的学科经典和知识偶像，不读几本必读的经典，都不好意思说是这个行业的人。然而，新闻业好像没有这类书吧。不说读文史哲了，媒体人好像也很少读新闻学者写的书，业界人士普遍认为，做好新闻所需要的知识，绝不是从新闻学理论书籍中获得的。

干这行，好像也不需要读什么书。记者找选题写新闻，靠的是"新闻鼻"和"常识感"，而不是知识感。医生遇到疑难杂症做诊断，需要去翻医学书籍，向医学院教授求教。法官碰到有争议的法律问题，需要找法学院知名教授座谈研讨，"某案研讨会纪要"甚至能成为判案论据。记者在新闻实践中遇到难题，会向学院和书籍求教吗？不会，新闻实践依靠的多是常识判断、世道人心、常情常理、经验理性。媒体人靠着经验去捕获选题，靠着常识去积累分寸感，用常识去洞察人心和写作。新闻业名为"新"，实际上做的多是重复劳动，如盖伊·塔奇曼在《做新闻》中所观察到的，日复一日，将新闻纳入一张大网，按常规框架去生产就行，好像没多少知识含量。记者在编前会讨论业务，很少去援引哪本书哪个学者的理论。传统的采写编评摄、深度报道、调查报道，好像没有哪个岗位是需要读很多书才能胜任的。

新闻业的工作节奏，似乎也没有给读书留下多少时间。一个热点接着另一个热点，一篇大稿接着另一篇大稿，每天要把频道填满，不能让版面空着。热点此起彼伏，新媒体更需要24小时的工作节奏，疲于应对不停息的内容生产，赶截稿时间的节奏，哪有时间和心境读书？新闻是消耗性很强的产品，一个作品所带来的热度和影响，很快就被消耗殆尽，需要你奔向下一个热点、下一个作品。新闻工作的残酷就在于，需要永动机般的工作状态，去满足人们对"新"的信息消费渴求。新媒体更加剧了新闻业的工作内卷，公与私已经失去界限，从业者须24小时处于在线状态，哪有可以安静坐在书桌前的闲暇状态？

这种不读书的状态，使新闻业成为一个知识特别容易老化的行业。很多人走出大学校门后，就没认真读过一本文史哲经典，靠吃大学的知识老本，凭常识经验做各种判断，在常规框架中做重复劳动。把碎片化的信息当知识，把常识当思想，把畅销书当严肃阅读，观念水位和专业能力无法提升。不读书，远离新知，知识老化，观念落后，史感缺乏，可能这些也正是我们新闻业缺乏受到尊敬的人物，缺乏时代性、现象级优秀作品的重要原因之一。

常识感很重要，但常识的知识含量并不高，光靠常识感提升不了新闻业品质。"所谓常识，往往不过是时代的偏见。"如何超越时代的偏见？必须要有充分的、海量的、经典的阅读。所谓经典阅读，往往是指那些出版超过三十年、五十年甚至一百年的书，而非当下的畅销书和新书。当下受到欢迎的畅销书，多是对当下常识感和偏见的迎合。对此，学者陈平原曾说："当一个学者说出一句话、表达一个观点或者写出一本书来，大家都叫好，证明你跟大众的水平是差不多的，这样才可能有一呼百应的效果。一个好的学者，说出来的话、做出来的事情，十年以后才能感觉到他的价值，二十年以后大家会觉得他有预见性，这才是学者应该做的事情。"

新闻这份工作与热点贴得太近，容易让我们对当下形成一种过于熟悉的感觉。黑格尔曾认为："一般说来，熟悉的东西之所以不是真正知道的东西，正因为它是熟悉的。"所以，批判性思维的研究者倡导"回溯阅读"——一种让我们的头脑向不同的经验开放，并因此抵消社会条件和主流媒体影响的阅读方式。这是什么意思呢？当我们只阅读现在的东西，无论范围多广，我们都会很容易广泛地吸收被共享的错误观念，而这些错误观念是在今天被当成事实来教授和使人相信的东西。活在热点场中的媒体人，如果缺乏"回溯阅读"的能力，不去回溯阅读那些经典，不把过去邀请到现实中来，很容易把共享的错误和偏见当真理，在知识老化中失去时代瞭望者的能力。

媒体人在常识感中追求与大众的平行，转型转晕了头，甚至刻意追求"下沉"，去迎合庞大的下沉流量，追求一呼百应的

"10万+",而不是通过严肃阅读去前瞻和预见,去成为当下问题的监测者和未来的瞭望者,新闻怎么会深刻?这个行业怎么能赢得更多尊重?这个专业在学术系统中岂有地位?媒体人知识老化的一个关键原因就是,得过且过,搞一篇"10万+"的文章、挣一个工分,而不是站在十年、二十年之后的高度来看今天。新闻人应在往昔的异乡中揭示人性,用未来去引领当下,为当前社会走向期待中的未来尽新闻之力。

(《青年记者》2021年第15期)

简历首先筛选掉那些没有代表作的人

与几个学生聊到就业,他们受到我的观念影响,不准备盲目跟随其他人一起考研,尝试本科毕业直接就业,到媒体田野中实践所学知识。我跟他们说,相比考研,这个选择可能要在实习实践上付出更多的努力。在学历膨胀之下,本科就业确实显得比较弱势,所以不是靠"学历"而要拿作品,并且是闪亮与厚重的作品,也就是"学生时代的代表作",去敲开媒体大门。对于一个学新闻、以做新闻为志业的孩子来说,大学里读过的书、听过的课、对新闻的热爱、做过的实践,最终都体现在拿得出手的新闻代表作中。

有人可能会问,工作很多年的媒体从业者都未必有代表作,刚毕业的大学生,能有什么代表作呢?这个问题本身就是一种筛选,筛掉了那些缺乏实践驱动和"代表作欲望"的人。无论是课程作业、新媒体自媒体拓展的表达和发表空间,还是校园媒体、实习的媒体、都市报或大厂,媒体的泛化与延伸,创造了越来越多的实习机会,写出代表作是可以通过努力实现的目标。我在《毕业时没30万字打底很难有找工作的底气》中也谈到过这个理念,新闻学子的优秀,多是靠厚重的作品撑起来的。

对于其他专业来说,实习和实践可能是学院教育的附产品,一两个学分而已,体现专业跟社会的勾连,锦上添花,是一种实践装饰。而对新闻专业来说,实习和实践是必要的,处于核心位置。新闻业是一个实践性很强的专业,一大半的专业知识和思想都需要依靠实践去习得。新闻系学生的课堂有两个:一个在新闻学院,一个在新闻媒体。你光知道什么是新闻、新闻价值要素、新闻真实性的原则、魔弹论，有什么用啊？必须到实践中去摸索新闻的门道，培养自己的新闻嗅觉，在与公共事务的紧密关联中感知舆论水温，把握观点表达的分寸感，知道客观性的操作策略；学会在从采访对象门口被赶走后，如何从窗子爬进去；学会在参加新闻发布会时早早赶到会场去观察，晚点离开挖到独家新闻。

一大堆简历，每份简历都做得非常华丽，写一大堆自我表扬、无从区分的话，附上很多奖励证明，怎么来筛选呢？首先筛选掉的，可能是那些没有代表作的人。

代表作说明什么呢？说明一个学生在大学期间没有偷懒，进行了充分的实习，有充分的公共连接度。代表作不是偶然碰到的，而是通过一定数量的作品积累和沉淀出来的，写着写着，写出了那种能代表自己能力、在同题竞争中脱颖而出、让人眼前一亮的作品。我有一个北京大学的学生，到媒体实习的第一天，就遇到了一场给某地带来灾难的暴雨，举国关心灾难，她熬夜采访记录地铁遇困当事人的口述，第二天文章一发出来就成为现象级的作品。这篇叙述很重要，在记者还没有赶到新闻现场的时候，起到了还原现场的作用，让公众看到灾难中心到底发生了什么，文章在刷屏中受到舆论好评。

这篇刷屏之作算不算代表作？我觉得还算不上，这是"碰上"的，其他人写这个选题，也能起到这一效果。代表作之所以为"代表"，要把能代表自己优势的地方充分发挥出来，具有某种不可替代性。

这个学生非常努力，接连写了好几篇大稿，看到她那篇《"双减"给在线教育带来巨大冲击，名校毕业生刚毕业进入教培业就失业》的大稿时，我眼前一亮。开头一句"毕业后不到两周，她收到离职的通知。从毕业到失业，前后不过13天"，既有大稿感，又从典型人物的典型瞬间抓住了当下社会的一大痛点，让人回味无穷。祝贺她写出了实习期间的代表作，把自己在选题、采访、写作、学校资源上的优势，很好地综合到稿件中。

在我看来，大学生的新闻代表作，应该具备以下几种特质，方有"作品代表性"。第一，有一定的出圈度，让媒体行业之外的人看到并谈论，从而成为评论员的选题。第二，在离开热点由头后，仍有可读性和思考价值，不是依附于当天的热点，而是触及社会的某种普遍价值，在热点过后仍具有能打动人心的力量。第三，具备一定的公共性，跟公共利益有密切的关联性，不是某所大学、某个地方、某个群体特有的事情，而与多数人的利益或命运相关。第四，具有特别性，体现了自己某种特别的优势，别人可能也能做这个选题，但自己能把优势发挥到极致，让媒介素养、批判性思维、"快思、快写、快传"方面的积累得到充分体现。第五，在同题竞争中能胜出。

比如，中国人民大学校园媒体"RUC新闻坊"、南京大学新闻学院学生媒体"核真录"中的很多作品都非常优秀，成为出品学生代表作的校园平台。我印象深刻的是，中国人民大学的一个学生在深度报道课上的作品，是一篇关于大学生抑郁症的深度调查，就属于可以敲开媒体大门的代表作。代表作不一定非在大媒体才能成就，比较开放的校园媒体，有时反而更有优势，可以铆足劲去做一个完整的选题，更能将水平发挥到极致。

代表作是充分实践的自然产物，读了百本以上的经典，全心投入新闻实践中，主动找选题，多写作，好作品就出来了。学历和绩点固然很重要，代表作也一样重要。

(《青年记者》2021年第17期)

记者节不焦虑，让新事物回过头来追着你跑

焦虑笼罩着当下的媒体人，尤其是处于转型阵痛中的传统媒体人。技术迭代的速度越来越快，快得让人窒息，转型中的人们，像陀螺一样被技术"抽打"着向前移动，生怕慢一拍就会被抛下。其实，并不是每个人都在热烈拥抱那些新媒介、新平台。对待转型，有两种截然相反的态度：一种热衷于"追赶"，一种热衷于"落伍"。

关于"追赶派"的观点，最有代表性的是一个前媒体人转型后的演讲——《这个时代扔掉你的时候，都不会跟你说一声再见》。从题目就能读到那种"进步"的欲望。她开玩笑说，一开始的时候，会有人说"我特别喜欢你"，后来有人说"我妈特别喜欢你"，再后来有人说"我奶奶特别喜欢你"。她特别担心很快就没有人喜欢自己了，于是就离开了。"更大的恐惧来自你明明知道世界在变，变得如此之快，变得如此无孔不入，进入你的方方面面，但是你却并不知道它是怎么变的。科技正在改变世界，每个人都无法逃离。这个世界因为互联网，发生了巨大的改变。如果你不去理解这种改变，你可能就会沦落为上一个时代的人。"

特别理解这种焦虑，多数媒体人可能都处于这种"害怕被时代扔掉"的迷茫状态，你追我赶，只争朝夕。幸好，一片焦虑之中还有另外一种声音，让卷得疲惫不堪的人，看到了可以慢下来保持自己从容节奏的同行者。

一个媒体知识分子主动选择了做"落伍者"，她说："我们生活在一个大约每五年就翻越一个'时代'的互联网纪元中：论

坛、博客、微博、微信……这些'时代'之间似乎有泾渭分明的界限，每个'时代'都有自己的热血志士，而我作为一个曾经意气风发与'时代'赛跑的人，逐渐放弃了这种追赶，成为主动掉队者。这与清高无关，或许与能量和欲望有关——我既缺乏与时俱进的巨大能量，更缺乏征服每一个新时代的炽烈欲望。"我知道，这种"掉队"当然不是"躺平"，而是因为拥有某种价值定力才表现出的从容不迫。

二十多岁的时候，我会是一个"时代抛弃你的时候，都不会跟你说一声再见"的信奉者，亦步亦趋，当新事物的虔诚信徒。而到了如今这个年龄，心理上越来越接受"主动做一个'掉队者''落伍者'"。我所说的"落伍者"，当然不是落后、僵化和保守，而是有自己安身立命的追求，在变化之中从容与淡定，有保持不变的能力。这种"落伍"，不是落后于新事物，而是坚守着一些恒久不变的核心价值，这些价值能让新事物"回过头来"追着你跑。永远追着那些新事物奔跑，多累啊，我们之所以努力，很大程度上就是为了让自己可以从容一些，有资本不必逢"新"必追，有能力在积累中保持不被新事物"碾压"的先进性。

人工智能和机器人新闻，在当下很热门，常有人问我，你们做新闻写评论的，会不会害怕被机器人所取代。我说，当然不怕！一个媒体人如果轻易就被机器取代了，没什么可惜的，该被取代！说明他可能本就是一个"机器人"，做的本就是机器人能做的工作，机械、重复、自动生成、没有创造性。机器人在这方面能做得更好、更高效并准确，当然应该被取代。我自信我的工作是具有创造性的，机器人完全无法取代，但机器人可以帮我搜集资料，减轻我的机械化负担。对于这个问题，苹果的首席执行官库克说得很好："我不担心机器会像人一样思考，而更担忧人会像机器一样思考。"

常有人问我，你会智能算法吗？我说，不会。那你为什么不学？我说，你以为你可以学会算法吗？社会有分工，我做新闻的，无须去了解技术黑箱中的事物。你会短视频剪辑吗？

我说，不会。你会无人机操纵吗？我说，也不会。那你不焦虑吗？为什么不去学？我说，我写评论写了二十多年，坚持做好这一件事，就是为了让自己有资本不去学那些"新东西"。当我在一个方向上做到我能做的极致，做到精深，那些"新事物"自然会来找我，邀请我到新平台入驻，帮我配置视频团队去对我的评论文章进行视频化转换。毕竟，无论何种媒介时代，专业内容永远最贵、最稀缺，平台再新、技术再牛，必须拥有优质内容才能获得生命。在信息泛滥的"过滤泡"中，更凸显专业内容的重要！

如今人们太迷恋新事物了，刚出现一种新技术、一个新平台、一个新概念，恨不得立马将其纳入新闻学课程中，开设相应的课程，出版相应的教材，学生得修相应的课程。然而，技术迭代的速度太快了，等学生毕业，那种技术早落伍了，甚至平台都没了，只会陷入更深度无助的焦虑。这些年，关于媒介变革有过不少的判断，但很多都不靠谱，有人预言说传统媒体到2018年会被新媒体取代，三分之二的纸媒会关停并转型。实际上并没有发生，倒是所谓的"新媒体"陷入了更大的麻烦。前几年，互联网大厂似乎代表了某种方向，年轻人趋之若鹜，新闻人才培养以适配大厂为标准，但今年可以感觉到大厂也很难过，其所面临的冲击甚至比传统媒体更大。那些宣称传统媒体将死的新媒体、自媒体，已经死了一大批，传统媒体记录着这些"死亡"。每天刷屏的有多少"10万+"的文章啊，可是有几篇的生命力能超过一周的？在三年、五年、十年后仍被人提起的，只会是那些倾注了专业生命的内容。

过了对新事物的迷恋期，时代仍然会返身去致敬并依赖于那些恒久价值。新事物只有进入恒久价值中，才能真正存活下来。这些恒久价值，就是我们赖以"以不变应万变"的专业精神和核心知识。纳西姆·尼古拉斯·塔勒布曾说："我们对变化的注意，远远多过扮演重要角色但不变的事物。我们对水的依赖要超过对手机的依赖，水不会改变，而手机一直在变，因此，我们很容易将手机发挥的作用想象得比它们的实际作用更大。其次,因为新的一代人更积极地开发技术,我们注意到他们尝试了更多的东西,但我们忽略了这些技术的应用通常并不长久。"很多人迷恋"转型"这个词,可连最基本的"型"都没有,怎么转?没有自身重量,悬浮在新闻行业的空心人,只会被那些"各领风骚没几天"的新奇事物卷来卷去。

专业努力和积累的价值就在于此,有资本落伍,有能力不变,慢下来,让新事物追着你跑。慢下来喝一杯,记者节快乐!

(《羊城晚报》2021年11月21日)

六 写作精要

作文教育传授的不是一个个的"知识点",不是动作分解的套路,而是用思维勾连起来的、能创造新知识的网络。本章汇聚了近些年高考作文题的写作解析,对写作方法进行了详尽的梳理,提出了以"否思"反套路,在对话中让思维"热启动",打开修辞想象力、张力结构、景深结构、意象结构,"思维转折字","评论区想象力"等写作驱动方法。作文写作应该是由思维来驱动,而不是套路和文字。中学写作教育与大学不是隔绝的,应该在教学中让学生积累可与时代话题进行对话的时事语感和思维"本钱"。

跨越从"想"到"写"的障碍

光想得很好，是不行的，还要写出来，不能只让想法停留于脑子里，要用文字表达出来，用语言表达出来，养成写的习惯。我工作这些年来，一直陪伴我的一件事就是，每天坚持写2000字以上。飞机上，高铁上，乡下昏暗的烛光下，颠簸的车上，候机大厅的地上，都写过。有一次赶一篇急稿，没带电脑，在手机上敲完了2000多字的评论。

其实我的工作对我并没有这样的要求，就是一种习惯，有了想法一定要表达出来——像很多评论同行一样，无法容忍自己在热点话题上的缺席，这也许是一种对自己挺残忍的职业执念。很感谢这个习惯的陪伴，"逼"着我去关注社会，形成对各种社会问题的想法，并表达出来。说实话，我并不喜欢一些读者动不动就问别人"你怎么看某个社会热点"之类的问题，不喜欢这种自己不愿思考而把思考责任推给别人的偷懒提问方式。我喜欢回答那种有自己想法的提问，即表达自己对某个话题的思考，然后问别人怎么看。我们要习惯跟人交流想法，"逼"自己有想法后再问别人的想法，形成交流，而不是习惯沉默，习惯偷懒，让自己成为无思考、无想法的人，那样很容易盲从。我希望我的读者都能有自己的想法，并养成写出来、说出来的习惯。

为什么要写出来呢？因为"想法"与"写法"是不一样的。有些人觉得自己想得很清楚了，可一动笔去写，就写不出来；或者写出来的跟想的完全不一样。为什么会这样？想的逻辑跟写的逻辑不一样，写的逻辑跟说的逻辑也不一样。有些人能想，但不会说；有些人能写，但说得不利索；有些人善于想，但不能写。一个表达流畅的人，能通过训练把自己的脑子、手和嘴变得很协调，想到什么，就能够流畅地表达出来，完整地写出来，而不是想到十分，倒出来只有三分五分。

想法多的人不一定写得好，写得好的人不一定说得好，说得好的人不一定写得好。全媒体人才应该具有想、写、说能力的协调一致，思维的速度、写作的速度、说话的速度的协调一致。在写的过程中，会形成鲜明的论证意识，因为如果只是在脑子里想，说服自己很容易，但写出来给别人看，才会有"说服别人"的意识。怎么说服别人呢？需要有防守和推理意识。写出来，白纸黑字，要经得起逻辑的推敲。同时，也只有写出来，才能具有读者意识——读者会怎么看，读者会不会不能理解呢？想着读者，面对着读者去表达，跟自己在脑子里想，是不一样的。

所以，要多给自己创造写的机会。第一，学会写长文章，而不是习惯于微博和微信朋友圈的碎片表达。第二，辩论时要学会写成文章去讲道理，而不是只言片语的表达。第三，做自媒体，逼自己养成写作的习惯。为了维护公众号，很多时候是逼自己不断地去写，有时明明很累，出差途中想休息一下，可打开公众号看到很多读者留言，问自己对热点社会话题怎么看，就忍不住去逼问自己的想法，看各媒体的报道，进而梳理自己的判断。

多给媒体投稿，当看到自己的文字变成媒体文章，会获得一种巨大的表达成就感。写作是需要这种功利和成就感支撑的。我之所以走上写作之路，就跟这种表达的成就感的滋养有关。2003年，自己的第一篇评论在《中国商报》发表后，便一发不可收，坚持每天一篇评论。有一段话说得很好："每天看五分钟娱乐节目、肥皂剧之类，坚持十年，这个人仍将是一无所知的废物；每天五分钟，读一点经典，学几句法语，同样十年，这个人将有一技之长。养成一个好习惯，最好的时间是十年前，其次是现在。"

写多了，文字思维进入血肉中，你才能练就"将敏锐的观察放在谦逊与修养所形成的分寸之中"。

解析 2021 年高考作文："不躺平"的一万种写法

2021 年高考作文题出来了，一眼望过去，会产生一种强烈的"熟悉的陌生感"。所谓"熟悉"，因为多是意料中的作文母题，如关于建党 100 周年，关于初心、理想、做人、生逢其时、纪念日等；但又觉得"陌生"，即没想到会以这种角度和方式出题，如"可为与有为""汉代扬雄以射箭为喻谈理想""体育与做人"等。题目一出，很多人都说今年的作文题出得好，既贴近时代的主题，又有思辨和思想的张力。我也这么认为，好题目就应该有这种"熟悉的陌生感"，既契合时代脉搏又让你猜不着题，人人都有话可说，但说出新意又有一定的挑战，能考查考生的日常积累和思辨能力。

这些题出得"妙"的另一方面表现在，不是给一个简单粗暴、"又红又专"的正能量结论，而是有充分的思辨空间，让考生通过自身的论证去得出结论。浙江卷、上海卷、北京卷，都是在多元价值中引导考生去找到自己的价值"锚点"，在比较中彰显，在多元中辨析，这考验的正是批判性思维。

有人说，今年各卷作文题的主题，一言以蔽之，就是不能"躺平"。仔细分析，确实如此啊，"可为与有为"，指向"不能躺平"，实现理想必须付诸行动，"躺平"可不行。人的身体会天天变化，强弱会互相转变，不能因自诩强大就可以"躺平"。"人"字逆锋起笔，缓缓出头，两边撑起来，喻示不可"躺平"；生逢其时，不可"躺平"；得失不是终点，是奋斗的过程，也不可"躺平"。高考作文题体现着时代的声音，贴近着时代的脉搏。不知道命题者在出题时有没有想到"躺平"这个词，作文题与"躺平"的互文，体现着鲜明的问题意识：那些"好价值"都是拼出来的，不是可以"躺"出来的。如果考生对当下的热点时事和舆论水温有认知，对"躺平"的相关讨论比较了解，能更好地在互文中找到破题的角度。

当然，光知道一句"不可躺平"，还写不好今年的作文题。我想说的是写作思维上的"躺平"，"文似看山不喜平"，论点切忌平淡、平滑、平凡，否则很难拿到高分。本文将结合今年的几个高考作文题，谈谈如何启动和激活批判性思维，在批判性对话中跳出"躺平思维"，让观点更有思考的质感和深度。

一、在"否思"中彰显正面价值

平常看学生作文，看得最多的就是那种被命题者的"一维主题"所套牢的文章，观点很平滑。你如果出一个"要有奉献精神"的题目，我就围绕"要有奉献精神""奉献成就人生""奉献让我快乐""奉献的人生更有厚度"，写一堆大道理。这便是"一维思考"，即过于简单粗暴地停留在"奉献"的表面，平淡地论证"奉献"的重要，缺乏问题意识和论证张力，没有把"二维层面"的冲突写出来。要让"奉献"的价值在冲突中凸显出来，那才有论证和思辨的张力。

好的评论写作要能够体现驾驭冲突的能力，如果全是正确的话，没有争议的观点，你说的话我都认同，没有任何冲撞感，这样的观点就没有质感价值。所以，我欣赏的是那种"过山车式"的评论：建立—冲突—消解，即建立"冲突"，制造"矛盾"，埋下"包袱"，形成"反衬"，然后通过你的论证来消解这种冲突，形成一种跌宕的效果。也就是说，不要简单直接地去肯定一种价值，而要善于通过"否思"去彰显一种价值。

就拿全国甲卷的题目来说，给出了党史材料，让考生以"可为与有为"为主题写一篇文章。写作的落脚点肯定应该是"大有可为"，但怎么让观点更有质感？就"大有可为"写"可为"，会很空洞、单薄和套路，很容易沦为正能量材料的堆砌和奋进口号。这时候，应该启动批判性思维，为"可为与有为"找到"对手方"，在与另一面的对话中凸显"可为与有为"的价值。

"可为与有为"的对立面是什么？是"不为""无为""乱为"。想到这些，思维开始启动了：在那个晦暗的年代，民不聊生，政府黑暗，兵荒马乱，年轻人似乎有充分的理由去"不为"，躲进小楼成一统，埋怨生不逢时。然而他们并没有如此，事在人为，他们的积极作为创造了时代。我站立的地方就是中国，我怎样，中国便怎样，国家是由一个个具体的人组成的，我有所作为，国家和时代才有所作为。从某种程度上说，不是时代大有可为，是我们都在奋斗和作为，才有了这个大有可为的时代，时代是人创造的，我们不是躺着等着时代来滋养我们，我们就是这个时代，就像那些先辈就是他们那个时代。一棵树摇动另一棵树，一片云推动另一片云，一个时代成为另一个时代的丰碑，一个民族就是这样生生不息发展的。——这不，思维就打开了，观点在思辨中有了质感，还可以由"可为与有为"延伸到"敢为与智为"。

"否思"，是指思考相反的一面，用相反的一面来彰显某种价值。"否思"是批判性思维的一种表现，是善于用否定性概念去挖掘深层内涵，否定性的观念批判主要的目的是为了解除当下虚假观念的束缚。比如，定义一个东西是什么，不如说它"不是什么"更能体现问题意识，尝试用否定去接近一个事物。我之所以建议评论写作要多用"反例"，是因为我们更容易通过负面例子而不是正面证据来接受真相。我想起了美国首席大法官罗伯茨给法学院学生做的著名演讲《祝毕业生遭遇不幸》——"在未来的很多年中，我希望你被不公正地对待过，唯有如此，你才真正懂得公正的价值。我希望你遭受背叛，唯有如此，你才领悟到忠诚之重要。我会祝福你时常感到孤独，唯有如此，你才不会把良朋益友视为人生中的理所当然。"这就是"否思"带来的质感，更彰显出正义、公正、忠诚的力量。

全国乙卷的"理想"、新高考Ⅰ卷的"体育之研究"、天津卷的"纪念日",都可以采取"否思"的方式去拓展,体现对问题意识的驾驭。

二、在包容和"升维"中凸显观点力量

哈佛大学原校长德里克·博克关于批判性思维的见解最常被引用,他把学生的思维模式的进化分为三个阶段:第一阶段是"无知的确定性",这是一个盲目相信的阶段;第二阶段是"有知的混乱性",这是一个相对主义的阶段。只有少数学生的思维水平能够进入第三阶段,即"批判性思维"阶段,能提出疑问并在分析后给出不同的判断。中学生常被认为处于"无知的确定性"阶段,就是脑子里有很多标准答案,只知道一个答案,没有其他的想象力而形成的一种确定性。其实,中学教育也应该训练学生的批判性思维,很多问题的思考不能被标准答案局限。

观点的质感,往往是在超越二元对立和标准答案中体现的。比如北京卷的作文题目:"每个人都生活在特定的时代,每个人在特定时代中的人生道路各不相同。在同一个时代,有人慨叹生不逢时,有人只愿安分随时,有人深感生逢其时、时不我待……请以'论生逢其时'为题目,写一篇议论文。"考生很容易把"生逢其时"当成一个正能量的标准答案,而把其他都当成靶子,否定"有人慨叹生不逢时,有人只愿安分随时"。这样的思考角度比较平滑,缺乏包容性和贯通感。简单地进行肯定和否定,没有体现出思辨的力量。

如果我来写这篇作文,我会把"有人慨叹生不逢时,有人只愿安分随时"包容到这个时代中——这个时代的进步,就在于可以接受"躺平",可以接受你去"慨叹生不逢时"。人在生命周期中不可能永远处于亢奋的状态,有时激情澎湃、踌躇满志,有时低落惆怅、怀疑人生,起伏是常态。得意时信成功学,失意时接受"平凡学""躺平学",何必把自己逼到死胡同中?只有跳出平滑的二元对立和非此即彼,你的观点才会有感染力。允许别人说"生不逢时",接受别人说"生不逢时",时代提供了

基本的条件，创造条件让人去奋斗，让人去实现自己认为最好的自己。——这不也很正能量吗？

浙江卷的作文题目也很好，有多元的拓展空间："有人把得与失看成终点，有人把得与失看成起点，有人把得与失看成过程。"如果用标准答案思维去写——"不计得失""别把一时得失看得那么重"——就俗套了。不要把这几个情境互相否定，要进行区分：有些东西，失去了，就是终点；有些东西得到了，就是起点。关键是什么？关键不是"得与失"，而是自己有没有清晰的价值定位。自己有了清晰的目标，才不会患得患失。这时候，思维需要"升维"，用更高一个层次的价值去驾驭"得与失"，站在更高的层次去观"得与失"，才能看得更清楚。站在高处看，大地不过是星空的一部分，这就是"升维"。

新高考Ⅰ卷的作文题目"体育之研究"，也挺好，但绝不能局限于就体育论体育。体育里有人生，体育里有道德、正义和精神，强弱不只在于身体，也在于人心。人心坏了，会糟蹋身体，透支身体，健康的体魄与灵魂相关，身体的强弱与道义相关。想起一句话，"一个强者要有三个基本条件，最野蛮的身体、最文明的头脑和不可征服的精神"，强者的表现不是征服，而是保护。

三、与现实对话中体现当下关怀

高考作文题的出题者是谁？他们不仅是出题者，更是这个时代，出的是这个时代的题，这些题目里体现着时代。因此，在评论写作中，要与时代和现实对话，才能把命题本身的质感写出来。高考作文题，不仅是给那些有批判性思维的考生加分，也是给那些关心时事、熟悉时事、吃透时事的考生加分。时事不仅是"论据材料"，也是论点之落点，是对话的对象，是作文的话题背景。

比如，上海卷的作文题目，"有人说，经过时间的沉淀，事物的价值才会被人们认识；也有人认为不尽如此。请写一篇文章，谈谈你的思考"。题目看上去很抽象，但如果熟悉我们在当下所处的历史方位，就知道题目其实很务实，可以用现实去破题——在时间的沉淀中更凸显价值，比如我们的社会制度的优越感，我们的党为什么行，为什么只有我们的党才能救中国，跟当下语境形成对话。此外，还可以谈"反转新闻"，谈年轻人对枯燥的耐受力，谈传统的力量。

越抽象的题目，越需要找到具象的落脚点和现实的对话者。比如，新高考Ⅱ卷的作文题目给出了"人"字写法，太抽象了，必须跟现实对话，让"人"字"降维"，具化为现实生活中的碎片，以小见大，一滴水见阳光，人们才能理解。全国乙卷关于"理想"的作文题目也是如此，为什么这时候要谈理想？现实中，当我们谈起理想时在谈什么？为什么谈理想会被人嘲笑？为什么人们会说"理想很丰满，现实很骨感"？将这种对话多进行几轮，你的观点便逐渐抽离出来了：很多人有理想无行动，有理想无坚持，有理想无能力，埋怨这个不行，埋怨那个不行，还没有为理想做点什么，就气喘吁吁了。

（微信公众号"吐槽青年博士"2021年6月7日）

跳出套路迷思，用批判性思维驱动作文写作

前段时间，作家余华陷入一场舆论旋涡，他给一家教育培训机构站台讲高考作文写作引发争议。我在评论文章《文学没死，余华把作文讲死了》中，一方面赞许作家参与中学语文教育，作家讲作文天经地义，比评论家、哲学家、史学家更适合。另一方面在具体"写作方法"上批评了余华，认为他那段念稿带着浓厚的"套路作文"色彩，没有体现一个名作家的思想水平和经验活性，不仅未给中学作文写作带来清新之风，"积累好句子""开头无论如何先写好句子"之类的应试套路，背离了写作规律，败坏了学习者对写作的兴趣。

我的这篇文章发出来后，读者的反馈挺让我惊讶和担忧。我原以为这是常识，"反套路"应是共识，没想到却看到了一种"你说又能怎么样"式的套路屈从。不少学生和"高考作文过来人"在跟帖中都表达了这样的态度——我是一名高三复读生，我的身份决定了我只能求稳（套路化）以得高分。有的说："现实是现实，理想是理想，从小一路考过来，写作文哪有不按模板写作的？"有的说："标准化的模板和标准化的解决方案是无数教育者和从业人员共同得到的最优解。"有的说："40分钟的命题作文，我想不到有比模式化作文更好的解，中高考不按套路写作就是作死。作家是作家，作文是作文。"

这些想法和观念，似乎在中高考作文写作中挺流行，甚至有了自身的理论。跟帖所表现出的"我知道套路不好，但为了高分又能怎样"的功利和内卷，让我一个局外人的心情很复杂。我在北京大学和中国人民大学已经讲了十年新闻评论写作课，也经

常进中学分享写作理念，此文将谈谈我对写作套路和批判性思维的想法。在我看来，"套路才能得高分"可能并非事实，而是一种应试迷思和自我实现诺言，作文写作应该是靠思维来驱动，而不是由套路和文字。中学写作教育与大学不是隔绝的，应该在教学中让学生积累可与时代话题进行对话的时事语感和思维"本钱"。

一、高考作文恰恰是反套路的

提到套路和"八股"，很多人都把中学生置于一种"应试"受害者的角色，命题导向和应试范式如此，中学教育和中学生如何能揪着自己的头发将自己提离地面呢？中学生能有什么思维高度？40分钟内怎么有充分的时间去构思？阅卷者哪有时间去欣赏你的批判性思维？所以，还是套路最保险，以让阅卷老师熟悉的、减少阅读成本的方式去获得安全分或者高分。

从我与参加过高考作文阅卷的老师、一些资深语文老师的交流看，这种"想象"可能是一种"自我实现诺言"，也就是：大家都这么想，想着想着，好像就当成事实了，成为双向误解的"囚徒困境"，作文教学的思想被套路所囚禁。

高考作文命题和阅卷鼓励套路吗？当然不是，看看每年全国卷和各地卷的作文题要求，题目不一样，但要求都是一致的——结合材料，选好角度，确定立意，明确文体，自拟标题；不要套作，不得抄袭；不得泄露个人信息——什么叫"不要套作"，这是对"套路作文""八股模式"旗帜鲜明的拒绝。用自己的思想，写自己的话，用自己的角度跟所命之题对话，而不是背作文、背模式、背金句去生搬硬套。

除了这种明确要求，这些年来的作文命题导向也是鼓励多元思考的，无论是题目本身的开放性，还是命题意图，都带着"不拘一格降人才"的期待。就拿2020年的各地作文题来看，这些题目都是给那些具备批判性思维的考生加分。全国Ⅰ卷的题目"管鲍之交"——班级计划举行读书会，围绕上述材料展开讨论。

齐桓公、管仲和鲍叔三人,你对哪个感触最深?请结合你的感受和思考写一篇发言稿。——命题者已经半暴露了他的意图,"齐桓公、管仲和鲍叔,你对哪个感触最深",很明显,这是一个关于如何对待人才的话题。在人才的维度上,如果说管仲是一个人才,那么齐桓公会用人,鲍叔会识人才。齐桓公不仅是一个人才,还是一个人物,能驾驭人才,不拘一格善用人才。鲍叔不仅是一个人才,还是一个识人并甘居比自己更牛的人才之后的有德贤才。哪种是人才最重要的品质,你最欣赏哪个人才?这就是一条重要的基准线,价值排序见仁见智,在不同的问题意识和参照系中突出你最欣赏的那一个,结合当下现实,看谁说得精彩。

再看全国Ⅲ卷:"人们用眼睛看他人、看世界,却无法直接看到完整的自己。所以,在人生的旅程中,我们需要寻找各种'镜子'、不断绘制'自画像'来审视自我,尝试回答'我是怎样的人''我想过怎样的生活''我能做些什么''如何生活得更有意义'等重要的问题。毕业前,学校请你给即将入学的高一新生写一封信,主题是'如何为自己画好像',与他们分享自己的感悟与思考。"

这是一个非常好的题目,考验着考生能不能对"镜子"这个比喻进行延伸。"镜子"和"自画像"是一种比喻,怎么看到自己,怎么定位自己,以什么为参照物,这就是新闻传播学中的"镜中自我"和"符号互动"。可以用这面镜子进行比喻和意象的延伸,用什么镜子,照出一个怎样的自我?是扭曲而失真的哈哈镜、自欺欺人的美颜滤镜,还是只看到过去而看不到未来的"后视镜"或醉生梦死的幻镜?这考查的是学生的思维,你有没有"资本"跟这样的话题对话,能不能在几面"镜子"的比较中凸显你的观点。批判性思维要求我们在比较中彰显观点,如果固化在套路中,根本写不出这个题目的妙处。

你瞧,这些命题都带着鲜明的思维导向,反套路,反"八股"。没有人喜欢看套路和"八股",包括阅卷老师。每年一些地方公布的满分作文,代表了阅卷者的价值导向,那些能在严格的阅卷程序中得到满分承认的作文,如《赤兔之死》之类,多是反套路的、清新的,能体现思维深度和考生积累的。2020年某地那篇满分作文,因为语言的晦涩和表达的套路化,而受到了舆论和中学语文教育界的排斥,也说明了主流教育界在"作文应该怎么写"上的共识。

中学语文老师都在教学生应试写作套路吗?不是这样的。一个三年前参加高考、来自全国考生最多的省份、后来考上清华大学的学生跟我说,他高中换了四个语文老师,没有人一味地传授应试技巧或背作文,他们会告诉他议论文的逻辑和如何运用素材。他身边的同学也不是为了拿高分而积累一些晦涩的句子,相反,大家偷偷传阅课外杂志,看好报纸好杂志。老师经常说,先不要想套路,不要想什么"引、提、析、联、结",而是先考虑要写什么。

我在大学讲评论课,经常有学生跟我说,他们对写作的兴趣,就是被那些传说的套路泯灭的,考完如释重负,可以不用再去"套"了。可以看到,从命题者、阅卷者、语文教育设计者,到中学语文教育者、学生,多是反套路、反"八股"的,那种套路其实是"自我实现诺言"内卷出的一种迷思——选择最保守、最省力、自认为最安全的方式,套路迷思由此形成。

二、批判性思维驱动的作文写作

作文应试之弊,都看得见,我接触过很多中学语文老师,他们作为局内人,对此看得更清楚。语文老师在中学教育中扮演着很重要的角色,他们是中学这个教育共同体中的思想者,为中学生进入大学担负着"思想摆渡者"的角色。我的一个感觉是,每个在大学里有思想、有个性、善于思考的大学生,在中学里一般都有一个有思想、有个性、善于思考的中学语文老师。中学语文太重要了,学生走向社会之后对生活和工作起决定作用的一些关键素养,如批判性思维、写作能力、阅读判断力,多能从通识化的语文教育中找到源头。中学与大学并不是两个截然不同的世界，不是断裂分享的，好的中学教育，绝不仅仅以分数为中心、拿到大学入场券，而是为中学生进入大学做好思想和知识铺垫。我一直主张，知识界应该参与到中学语文教育和作文写作过程中，以局外人视角打破应试局限，向中学教育输入批判性思维，提出一些局内人想不到的、跳不出的问题，让作文写作有真正的思想质感。

我一向认为，作文和评论是思维的产物，而不是文字的产物，文字是思维的结果，思维被"热启动"了，文字自然源源不断，否则就是"编、憋、挤"。套路说明什么？说明思维根本没有被启动，而是把一个备好的、僵化的模式套上去，与题目完全是两张皮。

前面说过了，这几年各地作文题都凸显了批判性思维的重要，这是在奖励那些有批判性思维的考生。无论是2020年全国Ⅰ卷的"管鲍之交"，还是全国Ⅲ卷的"如何为自己画好像"，或者全国新高考Ⅰ卷的"疫情中的距离与联系"、北京卷的"每一颗都有自己的功用"、天津卷的"中国面孔"、江苏卷的"信息茧房"，都在考查学生面对一个抽象的命题时，能不能从多元、辩证、差异的角度看问题，能不能在写作中为抽象命题找到与现实映衬的具象落点。每一个题目都强调"角度自选"，有竞争力的好角度、巧角度不是考场临时拍脑袋碰巧想出来的，而是批判性思维的产物。

什么是批判性思维？对于作文审题来讲，就是一个看到他者的命题框架（解构）并找到自己思考落点（建构）的思维过程。我一向主张高中生应该有批判性思维的训练，学习思维方式而不是应试技巧，才能在面对一个具体命题时"降维打击"，轻松破题，在角度位移中找到自己的"菜"。

如前文所说，中学生常被认为处于思维模式的第一阶段，即"无知的确定性"阶段——脑子里有很多标准答案，只知道一个答案，没有其他的想象力而形成的一种确定性。到了大学，经过充分阅读，并经历了"有知的混乱性"之后，才能具备批判性思维。其实，这样把高中教育和大学教育隔离开来，是违反教育规律的，中学教育也应该训练学生的批判性思维，不能只有标准答案。2020年全国Ⅰ卷的"管鲍之交"，其中有三种关于人才的价值判断，而没有标准答案，考查的就是批判性思维。

包括中学作文写作在内，整个评论写作过程都是由批判性思维驱动的，观点是思维的产物，表达也是思维的产物，有清晰的思维才会有清晰的表达，没有"我想清楚了但就是表达不出来"这回事，表达不出来是因为思维还没有畅通，批判性思维还没有让观点贯通。标题、开头、结构、选题、由头、语言、结尾、判断、论证、逻辑，无不是由批判性思维驱动的。

批判性思维能让写作教育破除那种"动作分解观"，用整体思维去贯通连续的写作过程，避免把文章肢解开来。因为一个人自然的写作过程，就是把评论文本当整体看待的，不会对"动作"进行分解，不会离开整体的思维去孤立地考虑标题。思维贯通，在整体中讲结构、标题，以及标题和结构的关系，理清从角度到标题、标题与结尾的关系。写作教育传授的不是一个个"知识点"，不是动作分解的套路，而是用思维勾连起来的、能创造新知识的网络。

三、积累时事语感，与作文命题去对话

批判性思维不是一个空洞的观念，拿什么去"批判"？批判的核心意思不是"否定"或"批判"，而是跟一个话题平等对话的能力。那么，拿什么去对话呢？对话是有资本的，就是日常阅读所积累的时事语感，这是思维启动的"本钱"。

为什么有些人拿到高考作文题时脑袋一片空白，瞬间被题目"吃"进去了而跳不出来，紧张到不知道写什么？因为没有时事感，驾驭不了话题。

为什么有些人能勉强构思出一个论点，可是写几句就觉得没话可说了，只能硬憋硬挤，翻来覆去就那么几句车轱辘话？

因为没有时事感，缺乏可以驾驭观点的、由此及彼的案例和材料。

为什么有些人的文章总是跳不出空话套话，案例永远是套路作文中用滥了的材料，跳不出司马迁、霍金、爱因斯坦、李白、屈原，语言则是面目可憎的社论语言、教材语言和文件语言？因为没有时事感，缺乏最新热点时事案例的积累和思考，不能把这个时代人们最关心的、能激起公众痛点的案例用到文章中。

可以注意到高考作文命题的一个基本倾向，就是与时代和时事贴近的时事驱动型写作。每年的作文题都是一个年度时段中的时代精神、集体心灵和时代热点的反映，万变不离其宗，时代和时事是作文命题的母题，时代是出题人。这也要求考生要跟上这种命题节奏，提升写作的时事感，让案例、观点、思维带着这个时代的活性，而不是用那些死的套路和材料。

要像一个时事评论员那样写高考作文，触及当下的痛点和痒点，多灵活运用当下的时事案例，体现对当下现实问题的思辨，这就是作文的时事语感。

每年都会有人押题，猜命题者的口味和趋势，这其实挺害学生的。茫茫的话题之海洋，捉摸不透的命题灵感，你怎么押啊？就算能大体猜到疫情话题，但这个话题域也太没有边际了，根本猜不到会从什么角度、以哪个具体的点命题。押题是一种赌博式的无效行为，应该引导学生在日常阅读中积累时事语感，把握时事精粹，把这些凝聚着时代母题、时代精神的材料和思想当成与不同话题对话的"本钱"。

什么是时粹？就是时代之精华、时事之精粹，是一个年度时段中关系到国计民生和多数人精神心灵的母题。高考作文命题，基本是在这个话题域中去搜寻。比如2019年的高考作文题——劳动与人工智能、"五四"运动100周年、中国味、"新中国成立70周年"等，就体现了当年的时粹。2020年的作文题更是如此，疫情、信息茧房、焦虑中的自我画像与自我定位、中国面孔、对人才的态度，也是时粹的体现。

时粹的话题域很广，日常关心这些时事之精华，不是为了像押题那样准备一个具体可套的材料，碰运气赌命运，而是一个熟悉这一年度影响着国民心灵的大事、大热点、大现象的沉浸过程，从而能够把这些材料和思考灵活地运用到一个具体话题的分析中，使文章带有让人眼前一亮和高分颜值的时事语感。这是一个为写作备料的过程，让这些材料和思考成为你写高分作文的厚重背景和时事血肉。所谓时粹，就是不管出什么样的题，这些反思时代主题的思考和材料，都有可能用上，信手拈来，从而为文章添彩加分。

"取法其上，得乎其中；取法其中，得乎其下。"押具体的题，无效而危险，如买彩票撞大运，大海捞针漫无边际。而"取法其上"，关注作为母题的话题域，作为反映时代精神心灵的人物、现象，适用度和匹配度就非常高了。不是空洞说理，不是在空话套话中生搬硬套，而是与现实问题产生勾连，摆当下之事实，用近来发生的、人们有印象的时事作为案例去说理，这应该也是阅卷者最喜欢的作文。阅卷者从中不仅看到你的思维和角度，更看到你开阔的视野、对热点时事的关注，以及将书本知识与现实问题结合起来进行思考的实践思维。

(《语文学习》2021年第4期)

"对思"与"否思":思维"热启动"让写作有话可说

讲座后提问环节,还有日常来信和留言,很多同学都表达过这个困惑:评论写不到800—1000字,写着写着就没话可说了,140字就把道理讲完了,撑不起一篇评论,这种"输出障碍""表达冷淡"怎么破、怎么治?

"如鲠在喉,不平则鸣",评论在原初意义上是问题意识驱动的产物,有着强烈的问题意识,或是对某种社会现象愤愤不平、不吐不快;或是读书读到了与当下现实对应的问题时,思考被激活;或是某个热点触动了自己一直以来的某个思考;或是某条新闻折射的问题正好是自己所擅长的领域。厚积薄发,怎么会没话可说呢?常常都是先有表达冲动,然后才会评论,冲动之下,灵感如滔滔江水,驱动写作一气呵成!

然而,这只是文人虚构出来的理想状态,多数人的评论写作并非如此快乐和自然,尤其是职业写作和应试写作,哪能等你有了冲动、欲望、灵感再去写?职业写作和应试写作的挑战就在于,面对一个不太熟悉和不太有感的话题,在没有表达冲动的情况下,写出一篇好文章,在开始没话可说的情况下,怎么迅速酝酿到有话可说。所以,评论写作要完成的第一个任务,不是动笔,而是通过构思把自己调整到有话可说的兴奋状态。写作不是文字驱动的产物,不能以文字驱动文字,"写出几个字凑成一段话",那叫"憋"和"挤"。写作是思维驱动的产物,"没话可说"的症结在于思维没有被启动,只有思维活络了,阀门打开了,文字才会出来。语言是思想的衣裳,想到了,话就到了。

本文以实战案例分享写作方法和技巧,提升职业写作和应试写作的能力，打破表达的冷漠状态，以批判性思维建立"构思""对思""否思"框架，突破"无话可说"的瓶颈，建立与公共事务、公共利益丰富的情感和理性联系。常有人夸我，总处于写作兴奋状态，总有一种不知疲倦的职业热情，我愿把这种兴奋和热情分享给大家，尤其是那些拿到题目常觉得"无话可说"的朋友。

一、"四层次、三案例"：构思到位，写作才水到渠成

写作很难推进，文字没有进展，这往往是构思不到位所造成的。没有构思好就仓促下笔，指望一边写一边迸发灵感从而驱动文字，这种"自然主义创作观"对于受到时间约束的应试写作是不行的。什么叫构思到位？不是马马虎虎地想到一个观点或角度就行，检验构思是否清晰、是否成熟到可以下笔，是有标准的，我称之为"四层检验标准"。

第一层检验标准是，能不能用一句精炼的话把自己的想法概括出来？构思过程是一个整理和取舍的过程，从什么角度，在何种层面，核心论点是什么，与其他那些"想象的竞争对手"相比，自己的观点贡献是什么？如果真想清楚了，是能用一句话概括出来的，找到"观点线头"，将复杂化约为"有序"。比如，"请为真相到来前的无序留点空间"，或者"关心孩子飞得高不高，也要关心他飞得累不累"，这一句话往往就是观点的精华和文章的"眼睛"，提炼一下就是标题。如果你抽象不出一句"让自己觉得自信到可以动笔、可以让人眼前一亮"的标题句，说明构思还没有成熟，思考还不够清晰。

第二层检验标准是，能不能换句话、换个层面把这个观点解释一下？比如，"请为真相到来前的无序留点空间"，换一种表述来解释一下这句话——"不要为了追求所谓的稳定和秩序，而窒息公众的合理质疑"。"换一种表述"的内涵是，"文似看山不喜平"，让观点有参差的层次，不能只在一个层面论述，而要让观点更立体、更饱满、更有质感。此外，"换一种表述"往往也

是待选的另一个标题句，写完看哪个更适合当吸睛的标题。

第三层检验标准是，能不能举一个例子？真想清楚了，肯定可以举一个能体现这个观点的鲜活案例。抽象出的一句话，往往是一个道理，那么，现实中有没有对应的案例、新闻或故事呢？这就是论据，也是在通过"举个例子"给道理"降维"，让道理更有感性亲和力。评论写作应该善于使用"比如"，在一段抽象论证后，要习惯来一句"比如"，在抽象的阶梯上往下走一层，接接地气，连接一下人心人情，让论点与论据水乳交融。

第四层检验标准是，能不能举三个例子？尤其是要有反例，很多时候，反例比两三个正例更有论证力度。有中国的案例，也有外国的案例；有现代的，也有古代的；有身边的，也有远方的。让正例、反例对话，让中外案例对话，让现代、传统案例对话，文章就活了。能举三个案例，说明已经有了丰富的材料，写作时能信手拈来了。我一直强调评论写作的"三案例原则"，写作起码要准备三个案例，胸中有案例，写作就不会慌。案例充足，材料丰富，信手拈来，文思就会源源不断。

比如《投递员亲手给儿子送北大通知书，不只读到骄傲》这篇评论，就是充分构思的产物，起码有三个与"父亲给儿子送通知书"形成互文和对话的案例：第一，正例。还记得前年桂林米粉店的那个老板吧，儿子考上清华大学，送孩子报到之前，他骄傲地在店门口写了一份通知："因为要送孩子去清华大学报到，暂停营业几天，请相互转告。"第二，反例。网络曾流传一个视频，孩子考上清华大学，拿着通知书跪到"植物人"父亲床前，收获了一波眼泪和流量，不过后来证实是摆拍。正反例对话是为了凸显出这个观点："投递员亲手给儿子送北大通知书"这则新闻，虽然平淡却很真实，比那种"拿着清华大学通知书跪谢'植物人'父亲"之类的人造故事更有冲击力。第三，侧例。一篇让很多家长感到焦虑的文章，说在城市中产孩子兴趣班鄙视链中，运动类排前面的是马术、高尔夫、冰球，跑步排在最后；乐器类排前面的是管风琴，钢琴只能排到末尾。这个案例是为了说明,拼不了马术,拼不了冰球,起码可以拼高考,让人看到了普通人奋斗的意义。

经过这四层面的检验,构思便成熟了,还会不会"没话可说"呢?肯定不会,有了"一句精炼的话",有了"换一种表述",有了"一至三个案例",文章的整体结构框架其实已经完成,接下来只不过是顺着这种成熟的思考写出来而已。构思就是把自己调整到"有话可说"的兴奋状态,思维打通,结构搭起,思维的阀门打开了,文字自然喷涌而出。灵感是在充分的构思沉浸中酝酿出来的,不是硬写中"冒"出来的,思维理顺了,文字才会顺,灵感才会更多地涌现出来,让自己处于"文字—思维—灵感"互相激荡的畅快表达状态。

二、写作即对话,用不断的对话驱动表达活性

为什么无话可说,另一个关键的障碍在于:缺乏对话。人们在日常生活中一般很少自言自语,孤独时往往沉默不语,只有在对话时才会"说话"。因此,需有一个对话对象,表达才能被驱动起来——跟他诉说,跟他辩论,跟他讨论,跟他共情,跟他抗议,对他说服,才会有强烈的表达欲。写作的"无话可说",往往是没有找到一个清晰的对话对象,处于未被激活的冷淡状态,需调整到对话状态。对话欲望越强烈,"把话说出来"的表达兴奋感也越强。哲学家维特根斯坦曾说:"一个人不可能独自遵守规则,规则总预设着一个利益相关者的眼睛。"同样,表达也是这样,社会学想象力、评论区想象力、评论表达欲,要有一种"我看人看我"的对象化思考,隔空创造对话语境!

人在辩论的时候,为什么那么兴奋?因为有一个清晰的辩论对象以及强烈的辩论求胜心。人在表达一个"不同观点"时,为什么那么健谈并激动?因为论证细胞都被激活了,他要在对话中说服另一个人。人在写一个自己比较擅长的专业话题时,为什么那么亢奋?因为设想着跟专业外的人对话,会充分调动起自身的专业积累来体现对话的优势。评论的本质就是对话,掌握了对

话，便能处于"不断有话说"的话痨状态。

构思，是在跟评论区对话——出题者的意图是什么，别人对这个问题怎么想，多数人会持什么样的态度，最有代表性的观点是什么。你本来可能没有太多想法，通过这样的对话，你会渐渐产生自己的想法。智慧和火花是在对话中产生的，坐在电脑前的构思或考场冥想，是没法跟一个实际的人对话的，要能想象出"有代表性的他者"进行对话，通过"对话的想象"激活自己的思考。比如，对于"躺平"这个话题，当年轻人说"躺平"时，他们到底在说什么？当舆论批判"躺平"时，他们到底在批判什么？"躺平"是一种个人理性，还是集体非理性？"躺平"是一种情绪表达，还是实际行动？"躺平"是内心导向，还是他者导向？尝试着去对话。

引经据典，不是掉书袋，不是自言自语，而是在用你的论点与学者、经典、理论对话。我是这么认为的，哪个学者也这么说了，哪个理论也是这么认为的，"六经注我"，在与历史、理论、经典的对话中提升论点的深度。举例，是让具象经验与抽象道理对话，道理毕竟是道理，道理要真正让人觉得"有道理"，需要有具象经验的印证。案例之间其实也是在对话，一个正例能与反例形成对话，一个历史故事也能与当下新闻形成对话和互文的效果。

逻辑呢？它是段与段之间的对话。我们说一篇文章很有逻辑，是说段与段之间有着层层推进、陈陈相因的关系。"关系"就是一种对话，段首用的那些"逻辑连接词""思维转折字"，比如"因此""然而""另一方面""实际上"，体现的就是与前后段落之间的对话。论证呢？它是论据与论点之间的对话。结构呢？它是每一段与核心论点的对话，首尾呼应，段落呼应，形成事理深度融合的秩序，这种秩序就是文章的结构。

标题、开头、引用、举例、逻辑、结构、结尾，写作如果不断处于对话之中，就绝不会"无话可说"了。思维保持着充分的活性与兴奋，对话会不断把写作往前推进，不是你在"堆"文字,而是有一种"对话力"驱动着,把那些源源不断冒出来的想法写出来。

比如,我在写《谁不希望遇见一个能停下课一起看晚霞的老师》这篇文章时,就保持着不断的对话状态,用对话驱动着整个写作过程。选这个题目和角度,本身就是跟读者对话的产物,意识到读者会关心这个话题,紧张备考的高中生,需要这样的新闻和角度去"减压"。标题便带着对话诉求——"谁不希望遇见",这个"谁不希望"包含着共情的邀请,把读者一起拉到这种情感磁场中去感受"这条温暖的新闻不仅治愈了很多将走入考场的人,也感染到我们这些很多年过去后仍被高考紧张支配的人"。

文章的第二段引用了一些网友的留言。"引用网友有代表性的看法"即是一种对话,跟那些对这个话题"最有代表性的想法"去对话(当然,也可能通过这种"引用"引出你的靶子,即那些有代表性的"错误观点"),体现了一种交流的诚意。我是这样写的:"有的说,在高三最紧张的年纪能遇到这么一个温暖的老师,算是人生一幸事吧。有的说,记得那个夏天,最美不过落日余晖,那时的我们都很努力,仿佛一切疲惫都能被治愈。"我还引用了一个网友调皮的观点:"好了,同学们,晚霞已经欣赏过了,是不是很美?那今天咱们围绕晚霞,撰写一篇议论文。还有刚才拿手机拍照的同学,把手机都交上来。"以此体现人们对应试教育的记忆多么深刻。考场写作无法看到真实的网友留言,但可以通过"合理想象"去构想出几种有代表性的观点,锚定对话的对象。

接下来,文章的逻辑架构的三个层次是通过与"希望遇见能停下课一起看晚霞的老师"这个核心论点的对话去层层推进的。第一个层次是,老师心中有晚霞,才会在讲课之余看到晚霞,从而带学生去看。如果老师心中只想着升学率,哪会有抬头看晚霞的闲心?第二个层次是,老师心中有学生,才会停下课带学生看晚霞。老师当过学生,也教过那么多学生,知道此时学生的那根弦已绷到最紧张,需要减压。第三个层次是,老师心中有教育,真正理解教育对学生的意义,才会在题海内卷的焦虑中慢下来、停下来,给教育以晚霞的间隙,让晚霞映入心灵。教育不是把杯子装满,把心灵填满,而是把灯点亮。这三个层次,都呼应着标题和论点,一层层往深处推进,写出"希望遇见能停下课一起看晚霞的老师"这个话题的质感。

结尾点题,再以精炼的方式与论点对话:"人这一生,不能活成了证明题,孜孜以求地去向他人、向社会证明自己,而要活成一篇散文,在自由的追求中去实现自己的社会价值和个人价值,形散而神不散。活成放荡不羁爱自由的散文吧,不要活成证明题和论述题。"通过"证明题"与"散文"、"考试"与"晚霞"在隐喻修辞中对话,让观点有余音绕梁可以回味的神韵,使对话触及人心。

三、在"否思"中找到可作参照的另一面

歌德曾说过一句话,"只知其一,等于无知"。什么意思呢?当你只知道一个答案、一个声音时,等于什么都不知道,只有在对比参照的辨析中,才能真正洞察事物;只有在对比参照的方位中,才能定位另一个事物的意义。这就是为什么批判性思维需要超越"无知的确定性",经由"有知的混乱性",才能具备辨析和辩证的批判性对话能力。

把"请假"这件事孤立地进行思考,很难会形成什么洞见或判断,但如果置于某种对比框架中,就能让人脑洞大开。一个段子是这么说的:"'70后'请假是因为父母不舒服,'80'后请假是因为孩子不舒服,'90后'请假是因为自己不舒服,'00后'请假是因为看你不舒服。"通过对比的参与,照见不同年代的人在"请假"这个问题上的惯习与代际特征。

社会学家米尔斯在其经典之作《社会学想象力》中也提到过这种方法,他说:"你往往能通过考虑极端状况,即思考你直接关注的东西的对立面,来获得最佳洞见。如果你考虑绝望,那

么也想想欢欣；如果你研究守财奴，那么也琢磨一下败家子。这世上最艰难的事情就是单纯研究一个对象。一旦你尝试对比不同对象，就会更好地把握材料，从而能够从比较的角度挑出它们相似的方面。你会发现，在关注这些维度与关注具体类型之间来回穿梭，会使人深受启发。"构建"极化类型"，即多种维度上的对立两端——灵感和观点，很多时候是在这种"对思"（对立面思考）中产生的。

常态的思维，往往是顺着某个"给定对象"去孤立地思考，就事论事，特别是正面话题、正面评论，常常感到无话可说，这时候就需要调动"否思"，在"对思"框架中去阐发，在"否思"的冲突中彰显正面价值。通过"否思"和"对思"，有了对话的"对手方"，制造了冲突，也就形成了"有话可说"的张力，充分调动起思想内部的对话感官，观点会源源不断地涌出。

四、在时事、素材、专长中积累对话资本

从以上分析可以看出，批判性思维是一种对话的能力，"构思""否思""对思"，它们的核心是对话。然而，对话是需要资本的，拿什么跟命题者的意图对话呢？没有捷径，需要在关心时事、积累素材、培养专长中积累与公共话题和考试命题的对话资本。

高考命题往往有强烈的时代性，或者是强国、小康、脱贫这样的时代话题，或者是抗疫这样的现实话题，或者是成长、人生、选择这样的生命话题。无论话题多么抽象或具象、宏大或细微，都考查了考生的一种能力，即能不能用道理与现实产生勾连，熟不熟悉所生活的生命世界，了不了解这个时代的人心水温。好的文章，绝不会讲抽象宏大的道理，无论是反观历史，还是畅想未来，都要有现实落点，因为文章是写给当今时代的人看的，脱胎于当下，为现实服务。

这需要考生一定要关注时事热点，不是碎片化、八卦化、口水化的热点，而是那些有代表性的、反映时代精神、时代特点、现象级的热点，比如东京奥运会中能体现体育精神的案例、河南抗洪中反映时代精神的那些救援闪光点、张桂梅身上与时代脉搏相连的那些高贵品质、建党100年纪念中那些闪光的细节、张文宏医生身上的专业精神和媒介素养等。养成关注时事的习惯，这些时事积累便是面对一个话题并与之对话的资本。时事热点看多了，当看到某个命题时，会条件反射般地调动起"时事储备"，让写作带着一种与"生活当下"紧密勾连的对话气质。

对于平常的纸质书报和电子媒介阅读，不能光收藏和保存下来，那只是无效积累，因为碎片化的保存，既记不住，也无法在使用时"调动"出来。要形成"可随时调用"的有效积累，必须得经常使用。当看到某篇文章里的一个好例子时，一定要找机会使用，那个例子才会从"收藏夹"里的"死材料"变成可以随时使用的"活材料"。不仅要使用，还要与其他案例对话，看到这个案例，想到之前看到的另一个"相反的案例"；看到某个案例，想到某次保存的另一个相似案例。这种边读边想、以"让案例之间对话"的方式去记忆，有助于形成记忆的网状结构，就不会发生"水土流失"了，从而能在写作时随时调用，保持有话可说的"案例活跃状态"。

还有一个重要的积累方式，就是培养某种专长，用这种专长作为跟任何话题对话的"专业资本"。著名新媒体作家"六神磊磊"，精读金庸小说，用金庸小说里的情节、人物和道理去阐释时事，金庸小说就是他的"本钱"。你如果熟读唐诗，唐诗是你跟其他话题对话的"本钱"。如果你把《论语》读得很熟，可以随时调用《论语》资源去论证观点，怎么会无话可说呢？如果你精通轮滑、象棋、围棋、足球或音乐，可以用这些运动或艺术中的文化资源作为"本钱"，去跟生活和时代对话，这就是对话的资本。

语言学家塞缪尔·早川在《语言学的邀请》中也谈到过"无话可写"的状态，他说："许多学生面对老师布置的作文题目，常常写不到老师规定的长度，因为他们只写了一两段就把全篇意思都说完了,这一点读者朋友想必都很熟悉。他们之所以会写不下去,是因为他们在头两段文字里下判断太多,所以后面也就没有什么可说的。""下判断太多",没有论证意识,没有论证的案例和对话的资本,只能借助空话套话大话去填满长度,成为没有观点含量的"烂文"。

(《语文学习》2021年第8期)

解析 2022 年高考作文：修辞想象力——论点角度"开挂"的思维支点

真是遥相呼应，今年高考前做了一次题为《修辞想象力：议论文写作的加分技巧》的公益讲座，分享如何借助"修辞想象力"打开思路，锚定命题意图，找到角度落点。今天高考各地作文题一出来，粗略审题后，有一种强烈的感觉：这些题目都带着浓厚的修辞性，缺乏修辞想象力的考生，很难写好今年的作文。修辞想象力是一种站在命题的肩膀上拓展思域的思维方式，具备了修辞想象力，就能从命题材料所包含的隐喻系统中延伸开来，找到自己的落点，由此及彼，举一反三，与现实对话，从而在思维竞争中得到高分。

"鼓天下之动者存乎辞"，我们生活在修辞中，修辞不是游离于语言之外的装饰品，而是人类体验世界、思维和生活的方式，人类的思维带有隐喻性，用哲学家列奥·施特劳斯的话来说，"人本身就是一种具有隐喻功能的动物"，尼采甚至说，"没有隐喻，就没有真正的表达和真正的认识，认识不过是使用最称心的隐喻"。无论是高考作文，还是公务员考试的申论命题，或者某个评论选题，可能都包含着某种隐喻修辞。如果你在审题时能看到这种隐喻，打开自己的修辞想象力，看到一种修辞背后有一个巨大的隐喻家族，写作的视角就打开了，就能在修辞想象力的"开挂"中展开独到的角度，也能拓展文章的深度，提高观点的观念水位，从而在同题竞争中胜出。

无论是给"匾额题名"的不同方法、"本手、妙手、俗手"的围棋术语，还是"双奥之城"的"跨越、再跨越"、"学习今说"的命题、对"烟火气"的思考感悟，今年的这些高考作文题都包含着鲜明的修辞内涵。尤其喜欢上海的高考作文题，"小时候喜欢发问"与"长大后看重结论"很有思辨性，二元的坐标之间包含了丰富的修辞想象空间。拿到这样的"修辞性命题"，在作为材料的本体中看到喻体，判断喻体所指，再对喻体进行延伸，对喻体进行再生产，并在现实生活中找到对应的问题意识，"故形立则章成矣"，文章大体就形成了。

一、修辞想象力：喻体的再生产

全国甲卷作文题，以《红楼梦》中"大观园试才题对额"为材料，"众人给匾额题名，或直接移用，或借鉴化用，或根据情境独创，产生了不同的艺术效果。这个现象也能在更广泛的领域给人以启示，引发深入思考。请你结合自己的学习和生活经验，写一篇文章"。

大家知道当我看到这个题目时，立刻想到什么呢？想到了哲学家培根，培根对知识生产有个分类，他以三种人们熟知的动物为喻，区分了三类知识生产的方法：蚂蚁非常勤劳，整天忙于把食物从外面搬回自己的窝里；而蜘蛛忙于吐丝织网，从自己的肚子里往外面吐东西；蜜蜂则忙于采花粉，吃进肚子里以后又把它们吐出来，酿造成蜂蜜。——蚂蚁的方法是知识搬家，蜘蛛的方法是搜肠刮肚，而蜜蜂的方法则是吸收、消化和创造，"我们不能学习蚂蚁，只当搬运工；也不应学蜘蛛，只知道从肚中抽丝；我们应该学蜜蜂，既采集，又酿蜜，在消化吸收后酿出甜美的蜂蜜"。

哲学家、思想家、作家都是有着强大修辞想象力的人，培根用一个修辞，就把知识生产的不同方法给说清楚了。字字有出处、照搬典故的"翼然"，搜肠刮肚、不知所云的"泻玉"，新雅含蓄、不落俗套的"沁芳"，不正对应着培根所说的"蚂蚁""蜘蛛"和"蜜蜂"吗？三种动物，对应着命题中的三种命名方法，这就是修辞想象力。三种命名方法，本就是一种隐喻，三种动物是对喻体的再生产，恰到好处，使观点产生了一种修辞张力感。

当然，不必非要找到培根这样的隐喻，才叫修辞想象力，关键是要为"三种命名方法"的材料本体，找到对应的喻体。显然，有审题能力的人会从材料中抓住"不落俗套"这个关键词，这既是命题意图，也是材料本体的关键所指。"沁芳"不落俗套，那么前面的就"落入俗套"了。"不落俗套"这个"喻体落点"，又可以延伸为"要有创新精神"。如果能延伸到"创新""创造"，思维就打开了。要有创新、坚持个性的勇气，不能墨守成规，不拘泥于传统。要有创新的能力，创新不是盲目的，得有底气和积累的支撑，这样才能说服那些保守者。当然，还可以从贾政的视角来写，要有对创新的包容和接受，等等。

作文材料引自《红楼梦》，如果在"整本书阅读"中真正读过这本经典，能结合《红楼梦》的情节和故事、人物的命运、整体的文学哲理去延伸，并结合当下现实，就更好了。如果对《红楼梦》不是太了解，用当下的现实跟材料去对话，也是可以的。

总之，修辞想象力不是天马行空地"乱想"，首先得准确地审题，从本体看到喻体，精准地把握"不落俗套""创新创造"的命题意图，再在此基础上进行修辞延伸和修辞再生产，才能让人感觉切题，才是合理的修辞想象和道理延伸。再拿"天津卷"的"烟火气"来说，"烟火气"是一种明显的修辞，对应的是什么呢？是"正常的生活""常态的生活"，如果你捕捉到了这个喻体，并进行修辞的再生产，就有方向了。我们生活在"正常"中，往往看不到这种正常的价值，往往有很多不切实际的幻想，当失去了，才更懂得珍惜。我又想到另一句很有修辞意味的话："如果你今后从事研究型工作，请不要忘记人间还有万家灯火；如果你今后从事实务型工作，请不要忘记头顶还有一片星空。"2020年疫情时，我曾在一篇评论中写过成都的"烟火气"。

上海的作文题也包含着明显的修辞性，"发问"与"结论"，不仅是日常某个话题的发问与结论，而是能不能延伸开来而使之更具普遍性，能不能看到两者在日常的关系。实际上，这个作文题立足于"鼓励好奇心"并不难，用"看重结论"去衬托"喜欢发问"，这很容易做到，多数考生都能想到。在"破题想象"上形成挑战的是，能不能辩证地"喜欢发问"与"看重结论"："问"，得有"答"；"答"，是"问"所驱动的。当我们思考"喜欢发问"这个命题时，能不能找到这一修辞的对应物——"答"。

对此，我能想到的是，小时候"喜欢发问"与长大后"看重结论"，除了教育规训所形成的对立关系外（可以使用这种句式去填空："一个人小时候喜欢发问，这个人长大后失去问的能力，更看重结论。"），实际还隐藏着一种"问与答"的包容、包含关系：一种发问，有"答"的呵护，才能保持"问"的好奇。一个结论，当有了"问"的驱动，才能不断去回答。小时候为什么我们"喜欢发问"？除了好奇，还因为身边总有人耐心听我们的问题，哪怕再幼稚的问题，哪怕问很多遍，总有人耐心地回答，引领我们去探索答案。如果"喜欢发问"，却没有倾听的耳朵，被粗暴打断——"这也问，什么都问，自己去看，别问了，烦死了，笨死了"，没有那个总是用眼神鼓励并"用结论回应的人"，"发问"是无法进行下去的。那个倾听并鼓励的人，就是这个题目中"长大后看重结论"的人，"问"与"答"，是成长的生态。"生生之谓易"，在儿时发问，长大后用生命的思考去"给出结论"，那个"长大后看重结论"的人，既是小时候耐心倾听问题的父辈，也是长大后的自己，生命的繁衍和成熟，就是在"问"与"答"中生生不息。

沿着这种修辞想象继续向前思考：我们小时候喜欢发问，是因为我们身处那个被人保护的年龄，不需要做出选择，不需要给出答案，只要去问就行了，无忧无虑，反正有人"接着"。长大了，总是身处"被问"的境地，被孩子问，被老板问，被职业问，被现实问——房贷还了没有？PPT做好了没有？微信群打卡了没有？能不能确定没问题？成年人的日常世界，就是不断回答"收到"的世界。长大了，很多时候要为自己负责，就得下决定，下判断，并为此负责。这时候，当然得"看重结论"。一个社会需要"喜欢发问"的人，也需要"看重结论"的人。正如一个人不能总处于"喜欢发问"的年龄，他总得面对结论，得有下结论并为之负责的能力。打开修辞想象力，在二元对立间找到了辩证的融合点，"问"与"答"有一种深刻的辩证关系，这种辩证形成了对"非此即彼"的阻断。

不是僵硬地捍卫"发问"或"结论"，而是让概念间形成互动。修辞想象力打开了，是不是上了一个思维台阶？

二、抽象与具象间的往返流转

全国乙卷的题目看起来很宏大，其实也考验着修辞想象力。材料是："双奥之城，闪耀世界。两次奥运会，都显示了中国体育发展的新高度，展示了中国综合国力的跨越式发展，也见证了你从懵懂儿童向有为青年的跨越。亲历其中，你能感受到体育的荣耀和国家的强盛；未来前行，你将融入民族复兴的澎湃春潮。卓越永无止境，跨越永不停歇。请结合以上材料，以'跨越，再跨越'为主题写一篇文章，体现你的感受与思考。"

题目看起来很简单，主题很鲜明，从"双奥之城"十四年的跨越看国家的进步，考生似乎都有话说，但要想写出新意，写出"与众不同"，写出独到的呈现，是很不容易的。这就考验着"我"的角度，大的方向已经确定了，写"跨越，再跨越"中的进步，这个没得选，可以选也必须选的是，从什么样的"小切口"去呈现这种"跨越"，从什么样的横切面去落到"再跨越"这个主题上。

实际上，材料中有非常清晰的提醒——"见证了你从懵懂儿童向有为青年的跨越"——这是一个关键的提醒，也是容易被忽略的"题眼"，要有"你的视角"，从"'小我'的跨越"看"大时代的跨越"，这就考查了"我"的成长与国家之成长的修辞互文。

米尔斯在《社会学想象力》中把这种"从个体延伸到社会"

的心智品质看得很重要:"社会学想象力是一种心智品质,使人们透过杂乱无章的事实而发现现代社会的根本架构。我们的精神生活所具有的集体性,通常都远远超过个人性。一个拥有丰富社会学想象力的人,往往有灵敏的对话感官,用个人经验与社会结构进行对话。"就像学者项飙说的,"你一定要带入你个人的经验,否则其他东西都是飘着的,理解世界必须通过自己的切身体会。一定要对自己生活的小世界发生兴趣,有意识地用自己的语言把自己的生活讲出来"。

这个题目就考查着你对于"个体与国家"在"奥运跨越"这个主题上的想象力,能不能用个人视角、个人故事"这一滴水"去呈现"国家发展"这个大主题之"阳光"。就像《我和我的祖国》那首歌呈现的——"我和我的祖国,一刻也不能分割,无论我走到哪里,都流出一首赞歌……"越是宏大的主题,越需要"大题小做",用"小我"去呈现和折射,然后再"小题大做",用"大"与"小"形成一种往返流转、回味无穷的修辞张力。

三、修辞之道:找到对话、互文的对象

今年的全国新高考Ⅰ卷作文题"本手、妙手、俗手",很考验思辨能力和批判性思维的深度,对于高考考生,尤其有现实针对性。实际上,材料已经框定了观点主题:"一些初学者热衷于追求妙手,而忽视更为常用的本手。本手是基础,妙手是创造。一般来说,对本手理解深刻,才可能出现妙手;否则,难免下出俗手,水平也不易提升。"——崇尚"本手",重视基本功,不能急于求成。

这个题目对考生的最大考验是,能不能在当下现实中找到能与这个道理形成对话的现象、问题。意义是明确的,用这种意义去分析何种现象?何种现象最能恰如其分地烘托、说明这个道理?必须言之有物,找到那个具体的、与道理形成对话的"物""象"。材料型议论文,有的是给出现象,让你提炼意义;有的是给出意义,让你去找到可与之对话的现象和问题,体现道

理的现实针对性,这个题目就属于后者。

我以前写过一篇文章,谈"做好每个阶段应该做的事":"学习的时候就专门学习,打基础,扎好马步,为未来的工作做充分的知识储备,而不是学习的时候总想着工作,做各种兼职和实习,过度职业化,荒废了学业;工作了之后,又各种想着要回学校去学习、充电、补课。总在这个阶段想着下一个阶段的事,抢起跑线,既容易焦虑内卷,也容易得不偿失。做好这个阶段该做的事,下个阶段才能好起来。"总之,要找到有现实针对性的对话对象。

北京卷的"学习今说"这个题目,要想写好并不容易,也需要"清晰的对话对象"。这个题目的关键点首先不在"学习",而在"今说"。"学习"是一个老话题,为什么要"今说"?也就是,要为这个老话题找一个"合宜之由头",找一个"不得不说"的理由,从而体现"现实针对性"。"人生要不断学习"是一个有着高度共识的大道理,那么,今天为什么要重提这个有共识的道理呢?要找到失去共识、具有争议的点,才算是成功的立意。比如,当下"反智论""读书无用论"甚嚣尘上,所以"今天有必要再说";今天的学习跟过去的学习有很多不一样的地方,所以"有必要再说道说道"。总之,要找到对话的对象。

上海的作文题,去论证"好奇心很重要"这个结论并不难,但如果仅仅把"鼓励好奇心"当成一个不证自明、没有论据支撑的结论,用几句空话套话或套路材料去套一下,这样的写作是失败的。议论文不是论述题,不是结论"正确"就踩对了"得分点",需有"发问"的张力和用论据材料去论证的能力。能不能对"鼓励好奇心"进行再思考并赋予新鲜的内容,能不能用这个命题跟当下时事进行对话,能不能不把"发问"和"结论"对立起来,考验着思考的深度。议论文嘛,如果空有结论,就议论不起来了,需要用新论据、新材料把结论撑起来,才有可议论的空间,道理才能掰开来说,议论风生。"我们曾经无数次地在新地方用老方法发现了石油，也曾在老地方用新方法发现了石油，但是，我们从来没有在老地方用老方法发现过石油。"——议论文写作也是如此，总得有某种"新东西"去支撑，不是在找"现成答案"中去填空，而是延伸"新材料"在思考中的生成，这样写出来的才是文章，而不是"论述题答案"式的"正能量结论点"罗列。

需要在当下现实中找到鲜活的"由头"，锚定对话的对象，这便是议论文的问题意识。比如，可以针砭当下"网络过滤泡""同温室幻觉"这个现实：小时候人们"喜欢发问"，是因为确实不知道，"知之为知之，不知为不知"，本能地去问。长大后会有"无知耻感"，说"不知道"会担心别人瞧不起，影响自己的形象，所以很多时候就含糊其词、假装知道，用一堆漂亮的废话掩饰无知；或者是坐井观天，生活在"过滤泡"和回音室中。认识到自己的无知，是需要相当程度的知识的，科学与迷信最大的界限就在于，科学会说"不知道"，而迷信不会！关于现代人的悲剧，伊莱·帕里泽曾谈道："伤害我们的不是我们不知道的东西，而是我们不知道'我们不知道'。它们经常删除其空白点，把已知的未知变成未知的未知。"结果就是"无知比知识招致了更多的自信"，"知识就是力量"的格言，变成了"无知是更大的力量，而无耻则是凌驾一切的力量"。

这不正是当下网络世界所显现出的乌合之众乱象？有了这个问题意识，"善于发问""敢于发问""不知为不知"这些结论就有了现实问题的驱动。

四、修辞想象：批判性思维的高级呈现

修辞想象力，实际上不是"想象"，而是批判性思维的深刻体现，举一反三，由此及彼，否思深思，从而能够让人眼前一亮。

批判性思维的本质是什么？在我看来，是对判断的判断。普通人面对一个事物时，一般只能停留在第一个判断层次，即下判断——是好还是坏,是对还是错,是美还是丑——在惯性思维中未经深思熟虑地、轻率地滑向某个结论。而批判性思维则能迈向第二个层次,阻断结论的平滑和轻率,能够"对判断进行判断"——某个名人死了?不是急于点蜡烛,而是问一句,真的吗?谁说的?有没有权威来源?你支持某个结论吗?——不是急于去支持或反对,而是看这个结论的前提是什么。比如,当很多人赞美女足时,王霜就很有批判性思维,看到了这种赞美的"前提",她说:"什么时候支持女足不是为了讽刺男足,才是真正的支持。"普通人听到"女生节""女王节"这些词时,很容易忽略,有批判性思维的人才会思考这些词中所包含的消费主义修辞,这些"媚词"通过分层和区隔,消解了"妇女""女性"在群体和性别意义上受歧视的现实。

"批判性思维"之"批判",常有人误解为"批评、否定和挑刺",这是错误的。"批判性"是一种对判断进行再判断的程序,是一种对平滑结论的阻断,是一种对抗惰性、惯性、不思性的阻力,其本质上是思考,让那些未经思考的结论都经受"积极判断"的检验。发问,提出疑问,是"批判性"的一种方式,发问的过程就是思考的过程,就是一种回路和阻力——这是经过我思考和判断的结论,而不是你喂养的结论。

还是拿上海的高考作文题来说,如果缺乏批判性思维,很容易轻易滑向一个别人喂养的结论,用非此即彼的"二元对立""一元结论思维"去"答题"。实际上,这个作文题似乎包含着某个很容易被解读为"命题者意图"的标准答案,即简单地去肯定"小时候人们喜欢发问"这个命题,在否定"长大后往往看重结论"中去肯定"小时候喜欢发问",强调未知欲、好奇心、善于提问的重要,然后写一篇盛赞"好奇心""敢于发问"的文章。这样写当然没问题,但仅仅停留于初级的思维层次,是命题者锚定的立意,是"标准答案思维",而没有去"发问",轻易地滑向了庸常的"立意正确"。

批判性思维的特质是,用思维阻力反抗结论的平滑性,也就是说，你要有能力为"鼓励好奇心"这个简单的结论增加阻力。比如，有人认为"喜欢发问"的"好奇心"对答案形成了干扰，而考试是有标准答案的，很多时候正是那种应试式的标准答案扼杀了好奇心。如果你在反驳这种观点中去捍卫好奇心，"鼓励好奇心"便有了一种阻断平滑的阻力，形成批判性思考。或者用当下现实中的某个新闻、某类现象——为什么我们的火星探测任务叫"天问一号"？为什么美国的火星探测器命名为"好奇号"？——以案例说理，这也为结论增加了论证阻力。智识是什么？智识就是"有能力把答案变成问题"，加一个问号，在这个过程中才能获得新知，把观念和认知水位往前推进一步。

打开批判性思维和修辞想象，你便会柳暗花明、豁然开朗，在"喜欢发问"与"看重结论"这二维之间，还有第三维，即为什么发问？结论是怎么来的？两者之间有一个关键的中介——"思考"，它比"提问"和"结论"重要多了。发问，是经过思考的，发问之后，有自己的思考，带着思考去寻找答案，结论是经过思考得到的，这样的提问和思考才有价值。如果一个发问只是习惯性地质疑，并没有自己的思考，这样发问叫"瞎问"。就像在有些讲座结束后的提问，是为问而问，是无疑而问，是故意刁难别人以凸显自己的炫耀性提问。一个结论，只有经过自己的思考，不是别人喂养的，才是"增长了知识的结论"。小时候"喜欢发问"，并不意味着"能获得新知"，发问之后如果带着未知去探索，在好奇心驱使下去了解，才能在眼前打开一个世界。

用批判性思维对"喜欢发问"和"看重结论"层层推进，跳出二元对立，与现实对话，把结论变成问题，对判断进行判断，打开修辞想象力，大脑细胞达到活跃水平，接通各种神奇的"电路"，思维"开挂"，词语、思维、联想形成流畅性，就能生产出新角度、新知识、新思想。

（微信公众号"吐槽青年博士"2022年6月7日）

张力、景深、意象：深度评论的三种结构

很多时候，评论就是"看见简单并怀疑它"，"寻找复杂并使之有序"。"序"是什么？是评论的结构，即构建一个文本秩序。李渔在《闲情偶寄》中对文章的结构有很重要的定位："如造物之赋形，当其精血初凝，胞胎未就，先为制定全形，使点血而具五官百骸之势。倘先无成局，而由顶及踵，逐段滋生，则人之一身，当有无数断续之痕，而血气为之中阻矣。"结构既是骨架，也是灵魂。有了这个灵魂，才能达到刘勰在《文心雕龙》里所说的"使众理虽繁，而无倒置之乖，群言虽多，而无棼丝之乱"。

言之有序，是为结构。结构是一种将材料组织起来的方式，一篇评论有没有深度，往往体现在"组织方式"上。人们常说的"宁要片面的深刻，也不要肤浅的全面"，说的也是结构，是浅层的平面铺开，或是纵向的层层推进。结构不仅是形式和轮廓，还有着丰富的内涵，决定着内容的布阵方式，"谓总文理，统首尾，定与夺，合涯际，弥纶一篇，使杂而不越者也"。本文将区别于"总—分—总""首先、其次、再次"的传统结构，介绍三种深度评论的结构类型——张力结构、景深结构、意象结构。

一、张力结构：调和冲突的动态秩序

如苏珊·桑塔格所言，"一切真正的理解，起源于我们不接受这个世界表面所表现出的东西"。研究了一些常用的文论关键词，才知道过去对这些词的理解太肤浅了，只看到单一的表层，而忽略了其内在复杂的张力结构和情感纹理。

比如"悲剧"这个词，我们一向的理解是，让人觉得悲哀、悲痛、悲伤的情节和美好事物的毁灭。实际上并没有这么简单，王富仁教授从美学层面对"悲剧"做了非常精妙的阐释，将其内在的张力深描出来了："悲剧包含着一种对立，人类为什么会产生悲剧的观念？它是在人类感受到自我与整个宇宙、自然和世界的分裂、对立中产生的。在这种对立中，人的力量永远也无法最终战胜宇宙、自然和世界的力量，这决定了人永远无法摆脱这种宿命。与此同时，人又有独立和抗拒的生命意志，这决定了人将永远反抗宇宙的意志，可这种反抗永远没有取得最终胜利的一天，这种反抗是无望的，是悲剧性的，可人又不能放弃这种反抗。悲剧给人产生悲哀的感觉，但同时给人以力量感。这种悲哀与力量的混成感觉，就是悲剧精神。真正的悲剧，不仅让人悲哀，更能净化人的心灵并带来力量。"

不仅"悲剧"具有这种"对立消解"的张力结构，从美学范畴看，我们常提到的那些文论关键词，都有着类似的结构。

比如"幽默"，绝不只是搞笑、好笑、逗人发笑。叔本华说，"这种心境是在不情愿地跟一个与之极度抵牾的外在世界相冲突，既不能逃离这个世界，又不会让自己臣服于这个世界，这是一种跟外在世界起调节作用的特殊心境"。也就是说，本质上，幽默是一种冲突的自我调节。比如"崇高"，绝不只是伟大、高大，如柏克所言，它起源于任何"可怕类"的事物，只要观察者处于远离危险的案例情况下，他就能将其他情况下是痛苦的惊骇体验为"愉快的恐惧"。也就是说，"崇高"的情感体验里包含着一种恐惧。再比如"机智"，是指对某一期待的突然满足，但这种满足的方式是我们没有预料到的，使听者的期望落空，却以出乎意料的方式满足了另一种期望。

真应了黑格尔的那句话："一般来说，熟悉的东西之所以不是真正知道的东西，是因为太熟悉了。"一切都不是看上去的那么简单，洞见和深刻在于，它不是平滑的，而有着内在张力的调和。透过表层的平滑，才能看到这些常见概念的深层肌理。

评论写作的过程，也是一个透过事物表面的是非善恶，而看到内在复杂张力结构的过程。杂文家刀尔登曾说："事不宜以是非论者，十居七八；人不可以善恶论者，十居八九。"这个世界上多数事情都不能简单地以是非善恶去判断，或者换句话说，这个世界上那些需要新闻评论这种文体去介入的事情，都不是那么简单的。如果是非很清晰，人们靠常识能断定，就没有什么新闻和评论价值了。评论价值的内涵，就在于这类事情不太容易判断，存在多元价值的冲突，需要某种调和这些冲突的智慧与智识。有人说，一个人成熟的标志，就是脑海中能够同时存在两种看似对立的观点。很有道理，这就是思维的张力。

好评论总有一种张力结构。"张力"是什么？是一种消除压力、调和冲突的动态秩序，在矛盾和对立中形成稳定。思想、知识与智识之所以重要，是因为它们对冲突的价值具有调和性。为什么好人会做坏事？为什么有明显缺陷的规则却必须坚守？为什么会有"必要的恶"存在？为什么"坏人的权利"也需要保障？为什么要"做正确的事然后接受事与愿违的结果"？为什么好人与好公民会发生冲突？为什么善良的意图会导致坏的结果？很多时候，普通人的常识感或者朴素的正义思维，应付不了一些比较复杂的事情。理论和"洞见"的价值，就是为了解释那些不断涌现的新现象，调和不断出现的冲突，让人们在"规律"中找到一种秩序感。

我偏爱的评论，是能够驾驭冲突张力的评论，不是简单的赞美歌颂，也不是简单的批判否定，更不是肤浅的态度宣示。即使是面对一件美好的事物、一种良善的行为，赞美它，也要在张力中去表现。我曾在媒体开过一个叫"暖评"的专栏，写那些值得点赞的良善行为。多数时候，我没有简单地点赞、鼓掌、叫好，不是"傻白甜"式的"爱了、醉了、慕了、永远可以相信"，而是努力去呈现张力中的良善。

比如，我曾写过"诚实"这种品质。重庆10岁男孩被疑划车却坚决否认，父亲认赔3500元，民警看监控查三天，真相反转,证明不是孩子划的,车主退了赔偿并给孩子道了歉。我在评论文章《很多孩子变坏,都是从第一次被冤枉开始的》中写道:"孩子的心灵是一张白纸,这种教育能在这张白纸中铭记一生的美好,以及对规则和正义的信赖。"通过以信任对待信任,来写信任的生成,使之有了质感,而不是简单的"好人好事"。我写《我喜欢店员这份战胜职业性冷漠的善良》时,通过直面生活中那些职业性冷漠,反衬出那种"总有人热情如初"的可敬可爱。还有,在评论文章《光是鼻子一酸眼眶一热,就太肤浅了》中谈道:"暖和感动需要有超过3分钟的生命,需要引起冷静的反馈,暖才更有价值。当年读余虹教授的《有一种爱我们还很陌生》,读到的就是一种有张力的爱。"

也就是说,评论所要呈现和主张的价值,不应该是单层次、单向度、一元化的——好东西就说它有多好,坏东西就说它有多坏。一种价值在差异、否思、思辨、对话的坐标参照中,才能得到更好的彰显,好东西要在与坏的冲突中体现其好,坏东西要在好的反衬下体现其坏。有反向冲突的张力存在,一种善才更有质感,一种恶也才更让人看得清晰。就像刘瑜在《敌人的权利》中谈到为何不能虐待囚犯:"我们是比我们的敌人更好的人。"这种张力能让评论在结构上体现出"生命的呼吸感",呼吸感正是在开与合、放与敛、虚与实、动与静的对话中焕发出的"气韵生动"效果。

一个人脸上的皱纹、头上的白发、生活的经验,就是对张力的容纳。我在《我为什么不忍批评反全职太太的张桂梅》中写了这段话:"不要把'支持还是反对全职太太'当成一个抽象的命题,当成吐槽大会、脱口秀、大专辩论赛供选手抖机灵的辩题,而要进入张桂梅所生活和面对的那种环境中,进入贫困山区女孩教育这个具体语境中理解'反对女性当全职太太'这个命题,看到它的条件性、矛盾性、语境性和问题针对性。"在抽象层面争论"有无权利当全职太太"并没有什么价值,只有打成生活的碎片,在水里泡一泡,在风中晾一晾,日晒雨淋一下,才有生活的质感。一个命题的条件性、矛盾性、语境性，也是它的内在张力。

语言学家塞缪尔·早川曾说："不成熟的读者，随时都要有人向他们保证，最后的结局一定是圆满的。"这是一种幼稚的宝宝心态，成年人的世界应该能接受不圆满、冲突、幽暗和悲伤，在冲突中调适，而不是闭上眼睛。一种观点越是成熟，它的价值越是富于伸缩性，也就越能调剂事物、事件和世象相互冲突的欲望，这就是好评论的张力结构。

二、景深结构：层层推进看到深远

什么叫景深结构？顾名思义，对摄影有了解的人都知道，拍一个东西需要聚焦，焦点前后范围内所呈现的清晰图像之距离，这一前一后的范围，便叫景深。景深所凸显的是一个事物的纵深感，同样，观点也是如此。所谓"观点"，就是观看之点，能在纵向上层层推进，看到远处的、有一定距离的、陌生化的关键本质，这就是评论的景深结构。

比如，写一篇关于"免费"的评论，如果只是停留于对"免费利弊"的分析，在平行层次上展开分析，有哪些好处，又有哪些坏处，得平衡、综合、总体看待，就是一篇没有认知价值的评论。如果能层层推进，从"免费的往往都是不需要的""免费往往包含着陷阱""享受免费却在别处付出更多""既然免费就不会给你最好的"，推到"免费往往是最贵的"，进而得出"最稀缺、最贵的其实是时间，很多时候免费是宝贵时间被消费"的结论。剔肉见骨、抽丝剥茧地引向焦点，观点就有了景深。评论的深度，很多时候就是这种"景深感"，像一张好照片不只是平面上的美，而是有"景深结构"。

"景深结构"的对立面是"平面铺展"，也就是常讲的"片面的深刻"与"肤浅的全面"之对比。景深有两种规律：一是，光圈越大，景深越浅；光圈越小，景深越深。二是，距离越远，景深越深；距离越近，景深越浅。运用到观点阐释上就是，铺的面越广，越面面俱到，评论就越肤浅；角度越专一，就能钻得越深越透。与事物保持距离感，将视野扩展到远方，尝试听见"远方的哭声"，对远处的风景有好奇感，在所有人都往一个方向看时，朝相反的方向深情地看一眼，评论才能有"见人之未见"的深度。

评论的肤浅常常表现在，力图在一个平面上将问题铺开，经济的、政治的、文化的、传播的、法律的、医学的，每个"点"上说250字，而且几个层面之间是"平行的"，缺乏丝丝入扣的关联，如"政治层面"不是由"经济层面"推出的，"传播层面"与"法律角度"没有递进关系，只是简单的罗列。我经常说，一篇评论如果每一段都可以拿出来单独做一篇评论，或者某一段抽出来后，并不影响观点的完整性，这是一篇评论的失败。这说明每一段对观点的完整性都没有必要，是碎片化的并列和罗列，是一个问题在不同层面上的平均用力和机械列举，是摊大饼式的"全面"。

平面罗列的结果是什么？平面是没有厚度的、散乱的点，是凌乱的层面，既肤浅，又没有形成认知清晰所需要的"秩序"。与"平面展开"对应的是"纵深推进"，由浅入深，一步步地推到事物之本质。比如，某种行为会带来什么样的经济后果，这种经济后果又会在政治层面表现出来，最终形成经济社会、政治社会、法律层面纠缠的某种社会危机，这种论证和分析就是层层推进的，形成了一种观点景深，逻辑链条是纵向的，后一个判断以前一个判断为基础，前一个判断自然能推出后一个判断，后面的结论是前面递进累积的判断，拿掉哪一段都会形成断裂。层层推进，才能根据确凿性信息、共识性前提把认知和判断往前推进，提高判断的水位，看到事物较为深远的一面。

比如，我在写《"人血馒头"是一种莫须有的话语虚构》这篇评论时，尝试把观点往前推进，就像拍照时调光圈焦距以体现景深。我在论证时用了以下几个层次：第一，"人血馒头"是一个话语虚构，至今没看到哪个遇难者家属站出来说自己"受到悲痛侵扰",更多看到的是家属寻求媒体倾诉。第二,说"空难故事让人产生不适",到底是谁不适?是家属还是旁观者臆想?第三,再说"不适",到底是空难本身的残酷让人不适,还是媒体的"悲剧还原"让人不适?第四,再说"如何面对不适","美好之毁灭"确实让人不适,如何面对呢?是拒绝媒体报道,还是去面对真实?第五,最后说"怎么看待媒体报道让人产生不适感",媒体报道不是为了让你舒适和热泪盈眶的,媒体不承担让人舒适的义务,媒体只对事实和真相负责。第六,得出结论:一个人若是无法面对这种"不适",拒绝面对残酷的真相,只能说他在心智上尚不成熟、尚未成年。同时,引用了苏珊·桑塔格在《旁观他人之痛苦》中的一句话去强化这个结论:"在达到一定的年龄之后,谁也没有权利享受这种天真、这种肤浅,享受这种程度的无知或记忆缺失。"

围绕着"报道让人不适"进行分析——谁不适?什么让人不适?如何面对不适?媒体报道不是让你舒适的——通过纵向的景深推进,加深了对人们日常熟悉的"不适"这个词的认知深度。

景深除了是纵向的,还有一个关键要素,就是得有焦点,就像钉钉子,锚定一个焦点才能"钻深"。比如,批评某些地方"空口辟谣"、无人买账,出现公信力、说服力危机,一篇评论有三个层次:第一,要正视民众关切,弄清楚"谣言"从何而来,到底在担心什么?第二,要有清晰的论据来回应,不能只给结论。第三,不能用"瞒、捂、盖"的方式,要坦诚和透明。这三个层次对不对?都有道理,但它们之间的关系是什么呢?为什么是三个层面,而不是四个或五个?这三者的关系和逻辑是什么?我们稍微改一下,让这篇文章有一个焦点,比如围绕"政府要有公信,需有与民众对话的意识","对话"就是观点的焦点抓手:跟公众去对话,弄清"谣言"背后的真实焦虑;跟公众去对话,用论据去说服而不仅仅是给一个"结论";跟公众去对话,而不是掐断对话,在"瞒、捂、盖"中变成自说自话。通过锚定

"对话"这个焦点，三个层次之间就有了紧密的纵深关联，形成景深效果。

三、意象结构：滴水照见阳光

写作者都知道题目的重要，"未成文时题为梁，文成之后题为眼"。最好先有标题再下笔，不能写好了内容再去琢磨如何起标题。标题作为一种"飞跃性概括"，是文章结构的灵魂，是架构起文章的"梁"，有了这根"梁"去组织材料，才能高效地推进写作，下笔如有神，由此及彼，举一反三，形成词语、概念和联想的高度流畅性。能起到"挑梁"和"点睛"作用的标题，往往不只是一个题目，而包含着一个生动的意象，正是这个"生动的意象"所起到的结构功能，使写作进入"文字流畅生成"的美妙境界，纲举目张，一气呵成。

一篇生动的评论，需要一个生动意象的支撑。刘勰在《文心雕龙·神思》中说："玄解之宰，寻声律而定墨；独照之匠，窥意象而运斤。"有经验的评论家，能够像木工划定墨线、石匠自如挥斧一样，看准酝酿好的形象落笔和刻画。"窥意象而运斤"，顾名思义，"意象"，就是能够生动地彰显"立意""深意""真意"的那个形象之物、具象之物。"意"是抽象而无形的，"象"是具体可感的，抽象与具象、有形与无形、个别与整体、理性与感性之间，形成一种往返流转的对话生成关系，这就是评论的意象结构。

王弼在《周易略例·明象》中对"意、象、言"三者的关系有一段经典阐释："夫象者，出意者也；言者，明象者也。尽意莫若象，尽象莫若言。言生于象，故可寻言以观象；象生于意，故可寻象以观意。"在这种美学范畴中，"言"与"意"之间的通达勾连，必须通过"象"这一特殊中介来完成，"象"是表达的一个形象制高点，有了这个制高点，就能高屋建瓴地驾驭整体结构。所以，"圣人立象以尽意"，能抽离出一个"意象"，"象"就能生生不穷，四两拨千斤，一"象"一"意"，一开一阖，使立意与表达形成一种有机的张力。

比如一篇写东航"3·21"空难的评论,"意象"就起到了勾连抽象与具象的结构作用。空难之后,人们需要释放悲伤,走出悲剧的阴影,看到新生和希望,这是评论的立意。如何给这个立意找到一个生动的意象,是评论构思成熟的关键。这时候,新闻中"飞来的一只蝴蝶",打开了作者的视野,让作者眼前一亮,有什么比"这只蝴蝶"更能体现那种新生和希望呢?"意象结构"就跃然纸上了——《坠机现场,蝴蝶证明你来过》。美国意象派诗人庞德曾说,意象是一种在瞬间呈现的理智与感情的复杂经验。"蝴蝶"这个意象,把"希望"和"新生"的抽象概念打成了生活碎片,使立意有了一种直观的亲切感,撑起了一个以蝴蝶为秩序的意义结构。

文章开头是这么写的:"3月28日,一段蝴蝶飞过搜救现场的视频,引得人们纷纷转发。那是'3·21'东航MU5735航班飞行事故发生后的第八天,南宁市消防救援支队何万伟无意间拍下的。何万伟在事故核心区东南面的山坡上搜寻时,突然发现地面上停着一只黑色的蝴蝶,盘旋许久不愿离去,他用戴着蓝色手套的手小心翼翼地将蝴蝶捧起,停了一下,蝴蝶才振翅飞远。无疑,这对颤动的翅膀,拨动了很多人的心弦。更何况在梧州藤县事故现场采访过的我。"

接下来,"蝴蝶"这个意象不断出现在评论中,不断与"新生""希望""未来"这些抽象概念形成互文:

"在中国,蝴蝶有着特殊的寓意。就如中国四大民间故事之一《梁山伯与祝英台》,这对青年男女生时不能结为秦晋,死后化蝶双飞。在古人看来,死亡并不是终结,而是一种形式的转换。躯体死亡正是灵魂的解脱,就如蝴蝶从蛹中飞出。"——化蝶,是新生。"蝴蝶让何万伟想起了几天前,在事故核心区被搜救人员捡到的那个黑色的蝴蝶结发圈。蝴蝶结发圈的主人是一个22岁的姑娘。她刚辞掉昆明美容机构的工作,坐上了这趟航班。认出这个蝴蝶结发圈的男友痛哭流涕:媳妇你胆子那么小,还有下次的话让我来。"——蝴蝶结发圈，是记忆。"'楼台一别恨如海，泪染双翅身化彩蝶'，送别之后，'如果明天就是下一生，你将如何度过今天'的思考变得迫切而郑重——我们必须坚强，我们要认真地想一想，此难过后，我们应如何过好当下，如何珍惜有限的今生？"——贯穿始终的蝴蝶意象，立象以尽意，结构浑然天成，文已尽而意有余。

获得2004年"中国新闻奖"一等奖的评论 Smile and retain smile，是以"微笑"为意象中介，构建起一种"强化信心"的意象结构："前不久，一位朋友发来一条手机短信，用4个字首分别为'SARS'的英语单词，对'SARS'进行了全新的诠释：Smile and retain smile，并注明它的意思：'微笑，并保持微笑。'无独有偶，5月8日《南方周末》上的一则公益广告，其主题正是这4个英语单词和这一行汉字。"在"非典"肆虐的紧要关头，这种不无幽默的另类诠释，不仅表现了一种智慧，也传达出老百姓在抗击"非典"过程中的生活态度和精神面貌。接下来，通过对"医生的微笑""患者的微笑""大家的微笑"的层层阐释，烛见出"非典"恐惧之下人们的内心世界。

"意（立意）在象中，兴（感召）在象外"，当年重庆《大公报》的著名社论《我们在割稻子》，以"割稻"为意象结构，表达了中国人对日寇侵略的藐视，对抗战的信心："所以我们还是希望天气晴朗，敌机尽管来吧，请你来看我们割稻子！抗战至于今日，割稻子实是我们的第一等大事，有了粮食，就能战斗！"《回归25年，爱国爱港青年是最大受益者》这篇文章，是以唱《中国人》的艺人刘德华这个具体的、有代表性的人物为意象结构，体现"爱国者治港，亦是爱国者受益"的核心立意。而文章《互联网大厂的厕所难题》则以"厕所"这个具象的视角，体现"在管理者的眼中，厕所是效率的敌人。厕所是大厂管理系统中的最末梢的部分，这个系统要做的事情，就是尽可能长地占领员工的身体，让员工在单位时间里，创造更多产能"这个观点。

意象之象，是一种具象、形象、想象、物象、气象、象征、景象、现象，应该是能够让人们感觉亲切的、熟悉的、可触摸的、直观感知的。这样，"深刻的立意"就有了具象的承载，有了对话的对象，从而形成有机的结构。《人民日报》的"任仲平"评论驾驭的都是极为宏大的主题，如"建党100周年""新中国成立70周年"、北京奥运会、上海世博会、"改革开放40周年"等，高考作文题也多牵涉这类主题，越是宏大主题，越需要具象落点。比如"任仲平"写"新中国成立60周年"的评论文章《改变历史的"北京时间"》，就找到了一个很好的意象落点——北京时间。"考量一个国家发展的基本要素是时间，世界近代史以西方国家的现代化节点作为时间标志，在这个时间体系里中国是一个落后者，1949年北京时间才开始使用，多少事，从来急，'一万年太久，只争朝夕'，习惯用暮鼓晨钟计时的王朝，进入开天辟地的时间，不断与马克思主义基本原理'对表'。""北京时间"这个意象，是一个多么深刻的隐喻，让主题得到形象的升华。

意象结构的塑造，需要有丰富的意象想象力，在整体中找到有代表的、典型性的、浓缩性的意象符号，撑起主题和立意。时代的一粒灰，落在个人头上，就是一座山，而一滴水能照见阳光。意象，就是那晶莹剔透的一滴水。

评论写作是一种通识通用能力

给一家媒体做培训，谈融媒体时代的评论素养。学员是该媒体新媒体中心的员工，有做编辑的，有做技术的，有做短视频的，多数不是做评论的。讲课前有人问，非评论员岗位学评论有什么用？

理解这种 KPI 考核下对"有用"的焦虑，我回答说，新闻人传统的知识架构，俗称"采写编评"，其中"评"占据很重要的位置。以前我的一个观点曾引起讨论：学新闻的第一份工作最好去传统媒体，没在传统媒体待过真不好意思说"做过新闻"。如今，我还想再加一句：传统媒体的训练中如果能娴熟地驾驭评论写作，能以倚马可待的速度拿出一篇漂亮的评论，才算一个"资深媒体人"。不是每个媒体人都会去做调查报道，但每个人应该都能写评论，"资深"的表现在于：在阅新闻无数后，有思想资本和职业资历去写评论，在一片喧嚣中做出有力度的判断。

我分析了"应该学会写评论"的几个原因：

第一，在几大传统文体中，评论最容易出代表作，最容易在一个单位脱颖而出。后真相时代，众声喧哗下各种声音鱼龙混杂，"小作文"层出不穷，因此，更凸显独到评论的价值。事实只有一个，而评论角度却可以有很多。

第二，评论这种文体的"影响力性价比"最高，相比报道和调查，"获得"远超过"投入"。调查需要去第一新闻现场采访，独家新闻必须靠脚力和运气，而评论可以"省力"，有力的评论也能高效地推动时事进程。评论是"单枪匹马"的文体，一支笔就是一面旗帜，靠个人可以驾驭，无须太依赖平台资源，在写作和传播中也能形成个人积累。所以，媒体人离职转型创业，做自媒体变现，多会选择评论。罗振宇、"六神磊磊"、秦朔、吴晓波等，都是把评论当成转型支点。当然，有一线报道经历再做评论会更好，做几年记者再向评论员转型，能积累支撑独到判断的评论资历。

第三，中国有文人论政的传统，现代报纸从"言论的""评论报"进化而来，天然带着评论基因。在这种精神传承中，我们经常说"评论是报馆的旗帜和灵魂"，传统媒体时代，媒体高管多有优秀的评论写作能力，能引领媒体的思想气质。过去的梁启超、张季鸾、王芸生，党报前辈范敬宜、米博华、陈小川、詹国枢等，都是评论翘楚。

第四，即使你不写评论，但你的作品免不了受到别人的评论，决定新闻作品效果的往往不是作品本身，而是评论区的潮水方向。评论能力，不仅是写评论的能力，还是洞察他者评论角度的判断力和想象力。这种想象力能让一个人在创作作品时考虑到他者的凝视角度，从而保持着不断的对话，形成一种康德所说的"扩大的智性"。这种"评论区思维"，也能让你在内容生产时避免翻车，避免自己沉浸其中感动得热泪盈眶，评论区却完全"歪楼"，走向反面。

第五，新闻中不能有"我"，评论却可以鲜明地表达"我"。新闻是一种受到约束的文体，为了客观，你必须充分地隐身，做一个忠实的记录者。而评论则是"有我"的文体，解放自己，把自己作为方法，言之有据就可以。写评论常能给人带来酣畅淋漓的释放快乐，我手写我心。

第六，评论写作训练出的批判性思维和"快思、快写、快传"的能力，适配现代职业系统中很多高质量、创造性的工作。评论不仅仅是写，而是一个让思考变得清晰并固化的过程。思维需要通过"输出"来驱动和整理，因为大部分人的思维都是处在潜意识水平的，只有提升到词语水平，才能倒逼思维的清晰。所以，要想让思维变得清晰，没有比把它表达出来更好的途径了。清晰的思维与活跃的写作互相成就，写作是对思维的激活与整理，把潜意识状态的"想法"唤醒，用想法碰撞出更多的想法，让脑、手、口形成一种流畅协同的状态，想到了，就能清晰地写出来，进而流利地说出来。"文字输出"是综合能力的体现，这也是像高考、考研、公务员考试、招聘考试等都要求写一篇文章的原因，支撑"文字输出"的是一个人读过多少书、批判性思维的活跃度、日常动笔的勤奋度。

不要把评论写作当成一种职业，要有跳出来舒展自我的能力，才能避免"被卷"。作家叶开的一句话说得很好："为什么我们需要写作？它是打破人生瓶颈的最好工具，是人生的通用能力。"写作是人类文明的底层技术，它是通用能力，不管你从事什么职业，写作和表达能力都是给人加分的。这也是我觉得每个学新闻、做新闻、爱新闻的人，甚至每个人，都应该拓展评论写作能力的重要原因。

（《青年记者》2021年第21期）

以评论写作跳出校园内卷，向外自由舒展

作为一个身兼评论员、评论教员、评论研究员多重身份的跨界人，自己很高兴看到这几年"大学生评论"作为一种教育现象的兴起，看到了时评这种文体在大学生群体中的热度，大学生写评论蔚然成风。是的，这不是个案而是一种现象，全国数个"大学生评论平台"在多年深耕后已累积出品牌影响，包括《中国教育报》的"青年说"，还有红网、荆楚网、华中科技大学、浙江大学等机构持续多年组织的评论大赛，学界、业界、教育界以评论为媒介的深度融合，对大学生形成强大的感召力。每天各大媒体上"七嘴八舌"的评论，很大一部分都是这几大赛事的大学生参赛作品。一边参赛，创造自己的代表作，一边参与公共热点，以评论为触角与时代发生有机联系，这就是这些评论平台最吸引大学生的地方。

我算是这几大赛事的老朋友了，一直竭力鼓励学生去参赛，看重这个过程对写作和思维的训练。获奖给学生带来了自信，他们把评论当成一种与自己所处的时代、思想、文化发生有机联系的方式，使自己的人格发展跳出校园束缚而向大社会去舒展，塑造出一种开放、宽广、饱满的公共人格。

现在的大学生"卷"得太厉害了，闷在象牙塔中，困在每一个课程的分数中，为绩点所"卷"。很多学生走进大学后，就把保研、考研当成大学生活的唯一目标，心中只有绩点，一切为绩点而拼。他们的大学生活，就是行色匆匆地抱着课本，从这个教室赶到另一个教室，从这个"deadline"赶往另一个"deadline"，从这本"教程"翻到那本"原理"。这种"卷"表

现在，心灵是封闭的，视野是狭隘的，目标是单一的，对成功的理解是同质的。看不到外面丰富的世界，把校园内的"资源"当成生活的一切，围着有限的名额形成消耗式的竞争，走自己的路，让别人无路可走。在每门课追求高绩点的平均用力中，其实塑造出的是缺乏个性、没有所长、泯然众人的平庸人格。

"大学生评论大赛"创造了一个引领学生向外看社会、向外舒展自我、向外寻求认同的平台。这几年我很欣喜地看到，好几个学生因为参加这一大赛，写出了自己的代表作，闯出了"江湖地位"，一毕业就拿到了媒体的 offer，成为优秀的评论员。有的学生通过大赛发现了自己在写作上的兴趣和优势，树立了表达的自信，考研和就业有了清晰的奋斗方向；有的学生的评论文章对时事产生了直接的影响；有的学生通过评论结识了其他大学志同道合的评论爱好者；有的学生通过参赛养成了每天千字的写作习惯。有一个学生，一直对自己不是太自信，觉得比不上那些优秀的同学。去年参加评论大赛，作品经过层层筛选后获得评委一致高赞，拿到最终大奖。后来她跟我说："老师，评论让我又有了信心，觉得自己还是有优势的。"——是的，评论是一种能塑造人的自律，并让人获得自信的文体。

大学生活不仅是大学里的那个世界，社会很大，世界很大，"大学生评论大赛"开启了一种对"外面世界"的想象力。在我看来，它不仅为个人提供了多元发展和选择的机会，更在心灵上跳出了狭隘空间的束缚，面向广阔的社会。钱理群教授评价鲁迅先生，认为他在读书写作中找到了一种最适合自己以及他和自己时代关系的一种文体，就是杂文和时评，他也正是通过这种文体，"自由地出入于现代中国的各种领域，最迅速地吸纳瞬息万变的时代信息"。——是啊，评论不仅是写作，更是一个感受舆论水温、与时代对话的过程，一个吸纳时代信息、滋养自己思想和知识体系的过程。

大学生看校园看社会，社会看大学生，这是一种双向的凝视。我的感受是，一个保持着评论写作习惯的学生，他的思维会更加灵敏，就像米尔斯在《社会学想象力》中所说的，"将个人的困扰转换成公共问题，并将公共问题同社会整体的结构和历史进程联系起来，保持着对所处时代敏锐的'问题意识'"。一个通过评论大赛养成了关注时事热点习惯的学生，其思维内化的"时事感"，总能赋予抽象的理论和概念以现实的灵魂，善于用当下的时事和现实作理论的诠释，使理论更有实践的活性。养成写作习惯的学生，找到了与社会有机联系的连接方式，对个人的职业发展也有了更从容的心态，不那么盲从和焦虑了。

曾有人戏仿"放羊娃"的段子调侃名校学生的梦想过于单一：考清华北大—努力学习—"北上广"找工作—挣钱—娶媳妇—生娃—考清华北大。跳出这种单一的成功想象，需要面向广阔的天地，向外舒展开放的心灵，评论写作只是一种方式。在现代教育体系中，人们很容易被框定在一个职业范畴内，被"系统世界"限制了自己的想象力，很少在固定之后再打破。大学让我们成为一个人格健全、心灵开放、知识底座厚实的人，走向社会后，我们才能成为一个健全开放的新闻人、法律人、学术人。

从"deadline"中抬起头吧，阅读"时事热点"这本文献，写"现实"这篇文章，对公共事务保持敏锐的情感、理性的触角，让内心和笔墨感知着这个时代的温度。

（微信公众号"吐槽青年博士"2022年1月9日）

文学没死,但余华把作文课给讲"死"了

曾写评论为余华讲作文课的"资格"辩护,作家讲作文很正常,给教育培训机构站台也可以理解,文学哪那么容易死,作家、哲学家、评论家、史学家都应该积极参与。这一篇评论想具体谈谈余华照稿子念的那个作文课。文学没死,但写《活着》并因此成名的余华,把作文课给讲"死"了。没有用名作家的经验去给当下的作文写作赋能,反而卷入应试套路,砸了名作家的牌子,败了写作者对作文的胃口。

先不说余华讲的其他内容,他所认为的一个"作文技巧"特别让我反感。他教学生平常要积累"好句子",家长要帮着孩子积累,看到作文题目,要先写上自己积累的"好句子",第二句话再想如何切题。这简直是误人子弟啊,让作文写作成为一种生搬硬套、嵌入"好句子"、投机取巧的拆卸组装术。这种套路确实很流行,想起去年引起巨大争议的浙江高考满分作文《生活在树上》,第一句话就是,"现代社会以海德格尔的一句'一切实践传统都已经瓦解完了'为嚆矢"——装得够深沉,引用得够经典,句子背得够熟练,一字不差。但,这句话跟你的核心观点、作文命题立意、立论基点,有什么联系呢?第一句话不去切题和点题,不考虑与中心论点的关系,没有形成对整体论点的"咬合力"和互文性,背一句华丽深刻的话来装大尾巴狼,有什么用呢?

文章的第一句话确实很重要,特别是这种面临着巨大眼球竞争的写作,很多作家都特别看重雕琢第一句话,认为第一句话是对自己写作的"热启动",也是对读者进入文章节奏的"热启动"。一位著名的网文作家甚至说:"第一段只应该写一

句话。第一句话不能把读者定住，后面写再多也没有用，没有多少人会看完第一自然段。因为看完一段需要时间，需要持续集中注意力，而读者这两样东西都没有。他们只有读完一句话的时间，能在一句话上停留1秒想一想，然后就要做出决定。"在我看来，第一段倒未必真去刻意追求"一句话"，这强调的是观点置顶、态度置顶、亮点置顶，用"稳准狠"的论点锚定读者，阅卷老师跟平常一般的网络读者差不多，都被信息海洋包围着，眼球注意力非常珍贵。第一句话不是"背别人的好句子"，而是要稳准狠、精炼、精彩地体现你的核心论点。

想着第一句就背"好句子"，嵌入备好的"名人佳句"，反而扰乱了自己的构思，破坏了自己的节奏。不去从核心论点中提炼亮点中的亮点，而是依赖死记的素材，带着自身思考节奏的构思就被打乱了。依赖"好句子"，生吞活剥，也阻碍了正常思考的启动，形成写作障碍。用得贴切的"好句子"，都是信手拈来，并以自己的构思为中心，怎能反过来让自己的构思被"好句子"主导？

这就是我说的把作文课给讲"死"了。一个名作家，不是用自己积累的写作经验去与中学生的作文写作需求对话，不是从作家心得中去诚实地透析出提升学生写作思维的营养，而是舍本逐末，跟着作文培训机构的"低境界"进入应试套路。不是着力于在创作观、写作思维、积累方法等价值层面给学生以指导，而是完全狭隘地在"应试""高分"层次讲这些被很多语文老师批评、久被舆论诟病的套路，活活把作文课给讲"死"了。很多学生的作文写作和表达的兴趣，可能就是被这种僵化的套路给泯灭的。这么背"好句子"并僵硬嵌入，让人"智熄"啊。

知识界应该怎么介入中学语文教育和作文写作？不是尝试进入内部，成为"局内人"，而是要发挥"局外人"的长处，用自己的积累、专业、经验去推动教育和写作的变革，吹进新鲜的空气，与有识的中学语文老师一起，让作文跳出应试的内卷。一个作家，优势是自己作为作家的写作经验，谈应试，中学生比你厉害多了，中学语文老师可以给你讲一学期，你凭什么给别人讲？科学社会学家默顿对"局外人""局内人"的分析非常经典，他以法国人托克维尔写的《论美国的民主》来说，"局外人也许能获得比身在其中的人更深刻的洞察力和理解力。修昔底德说，正是他长期的放逐生活使他能够看到事物的两方面，一方面是伯罗奔尼撒人，另一方面是雅典人"。默顿通过研究说明，陌生人发现，群体所熟悉的东西对他来说非常陌生，他因此受到激励，从而提出一些"局内人"不太可能提出的问题并对此进行探讨。

什么意思呢？作为作家，余华讲作文写作的优势在于其自身的作家身份和经验，对于应试，他基本是外行，这时候应该以自己熟悉并内行的视角去讲写作，而不是用外行的、已经内卷得很严重、让学生不堪重负的应试视角去讲。哲学家讲作文写作，应该是从应试之外的思想和思维去启发。作为写时事评论、讲时事评论的，我讲作文写作，会从批判性思维和媒介素养方面入手，提升学生的判断力和逻辑分析力。这些是作家的"本钱"，不以自己为方法，放弃自身经验的阐述，丢掉"本钱"，如写作培训机构那样"假装成为局内人"，迎合高分需求，降低写作品位，把自己的维度拉低到套路化的应试层面，讲不好，更容易讲"死"。

应试教育、作文套路，已经非常内卷了，浙江去年那篇高考满分作文，就是内卷的一个产物。作为名作家，应该用自己的写作思想帮着学生跳出应试之"卷"，用让自己成名的写作方法去推动中学语文和写作的革新，而不是反过来将那些僵化套路教给学生。

作家能讲好作文吗？当然能，甚至比哲学家、评论家更能讲好作文，因为作家的写作思维跟作文思维离得更近，作家比哲学家、评论家跟作文有着更近的亲属关系。我看过不少作家讲写作，讲得特别经典。

比如，前段时间看汪曾祺，他以自身为方法对语言要求的分析，对我的写作都很有用。"我想任何人的语言都是这样，每句话都是警句，那是会叫人受不了的。"——这对那些爱套用"警句"当摆设、装高深的"警句癖"，是很好的提醒。"语言的美不在一个一个的句子，而在句与句之间的关系。文学作品的语言和口语最大的不同是精炼。"——这里的"精炼"指的是一种表达效率，有概括性，干净利索。"只要你留心，在大街上，在电车上，从人们的谈话中，从广告招贴上，你每天都能学到几句很好的语言。"——这说的是语言的积累，日常留心生活，语言就会带着生活的气息，而不是背那些所谓的"好句子"。"使用语言，譬如揉面。面要揉到了，才软熟，筋道，有劲儿。曾见一些青年同志写作，写一句，想一句。我觉得这样写出来的语言往往是松的、散的，不成'个儿'，没有咬劲。"——这说的是构思，想清楚了，语言阀门才能畅通，一气呵成。作家的这些心得，对作文写作很有启发，如果自己不写作，没有当作家的经历，很难产生这种对文字通透的悟。

著名作家斯蒂芬·金谈写作，也蕴含着丰富的思想和方法。他说："写作真正最糟糕的做法之一就是粉饰词汇，也许因为你对自己用的小短词感到有些羞愧，所以找些大词来代替。记住用词的第一条规矩是用你想到的第一个词，只要这个词适宜并且生动即可。"他特别反感被动语态，"死人才适合被动语态"，比如"尸体被从厨房搬走，放到了客厅沙发上"。他更反感让句子不堪重负的形容词和副词，认为"通往地狱的路是副词铺就的，能用名词和动词说清楚的，就尽量用名词、动词，让句子和文章生动灵活。文采不是形容词修饰的，而是灵活和思想"。说得多好啊，针砭当下写作之弊。

我看了余华讲课的那段视频，说语文老师专看"文章中闪亮的部分"，事先准备素材，以自我为中心，等等，这些都是被语文老师吐槽的"套术"，没有看到余华作为一个名作家的写作思想。我也觉得中学生应该多阅读，但不是为了当成"知识点"和"好句子"去记。精读了一些名著，吸收了名著的思想，自然能融入记忆。"好句子"是有上下文的，是有论证和结构的，脱离了上下文和思想结构，既记不住，也"拈不来"，无法形成"信手拈来"的勾连力和想象力。什么是勾连力？即社会学家安德鲁·阿伯特所欣赏的"联想式致知"，它涉及将事物彼此关联。他说："要做到有效的联想式致知，你的头脑必须充满知识，与你看到的新事物联系起来：事实、概念、记忆和论证，它们像许多小钩子一样起作用，抓住你所面对的文本中的东西。"这就是为什么写好评论需要多看新闻、多读书，评论的角度和论点不是灵光一闪冒出来的，不是拍脑袋乱构思想出来的，而是"小钩子"钩出来的。那些"小钩子"越用越灵光，不用则会钝化并消失。写作思考和积累过程，就是一个在应用中让"小钩子之网"越来越大、越来越灵敏的过程。

　　余华关于作文写作的讲授，低估了如今的中学生。前几天，我收到一所著名中学的一个高中毕业班同学的来信，说很喜欢我的《时评写作十六讲》，班级读书分享时，好多同学举的案例都是《时评中国》系列图书中的案例，他说他们班想跟我交流，列了一份感兴趣的问题清单。我看了这份问题清单，真的感慨现在很多中学生的视野非常宽广，虽然身在应试场中，但他们的思考和关怀很开阔。有的同学问，如何看待"理中客"这些词语的出现与变质？有的同学问，怎样劝说一个不好好说话，比如阴阳怪气的人？有的同学问，现在女权话题很强势，甚至"女拳"引发争议，应以什么为标准判断女权和"女拳"？从这些提问中，可以看出他们的知识面和日常视野。学生们尝试跳出应试来看社会看世界，作家余华却陷于应试之中把学生往应试套路中摁，把作文课给讲"死"了。

　　余华老师，应该好好了解当下的中学生和中学教育，好好总结自己的写作方法，反身思考那些成就自己的东西，认真备课再去讲课，别那么迎合教育培训机构的要求，别偷懒念稿子，敷衍学生和家长了。

（微信公众号"吐槽青年博士"2021年3月16日）

你的写作别被新媒体技巧培训给毁了

一个朋友报了网上某个"公众号写作和新媒体技巧培训课",听了几节课后,她感慨说:"我发现教人写公众号,秘籍就是'偷'。"朋友还附了一张课件配图,看了真让人大开眼界并目瞪口呆,这不就是教人"偷"吗?缺什么,"偷"什么——缺框架,"百度"搜思维导图;缺观点,"知乎"搜关键词;缺金句,"百度"搜金句;缺案例,"百度"搜案例、故事;缺数据,搜报告、数据;缺趣味,加上电影片段;缺深度,"百度学术"搜专业期刊、论文。

什么都缺,你写什么文章?观点是文章的核心,缺观点,你拿什么写文章?框架是文章主干,没框架竟然就敢有写文章的念头?想起那个打麻将的段子,这不是"三缺一"的问题,这是"一缺三"啊。这是两手空空脑子里什么都没有、零基础写作就准备写公众号变现啊。

又是"百度",又是"知乎",又是电影片段、专业期刊、论文,说得这么隐讳,这不就是"洗稿"宝典嘛。自己什么都缺,空手套白狼,教怎么把别人的东西"洗"成自己的,拼凑成一篇爆款文章。"洗框架""洗观点""洗金句""洗数据""洗桥段""洗深度",这些偷偷摸摸、见不得人的事,被某些新媒体公众号写作培训当成堂皇传授的技巧,只要爆款不要脸。

你的写作千万别被这种新媒体技巧培训给毁了。写作是由内而外的厚积薄发,是用你的观点与别人的诚恳对话,是给某种认知提供你的一块有价值的拼图,是用你的"知识金字塔基"积累撑起的思考,是对提升观念水位的一种思想贡献。你起码得先有 90% 的干货，有思想主干，再借助 10% 的技巧和他山之石去助力传播。没有框架，没有观点，没有金句，都靠"知乎""百度"去"洗"，这真的叫"偷"。

有人说，那写作就不能引用名言和佳句了吗？当然可以引用，是锦上添花的合理引用，还是无耻的洗稿抄袭，明眼人还是一眼就能看出来的。引用是什么？是读书有了很多积累之后，写到某处，信手拈来某个佳句或贴切的桥段，观点主干是自己的，佳句和桥段也已经在日常阅读中涵化为自己的思想，与自己的观点浑然一体，恰到好处地服务于观点主干。观点有了，案例就到了，金句就来了。而"洗稿"是什么？没有自己的思想和观点主干，全靠"知乎""百度"，还有微博截图、别人文章的观点、媒体报道的拼凑，榨干别人的信息后，文章什么都没有了。

写作是知识和信息积累由内而外的喷发，你得掌握很多信息，脑子里有很多案例，才能形成联系，从而有自己的观点。按社会学家安德鲁·阿伯特的观点来看，这叫"联想式致知"。阿伯特很鄙视那种"知识点"式的学习，他曾批评说："很大程度上，大部分我教的学生认为，知道一些东西就是知道一个网址。他们致知的主要模式是去'寻找'，他们上网寻找知识的时间比在学校的时间要长得多……对学生们来说，阅读只不过是在网络以外的地方浏览，它是一种过滤掉无关紧要的闲散部分并找出真正重要事情的练习。他们实际上不相信思想，他们相信碎片化的内容。"

阿伯特所批评的那种"知识点"式的学习，起码人家还读了书，还了解了一些知识点。一些所谓的新媒体公众号培训，直接忽略了知识点和读书，他们可以不用读书，直接用"百度""知乎"和学术期刊，去抄金句、抄框架。"联想式致知"的内涵是，你得博览群书，脑子里有很多案例、金句、桥段、观点，当面对一个事件和现象时，才能互相勾连，产生出新意涵，而不是脑袋空空地去"偷"别人的东西。

有人说，我要是能厚积薄发，能"联想式致知"，还要你来培训干吗？这就是问题所在啊，你没有厚积，没有好好读书，有什么资格去内容变现呢？自己没有资本，就得好好去积累，多读书。浮躁、功利、不读书、投机取巧，总想着变现，这是焦虑和失败之源，更败坏了写作风气。缺乏 90% 的写作积累，想靠那种公众号写作培训提升爆款素养，只会被人"收割"。

有一句话说得好，"一直对发型不满意的人有一个共同点，他们都不肯承认是脸的问题。我们要常自省，是发型问题还是脸的问题？"新媒体写作，不要被"新媒体"那个前缀迷惑，重心还是写作，先会写作，完成那 90% 的积累工作，再去学习新媒体传播技巧。这也是我一直倡导"学新闻的第一份工作最好先去传统媒体"的关键所在，先在那个"采写编评"的作坊环境中积累强大的写作能力，有了代表作之后，新媒体写作作为写作的第二个层面，是一个在"新媒体致知环境"中自然熏陶习得的过程。还不会写作，就追逐"公众号写作技巧"，求爆款求变现，做个写作机器去"洗"去"偷"，只会"爆"雷，只会"现"眼。

（微信公众号"吐槽青年博士"2021 年 6 月 23 日）

善用"思维转折字"驾驭评论写作

讲批判性思维课程,我会讲到"思维转折字"的批判性对话效果。思考问题时,我们常常容易被人带节奏,被"鸡汤"封闭思维,被惯性框架左右,跳不出来,找不好新角度。尼采曾说:"我们的眼睛就是我们的监狱,而目光所及之处,就是监狱的围墙。"批判性思维就是引导我们跳出"监狱围墙",培养一种"在别人停止思考的地方再往前走一步""跳出惯性框架去质疑"的能力。怎么把思维往前推进?怎么打破惯性?需要"转折字"帮忙。

把眼泪和口水先给我憋回去,让脑子去思考。"思维转折字"包括:等等,我不知道,我得查一下。前提是什么?来源是什么?谁说的?为什么这么说?这是事实还是"说辞"?有没有另外一种可能?这句话的背景和语境是什么?然后呢?为什么?用同样的论据能不能得出相反的结论?这些"转折字"能起到一种陌生化的间离效果,是阻止自己的思维滑向惯性的一种方式。让自己停下来,用事实和逻辑去审视一下,避免接受一种"无思的答案"。我们的想、看、写都是负载着框架的,是一个聚光灯,照到哪里,哪里亮,照不到的地方就是黑的。而当我们使用这些"思维转折字"时,批判性思维就启动了,能照见那些思维的盲区。

掌握了"思维转折字",也能很好地驾驭评论写作的结构。在文章段落中,"转折字"就是连接段与段之间、体现段落关系的关键词。比如,"然而"这个词,一个段落的开头出现了"然而",我们就能知道这一段与上一段之间的关系是"转折关系"。

这种"转折字"非常重要,像一个路标,清楚地告诉读者自己的论证思路、论点之间的关系,怎样一步步地得出结论。

这种"转折字"最大的好处是让文章的逻辑非常清晰,段与段之间联结得非常紧凑,有节奏感,不会让读者走神或者产生阅读"短路"和障碍。替读者节省时间,不需要费力去猜你的逻辑关系。新媒体时代,读者是比较难伺候的,他们有太多的选择,读得不顺,他们就会放弃阅读。读者阅读时最大的特点是"不会回头阅读""不看第二遍",你必须保证你的写作让读者读得很流畅,把时间花在品味你的观点上,而不是耗在理解段与段之间关系的结构迷宫中。

加"转折字"还有一个好处,就是你不用担心思维会脱离出你的掌控,一切都在你的掌心,"转折字",转来转去,总会转回来的。读者会顺着这个路标,找到你的逻辑,最后找到"回家"的路,回到中心,不会离题万里。

鲁迅评论的一个特点就是善于使用"转折字"。评论家李长之曾这样形容鲁迅的文章:"他的笔常是扩张又收缩了,仿佛放风筝,线松开了,却又猛然一提,仿佛开水流,却又预先在'下'流来一个闸,一张一弛,使人的精神有一种愉快。读者的思想,先是随着驰骋,却终于兜回原地,也是鲁迅所指定之所。"

鲁迅用什么方法取得这种效果呢?李长之认为,秘诀就是鲁迅对"转折字"的妙用。"他用什么扩张人的精神呢?就是这些词:'虽然''自然''然而''但是''倘若''如果''却''究竟''不过''譬如''而且'。这些'转折字'用一个,就能引人到一个处所,多用几个,就不啻多绕了几个弯子,这便是风筝的松线。可是在一度扩张之后,他收缩了,那时他所用的,就是'总之'。你看,一下子就收回来了,借用'转折字',收放自如。"

"转折字",其实就是你的文章结构的框架——"一方面""另一方面""然而""总之"。你在搭框架的时候,就是在构建层次和关系,怎么体现并列、递进、转折等关系呢?靠这些"转折字"。有了"转折字",文章不会写废话,也不会出现逻辑上的断裂。

"转折字"也可以提醒你,写文章不能太绕弯子,就像风筝的线不能放太长,否则,容易绕着,容易断了,容易收不回来。一篇文章,用两个"然而",说明你的文章绕了两个弯子,可能会让人产生费解,回路太多,读者的理解容易跟不上。我建议,一篇评论最好用一个"然而"转折一下,不要超过两个"然而",超过两个,读者就觉得太绕了,步子跨得太大,想得太远,容易扯着。

比如,"这个观点是对的,然而,换一个角度看,它其实是有问题的。"这句话挺好理解,如果接着再加一个"然而"——"然而,其实也不算什么问题,换个角度看也是可以理解的。"读者就被你搞晕了——它到底有没有问题呢?用"转折字",是在提醒自己,逻辑尽可能简单、直接,不要有太多的回路。一篇文章如果需要借助太多的"转折字",说明逻辑不太顺,需要化繁为简,在结构层次上做减法。"转折字"就像写作者的一根拐杖,有助于很好地理顺逻辑,如果逻辑已经很清楚了,可以不用这根拐杖。

(《青年记者》2021年第9期)

评论写作不要泛道德化

关于道德问题，学者朱学勤在《问题与主义》中谈到过一个寓言："世界上最高尚的地方在哪里？在监狱。牢门一关，那里的罪案发生率为零，而且所有的人都在毫不利己、专门利人地干活儿。世界上最堕落的地方在哪里？在监狱。牢门一开，那里的人犯罪率为百分之百，而且所有的人都在胡作非为、弱肉强食。"

这个寓言很有意思，让我们看到了空谈道德而不看其他变量的危险。在这里，最关键的变量就在于那个"门"。评论的专业性，一个重要层面是其超越道德判断的理性技艺，打开思维之门，使人们突破善恶的二元对立而看到事物所包含的复杂性、多元性、矛盾性和条件性。这里的"复杂性"是指深入观察，还原真相；"多元性"是指多个主体、多种利益主体、多元因果；"矛盾性"是指并非非此即彼，很多事情都是矛盾共存的综合体；"条件性"是指结论的成立是有前提条件的，不能忽视条件而只谈某个抽象概念。

一些道学家所热衷的道德判断，就是不讲复杂性、多元性、矛盾性和条件性，挥舞一个自以为是的道德大棒，占据道德高地俯瞰众生。泛道德思维的逻辑误区有以下这些表现：第一，泛道德思维是一种直观思维，条件反射（养成思想的偷懒），有没有接受过教育的差别在于，是否超越和驯服自己的本能，比如，看新闻时是不是先找好人、坏人。第二，泛道德思维是一种对抗思维，二元对立（好人与坏人、善与恶的对抗）只有"有无"，而无"多少"，比如，要么是有民主、自由，要么是没有民主、自由，而看不到"多和少"的区别。第三，泛道德思维是一种结论思维，封闭了其他的可能，专断且不宽容。第四，泛道德思维是带着暴力基因的思维，体现为道德优越的自负，道德审判，抱团中缺乏独立思考，以及多数人暴力的网络戾气。

如果比拼道德感，评论家永远拼不过"键盘侠"和道学家。道德天然不应该成为评论的武器，德性是指向自我的要求、自律的法则，而不是对他人的要求。不同的人有不同的道德标准，道德没有"止争性"，很多时候本来就很模糊，泛道德化之后，更容易引发争议。前些年，国庆黄金周后曝出一系列很有冲击力的新闻照片——青海湖景区面临垃圾污染，蓝天白云下垃圾成堆——蓝天白天下，清澈的湖边，成堆的垃圾非常刺眼。每年的黄金周后都会有这种新闻，每次这种新闻都会激发一波对国人文明素养的反思与批判，以至于形成了"一看到垃圾就条件反射般地批判国人文明素养"的思维定式。

其实，对于这种现象可以有很多分析和追问的角度，比如，批评游人缺乏文明、乱扔垃圾；景点缺少管理，光顾收门票，不顾清垃圾；"破窗效应"，当一点点垃圾不被清理时，后面的人会受到暗示，都去扔垃圾；别光谴责游客，好文明需好管理的引导；青海湖门票钱都去哪了？

我想，从后面几个角度去追问和分析，会比单纯地批判文明素养要深刻得多，更触及深层次的问题。当然，追问景点门票的去向和垃圾管理问题，可能也会让问题得到解决。毕竟，垃圾管理可以追到具体的责任人，使具体责任人在舆论压力下去解决垃圾围湖问题。而抽象地批判无数个匿名的"游客"，空谈"文明素质"，没有人会感受到道德压力，每个人都会扮成从不扔垃圾的高尚的人，对着想象中的乱扔垃圾者吐口水。文明素养之所以成为一个老大难的话题，跟光有这种空洞的批判反思而缺乏有针对性的具体拷问有很大关系，这也是泛道德化思维的恶果，拉低了时事评论的专业性，将评论变成道德口水。

谈道德，是人的一种本能，在一个人的价值观和思想资源中，道德元素往往占着压倒性的多数。所以，面对很多新闻和现象时，人们会本能地想到道德——看到街上有人乱扔垃圾，会归咎于道德缺失；看到一些老人在公共场所让人反感的言行，会从道德层面归咎于"老人会变坏，坏人会变老"；看到共享单车被偷，会感慨道德沦丧、人心不古；看到有人遇险而路人表现冷漠，会痛心疾首于道德的倒退。但我一直觉得，人人热衷谈道德，事事停留于道德批判层面，对一个社会不是好事，反而是一个社会思想进步、文明提升和制度变革的障碍。这么说，并不是说道德不重要，更不是说不要道德，而是说，很多问题都不是道德问题。不是道德能解决的事，却总停留于肤浅而愤怒的道德批判层面，会导致忽略了可解决的真问题。

评论员需要"评论区想象力"

判断一个评论员有没有进入评论状态,一个很简单的检验方法是,看其有没有"评论区想象力"。什么是"评论区想象力"?就是看到一条新闻,能立刻在思维上进入这条新闻的评论区,想象出受众可能会从哪些角度对该新闻进行评论。评论员的观点,很多时候都是在与评论区对话过程中生成的。

社会学家米尔斯在《社会学想象力》中谈到过学术人的这种重要心智品质:"在日常生活中,人们经常感到私人生活充满了一系列陷阱,这种困扰实际上与存在于社会结构中的非个人因素和变化有关,只有将个人生活与社会历史这两者联系在一起认识,才能真正理解它们。这种心智品质可以帮助人们利用信息增进理性,使人们透过这种杂乱无章而发现现代社会的根本架构,这是私人生活与公共生活之间的一种纽带。"实际上,对于评论员来说,"评论区想象力"也是一种勾连起个人与社会的重要心智纽带,是评论员"对话感官"的重要肢体。(麦克卢汉说"媒介是肢体的延伸"。)

比如这条新闻《老人经历6小时抢救后苏醒,手写"护士没吃饭"》。"近日,陕西咸阳一位七旬老人在医院经历6小时的抢救后苏醒,醒后第一件事,就是向护士要过笔和纸,颤抖地写下'护士没吃饭'五个字,'当时护士的眼泪就下来了'……老人的家属随后还为护士买来了食品。她老伴说:'其实就是将心比心,多互相理解。'"假如缺乏"评论区想象力",不去看评论区,很容易停留于"医患之间需要相互理解""将心比心真让人感动"这种封闭的温暖框架中。评论如果沿着新闻预设的框架去说几句"相互理解"之类"正确的废话",是没有什么评论价值的。新闻本身已包含这种立场了,还要评论去重复干吗?必须延伸思想的触角,从新闻的框架中跳出来,把思考放到新闻之外的评论区:读者会怎么评论这条新闻呢?或者,这条新闻会唤起读者怎样的思考呢?他们会从哪些角度去"吐槽"?

我看了这条新闻的评论区,出乎意料,评论并没有齐刷刷地"热泪盈眶",相反,有很多不同角度的思考,点赞最多的一条评论是这么说的:"这是一个有好结局的故事,老人经历6小时抢救后苏醒过来了,急救室里充满感恩。可如果情节稍微变一下,某个时间,急救室里一群医护人员抢救一个老人,遗憾的是,经过6小时的努力抢救无力回天,结果会是怎样的呢?这时候,场景还会这么温馨吗?医患还会是这样让人感动的温暖剪影吗?"

这个超越了新闻框架的思考很有价值,体现了真问题。医生们最需要的,可能就是那种回天无力时的理解,理解他们在这个过程中的辛苦、尽力而无奈。医患冲突多数是发生在那些结果很遗憾的情况下,抢救无效,家属失去理性,悲痛中把矛头指向医护人员。评论如果能从这样的角度去思考,就跳出了这类"暖新闻"浅层的感动框架,而把观念和认知水位提高了一大截,体现评论的思想价值。

我的很多评论都是借助这种"评论区想象力"完成的,在与评论区对话中确证一条新闻所包含的"最有价值的评论点""最容易被忽略的评论角度""最有普遍性的情感痛点"。经常看评论区,久而久之就能养成这种"评论区想象力":不会被新闻带节奏,也根本无须打开评论区,凭经验就能"想象"到读者会从哪些角度跟评。

什么是问题意识?它总包含着一种张力,是对价值与现实之间冲突紧张的敏锐洞察力。"评论区想象力"就是在对话中打开自己的思想触角,看到新闻中蕴含的张力。复旦大学新闻学院朱春阳教授说,一篇好的论文、深刻的写作,应该像李绅的《悯农》一样,能够对"四海无闲田"与"农夫犹饿死"之间的冲突进行追问,探讨冲突背后的深层动力机制。同样,一篇好的评论也需要这样的问题意识,"评论区想象力"就是帮我们发掘被新闻表象所隐藏的冲突。

"评论区想象力"也能训练评论员养成一种"合理性人格"。与"合理性人格"对应的是"真理性人格",即总是以真理自居、真相在握的优越感去评论,很容易沦为让人反感的傲慢说教。评论不是真理与谬误的对立,而是合理性之间的交流,是一种合理性与另一种合理性的对话。"评论区想象力"让评论员看到一件事多元的侧面、多面的合理性,从而摆脱"一元垄断""二元对立"的对抗性说教,强化一种带着平等、倾听、互换、健康、共存的交流性人格,理直气和,润物无声,美人之美,美美与共。

(《青年记者》2022年第15期)

评论写作需要一面镜子

评论观点是怎么形成的？不是绞尽脑汁中的灵光一闪，不是蹲守在键盘前的灵机一动。深刻的、有价值的观点，需要一面镜子，观点是在"与某种镜像互动"中形成的。没有镜子，坐井观天，胡思乱想，自言自语，无法生成观点。观点，观看之点，谁在观？观什么？被谁观？《旧唐书·魏徵传》说："夫以铜为镜，可以正衣冠；以史为镜，可以知兴替；以人为镜，可以明得失。"——"正衣冠""知兴替""明得失"，就是观点和洞见。

研究中国思想史的葛兆光教授对"镜子"有一番高论："没有镜子，你只能自我想象；只有一面镜子，你只能从正面看自己；有两面镜子，可以看自己的正面反面；可是当你有了多面镜子，前后左右照，你才能得到立体的、全方位的、细致的自我认知。"

确实如此，思想和思考，总预设着一面镜子。不同的镜子，能看到不同的问题，激发出不同的问题意识。问题意识总需要一种"他者镜像"的激发，如果你拒绝真实的镜子，而是活在自拍美颜的"滤镜"中，用歪曲事实的、自欺欺人的、迎合自身喜好的滤镜看自我、看世界，你没有观点，你拥有的只是"自身缺点、盲点"，并在回音室中的自我强化。如果你不是"以史为镜"，不在真实的历史中观照当下，而是"以史为墨镜""以史为哈哈镜"，你也不会形成什么深刻的认知。

批判性思维的驱动，也离不开一面镜子。理查德·保罗在《批判性思维》中认为，每个人都生活在与自己心灵的特殊而亲密的关系当中，我们需要将这种无意识的关系转成有意识的和深思熟虑的关系。"特殊而亲密的关系"，其实就是"自恋"或者"自嗨""自闭""自欺"，人天生就是一种自欺的结构，打破这种自欺自恋，需要的就是洞见真实的镜子。当你在心中建立起了一个能够观察自己思维的"大屏幕"时，摆脱那些未经训练所致的陷阱和直觉思维，了解自身的心智结构，才能生成深刻的观点。不照镜子的"自恋自欺自闭"，会自动地将我们未经深思的判断合理化，并蒙蔽你的思想，让你以为"这是唯一合理的结论"。如果没有一面镜子，很难说你完成了思考，只不过是重新整理了一下你的偏见、谬误和陈词滥调。

我们经常用"思辨""辩证"这样的词，思辨的前提是什么？得有一面镜子，有镜子提供的一个对话对象。有了对话对象，你才能辩起来。思辨，辩证，都预设着"起码要有两个不同的视角"这一前提。一个没有思辨能力的人，是一个"只追求标准答案"的人。只有一个标准答案，你怎么可能进行思辨呢？

正如我们的人格是在"我看人看我"的镜像中形成的，我们对一件事情的看法，也在与镜子的互动中形成。我每次面对某个新闻话题构思某个观点时，总会在心中这样想：别人会怎么想？大众会怎么想？反对者会怎么想？评论区会有哪些观点？多数人会有什么观点？少数派的观点就是错误的吗？问题有没有另外一面？我这样的观点会受到什么样的挑战？你看，这就是一个寻找镜子、从各种角度去映照反观的过程。观点的深刻度，仰仗于镜面的不同。

举一个写作的案例，看看观点是如何在"镜面反射"中生成的。比如，近来的一条新闻报道提出了一个问题：为什么药品说明书都"字小如蚁"，那么重要的信息，字却那么小，老人得用放大镜看。该报道追问，为什么不考虑老人，这会增加用药安全的风险。——面对这个话题，该怎么来构思观点？如果只是顺着新闻的立场说几句"要站在老人的角度"，这不是你的观点，而是新闻报道中已经预设的观点，你没有经过思考，只是迎合某种"要有弱者视角"的舆论正确，你只是说了几句"别人认为是正确的话"。你没有镜子，只是拿着新闻的手电筒在舆论场扫射了几下。

第一面应该有的镜子是：为什么药品说明书上字都那么小？——不要轻易站在某种道德高地去俯视别人，不要忽略他者的合理性，需要进入药品生产的逻辑去理解这个问题。背后肯定是有某种合理的原因，不然不至于全世界的药品说明书都这样。从这面镜子可以看到，说明书中的专业信息预设的阅读对象其实不是吃药的患者，而是专业的医护人员。此外，还应有监管者的视角，随着监管要求的提升，要求生产者必须在说明书上把药品的安全性、有效性的信息都列入进去，导致说明书的内容越来越多和细，只能以不断缩小字号来解决。

你看，如果看到了"生产者的视角镜像"，就会多一种新的认知视角：很多事情不是你想象的那样，你认为"应该的阅读对象"，不是他认为的"应该的阅读对象"；你认为的合理性，可能比不了他逻辑上的合理性。日常生活中其实有很多这样的"对象错位"，比如，学广告的人都知道，奢侈品广告并不是给有钱人看的，而是给买不起的人看的，一个奢侈品如果普通人不认识，有钱人是不会买的。

第二面应该有的镜子是：理解了生产者的逻辑，这时再进入老人的视角，以老人的视角为镜。生产者不能只顾专业人士和监管者，患者也应该拥有药品信息的知情权，毕竟，患者是直接吃药的人，他们是药品的最大利益相关者。那么小的字，没有考虑患者，尤其是老年患者的使用便利。在这面镜子中，我们可以看到生活里很多类似的问题，比如，对用户视角的忽略，尤其是对少数、弱势用户的忽略——穿两只鞋的正常人，有没有想到那些只需要买一只鞋的残障人士？点外卖没有任何障碍的人，有没有想到那些视障人士，他们对外卖更依赖，但是既有的外卖系统都是为正常人设计的，谁来考虑他们的需求？

怎么办？镜子在不同角度的映射反照，才能让他者的视角浮现在面前。

最后,还应该有一面镜子,反向思考问题:对老人这样的弱势群体考虑得比较少,那么,"消费者是上帝""用户至上"这些口号是喊给谁听的?很多时候,可能是有钱的、有权的人,才会被当成"上帝"。与产品中"老人视角""适老化"匮乏相对应的是,某些人的"老板视角""适领导化"——察言观色,盯着老板和领导的爱好,上有所好,下必甚焉。这也是一面镜子,"过度忽略"与"过度敏感"形成某种深度的对话,呈现出某种深刻的社会镜像。

同中之异,异中之同,有了这些镜子,就有了不同的观点。这些观点都超越了新闻报道本身预设的"不能忽略老人"。以镜子为认知媒介,当一面镜子延伸你思想的肢体时,你才会有新的认知视角。

用"逻辑纵深字"驱动写作深度

我在之前的专栏中谈到过"评论的景深结构",深度好文,要避免全面铺开,而要向纵深去挖掘,锚住一个点,层层推进,形成观点的景深。"景深结构"的对立面是"平面结构",也就是"肤浅的全面"——"既要、又要、也要、还要、都要",对一件事的评论像摊大饼一样平面铺开,经济学角度、传播学角度、法律角度、社会学角度,平均用力,各自独立地"掰扯",每一点都是浮光掠影、点到为止。平面铺开,只能让观点在低端环绕,无法在纵深推进中拓展观念的水位。

比如,评论"网暴"的文章,在法律、道德、舆论、平台责任、监管视角等方面平均分配300字,凑成1500字的文章,这样的评论只能叫"废话篓子"。锚住一个点,比如,围绕"用法律的牙齿宣示,网暴没有一丁点儿正义性"这个层面写1500字,大题小做,才会在该话题上"打出深井"。关于此,《文心雕龙·论说》说得很透彻:"论也者,弥纶群言,而研精一理者也。""弥纶群言"就像文献综述那样,了解各方观点,然后"研精一理",锚住一个角度,这样才能"钻坚求通,钩深取极"。舍弃"多",抓住那个能够"一剑封喉"的"片面"去圆融论证,才能有深刻的洞见。

那么,如何才能让观点向深处推进,形成"景深结构"呢?有一个简单的方法,我总结为"逻辑纵深字",类似于我之前在专栏谈到的"思维转折字"。"思维转折字"是跳出僵化、固化、常态的思维而开阔眼界的方法,借助"然后呢""前提是""谁说的""来源是""但是呢""为什么""有没有另外一种可能"之类的打破"感觉自动性"的方式去促进另类思考，从而带来新的发现。这些"转折字"能起到陌生化的间离效果，阻止自己的思维被习惯冻住、滑向惯性。让自己停下来，用事实和逻辑去审视一下，避免接受一种"无思的答案"。

"逻辑纵深字"有类似性，但又不同。如果说"肤浅的全面"的语态表达是"既要、又要、也要、还要、都要"，平面铺开，那么"片面的深刻"就是这样的语态结构："必要、更要、只要、而要、才是、更是、而是、并非"。可以注意到，"更要，才要，而要"，这些表达里包含着一种向前推进的"逻辑纵深"力量："而要"意味着一种舍弃的力量——不要那个，而要这个。当你说"更要"的时候，意味着你的逻辑已经在"不要"这个层面上向前推进了一大步。

比如，一篇评论题目叫《警惕"大棋论"，更要做好信息透明发布》，标题的表达就包含着一种逻辑纵深驱动，针对的是这么一种现象：一些地方拉闸限电，一些自媒体营销号一惊一乍地说，"这是我们在下一盘大棋，重新布阵能源格局"，云云。所谓"大棋论"，不过是一种自嗨的说法。这篇评论并没有把焦点放在批判"大棋论"上，而是思考这样一个问题，为什么会出现如"大棋论"这样的阴谋论？阴谋论的土壤是信息不透明，为什么限电的时候不把问题说清楚，而需要舆论去猜呢？更重要的不是批评"大棋论"，而是做好信息透明发布。这就把问题向前推进了一步，呈现出了某种深度。

再看另外一篇评论，针对"非物质文化在抖音很火爆"这个话题，评论称："传统也在拯救着互联网。"一个"也"字在逻辑上凸显了一种深度，为什么说"也"呢？逻辑前提是，大多数人都说，对于很多似乎陷入失传困境、只能在博物馆看到听到的传统艺术，互联网就像那扇打开的窗，是互联网拯救了传统，是技术让传统获得了新生。而这篇评论的作者看到了更深的层面：不要低估我们的传统，这也是传统在拯救和滋养着互联网，赋予互联网以文化生命，让技术有了人文光泽和精神内核。互联网和新技术曾背负着这些道德骂名——"毒品软件""杀死思想""娱乐至死"等,正是传统文化从"娱乐至死"中拯救了互联网。这种认知思维,便是评论的"景深"和"纵深"。

"平面结构"的标志是,标题中喜欢用"与""和",表明结构关系是横向平面并列的,没有纵向推进。"也""才""而"则像锥子一样,可以钻得很深。锚定一点,垂直性地深掘深钻,才能见到质感和纹理。

答苏州中学高三学生

问：如今在网上，什么事情只要说是开玩笑似乎就很合理。那么，该怎样辨别那些不合适的、过分的玩笑？又怎样合理地劝阻呢（不被当成"老实人"孤立）？

答：一个合适的玩笑，应该经得起这三重审视。其一，被开玩笑的人不觉得被冒犯，他也觉得好玩。很多时候，开玩笑是亲密关系的一种体现，理解玩笑需要很多分享共同经验所形成的默契，因此，如果关系没到那种亲密程度，就别开玩笑。其二，公正的旁观者觉得有趣，引起的是善意的笑，而不是让某一方很窘的哄堂大笑。其三，一个有分寸感的玩笑，其分寸感在于，可以反过来用到自己身上，也不觉得有什么不合适。

开个玩笑，你至于吗？至于啊，我的尊严很贵，接受不了这种玩笑。总之，如果不舒服，就勇敢地表达出来，不要被"至于吗"情感勒索。批判性思维，也包括对于各种情感勒索的批判。

问：怎样科学看待"年味不断变淡"这一现象？

答：对于这个问题，首先要有批判性思维——年味真的变淡了吗？这可能只是一种人云亦云的感觉，本身是需要论证的。什么是年味？从谁的视角看年味？变淡或者没变淡，是跟什么时候来比较？谁在说"年味变淡"这个话题？怎么叫"科学看待"？"科学看待"这种提法体现了提问者的什么意图？——批判性思维的一个特征就是不盲从，不被别人设置议题，而保持着对每一个判断追问论据、进行质询的能力，拧干一句话的"水分"，看看拧到最后剩下什么干货。

我是这么理解年味的，把它当成一种心里的宁静。我在一篇评论中是这么写的：

> 往年的年味，靠的是外在的热闹，靠的是生活场景的切换和空间流动带来的陌生感，塑造一种与日常不一样的感觉。就地过年，没有流动和切换，无法跳出"熟悉场景"，仍在工作的城市和重复的日常生活轨迹中，无法找到年的味道。其实，如果从外在的空间切换回到内在的时间切换，就能感受到年味。我更在意的是时间，空间没有切换，但时间坐标切换了。从历史哲学的角度看，人的时间蕴含着多种可能生活的维度，内含在无数方向上展开的可能性，日常以工作日为坐标的时间霸权，遮蔽了时间向生活、家庭、艺术、审美、内心、静思等其他方向伸展的可能性，以工作效率为中心，把其他都视为"浪费时间"和"消耗生命"。过年则通过"集体按下暂停键"而切换到另一种时间坐标，从以"快"为美的工作场景，回到慢下来的家庭和内心场景。
>
> 现代人被"快"施了魔法，过年的标志是，可以理直气壮地慢下来。过年是一种对日常暂时的时间挣脱，无论在哪里，时间都慢了下来。人们平常紧张的表情放松了下来，街上的人脚步慢了下来，早上不必被闹钟叫醒，不用记今天是"周几"，没有"浪费时间"的他者规训和监控焦虑，没有气氛组哄抬的进程压力。最大的年味，难道不是这种"慢"吗？在效率主导着现代性的当下，过年这样慢下来的时间真太少了。中国人的过年习俗，可能包含着这种慢生活对快节奏的抗拒，从公司回归家庭，就是从快的螺旋中抽离，进入一种让自己与内心、与亲人靠得更近的时间节奏中。

这么来内在地看年味，就不是变淡了，而是自己去支配。说"年味变淡"，是一种他人导向的判断，我们要有能力培养一种自我支配的能力，是浓是淡，不为外物所役，自己去支配，自己去创造一种诗意的栖息状态。

问：如何看待"公知""理中客"这些词语的出现与变质？

答：这些现象背后有一个很深刻的原因，是媒介环境的变化。后真相时代的信息茧房和极化环境，使受众的观点审美出现了巨大变化，从传统的"理性、中立、客观"变成了"相似想法的回音室"。这种变化可以从"理性、中立、客观"被缩略为"理中客"并贬义化的过程看出。由于真相并不重要，真相的重要性便被诚意所取代，谎言可以巧辩为"另一种观点"或"意见"。观点从过去的"一言九鼎的精英判断"，变成今天的"只是一种阐释角度"，"谁也并不比谁更高明"。

传统评论最基本的特征，就是与其公共媒体和社会公器属性相对应的"理性、中立、客观"，没有哪家传统媒体不以这种价值作为自身评论的金规则，没有哪个传统评论员不将此作为自身从业的"策略仪式"和观点正当性的基础，构思每一篇评论时，脑子里可能都会闪现着"要理性、要中立、要客观"。但这种传统的精英姿态在后真相时代受到了嘲讽，就像英国人在"脱欧"中说"英国人已经受够了专家"一样，后真相时代拥有了"麦克风"的网民们，带着十足的嘲讽说"我们已经受够了传统评论员的理性、中立和客观了"。

传统语境中被视作精英符号的"公共知识分子"被缩略为"公知"，反映了新媒体语境下"人人获得麦克风"后，大众重构话语去对抗传统精英支配的"网语革命"。这么一缩略，就解构了这些话语的正面内涵，通过祛魅，将其贬义化。所以，表面上是话语的简缩，背后是大众要夺取话语主导权的冲动。

问：在一场所有人各执己见、说出的话可能只有一成是事实的争论里，或者在双方极端对立的争论里，如何快速找到一个较为客观的立场？

答：客观是什么？不是一种真理，而是一种对自我不信任的状态。我一直说，这世上并没有客观这回事，客观是一种人类理想，一个人意识到自己是主观的，才有无限接近客观的可能。意识到自己的主观，才会依据一些科学方法去清除那些主观判断，让主观判断接受客观方法和标准的检验。与其他人对话，接受其他人更有证据支撑的判断，这个对话过程，便是在向客观不断地靠近。在某种程度上，客观就是用可靠的方法和论证让别人能接受你的看法。

对于后真相时代最经典的描述，可能是戴维·温伯格在《知识的边界》中常被引用的一段话："我们看见事实被人们捡起来，摔到墙上，它们自相矛盾，分崩离析，被夸大被模仿。我们正在见证牛顿第二定律的事实版本，在网络上，每个事实都有一个大小相等、方向相反的反作用力。怎么办，这时候更需要'客观的方法'，注意，是客观的方法，而不是自诩自己是'客观的答案'，事实是不是更权威，判断是不是符合逻辑，有没有可靠的来源，用'双方都接受的科学方法'去寻找共识，这些科学方法包括形式逻辑、核实方法，等等。"

问：怎样劝说一个不好好说话，比如阴阳怪气的人？

答：有必要意识到一个问题，并不是每个人都能够被说服，也不是每个人都需要去说服，你永远都无法叫醒一个装睡的人。不好好说话，阴阳怪气，为什么要去劝说他呢？就像我在一篇评论里写过的，一个人说"狗屎其实含有丰富的营养"，好，你干吗要劝说他放弃这个观点呢？他觉得好，那就让他坚持，让他去实践，让现实去给他教训。

你要知道，这个世界上多数人都是说服不了的，因为，人们在交流的时候，作为表达器官的"嘴"，其表现自己存在感的兴奋状态远远高于作为倾听器官的"耳朵"，人们更愿意去说，而不是去听。但是，交流是需要耳朵的，一边用耳朵听，一边用嘴去说，才能有平衡的交流。当一个人关闭了自己的耳朵，只是张开嘴，那么，就不要尝试跟这种人交流了，那只是对空言说，他只想说服你，而没有可能被你说服的心理准备。

这提醒我们，要有倾听的准备，才有说服的能力。这学期我在北大上评论课，一个学医学心理学的大三学生，在所交的作业中提到了一句话，我很喜欢，她说，她喜欢倾听，愿意用"耳朵中的耳朵"去听见"声音中的声音"。同学们共勉！

问：江苏省的语文高考作文题曾出现过很高的文学性（如山洞里的蝴蝶），但最近几年的作文趋势越来越趋向于劳动啊、青年啊，以及许多很正、很大的话题。应该如何看待这种现象？另外，在这种看似无话可说的话题下，应如何避免趋同质化？

答：2020年高考后，我写过一篇文章，题目叫《写高分作文，押题最low，高手押的是时粹》，推荐你们看看。不要去猜具体的题，做好自己的准备，这种准备让自己有"本钱"去跟任何题去"对话"。出题者可能是随意的，我们只能以不变应万变，准备好"本钱"。

什么是我说的"时粹"？就是时代之精华、时事之精粹，一个年度时段中关系到国计民生和多数人精神心灵的母题。高考作文命题，基本是在这个话题域中去搜寻。比如2019年的作文题——劳动与人工智能、"五四"运动100周年、中国味、新中国成立70周年，等等，就体现了当年的时粹。2021年的作文题更是如此，疫情、信息茧房、焦虑中的自我画像和自我定位、中国面孔、对人才的态度，也是时粹的体现。

时粹是一种话题域很广的存在，押时粹有什么用呢？有大用！押时粹，不是为了像押题那样准备一个具体可套的材料。押时粹的过程，是一个熟悉这一年度影响着国民心灵的大事、大热点、大现象的沉浸过程，从而能够把这些材料和思考灵活地运用到一个具体话题的分析中，从而让文章带有让人眼前一亮和高分颜值的时事语感。

押时粹，是一个为写作备料的过程，让这些材料和思考成为你写高分作文的厚重背景和时事血肉。所谓时粹，就是不管出什么样的题，这些反思时代主题的思考和材料，都有可能用上，信手拈来，从而为文章添彩加分。

押时粹，其实不是像押题那样的碰运气，而是让自己的思维在梳理时粹的过程中，带上时事活性，让这些重大议题、重大人物、重要观点在你的文章中活学活用，让人看到你视野的开阔和对时代的关注。"文章合为时而著"，作文考查的是你的思维能力，以及你对所身处的这个时代的认知。没有时事活性的文章，会套那些陈旧的典型，如司马迁、霍金、爱因斯坦、巴尔扎克、司马光；而有时事活性的文章，会写钟南山、张文宏、马云、马化腾、华为、任正非、马斯克。

当然，这不是套路，不是用一种同质化代表另一种同质化，不是生搬硬套，而应该是一种自然的时事涵化过程，是灵活运用的活水。比如，关注总理所说的"有6亿人月收入在千元之下"，舆论场的很多人都觉得不可思议，这种"不可思议"，不正是"信息茧房"的表现吗？正如网上那组颠覆很多人认知的数据：我们的国度有10亿人没坐过飞机，90%以上的人没喝过星巴克，50%以上的人没喝过农夫山泉……中国很大，有很多角落。关注书本外的时事，其实也是一个打破书本茧房的过程，避免写作都是那些同质的套路和材料，而有新鲜的、灵动的、带着现实气息的材料、论据和问题意识。

有了时粹的梳理准备，不论命题者出什么题，你都不用怕了，一切尽在掌控。不管出什么题，你写的时候都可以用这些反映着时代关键特质的典型人物、典型现象去破题，让题目与时代碰撞，摆当下的"事实"去讲题中的道理，写出一篇贴近时事、带着时代活性的文章。当你拿着一把准备好的金锤子，看到什么都可以去敲一敲，以不变的"时粹"应"话题"之万变。这些时粹材料的积累，既在沉浸中锻炼了思维，更形成了一张话题之网，网住了话题域。

问：曹老师觉得现在很盛行的女性话题、女权话题，甚至"女拳"话题，是有解的吗？我们又以什么为判断女权和"女拳"的分界线呢？

答：最好不要用"女拳"这样的标签，用了这个标签，就没有了交流的可能。在我看来，只有"讲理"与"不讲理"两种人，愿意用事实和逻辑说话的，就是讲理的，拒绝提供事实和反逻辑的，就是不讲理的。我们要站在一个高维度去交流，而不是先入为主地把自己和对方放在标签的茧房中。你要知道，当你用了一个低维度的概念时，已经有了立场和判断，已经有了结论，那还讲什么理呢？无论是女性话题、女权话题，都要置于事实和逻辑视角下去分析——这首先是一个话题，而不是女权话题。

批判性思维的本质，就是平等对话的能力，把每个话题放到平等的事实、逻辑标准中去审视，不因为是权威而"跪"，不因为"熟悉"而停止思考，不因为某个标签而被框架所框住。当你说这是一个女权话题时，你已经被你的立场和标签所束缚了。

问：这是一个被很多人提过很多次的问题——人生的意义是什么？虽然在看了很多人的回答后，基本获得了一个共识，即人生的意义在于追寻人生意义的路上所经历的风景，但还是很想听听曹老师的看法。

答：意义是什么？维特根斯坦说过，一个人不可能独自遵守规则。规则是与他人的关系，预设着一个他者、一群他者的存在。同样，意义也是如此，意义不是一个人可以独自完成的叙述，它是个人与外在世界的关系感，一个人把自己与某种宏大的价值联系得越紧密，那么，这种意义感便越强烈，也越觉得人生有意义。

把自己置于一个茧房和孤岛中，是没有什么意义感的。年轻人常说，无聊。无聊是什么，是与外在缺乏联系、与价值失联的感觉，红红火火浑浑噩噩，时而踌躇满志，时而醉生梦死。人为什么要有理想，要把自己的追求跟崇高的事物联系在一起？就是为了这种生存的意义感。

还记得 2021 年初的"独居女孩浴室求生"新闻吗？城市中的孤岛、现代性的隐喻，引起很多讨论。北漂女孩被困浴室里长达 30 个小时，没有人伸出援手。最终，一个同样滞留在北京的陌生年轻人救了她。那个救人的陌生年轻人反思这件事时说了一句话，很触动人心："人们不愿意在现实生活中跟别人发生太多关系，反而会在虚拟的网络中满足社交需求。"人最重要的就是产生连接，而什么能产生连接？利他。安全感，很多时候不是靠建造一个坚固的城堡所能获得的，而需要利他，关心别人的遭遇，相信它最终会与自己的遭遇相关，在"我看人看我、我待人待我"的连接中获得心安。

我在评论中常引用一个作家朋友的话，她对价值观的定义，其实也是对"人生的意义"的定义："只会用自身境遇锚定价值坐标的人，是没有什么真正的价值观的，价值观这件事的出发点从来不仅仅是关心自己的命运，而是关心众人的命运，并且相信它最终会与自己的命运相关。"

我说的不是答案，而是一种思考问题的方法。在这些方法中，可能有我的局限，你们要批判性地看，保持自己的想法，用你们的想法跟我的想法对话，而不是全盘吸收我的想法。

从这些提问中可以看到你们宽阔的视野和思想境界，你们前程似锦，咱们燕园见！

不要用你的"圆润成熟"
拖年轻人后腿

一次给母校"评论社团"校园评论大赛当评委的经历,让我惊出了一身冷汗。

参选的评论,很多都特别尖锐,让我为参赛者捏了一把汗,真是"敢"写啊!不少评论评的都是校园身边的负面事件,比如"官方清理校园电动车",学生很有意见。一是突然清理让学生没有准备;二是校园很大,电动车是刚需,清理后没有替代的交通工具,给学生校内通勤带来很多麻烦。好几篇评论都把矛头指向了校方。当时这事作为"舆情"已经开始在社交媒体发酵,学校很是头疼。"如果孩子们的这种尖锐批评的评论发到社交媒体,将校内矛盾放大到社会媒体,对舆情肯定是火上浇油,学校多尴尬啊,得顾及学校的舆论形象啊!"——多年来养成的"舆情敏感",让我很是为这些评论担心。

有的评论把矛头指向了身边奖学金评比的不公,还有批评"学校强制断电",都是指名道姓。多年的"写作经验"告诉我,这种事情不是不可以批评,但最好不要指名道姓,尤其涉及"本地本校事"时要回避。对一些现象,批其他地方、其他学校,抽象地批评,怎么尖锐都可以。但自己的学校、本地发生的事,就得非常讲究"艺术"了。可这些孩子,批评起本校的事毫不留情,让人头疼啊。

还有,有的评论评的是"不过洋节""抵制洋节",指向那种动辄上纲上线的狭隘民族主义。这种事情多"敏感"啊,舆论场上已经形成了巨大的撕裂,在不可调和的冲突下似乎怎么评论都会引发争议,甚至有评论员因为评论这类事情受到了"网暴",这样的"敏感话题",大学生评论干吗凑这个热闹啊。

评论的尖锐,初生牛犊不怕虎,没有"禁忌",直话直说不遮掩,让多年来自以为很"圆润成熟"的我,惊出了一身冷汗。

但很快,我又为自己的这种"圆润成熟",惊出了一身冷汗——我怎么变这样了?评论不是本来就应该这么写吗?我怎么开始拖学生的后腿了?这种"圆滑圆润"是不是表明我的评论观念和勇气已经落在学生后面了?当我眼里看到这么多"问题"时,是评论出了问题,还是我出了问题?

评论本来就应该敢于去评"在地"身边的事,评与切身利益、公共利益密切相关的事。不平则鸣,这是评论最原初的本能,而这种不平,首先是"涉及切身利益"时的不平,岂能回避!社会学家项飙谈到过一个概念,叫"附近的消失"。在社会学意义上,"附近"是一个被当下很多人忽略的公共空间,也就是在"极小事"与"极大事"之间的那个中间地带。项飙敏锐地洞察到,如今很多人往往只生活在"极小事"和"极大事"之中:"极小事"指的是生活日常的吃喝拉撒,每天重复的日常,是"我"的循环。"极大事"指的是课本和网络上远离日常生活的宏大叙事,如俄乌局势、元宇宙、星辰大海、后现代主义、单边主义霸权、政治经济学批判、中医、转基因等经常在网络上引发撕裂的这些极化话题。在"极小"与"极大"之间——每天给自己送快递的小哥们的生存状态、清理电动自行车给身边人带来的影响、宿管阿姨和食堂师傅的"三险一金"等"附近之事",

很少受到关注。人们要么只是咀嚼"个体身上的日常悲欢",要么到网上"在民族主义之类的宏大叙事上寻找敌人",而不去关注把自己与社会、个体与机构、私人与公共连接起来的"附近",缺乏"关心身边普通人命运,并且相信它最终会与自己的命运相关"的价值认知。

新闻和评论,似乎也失去了对"附近"的关注热情,要么鸡毛蒜皮地远离普遍,要么高谈阔论地远离现实,抽象高调地谈论正义却无视身边的具体不公。这些孩子对身边公共事务的关注和评论,是多可贵的视角啊,这不正是评论本该做的事吗?校园媒体和校园评论,就应该关心校园内涉及学生切身利益的事务,用毫不留情的批评和具体的建议去推动革新与进步。"身边具体的事,打死都不说;他地别人的事,往死里说",这样的评论是无效的。

像"不过洋节"这样在网络上引发争议的事,怎么就不能评论了呢?我们人为地将这类事定性为"敏感话题",人为地划了一个讨论禁区,其实反而为观点的极化创造了温床。真理越辩越明,话题在讨论中"脱敏",在观点市场的竞争中"更有道理的观点"才会胜出并提升常识观念的水位。

我知道,当我看到这些孩子的评论时"惊出一身冷汗",各种"找问题",我代入的是"规训者"的视角:不能评这样的话题,不能这样写评论,不能指名道姓,批评要讲究"艺术",要考虑到舆情,等等——这些自以为很"艺术"、圆润、八面玲珑、不会引发争议的"规训"视角,对初学写评论的孩子来说,是一种成长的阻碍。我们这些所谓的"资深评论人",应该成为年轻人往上走的推动者、垫脚石、鼓励者,拆下自己的肋骨当火把,为他们照亮前行的路,而不是用自己的所谓"人生经验"来拉低他们的视野,让他们还没有走上社会就在"不能这样不能那样"中把自己磨平,没有朝气和锐气,还未走出校园就"圆润成熟",进而"世故圆滑精致利己"。

想起一个语文老师的著名杂文,题目叫《不能跪着教语文》。我作为一个评论人身上的锐气，是受益于那种"站着写评论"的教育，我在多篇文章提到过那些往事：当年办校园报刊《大学新闻》，自己又是批评教授，又是批评一些校园管理规定，引发争议，甚至带来一些麻烦。何锡章教授、吴廷俊教授顶着压力保护着学生，把可能被"大帽子"吓得战战兢兢的学生紧紧地护在身后。我还记得吴院长在学院大会上力挺学生时说，我们的教授应该反思，自己是不是学生所批判的那种水货教授、只会抄材料编教材误人子弟的教授？学生有这样的批评精神，是我们学院的光荣，纪律可以严，但思想应包容。现在和学生交流时，我经常跟他们讲这样的故事。

学院30周年院庆的时候，我作为校友代表发言。我说，我从业这些年，批评过很多公共部门和大学，但不忍心对母校下口，没批评过母校。当时的校长李培根院士后来讲话时呼应了我的这段话："曹林校友说，不忍心批评母校，对母校下不了口，我想说的是，如果母校有问题，也应该去批评，我们以培养出能够帮母校挑问题、客观公正地批评母校的毕业生为荣。"

归来仍少年，说的不是面容，而是心态和思维。不是用老年和中年的"圆润成熟"去规训如今的少年，不是满嘴的"现在的年轻人啊""我们当年如何如何"，不是满脑子的"这个看不惯那个看不惯"，而是保持着少年的锐气和朝气，并能跟今天的那些少年毫无隔阂地把酒言欢。这本书的文章，文字的年轮里写满了我保持少年锐气的努力，献给那些热爱评点江山时事的少年，也献给我的青春、我的少年。

2022年10月31日于北京